改革的黄金年华

——我们眼中的于光远

胡冀燕 于小东 刘世定 韩钢 主编

人民出版社

满月时与母亲合影

1930年初中毕业于北平

清华大学电机馆无线电实验室(左二为于光远)

1936年清华大学物理系同班同学毕业留念(前排右一为于光远)

1946年北京宣武门外方壶斋
《解放》(三日刊)编辑部楼前

1948年冬在河北平山南庄上团课，课上得了一个“共产主义化身”的称号

20世纪50年代与清华读书时的毕业论文指导老师周培源先生一同出国访问
（右一为周培源，右二为于光远）

与20世纪60年代中期任国家科委副主任时的老领导聂荣臻在一起

20世纪60年代与自然辩证法专业研究生合影(右一为于光远)

“文革”期间在宁夏“五七干校”

20世纪80年代初回到广东翁源早年参加革命工作的地方

1978年作为中国共产党党的工作者代表团副团长访问南斯拉夫、罗马尼亚等国，考察这些国家的体制改革情况

1979年率领中国社会科学院代表团访问日本，考察企业先进技术和进行文化交流

1986年在德国马克思诞生的特里尔市布吕肯大街10号大门前

20世纪80年代初在海南考察期间抓紧零星空余时间埋头写作

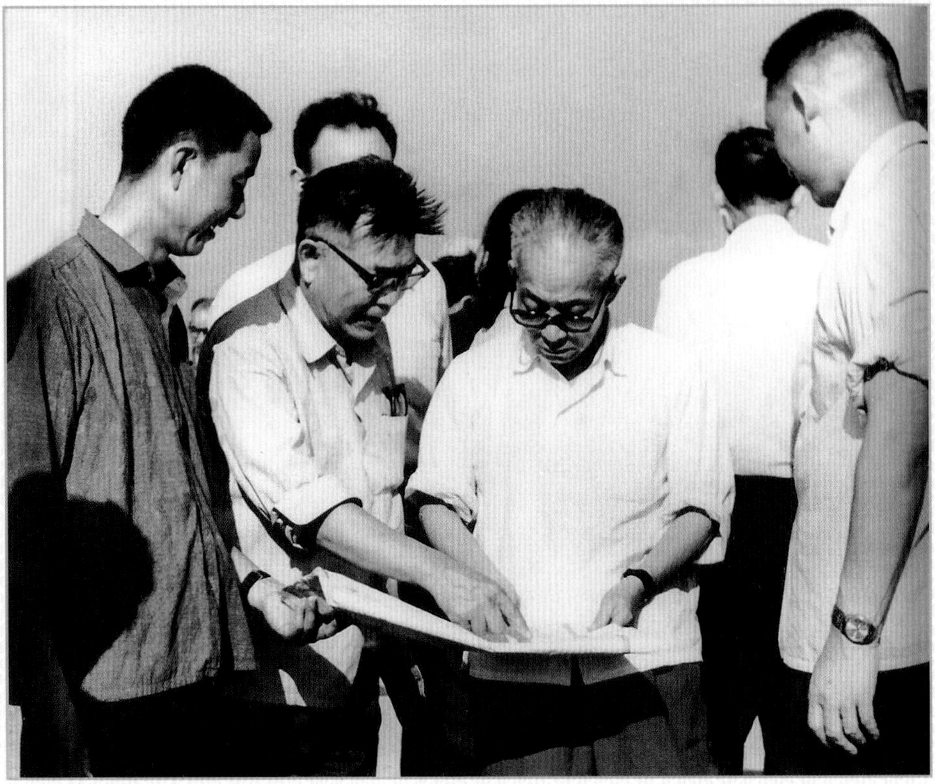

20世纪80年代初与湖北省委书记陈丕显同志一起在长江流域考察

1984年在青海考察

1988年10月《社会主义初级阶段的经济》一书出版座谈会

1990年参加中国生产力经济学研究会第五届年会

与“文革”后招收的研究生合影（第二排右三为于光远）

1995年与中宣部老科学处同志合影

1985年与钱三强(左一)一起参加清华校庆

1998年9月与任仲夷在广东

1999年9月与胡绩伟(左一)在史家胡同家中

20世纪90年代初在生活了40余年的史家胡同院子里

祖孙对话：与外孙女非非在一起（2000年）

2005年90岁的于老在家中打电脑

2008年十一届三中全会30周年之际，《我亲历的那次历史大转折》一书再版，时年93岁的于光远获得了“中国改革开放30年30名杰出人物”奖和“中国改革开放30年30名经济人物”奖

2010年于光远95岁生日

2013年9月30日于光远告别仪式隆重举行

根据于光远先生生前愿望，2014 年 1 月亲属将他保存多年的邓小平同志在十一届三中全会前中央工作会议上的讲话“解放思想、实事求是、团结一致向前看”提纲手稿捐赠给中国国家博物馆

目录

光明远大求真经　科学创新靠书生

李　锐

光远同志是清华大学的，比我大两岁。大概是 1938 年，他途经长沙到广东，发展“民先队”（中华民族解放先锋队），那时候我在《观察日报》。《观察日报》是革命的民间报纸，我在编辑部，他过来跟我在一起住了一段时间，所以我们认识得很早。

我曾经为光远同志写过两首诗，在他 90 岁的时候送给他的。其中一首诗的四句是“唯有向前方向钱，吾兄高论济世全，民营经济风云起，帽子横飞亦惘然。”20 世纪 80 年代，光远同志因主张搞民营经济，提出既要向前看又要向钱看，被内部批斗了两个月，那首诗写的就是这件事。还有一首是他去世后写的，讲的是他一生的追求。

2007 年 10 月与李锐（右一）、杜润生（左一）一起列席党的十七大

我们从年轻时就投身革命，我是1937年入党，光远同志也是1937年入党，我们这一生都在追求真理和社会进步，我们给自己戴了一顶帽子，叫做“古典共产主义者”。我认为人类社会进步主要还是靠“五四”时候提出的两面大旗，第一是科学，第二是民主。没有科学技术的进步，人类没法子进步。中国人自古以来的文化没有自然科学，也没有民主，汉朝中国的GDP占了全世界40%，但欧洲搞了工业革命，出现了瓦特、爱因斯坦，之后人类整个的进步变化了。我1979年以后去过三次美国，第一次是国家派去的，呆了四个月，在美国真正了解到一张白纸好画最新、最美的图画，美国只有250年的历史，它现在是第一强国，诺贝尔奖获得者美国人占了70%。

科学和民主是光远同志和我们这一代人所毕生追求的！

（根据作者在2013年10月19日经济学界于光远同志追思会上的发言摘录整理）

忆于光远二三事

曾彦修

于光远，原上海县城（即今上海南市）人。1936 年冬毕业于清华大学物理系。据于和我们几个人闲谈说，初始时，他只是一个 1935 年北平“一二·九”爱国救亡运动的一般参加者。一天看见清华关上大门，不让学生出去（不准出校门是校外武装干的，北大、清华、燕京三大学，校长从未干涉过学生运动），于上前去看看是什么事，知道情况后，自己立即也投身进去了。跟着发生的“南下宣传团”救亡运动，他就全身全意地投入进去了。可能是途中在保定时，发起成立了“中华民族解放先锋队”（简称“民先”）。于积极参加，后来似还成了其中的一个领导人（以上是我的印象，如有不准确，是我的责任，与于无关）。于在 1936 年就用了很多时间投到“民先”的开辟工作上。1936 年冬，于清华毕业，还得有个饭碗，1937 上半年，于到广州岭南大学物理系任助教。时清华大学西语系同学、党员黄秋耘已先毕业回广州做地下工作，即介绍于光远入党，时在 1937 年春（这些是黄秋耘同志告诉我的）。因此，于是抗日战争前入党的党员。今天有些人不了解，时间相差不远，战前战后为何要如此区别？须知，抗战前入党的党员，还是“共匪”呀！当然应该有不同的待遇。现在简称于是 1937 年入党的，有点与“三八式”混淆，含义不太明白。

于大概是 1939 年春以后从武汉撤回延安的。回延安后，即调入中央青委。

时中央青委并不大，可是众星云集。胡乔木调去任青委副主任，黄华、李昌似乎也在那里。其他还有韩天石、李锐、于光远、许立群这么一批明星在那里，可谓群星荟萃，历史上极其罕见。

2009 年 6 月与老友曾彦修（右一）交谈

1939 年、1940 年于在延安虽然已同毛泽东见过几次，并于 1940 年同屈伯传同志一起，到毛的住处谈成立“自然辩证法研究会”的事情，因均未见过报，所以知名度并不高。后来，中央青委的部分人知名度剧增，那是因为中青委于 1940 年办了一个大墙报，即大名鼎鼎的《轻骑队》。上述诸人中有一部分人在上面写过文章，于光远也写过，名声就立刻传开了（我那时正忙于学教条，只马马虎虎去看过一次）。20 多年前，在一次座谈会上，我说，现在的一些杂文与杂文刊物，与《轻骑队》比起来，可谓还没入门。在座的童大林（《轻骑队》的具体技术编辑与誊写者）说，“这是我听到的最高评价”。真的，不说内容，那文字的短小精悍，是以后的杂文所未见过的。于光远也在上面写过文章，我就是从这里知道于的。

当然，正式整风前，这个部门在延安就分散了。于被分到了一个学校教书，于是，长时期又不知此人到何处去了。日本投降后，于被派协同钱俊瑞进入北平办《解放》报等，多次被镇压，于是，钱俊瑞与于光远的名字，才经常见之于根据地的报端，大家就知道于了。

襟怀坦荡，无事不可对人言

1946年10月，延安各机关通通撤退到延安北偏西二三百里的乡村里去了，彼此不知道各自单位在哪里。大约1947年3月中旬（因为那时天天在看台湾“二·二八”事件的参考消息，所以记得），我得到通知，一人单独步行到晋西北的兴县碧村去集中，说中央已组成一个土改工作团，由康生、陈伯达分任正副团长，团员由各单位调人组成。中宣部由田家英、曾彦修二人参加，并告我时住在中宣部的毛岸英已先走了。中央妇委是由张琴秋、张越霞两个老同志参加。全团始终坚持到底的只有张琴秋、张越霞、高文华、贾琏（女）、于光远、史敬棠、曾彦修等七人。这几个人跑了较多的地方。凡会议时或行军晚上住宿时，于、史、曾（有时有毛岸英）三人多住在民居的一个炕上。当时，大家都已怕谈家庭出身了，因为没有一个人是贫下中农家庭出身的。于却与众不同，无任何忌讳，说他家大概应是大资产阶级了，住在上海旧县城内（即后来的南市区），本姓郁，大概是祖父或曾祖父时，家中是“沙船”大商人。沙船即风帆大海船，一船员工数十人，专营近海生意，跑朝鲜、日本、菲律宾、南洋等，资本大，贸易金额大，怕要算当时的大资产阶级了，是上海有名的大富商。

在谈到1935年“一二·九”救亡运动的初始时，于也很天真，一字不吹。说，在“一二·九”那天，他还是一般的随众行动，丝毫没有说他是清华救亡运动的发起人或领导人的意思。之后1936年他更积极地参加“民先”的领导工作。于逝世后，公布他是1937年入党，按解放后的规定，他1936年是“民先”重要领导人之一，应即是党员了。

他对我们讲，1938年夏天，即抗战中最热闹的“武汉时期”，于在长江局青委工作，一次奉命赴湖南长沙研究青年工作，到长沙火车站不久，即遇日机来轰炸，市街秩序大乱，于找地方避弹，东躲西躲，被当地警察抓起来了，说他是汉奸。于又久久不能说明身份，不得已，于说，你们去问问徐特立老先生吧（徐老当时在长沙代表中共），这时只

好由徐出面把于保释出来。

类似的事情，他都无保留地说给大家消遣。

特别重视调查研究

这个例子，若干年前，新华社的《瞭望》找我写过，无人注意，今再简单一述。

1947年12月13日工作团到了冀中区党委的一个村庄（因头天是“双十二”西安事变纪念日，故记住了），第二天早饭后，叫大家休息，于却不见了，大家不知什么原因。哪晓得，午饭前于回来了，说他一早就到近处几里地一个叫做什么村庄的地方去详细参观了一次。那村庄出了一个有名的劳动模范，所以他要去看看，而我们的土改计划又没有这个庄子。他还讲了这个庄有九条或七条进出道路，浪费耕地太多。依他看有四五条就完全够了。

于的这次个人行动，使我大吃一惊。这真是又调查又研究，又有科学结论。这事教育了我一生，无地无学问，无事无学问，我也总是尽可能学习于的这种精神。

主动教人的一个特别例子：由于于是清华物理系毕业，自然极富科学知识，他学的那些东西，是一般人不懂的，他倒不讲。但估计你能懂得的，他总是从不吝指教。

1947年约8月盛夏时，我们土改工作队剩下的张琴秋、张越霞（博古夫人）、高文华、贾琏（夫妇）、于光远、史敬棠、曾彦修七人，奉命离开晋西北，赶到河北建屏县（今河北平山县西半部分）西柏坡去参加全国土地会议。我们沿途有介绍信，所到之处，均要由当地县级当局再发介绍信，解决四个老同志的毛驴或大车问题，于光远等“三青年”则一路步行，并以全力照顾几个老同志。一次，好像是过了繁峙县城以后，进入河北方向某一山谷中，两边是不高的黄土山坡，如同壁立，中间有一条宽不过一丈的谷底通道，全都平铺着一些光滑石头，为纺锤、鹅卵状等不一，一点土壤也没有。我忽然说，大水一来，我们就完了，无法躲呀！光远同志接下去说，水不会来的，你放心。我说，怎么回事呢？他说这条路已经不知有多少万年了，肯定荆轲时代就是如此。多少万年了，也不知上游多远，把这些石头冲成这个样子，硬是在这里冲出一条路来。后来上游洪水改道了，这里已没有大水冲来了，很久以后，就成为这条路了。这些卵石不知从高原上哪里冲来的。一听，我大致懂了，这不就是现在的“泥石流”理论吗？不过，那时这个理论在中国还没有普及。光远同志是逆推而来，看来是合乎科学的。

同他在一起，等于有个百科老师在旁边，一般均能给出比较科学的答案。

政治上我最信任的一位老大哥

我认识于很晚，是 1947 年春在上述中央土改工作团时才认识的。我看他工作汇报时不讲官话，不讲流行话，总是要提出些新问题，对人诚恳，我就十分佩服他。于又是一个清华物理系毕业生，当然最容易受到革命青年的尊重，因为他政治、科学均是内行。因此，我在政治上也就特别信任他。因 1957 年划了右派，1960 年，我被调到上海辞海编辑所工作。光远同志到上海来总要叫我去看他，因此，我知道他根本没有把我当反动派看。打倒“四人帮”后，1977 年春，他又到了上海，住在淮海路一家很讲究的招待所，他打电话来叫我去看他，当天下班后我就去了。他要谈什么，我说：“下楼到马路上谈吧”。他问：“为什么?”我说下楼再说。到马路上我才说，“四人帮”在上海的毒害不可轻估，上海说是怕影响了生产，从没有批过他们。打倒“四人帮”之初，马路上有大字报说，凡北京来住招待所的人，他们都装有窃听器。于说，这么厉害呀！我说大字报如此说，不知真假。我告诉于，我已写成了向上面的三个建议，正不知道送哪里。现在这一批人，除了叶帅，我一个也不敢相信。我告诉于：张闻天必须迅速平反；康生是个大坏人，要把他全翻过来，我们都很清楚；薄一波等 61 人“叛徒集团”案必须平反，他们出狱的全部详细经过，不正是 1948 年春节那一天康生详细对我们讲过的么？于和我又对照了个人的记忆，几乎全同，康生说：“刘格平同志这个人（当地山东渤海区党委组织部长）是个坚定的老党员，

可是一说到伊斯兰教问题时，他的马克思主义就不知跑到哪里去了”。于说，这两句，我们的记忆就是原话。我说，我今晚回去再定稿后，明天与你送来。第二天我送去了。于回京后，好像是把张闻天、康生两件交与邓力群（邓当时可能是中央办公厅副主任）了，薄一波等61人问题大概因条件不成熟，未交出去。1978年7月，我正式调回北京，邓力群对我说，张闻天问题最容易办，中央有同志正在积极活动，只是时间问题了；你对康生的看法也是对的，但一下子还办不了，因为有些同志还没有完全看清，过一个时期总会翻案的。果然，过了不久，中办就叫何方及我和另一个同志三个人起草了张闻天的悼词（其时我好像还没有正式恢复党籍）。

对薄一波等61个老同志“文革”中闹的“叛徒”问题，于回京后大概因为什么原因未交上去。1979年夏天，于的司机突来找我，说光远有急事，要我立刻去。我去了。见于家中有三四个人在谈工作。于告诉我，昨天下午遇见耀邦同志，他正急于为“61人案件”平反，我说，我们二人有一份康生口述，我们亲耳听见的详细材料，同他在“文革”中的说法是正好相反的。胡叫我立即送去。昨晚我找不出来，现在请你立刻重写，马上送去。我也不问情由，坐下就写，二十来分钟，就全部写出了。于看后一字未改，就叫司机或秘书去打字。后来我见过中央为61人平反的原件，后附于、曾二人写的旁证全文（后收入中央文件集时，这个附件没有用）。可见胡耀邦在那时要为薄一波等61人平反，是急于星火的。（按：2013年11月或12月《作家文摘》上转载西安某周刊一文，用我一人的名字写了61人平反事，要点根本未抓住，根本不是我写的，我对该文一无所知，附此说明一下。）

这个证明应是相当有力量的，因为是康生亲口细说的，于、曾两个人的回忆又完全一致。胡耀邦急要，立刻又能写出来，不可能是假的。

光远同志对我个人的鼓励

这里举一个例子。大概1980年在北京开一次小型的出版工作座谈会，由出版局长陈翰伯主持，主旨在开展出版工作的“百花齐放，百家争鸣”工作。参加者十来人。大概有中宣部的出版处处长许力以、于光远、黎澍、陈原、王惠德等，说话较随便。我在会议快结束时说：“我们过去说的马克思主义，其实有多少是马克思的?！也不大是斯大林主义，其实主要是日丹诺夫主义；把日丹诺夫主义弄清楚了，就把苏联这几十年来思想专制过程弄清楚了。”

我一提，大家均觉得有道理，但觉得难找人写。唯独光远同志说：“你这是个大发现，恐怕不是偶然的感想，你就自己写吧。”他自然知道我不通俄文。但于这个人是从不会挖苦人的，他这样说就表示他真的有这个想法。从此以后，我也真注意起这个问题来了。但谈何容易，有两个问题我过不了关。一是所谓“李森科生物学”问题，二是所谓“维辛斯基法学”问题。如果这两个问题你避开，那就没什么意义了。而且不谈这些，就是空对空。所以，我一面在进行，一面又觉得这两个问题难办，事情就拖下来了。大概是2005年，大约6月间，我去北京医院看望于。我到时九点多了，刚见面，护士就来要于去做什么医疗或检查了，匆匆又要告别了。于临坐上推车时，忽对我说：“你那个日丹诺夫怎样了?”我一时感到十分惭愧，只好说：“怕李森科生物学过不了关呢！”于说：“谈这个干什么！”我说，“很重要。坚持科学！”于问：“什么意思?”我说：“苏共中宣部那个科学处处长小日丹诺夫反对李森科，影响了老子……”护士说：“他是病人……”我只好闭口了。

这事使我十分感动，在那个情况下，他还关心这个事情，使我决心还要弄下去。其实那时日丹诺夫与斯大林—李森科的“生物学”问题已基本弄清，因为那是政治，根本不是什么科学问题。还有一个“维辛斯基法学”问题，实在难啃，此事我到2007年基本解决了，即一句话：不要任何证据可以杀人（此话如不确，请任何人予以揭露）！司马迁云：“士为知己者死，女为悦己者容”，没有光远同志的鼓励，我就不可能在2009年自费印出《天堂往事略》这本小册子的上下册送人。这一辈子我就只做过这么一件像样的事。

同顶头上司的关系好像总不太好

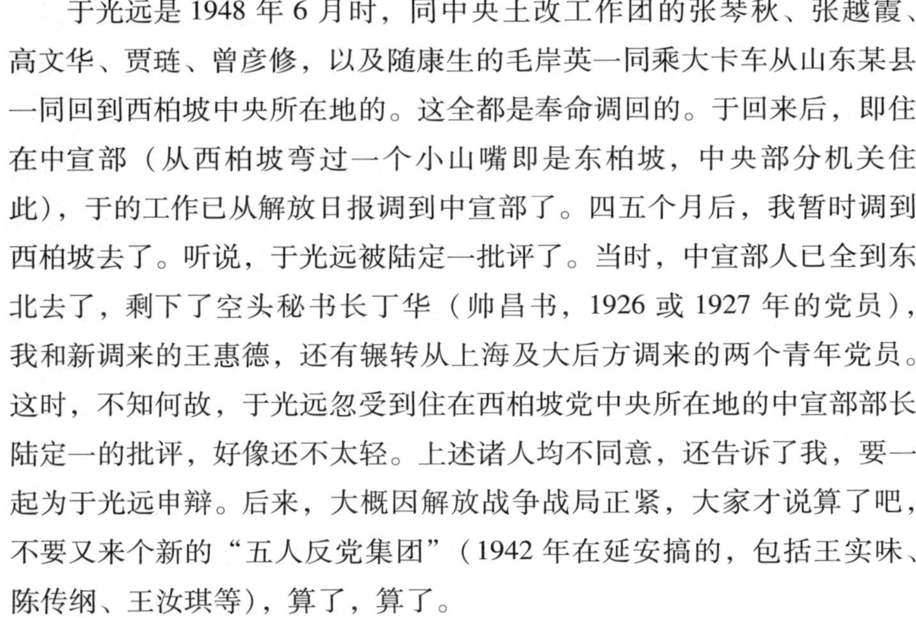

于光远是1948年6月时，同中央土改工作团的张琴秋、张越霞、高文华、贾琏、曾彦修，以及随康生的毛岸英一同乘大卡车从山东某县一同回到西柏坡中央所在地的。这全都是奉命调回的。于回来后，即住在中宣部（从西柏坡弯过一个小山嘴即是东柏坡，中央部分机关住此），于的工作已从解放日报调到中宣部了。四五个月后，我暂时调到西柏坡去了。听说，于光远被陆定一批评了。当时，中宣部人已全到东北去了，剩下了空头秘书长丁华（帅昌书，1926或1927年的党员），我和新调来的王惠德，还有辗转从上海及大后方调来的两个青年党员。这时，不知何故，于光远忽受到住在西柏坡党中央所在地的中宣部部长陆定一的批评，好像还不太轻。上述诸人均不同意，还告诉了我，要一起为于光远申辩。后来，大概因解放战争战局正紧，大家才说算了吧，不要又来个新的"五人反党集团"（1942年在延安搞的，包括王实味、陈传纲、王汝琪等），算了，算了。

1949年进城后，中宣部各处长（于对我说，正式名义多为副处长，不过大家叫惯了，就成为"处长"了）有几个相继升过副部长，如林默涵、许立群、王惠德，以及从上海调来的一位处长等。其中，许立群更任过常务副部长（许在解放后不久即奉命出面批评电影《武训传》进而批评陶行知，令认识他的人感到很失望，也知道他是奉命作文，但以后好像有点真左了）。按理，于在理论修养上、科学素养上、外文（英、德）掌握上，在同事中，除资历上低于林默涵外，好像在中宣部内都属佼佼者，名气也最大，但他在中宣部内却成了个终身处长（其余有的人也多是调往外单位升职了）。

于同陈伯达关系也一直不好。于在1946年即从陈伯达的《中国地租概说》，看出陈是没有读过《资本论》第一卷的，陈表面接受，以后就不高兴于了。

于是中宣部科学处处长，不是搞文字的，与胡乔木的关系不多，对胡的态度于也同别人不太一样，不是那么敬若神明的（我对于胡对文章的技术要求也是敬若神明的），此点，胡自能感觉出来。我曾目睹一次，是于太随便了，不太礼貌。1978 年 8 月，我奉命到北京一次，那时我在上海辞海编辑所工作，当时的新负责人是束纫秋同志。束为人谦和，说："老曾，你这次去如能见到乔木同志，请你问问'林伯渠'这一条为何如此简单，党史条目怎么办?"我去后两三天，即由胡召见，我去社科院，见到周扬同志刚出门几步，我以为他早就去世了，今见其红光满面，自不免趋前热烈问候，周也眼睛一亮，恐怕与我有同感，说，快进去吧，他们正等着你呢！进去见胡乔木、邓力群、于光远三人正在开会，我想退出，说，我下楼去等等。胡说："不用，我们已经完了。"时当盛夏，于穿一单裤，拉至膝上，赤脚，拿本杂志不断地扇脚，是于过于随便了一些。胡即轻说了一句："光远同志，这是在开会呀!"这次我明显看见于光远有点傲上，所以几十年半步未升。但于对众多尊崇他的人，可能是全部，他的朋友、下级、学生、不相识的晚辈等，却很亲和随意，无人感到于有任何傲慢。

像这种情况，在全国大概只有于这么一个典型。

对参与过的最重大事情一字不提

最近已到处载明，邓小平在十一届三中全会上邓本人的简单讲话提纲，是在于光远家中发现的。此事我原来知道一点，但并未弄清。大概是 20 世纪 80 年代初某天，于因出版什么丛书的事，要我到他家去一次。谈话间不知怎么他忽然拿出几张纸与我看，说这是小平同志在三中全会讲话提纲，偶尔才发现的。并告我，是邓找他与胡耀邦一起谈三中全会讲话提纲的。我问怎么没有胡乔木、邓力群参加呢？于说，不知道。这东西我大致翻了一下，也未注意那是谁写的，于写的，还是哪位经济学家写的了。因此我也不当一回事，以发表的为准便行了。我只是说了一句，你似乎常把重要东西乱丢。一切便过去了。后来才知道这三页提纲是邓小平本人的字迹。这反映了于这个人有点萧然物外似的。一件大事情做过便算了，毫不在意，像没有做过似的。这一点是值得一切人学习的，不过不是那么容易学得到的——这反映了一个人心地的纯洁。

在中南海内有几个谈得来的人

在1957年反右前，我有时候要到中南海中宣部去开会，听陆定一、周扬讲情况，布置工作等。上午会完后，我常常留下来跟几个中宣部的处长们到食堂吃饭。在这里可遇见田家英。饭后有几个人多半要集中到于光远处闲扯一番。参加的人是田家英、黎澍（出版处处长）、王宗一、宣传处某副处长和我。田家英在中南海专为毛泽东服务，他的年龄、资历是不够去同毛以外的领导人交往的，不能闷死在中南海里，就只好找中宣部的几个开放一点的人交往了。我去是个好机会，便在一起闲扯一通。我见他们几个人非常随便，田也说点毛泽东的事，但非常小，与政治无关，但对江青十分不满，说这个人脾气怪，难伺候，对“主公”（田在内部熟人中，均一律称毛为“主公”）毫无帮助，“主公”也放手不管等。

在中南海内，恐怕只有这几个人才有这么一点自由谈的胆量了。

以上已经太长了，对不起。

（本文系曾彦修先生生前所作，原载于2014年2月14日《文汇读书周报》）

亦师亦友60年

冯兰瑞

于光远同我是亲密战友，他又是我的领导、老师。这个亦师亦友，又是同事的关系，持续了60多年。历经大风大浪、滚滚波涛，情感愈益深厚。如今他溘然长逝，使我深深感到痛失知己的悲哀！

这几十年，我们相互支持，他对我的帮助很多，特别是在我从事政治经济学的学术工作之后。

（一）使我有机会接触、融入我国经济学界

1956年，我从中央党校理论部政治经济学专业毕业，在哈尔滨工业大学任教，担任政治经济学教研室主任。这时，光远与孙冶方、薛暮桥一起接受了中央交给的任务——编写中国的政治经济学教科书，光远从外地借调了三个人在中宣部科学处组织了一个编书组，我是其中的一个，那是1957年。

正是由于来京参加于光远组织的编书工作，我结识了许多经济学者，有机会参加经济学的学术活动，对我以后的经济学研究工作，帮助很大。

我最初参加的学术活动是1959年春季的一次关于商品生产和价值规律的讨论会。

那年4月3日至22日，经济学界在于光远、孙冶方、薛暮桥等的倡导下，在上海举行了一次“社会主义制度下商品生产、价值规律和计件工资问题的讨论会”，参加的有经济理论工作者和实际经济工作者245人，会上收到的论文和调查报告共有77篇。光远提交大会的论文

是《关于社会主义制度下商品生产问题的讨论》，文章指出：1952 年斯大林的《苏联社会主义经济问题》一书在我国发表，引发了我国经济学界研究社会主义制度下商品生产问题的广泛兴趣，随即展开热烈的讨论。但是，讨论并没有充分展开。1958 年以后，又开始了一轮新的讨论。光远的文章对我认识当时的经济形势、社会主义制度下商品生产必须大大发展，很有启发。特别要指出的是，这次讨论会和以后持续多年的对商品生产、价值规律的研究和讨论，对 1978 年改革开放后进行的经济体制改革（从计划体制转向市场体制）作了理论上和思想上的准备，是具有历史意义的。

（二）在他的组织领导下，经济学界首先冲击"两个凡是"的框框

尽人皆知，1977 年 2 月 7 日，"四人帮"垮台之后不久，"两报一刊"社论《学好文件抓住纲》提出了"两个凡是"，束缚人的思想，成为中国向前发展的绊脚石。而首先冲击了"两个凡是"的是经济学界。

毛泽东 1974 年与丹麦首相的谈话说："中国属于社会主义国家，解放前跟资本主义差不多，现在还实行八级工资制，按劳分配、货币交换。这些和旧社会没有多少差别。"明确否定了按劳分配、货币交换这样一些市场经济的基本要素。

就在 1977 年 2 月 7 日"两报一刊"社论发表"两个凡是"后的 2 月 25 日，首都经济学界召开了一次按劳分配座谈会。接着在 6 月 22—23 日、10 月底、11 月初和翌年 10 月连续召开了 4 次全国性的按劳分配理论讨论会，充分肯定了按劳分配原则是社会主义的分配原则。这一系列的座谈会和讨论会，都是于光远提出，与我和苏绍智、董辅礽、吴敬琏等商定，由我们组织召开的。此期间，我和苏绍智合写了一篇宣传按劳分配的文章：《驳姚文元按劳分配产生资产阶级的谬论》（载《人民日报》1977 年 8 月 9 日），受到邓小平的肯定和鼓励，他指示政研室放开思想，再写一篇大文章，"堂堂正正把问题说清楚，用《人民日报》特约评论员的名义发表"。为写这篇"大文章"，政研室成立了一个写

作组，由林涧青牵头，我和另外两三人参加。这篇题为《贯彻执行按劳分配的社会主义原则》的长篇专论，经邓小平审查同意后，于 1978 年 5 月 5 日以《人民日报》本报特约评论员署名发表，随即出版单行本，广为发行，影响很大。

（三）支持我主持中国经团联的工作

中国经济学团体联合会的建立和主要活动，光远是支持并直接指导的。

前面谈到，我国经济学界从 1977 年到 1978 年连续召开了四次全国性的按劳分配理论讨论会。在此形势下，各省市先后成立了不少经济学团体，展开对按劳分配、资产阶级法权的研究和讨论。经济学界和经济工作者都感受到这些学术活动的作用很大，要求经济学界有一个全国性的组织，以便经常开展学术活动，研讨一些改革开放中的重大经济问题。我把这个要求向光远反映并提出建立一个全国经济学会。光远考虑了一下说，现在已有 100 多个经济学团体，不如把他们联合起来，建立一个全国经济学团体联合会。我同意了这个意见，遂与几个积极分子开始了筹建工作，经团联自 1981 年成立后，即聘请我担任秘书长，一直到 1991 年这个团体被迫解散。

成立一个全国性的团体，有许多问题需要解决，经过一段努力，大体差不多了，只剩下一个经费问题，须光远亲自出马申请。遂由财政学会的代表许毅陪同光远到财政部，为经团联申请到每年一百万元的财政拨款。光远作为社科院副院长，他觉得自己不能只顾经团联，还要顾及挂靠社科院的其他学术团体，遂将这笔经费交给院科研局掌握，分散给其他团体使用。这样一来，经团联每年只得到四万元经费，维持运作很是困难，只好依靠自己办企业来补助。经团联先后办了经济科学出版社和几个报刊，取得了不错的经济效益和社会效益。

同志们可能记得，1987 年春发生了一件大事：胡耀邦同志辞去总书记职务。之后不久，中顾委开了一个历时九个半天的“于光远生活会”，集中批判于光远。会后将生活会的内容归纳为十个问题，报告党

1999 年 7 月于光远夫妇在李昌（右一）、冯兰瑞（左一）家

中央。并向社科院马列所和经团联的党员分别作了传达。我有幸参加了这两次传达会，在这两次传达会上，我都站起来，对报告中说“经团联是于光远的自留地”，“《经济学周报》是于光远的喉舌”的批评提了抗议。我指出，这个提法是不符合实际的，写在向中央的报告上是不严肃的。作为经团联的秘书长，我坚决不同意，经团联理事会不同意，经团联的 418 个团体会员也不会同意，并要求这个文件不要往下传达。当然，我人微言轻，抗议不会受重视。

（四）关于“阶段风波”和进一步提出“社会主义初级阶段论”

1979 年春天我在国务院政治研究室期间，参加了中央召集的理论工作务虚会，在会上与苏绍智做了《无产阶级取得政权后的社会发展阶段问题》的联合发言，此文在《经济研究》当年第 5 期公开发表，引起各界的重视。但胡乔木和邓力群认为此文否定了中国是社会主义社会。于光远对我们的文章则坚决支持，他在此文基础上提出了当前中国处于社会主义初级阶段的观点，后来这个观点被写入了中共中央文件。中国处于社会主义初级阶段，使我们在很多方面可以摆脱马克思经典论述的束缚，为一些改革开放政策的出台创造了条件。光远还写了一篇题为《从“阶段风波”到初级阶段》的文章，对这个事件的真相加以披露。

谈到光远同志对我的支持，还有件事可以提一下，就是他为我的《冯兰端经济论文选》写了一篇不短的序言，开头就说明，他“一般是不给别人的书写序”的，对我则是例外。

以上就是我和于光远在几十年的共事中经历的几件事，由于时间有限，有些重要的事，也就点到为止。

我在美国的女婿万润南写了一首悼念光远的挽联，我就以此为结吧。

毕生修学学富五车乃自由思想的光大
济世通才才高八斗皆独立精神之远扬

（根据作者在2013年10月19日经济学界
于光远同志追思会上的发言整理）

我有幸在晚年结识了于老

吴　象

近三年来，老病常犯，并发症增多，不断进出医院，与老朋友也疏于来往。这一次医疗效果明显，从医院回到家里，感到身体精神恢复了一些，正与女儿商量去看望一些老朋友，当然就有光远同志。没想到9月26日，就得到光远去世的消息，深感悲痛。第二天就到光远家中吊唁，在光远同志的遗像前向他深深鞠躬的时候，不禁想起与光远同志相处的点点滴滴。回到家里，心情更是久久不能平复，一连几天如此。

记忆一下沉入历史。20世纪五六十年代，我前后10多年在山西日报社任职期间，就听说过于光远这个名字，知道他是中宣部的科学处兼理论处处长，别的却一无所知。“文革”十年动乱的末期，邓小平复出任副总理，大刀阔斧地进行治理整顿，并成立了七个人为首的国务院政治研究室，文件发的消息十分简短，别的几乎什么都没说，七个人的名字却一一公布了，于光远的名字是比较靠前的。我从几个报人老朋友处听到关于他的几则“目光远大，敢作敢为”的小故事，对他萌生了仰慕之情，可惜无缘相识。此后的三四年是个历史大转折时期，事件迭起，风浪不断，大悲大喜。最终“四人帮”被粉碎，“文革”结束，迎来了改革开放的新局面。

1980年5月，我奉中组部调令，从安徽来到北京，由安徽省委副秘书长改任新成立的中共中央书记处研究室室务委员。我报到时，室主任邓力群笑着对我说：“室里不给你分配什么任务，你主要是帮助万里同志搞些调查研究，起草讲话报告之类。刚来中南海，一般人都有点神秘感，你还是搞在安徽的那些事，领导也没有变，只是环境是新的，过几天就熟悉了。至于办公室、看文件、电话、用车这些问题已安排好，有人领着你去看，有什么问题再商量。我这边有间办公室，主要在勤政殿那边办公，有事可随时打电话联系。”

2004年9月与万里、吴象在万里同志家中

开始工作之后，才知道书记处研究室是原来国务院政治研究室改编的，名称、机构、人员有了变动，又从中宣部、《红旗》杂志等单位调来了不少人，编辑出版了四五份内部刊物，人来人往显得很忙碌。于光远听说已任新成立的中国社会科学院副院长，不知是否在此挂职，却时常来参加会议。会议休息中间或会后，大家经常在走廊里聊天，光远同志是个极随和的人，毫无领导架子，喜欢和别人闲聊，而且总是很有兴趣地聆听别人讲的信息和意见，这样我和他就逐渐熟悉了起来。

光远同志最大的特点是平易近人，待人平等，什么人都能谈，谈什么都行，都谈得拢，谈得愉快，而且还都能说出一套系统的看法，所以，不少人都称他是百科全书式学者。他主要是位经济学家，经济学需要集多种知识于一体，他对经济学涉猎甚广，重视创新，对其他交叉学科也有兴趣研究，造诣颇深，如自然辩证法、国土经济学、生产力经济学、数量经济学、未来学、休闲学等等，他都写有专著，真正是著作等身。在这段时间不长的日子里，尽管我与光远同志直接交谈次数不多，内容也非深谈，可对他如何为人处世，却深受启发。我深感有缘认识光远同志，时常在不同场合与他不期而遇，与他交谈如沐春风，这对我来说是来京后最高兴的收获。

后来，光远同志社会科学院的事忙，我也不断下乡出差，互相就很少见到了。不料一次开会，我又看到了光远同志坚持原则的另一面。这个会召开的准确年月记不准了，是社会科学界为他从事学术活动五十周年举行纪念座谈会，地点就在政协礼堂，参加的人中既有年龄较大、气度不凡的学者、将军、名流及各界有关知名人士，也有许多像我这样的普通机关干部、仰慕者。我到得比较早，四处张望了一下，竟没有找到一个熟人，好在空座位还很多，我便找了个地方坐下，也不知道旁边坐的是谁。到正式开会宣布到会的贵宾名单，才知道坐在我旁边的就是大名鼎鼎的物理学家钱三强。当时是改革开放初期，思想上比较解放，社会上对人体特异功能争论很多，也反映到这个会上，甚至有些大科学家对此也持支持态度。有位年轻人听着不顺耳，突然站起来表示反对，并说这是伪科学，于是会上发生了争论。争论中有位最负盛名的大物理学家也讲了话，引起了轰动。我听后却不知如何评论才好。多年后与一位也参加过这次会议的同志谈起这段往事，他说，这位大科学家确有大家风度，讲话富有逻辑性和吸引力，但仔细推敲，实质却是在更高层次上支持特异功能，还是欠缺一点科学精神。

当时会场的气氛还是使会议主持者感到有些尴尬，没想到这时于光远站了起来，他说，“我从来不赞成什么特异功能，最近社会上嚷嚷的不少，中宣部和有关部门也收到各种反映，什么耳朵识字，隔墙认人等等，我们下去做了几项调查，发现了许多弄虚作假的现象。”他不仅语言朴实，几乎没有专业用词，举例更是普通简短，人们平常习见，调查才知是这么回事，惹得哄堂大笑。人们抢着发言，会场气氛很是活跃。争论之后，会议开得更好了。接着钱三强在会上的讲话更成了巅峰，他说，20 世纪 30 年代他和于光远是清华大学物理系同班同学，他们的导师周培源对学生的功课要求特别严格，用各种方法考查学生的能力，比较差的就要留级或被劝转系、转校，毕业之时，全班学生只能留下一半甚至 1/3。可是 1936 年升三年级时，班里忽然多了一个于光远，几个同学议论要盯着这位同学，看他到底有什么本事。三年级一个学期还没读完，大家都服气了，公认他是博学多才的冠军。后来周培源受邀到美国讲学，还把于光远的毕业论文带给爱因斯坦看，爱因斯坦还提出了修改意见。后来有一个去法国居里夫人实验室读研究生的名额。大家议论不用考试了，非于光远莫属。但是他放弃了这一难得的学习机会，结果是钱三强得到机会，去法国深造。钱三强对此很感动，出国前专门打听光远的行踪，终于找到了他，原来光远是北平“一二·九”学生运动的积极分子，已参加中共，是半公开的民族解放先锋队负责人之一。分别时，于光远在钱三强的纪念册上写下一段气壮山河的话，大意是国难当头民族危亡，我的选择首先是抗日救亡，发动群众，不懈斗争，建立一个民主的劳动人民的国家。你出国深造也是多难的祖国的需要。我们在不同的地方奋斗，十年后再来合作建设一个新的中国。

这次会议光远同志在是非面前，不畏权威，坚持自己看法的一面，给我留下了深刻的印象。

我遗憾始终没有和光远同志在一个单位工作过，但两个人都在北京，见面的机缘还是多的。1982 年中央农研室及国务院农研中心先后成立，两块牌子，其实是一个单位，主任杜润生是位老专家，曾被贬为“小脚女人”，但在他的统一领导下，迈出了农村改革的步伐。我在中南海工作，又在杜老领导的机关里挂了个副职，逐渐把重点转移到了“九号院”来。

记不清是哪一天竟在院子里突然碰见了于光远。我问：“您怎么来了?”他说，杜老找我们开了个小型座谈会。又对我说，想去看看万里同志，有几个问题想听听他的意见。听说万里同志有点耳背，我的耳朵也有点背，最好你能陪我一起去，听不清楚的，可以请你顺便当半个翻译。我说，好啊，我去问一下，就给你打电话。我把这件事给万里同志汇报后，他也说好啊，非常欢迎。就让秘书安排在第二天上午 10 点会见。第二天快到时间，我在中南海西大门等他，他看见我打招呼，便把车停下来，我拿着工作证给门卫说了一下，就坐了他的车一起到了勤政殿那边。这一次他们谈得很愉快，很融洽，两个人距离很近，互相讲话

基本上都可以听到，我这半个翻译实际上真只要半个就够了。后来有一段日子光远同志没有再来电话。一次万里同志和我谈起别的事情，忽然问道："你最近见于光远没有？他还是那么健谈，问题那么多吗？问问他什么时候有空，再来谈谈啊。"当天我就给光远同志打电话，还没有说什么事，他就说，这一阵身体不好，住了几天医院，正想打电话告诉你，我最近做了两副耳机，我自己戴一副，还准备送万里同志一副，可以对谈。两天后到了万里同志家里，万里一见面便说，我前一段已经找了副耳机，戴起来很费事，还是听不清，我就不戴了。承您盛情，送来专为我做的礼物，我当然要再试一试。但愿上帝保佑，我们俩一切顺利！万里是个高个子，做了个滑稽的姿势，又伸出右臂说："医生请！"光远掏出眼镜戴上，才把带来的耳机取出试着装好，又把一根不长的线接到耳机上，假装严肃地说："医生认为，现在可以开始。"屋里好几个人都忍不住哈哈大笑起来。果然戴了耳机要比不戴好。

当时社会上对雇工问题争议很大，他们对此交换了一些看法，互相觉得对问题的认识有帮助，但是情况很复杂，还要进一步研究。以后光远还去过万里同志那里，也是我陪着去的。这种双方满意的交流形式进行了好几次，由于种种原因，没能继续下去，两位老人耳朵都背，年过九十，不断加重，更是无可奈何的事。但是，自此之后我和光远同志更熟悉了，思想交流更广泛而深入了。

会议多是新中国的传统。改革开放年代又兴起了研讨会之风，从北京刮向全国。1980年我来北京工作，几年之后，被邀请到有关研讨会的次数明显增多，有时就遇到光远同志，听到他一些内容厚实，对人很有启发的专题讲话。90年代我开始比较自觉地重视这方面的机遇，但是比较之下，我认为向他学习最好的方式还是登门拜访，这种方式简便、灵活，次数几乎没有限制，受启示、教育最多也最深。

我知道他住在史家胡同，却不清楚具体什么地方。记不清哪一年什么时间了，有个星期天到东单煤渣胡同人民日报社宿舍看望一位老友，又经他指点，才找到史家胡同于家。这是座老旧的大宅门，有四五家人居住，已不那么气派了，但院子还是比较宽敞。光远同志住北屋，好像改装过一下，有三四十平方米，突出的印象是全屋几乎都是书，三个门都不显眼，一个通院子，后墙角一个通后面几间卧室，大窗户靠墙边还有个门，里面还有个卫生间。其他三面靠墙的地方都摆满了书架。很多书架顶上也重重叠叠摞着书，一直顶到天花板。屋内有套大沙发，他的办公桌不小，靠窗户这边，光线好，对面还有把靠椅，桌面上除了电话机、订书机，还是书，有三四本摞着的，也有单本的，翻着展开放的。我进屋时，他正在藤椅上看书，见了我，便说："这几天又行动不大方便，请坐这里对面说话，又近又好，我还能听得清。"里屋孟大姐出来，给我们弄了两杯茶，寒暄了几句又回里屋去了。我们开始谈话，这种谈话随兴所至，漫无边际，海阔天空。有时向他请教专门问题，有时就是闲聊，时不时会有一件事、一句话使我有所领悟，受益不浅。

90年代和新世纪初，有好几年每隔一两个月或更长一点，我们几乎必有一次这样的谈话。有次我不知为什么忽然问他，"百科全书式"这个词是怎么出来的？他不以为忤，笑着回答说："我确实不知道，也不赞成，我最近写了一篇小文章，叫《九十感言》，还没有送你，今天你来了，正好送你一阅，请你批评指正。"说着拉开抽屉取出来写了两行字送我，对我说："这篇文章并没有回答这个问题，也不必回答，和我根本没有关系。但我实际上是表态了。"他指着其中一段文字，写的是："我这个人看问题一般来说还算敏锐，不笨，但在学术研究工作中，不论旧学、新学，底子都不算深厚，我自己清楚。学识浅，常识比较多。"这几句话使我受到震动，领悟到光远同志待人宽厚，处世实事求是，两方面互相结合都是性格使然，出于真心实意，参加革命后重视不断总结实践经验，改善提高，便到了一个比一般人更高的思想境界。

还有一次，我进入他的办公室兼客厅，他的秘书胡冀燕等几个都在，大家谈兴正浓。我就问什么事情这么高兴，胡冀燕说，那个提纲终于找到了，是光远同志的老伴儿找到的。当时正值"六四"风波之后，社会上对改革开放议论很多，人们的思想也很迷茫，大家都盼望着邓小平对改革开放能有一个肯定。光远同志把一本书中夹着的三页纸给我看，原来就是三中全会上邓小平那篇《解放思想，实事求是，团结一

致向前看》的讲话提纲，用铅笔写的，是邓小平的笔迹，一共三页，列出了七个方面的问题，包括：解放思想，开动机器；发扬民主，加强法制；允许一部分人先富起来；等等。光远对我解释说，那是三中全会前的工作会议期间，党的主席华国锋请邓小平在工作会议结束、正式召开三中全会之前，做一个讲话。对讲话草稿，邓仔细看了几遍，想来想去还是只好放弃。于是，下决心否定这篇稿子，自己找了几张纸，用铅笔写了一个类似提纲的东西，然后马上打电话找胡耀邦和于光远来家里商量。邓小平说，写好的这个稿子不能不否定，要另写一篇，请你们组织几个人按我这几条写一个初稿，再来研究修改。光远同志找到邓的这篇重要讲话提纲，使我们对于理解十一届三中全会的来龙去脉，对于伟大中国崛起复兴之路怎么迈开第一步，怎么才能平稳、更矫健，有极重要的意义。

光远同志不仅仅是有大智慧、大学问的人，更是一个有趣的、好玩的人，我虽已年迈多病记忆力衰退，但想到和光远同志在一起经历的种种，那个鲜活的形象就历历在目，令人无法忘怀。从邓小平讲不要问姓社姓资，要抓经济发展；从皇甫平发表三篇文章，一直到后来邓小平南方谈话，光远同志从来都是坚定地表示“不改革开放不行”。后来他写的东西少了，但讲的仍然很多，他对形势是乐观的，他说改革开放以后，最大部分的群众生活得到了改善，不改革没有出路，他不但自己身体力行，而且更鼓励别人发表各种各样的见解。1984 年，中央整党办公室约请我写了一篇关于农村改革的通俗讲话，他看到了，曾写过推荐文章。后来出单行本时，就成为这个小册子的序言。90 年代我写《中国农村改革实录》，他为我写了篇很长的序，论述中国农村各个时期的发展，这是他研究并提出“社会主义初级阶段”问题过程中一篇重要的文章。还有我那本《好人一生不平安》，光远同志作的序言，开头就说：“我很少为别人的书作序，因为认为写序往往要花费相当多的时间来先看明白这是一本怎样的书，特别是近年来随着年龄变老，愈发没有这个气力，遇到别人提出写序的事情，常常只有婉言谢绝了。然而，当前些天吴象来电话，提出希望我为他的《好人一生不平安》作序的想法时，因为我们是多年相识的老朋友，没犹豫就答应了下来。”这一段话，我看到后既惭愧不安，又感激莫名。他长我六岁，又是著名学者，我一直尊他为老师、前辈。交往一直非常愉快。当然也想和他结识为亲密无间的朋友，但朋友这两个字始终没有出口，更不会见诸文字。所以见到这一段话，内心的高兴、兴奋的确是前所未有的。有些出版社往往恳请光远同志编一些有标志性的书，他也忘不了我，组织或帮助我参加。他重视文化学术的发展，寄希望于比他年龄小的人。像对待我一样，光远同志事实上为不少人的著作作过序，只是晚年例外。他就是这样对提携后人勤笔耕耘，不遗余力。

记不清哪一年了，于老搬了家。闻讯后，我和老伴到他新居探望，他已不能走路，可是他仍然像以往一样，总是豪情满怀。他对我说，我仍然可以坐轮椅飞天下。现在回忆起来，在他坐轮椅之后，我们还有过三次难忘的共同出访的经历，光远同志确实也做到了“坐着轮椅飞天下”。

20 世纪 90 年代末，光远同志、杜老、厚泽同志我们几个一同去了广东参加一个研讨会。会后听说南海市群众性电脑应用有新的发展，他与厚泽同志去了南海。他们两个是老干部中运用电脑的先锋。在此前后，光远同志已坐上了轮椅。我们一起上了黄山市，他对开发山区、开发太平湖与黄山结合起来的观点十分赞同，给省市提出了许多有益的建议。后来，我们又一起去了四川，他给农村出现的农家乐出主意。到成都郊区参观时，他对打麻将发表了许多有意思的见解。我们去看都江堰的路上，他忽然讲起了延安。当时，我们十几个人坐在一个中巴上，胡冀燕带头唱起了歌，这些八九十岁的老头子像年轻人一样唱起了黄河大合唱……

还有很多很多，一一说起，像是总也说不完。

光远同志以 98 岁高龄，走完了他传奇的一生。我有幸在晚年结识了他，从他那里学到了很多东西，特别是活到老学到老的精神。悼念老友，诌了八句，不讲韵律，以此来表达我对光远同志的怀念之情。

博学高才知古今，谦恭行事从无矜。
解放思想参与者，时代变迁尽寸心。

有幸识君虽已晚，良多受益暖如春。
悲情难断送于老，此后叹无鸣铎音。

（本文原载于《炎黄春秋》2013 年第 11 期，原标题为《悼于光远老》）

于光远与广东二三事

杨　奇

1. 黄秋耘介绍相识，“文革”后多有往来

于光远是我景仰的老前辈，我认识他是由于广东老作家黄秋耘的介绍。广州解放以后，黄秋耘先后在《南方日报》和《羊城晚报》两家报社与我共事。他曾与我多次谈心，让我知道了于光远和他在清华大学读书时的情形以及参加“一二·九”运动的具体情况。他还告诉我，于光远从1936年下半年起，曾经在广州的岭南大学物理系当助教。1937年初，中华民族先锋队①领导人李昌派遣黄秋耘南下发展民先组织，黄想起了自己的清华大学同学、当时又正在广州的于光远。后来于光远成为了民先广州分队部的负责人。

所以，于老早已是我心目中的“老革命”，但我更多地感受到他的教导和爱护，则是在“文革”结束之后。当时我担任广东人民出版社社长，每次到北京开会，总要拜访他，听取教益。

我们分处京穗两地，他在百忙之中，也曾多次写信给我，并关注我主编的80万字的《香港概论》和我撰写的《香港智力阶级》等学术专著，也鼓励我继续研究香港问题。

不仅如此，我们也讨论当时的经济形势，他还关心我的身体健康。我保留着1994年1月20日于老写给我的一封亲笔信。原文中有这些文字：

① 中华民族先锋队，简称“民先”或“民先队”。是中国先进青年在中国共产党领导下建立的抗日救国组织。1936年2月成立于北平，其组织成员共300人左右，分成36个分队。在抗日战争中，队员们积极参加抗战。后并入青年救国会。

1月11日来信收到。看来你对你的身体是要找到一个合适的生活方式，一方面还是要尊重医嘱，坚持治疗和不使自己过劳，另一方面继续做一些自己力所能及而本人有趣味的事。相关问题是一个很重要而又迫切的问题，希望你不断取得研究成果。

对于大陆经济形势，我摸不透。你提的眼前三个问题，我与你可能有共同的看法，又有不全相同的看法。可是在信上也说不清楚。不知道何时可以面谈，而且一两次也还说不清楚。总之，还是邓公讲的“发展才是硬道理”。近作一篇寄你一阅，但文章写得那么抽象，恐怕不能解决你提的问题。

2. 广东出版“对批判的批判”

在我与于老的交往中，比较为人所知的是那本书《批判“四人帮”对“唯生产力论”的批判》的出版。这本书批判了自“大跃进”以至“文革”以来的一些错误经济理论，为后来一系列思想理论问题的拨乱反正拉开了序幕。现在回想出版的过程，很有意思。

1976年10月6日，“四人帮”倒台，“文革”十年浩劫终结，国内各领域都有待拨乱反正。而我1974年从肇庆地委宣传部部长任上被调回省里，组织上分配我参与组建广东省出版局，并任广东人民出版社社长。到“四人帮”垮台之时，我已经从事了两年多的图书出版工作。

12月下旬，我接到了于光远从北京打来的电话。他说：“在我主持之下，林子力和有林两人写了一本书，对‘四人帮’批判‘唯生产力论’① 的谬论进行批判。拿去人民日报刊登，他们说字数太多，不好办。拿去人民出版社，也有困难。你们广东可不可以出版？”我果断回答：“当然可以。我想印50000本！”于老又说：“很好。北京要三个月才能出书，这就太慢了。你们怎样？”我稍一思索，盘算了一下当时这

① “四人帮”批判“唯生产力论”，在“文化大革命”期间，“四人帮”曾疯狂地批判过所谓“唯生产力论”。如果按字面上的理解，就是把生产力看作是历史过程中“唯一”决定性的因素，也就是一种庸俗的“生产力论”。而“四人帮”对“唯生产力论”的批判，一度成为反对发展经济、改善人民生活的一种极左思想武器。

边的编辑、清校、印刷能力，说："我可以兼做责任编辑，省掉几个编审环节，保证一个月印好。"于老最后高兴地说："那好极了！就拜托广东出版啦！"

出版的速度是前所未有的。1977 年春节一过，于光远便写信介绍林子力和有林来到广州，我安排他们住在从化温泉。最终定稿后，我直接审阅，直接发排，结果只用了 28 天，便出版了这本最后定名为《批判"四人帮"对"唯生产力论"的批判》的书。当第一批书航寄到北京时，正值中共中央召开各省委、市委书记工作会议，此书立即引起大家的重视，被认为是第一本从经济方面批判"四人帮"的理论著作。安徽省委第一书记万里最先叫秘书打电报到广东人民出版社订购一批，四川省委第一书记赵紫阳的秘书也随即致电订购。接着，各省市也纷纷来订购了。

当时人们头脑当中极左经济观念还很普遍，这本开先河的书出版后，在社会上引发了强烈反响。据北京知名学者吴象在《经济学家林子力》一文中说："当时的中央委员几乎人手一册，都仔细看了。胡耀邦、罗瑞卿等同志表示支持，并提出了一些修改建议。1977 年 11 月，中央人民广播电台连续广播了这本书的全文。翌年 2—3 月，应听众要求，又重播了一次。这本书后由人民出版社与广东人民出版社两家联合出版。经过三个月修改补充，于 1978 年 3 月出版，第一版就印了 14 万册。"此前广东出的该书作为"内部征求意见版"，而 1978 年修订后正式推出。

3. 香港回归前两月研讨港深珠三角互补新态势

上面说过的出版一事过后，我同于老的交往更加密切些。另外，还有发生在香港回归之前的一件事，值得纪念，那就是 1997 年 5 月 11 日至 13 日，于光远在深圳市组织举办了一个名为"21 世纪香港深圳珠江三角洲互补关系新态势"的学术研讨会。这是非常有眼光、有针对性的一次会议，也只有于老这样的"老革命"能组织得起来。我当时作为香港大公报的社长也参加了。

1997 年与杨奇同志（右一）合影

会议开幕之日，当时的深圳市委书记厉有为前往致辞，认为这次研讨的意义十分重大，香港是国际航运中心、金融中心、贸易中心和信息中心，但也面临着制造业的升级换代、第三产业的成本上升等问题，需要注入新的活力和提供更大的发展空间，才能使经济持续繁荣。

于老在会上作了《论香港回归后深圳、珠江三角洲与香港优势互补》的主题报告。这个报告分为 12 节，讲了两个多小时。他首先指出，香港与深圳、珠三角之间，本来就存在着优势互补的关系，现在的问题是要加深认识香港原有的优势，同时也要研究它的劣势。于老认为，只有实行"一国两制"，才能更好地发挥香港原有的优势。

我还记得，于老在他的报告第三节谈到香港的优势和劣势时，很谦虚地说："我想介绍其中杨奇主编的《英国撤退前的香港》和施汉荣的《"一国两制"与香港》。……这两位，尤其是杨奇，长期在香港工作，观察令人瞩目的'香港现象'，并进行了专门的研究，写了好几本著作。现在我就介绍一些他们的观点，不想自己发表什么见解了。杨、施两位都出席了这个会议，介绍得不恰当的地方我想他们是会向我提出的。”于老这种虚怀若谷和严谨务实的精神，让我们在座的人都深受感动。

出席这次研讨会的著名专家学者很多，有于光远、杜润生、朱厚泽、陈鲁直、季崇威、张序三、封小云、郑佩玉等40人。每个出席者都提交了一篇学术论文。我虽是忝陪末座，也写了一篇约8000字的论文，题为《香港新的社会矛盾与阶级结构》。主要介绍了香港华人社会的三个阶级、香港地区性的政党和政治团体，也分析了香港社会主要矛盾的演变以及处理社会内部矛盾的大前提。我着重指出的是，回归之后必须警惕美国插手香港事务，今天看来没有讲错。

这次学术研讨会开过之后，北京海洋出版社很快就在当年6月份出版了16开本的论文集。曾任广东省委书记的任仲夷同志还为此书写了恩格斯的名言：“一个民族想要站在科学的最高峰，就一刻也不能没有理论思维。”

在此次研讨会召开前一天（1997年5月10日），香港大公报刚以《深圳香港将共富共荣》为题，刊载了深圳市委书记厉有为看香港回归和深港合作前景的专访，可见这个话题正是当时引起广泛关注的热点。可以说，该次研讨会上所交流的经济思想、所探讨的理论问题，对于后来深港两地以及香港和珠三角之间形成合作互补、共富共荣的新态势，起到了深远的影响。

4.“超短文”结集《碎思录》，胡耀邦题杜诗以赠

于老勤于思考和写作，我做了个不完全统计，他一生出版了85本以上的著作，这在图书馆大多可以找到。但我手头有一本特别的书，是在香港出版，由他的100篇“超短文”编成的《碎思录》，则鲜为人知，值得一记。

书是于老在1993年7月送给我的，书的引言之前有一份胡耀邦同志亲笔题赠的彩色影印件。于老在《小引》中提到，1988年春，他到305医院拜望胡耀邦，回家后，他将自己积累起来的“超短文”用毛笔

抄了38篇寄给胡耀邦。于光远在信中说："过去写过不少'青年修养'的文章。这些年，自己老了，当初的青年朋友也老了，想想自己，看看别人，深感'老年修养'也是个大问题。这些篇可以看作属于'老年修养'的范围。"没想到这些手抄稿寄出不久，他就收到了胡耀邦酬赠的题字："青松寒不落，碧海阔逾澄。——录杜甫诗句酬光远同志寄赠 胡耀邦 戊辰夏"。

《碎思录》是"超短文"的结集，每篇少则几十字，多亦不过200余字，也可以看作是于老为人处世的生活准则。这种文体在当时显得十分新鲜，现在还有人称之为网上"微博体"的先驱呢。

比如书中第一篇《无时不思无日不写》中，他就写道："不是警句，更不是格言，只是本人的习惯。人各有特点，我的特点就是思考和写作。我感到世界上总有许许多多的问题值得去思考。思考了就想留个记录，就去写。多年如此，养成了这个习惯。自己体会到，这种思和写有助于自己对世界认识的深入。"

这些文字对于理解于光远其人都很有意义。

这本由香港经济导报社出版的《碎思录》，装帧也非常精美，版面上采取了仿照线装书的形式，而且每一篇都由物理学家戈革按题目刻印。戈革教授当时年逾七旬，奏刀刚健，古迈绝伦，给这本思想性读物增加了不少艺术性。而附在正文之前的胡耀邦亲笔题字，更是记载了他与于光远交往的一个细节。

【说明】

作为中国当代思想解放运动和改革开放的重要参与者和见证人，于光远与广东亦颇有渊源。为此，光远同志去世后，羊城晚报记者专访了于老的至交、91岁高龄的著名报人杨奇，听他追忆于老二三事。本文系根据羊城晚报记者的采访改写。原文载于2013年10月12日的《羊城晚报》上，记者：邓琼、董柳。

我和李锐高度评价于光远

杜导正

从于老家回来后，我跟李锐通了个电话。我们对于老的去世都感到很悲痛，于老走了，是我们国家的一个重大损失。

我和李锐对于老的评价是：于光远是我国当代著名的思想家、政治家、理论家。他是十一届三中全会路线最坚定的执行者，是中国思想理论界重要的代表，他不愧为模范人物。邓小平、胡耀邦都很欣赏他。他思想先进、坚定、活跃，有理论基础，我们高度评价他。

（9 月 28 日杜导正同志率《炎黄春秋》的杨继绳、徐庆全等几位同志前来悼念于老。临走时，他嘱咐于老家人，有关生平的事，小的问题可以让步，原则问题一定要坚持。9 月 29 日晚上，胡冀燕接到杜导正同志的电话，以上内容是根据该电话记录整理的）

我的第三个上级

——于光远素描

龚育之

我的第一个上级是赵沨，第二个上级是秦川，第三个就是于光远了。1954 年中宣部单独建立科学处，由胡绳和于光远任正副处长，但胡绳是中宣部副秘书长来兼处长，并不能常来管事，常在科学处的是光远。1955 年胡绳调走，光远成为处长，一直到 1966 年中宣部被砸烂。所以，光远是我在中宣部里长达 12 年的直接上级。

初　　识

新中国成立初期，于光远在宣传马克思主义方面很有名气，他是中宣部理论教育处的副处长（处长空缺。这里顺便说明一下，当时中宣部是部处两级设置，不设局），又是中宣部主办的《学习》杂志的总编辑。1950 年的一天，他到清华大学来，找学生中的一些党员干部开座谈会，理学院支部是何祚庥、罗劲柏、胡则维、我和孙小礼等几位党员去参加了。何祚庥侃侃而谈，他至今说，他记得自己提出了自然科学阶级性的问题。别的与会者也七嘴八舌，各抒己见。说些什么我可全都记不得了，但记得讨论中于光远忽然问道：“你们这里有谁看过《学习（初级版）》吗?”

全场哑然。

《学习（初级版）》是附属于《学习》杂志的一个小型刊物，大学生们以为是给文化不高的工农干部或者初中学生读的，所以一般都不看。

接着，于光远说了一番话：大学生要学习政治常识和经济建设常识，基本常识学好了，理论才能钻得深。当时《政治常识读本》正在《学习（初级版）》上连载（以后还刊载过《经济建设常识读本》）。

于光远的这番话，我至今记忆犹新。这恐怕不能说是一种广告词，而是他这位十几年前的大学生，又做了十几年理论宣传工作的老干部，根据自身的真切体会对当时的党员大学生的中肯赠言。

选兵和练兵

于光远到清华来开座谈会，单纯是为了了解大学生的理论学习状况吗？我一直觉得还有为中宣部选兵的目的。当年何祚庥一毕业，就被调到中宣部理论宣传处，成为了光远的部下。第二年，我和罗劲柏也被调到中宣部。我想这与光远那次到清华去考察不无关系。

光远的一大长处是善于选兵，他陆续从大学里调来了学过物理、化学、生物、医学、地理、农学、工程、经济、哲学等学科的一批年轻教师和毕业生。在科学处聚集了一批年轻人，年轻，就比较有朝气。

光远在中宣部负责联系科学工作应属最佳人选，因为，他从名牌大学物理系正规毕业，又有从“一二・九”运动到延安的革命经历，这样的人不容易找。但是光远自己却不愿意，他说，他从自然科学转到马克思主义理论的研究和宣传已经十多年了，再转回到自然科学，弯子太大了。可是，1954 年以后情况变了，中宣部单设科学处，既联系自然科学，也联系社会科学，这样，光远就顺理成章地到了科学处。

中宣部科学处对于光远来说，确实是很合适的工作岗位，而我们这些年轻人被他选到科学处来，则关系到今后的方向、道路和前景，是关乎一辈子的大事。我们本来都是准备从事自然科学专业工作，期望在专业上有所作为，乃至大有作为的。现在情况不同了，当时年轻人能到党中央机关工作，好像很光荣、很神气，但是又什么都不是，没有职称，没有学衔，怎样发展自己呢？我们也想把自己培养成像于光远那样“学贯两科”，既懂自然科学又懂社会科学的新型干部，近学其师，又谈何容易。他们老党员经历过的历史、条件，我们是不可能再经历的。

1997 年龚育之（左一）在于光远同志从事学术活动 50 周年学术研讨会上

于光远善于选兵，也善于练兵。对于科学处里的这批年轻人，他很理解、很关心、很开明，很注意对我们的训练和培养。

对于新参加工作的原来学自然科学的大学生来说，把握政治方向，加强理论素养，应是第一位的。这一点于光远是毫不含糊的。但是，他更强调在实践中培养、在干中学。那时有些大学生到机关好几年了还只是接电话、干杂事，当所谓行政干事，参加不到业务工作中来。于光远则不然。他重视实践中练兵、参与中练兵、民主练兵。他放手让年轻人参加很重要的工作，尝试在重要的工作中让年轻人得到学习和提高。比如，1954 年党中央对中国科学院的两次报告作批示，这是非常重要的工作，于光远也让我们去参加。

于光远从不以权威自居，做任何工作，都不是处长一拍板作了决定，干事们只是去执行。他经常召开会议，发扬民主，和我们年轻人平等地讨论问题，甚至热烈争论，要每个人都充分发表意见。他也善于听取不同意见，有时经过讨论，他会改变或修正原来的决定。

于光远勤奋过人，无日无夜地学习、思考和工作。他的床头总挂着铅笔和纸片，夜里想到什么就随手记下来，以免忘记。他常在晚上召集我们开会，集思广益，讨论问题。有时一直讨论到深更半夜，他困倦了，大家都困倦了，他就在会议室里睡一下，也让我们休息一会儿。他打个盹之后，再接着和我们讨论。

他不但督促我们学习马克思主义，特别注重学习哲学和自然辩证法，训练我们运用马克思主义观点观察和分析问题，而且还要我们在专业方面继续加深学习。对于专业知识，光是大学毕业是不够的，不能适应工作的需要，这对我就更加突出，我只读到大学化学系三年级。于光远给我们每周两天时间，分别到科学院各相关的研究所去进修。我去的是原子物理研究所，由郭挺章研究员指导我学习量子化学。为此，我同时自己补习高等数学、原子物理学、量子力学、放射化学，还参加翻译了苏联的同位素化学教科书。

那时，我的身体很不好，患慢性肾炎，浮肿无力，但是工作还是干得很起劲，在学习方面自我要求也很高，既要努力钻研马克思主义理论，又希望拓宽专业知识，从化学到物理学，从自然科学到社会科学。我处在四个边缘：健康和工作的边缘、学习和工作的边缘、物理和化学的边缘、自然科学和社会科学的边缘。我感到有压力，也有烦恼。于光远理解我们，总是给予我们鼓励，想办法使我们得到锻炼和提高。作为处长，他能这样做，是很不容易的。

何祚庥分配到中宣部工作，虽说是联系中国科学院，没有完全脱离专业，毕竟跟专门从事自然科学专业研究有所不同。何祚庥当然服从党的需要和调配，但是，他从来执着于物理专业。记得他在清华大学当理学院党支部书记时，工作很忙，但物理功课仍然抓得很紧。在食堂排队买菜，他还拿着厚厚一本“*Атомная Физика*”（这是一部《原子物理学》的俄文原著，当时还没有译成中文）在啃，同学们笑话他，他也不在意。他到中宣部后，很早就向部领导和处领导提出了他的愿望：在中宣部工作几年后，请允许他回到自然科学专业研究的岗位上。领导开明，都表示同意。在科学处，何祚庥是很得力的一位年轻干部，但他一再要求领导实现对他的承诺。1956 年党中央发出“向科学进军”的号召，于光远以及部领导终于点头，使何祚庥如愿以偿，年底就到中国科学院原子能研究所去从事专业研究了。

顺便说一下，何祚庥1951年到中宣部，正好赶上从供给制改为工资制。他学识比较广博，又能说会道，主意也多，并有地下党和党支部书记的经历，所以一下子就给他定为18级了。我和罗劲柏1952年到中宣部，没能进入这一门槛，而是按照大学毕业生的“统一价格”，定为21级。1954年评级的时候，于光远说：“龚育之的级别太低了。”于是给我提了两级。“文化大革命”中有人揭发：中宣部的各个处，为培养资产阶级接班人，都在准备提副处长，龚育之受于光远重用，连提两级，是准备提名做副处长的。对于提副处长这件事，后来光远回忆说，其实他当时虽然觉得龚也不错，但认为科学处首先应考虑的副处长人选是李佩珊。

批判与建设

在科学处，遇到批判资产阶级学术权威的事，于光远虽然不能不说些应景的话，但他是从来不感兴趣的。关于这一点，我想至少有以下两个事例可以说明。

1954年，批判胡适派唯心主义，报刊上发表了很多文章，编选出了八个文集。当时我也想凑个热闹，写篇文章，去同于光远商量。他则不以为然，对我说：“你再写一篇，无非是给这八个集子再增加一篇。我们还是做一些研究工作吧!”于是，他就同我商讨起怎样编写《论科学提纲》，这个提纲是准备和科学处内外的一些同志进行研究以后编写的。这件事虽然因为受到政治运动的干扰而没有做成，但是开了一个头，还保存下来一个底稿。

1964年，全国开展“社会主义教育运动”，中宣部组织了好几个工作组分别派到有关单位去。去孙冶方为所长的经济研究所的工作组，他请科学处副处长林涧青担任组长。对孙冶方“资产阶级经济思想”的批判，作为处长的于光远则置身事外，没有参与。

于光远和苏星主编的那半本《政治经济学》（资本主义部分）在1961年出版以后，影响很大。于光远到医院看病，医生一看到病历本上的名字是于光远，就立刻说："我们读过你的《政治经济学》，后半本什么时候出版呀？"但是后半本，即社会主义部分却迟迟没有写出来。光远从来不愿意利用别人的已有成果拼凑成书，他希望在自己有了比较成熟的研究成果的基础上才撰写后半本《政治经济学》。为了研究社会主义经济，于光远热衷于找一些人在他身边，同他一起讨论，一起研究。他曾发起"周四座谈会"，联系实际讨论经济方面的理论和政策问题，地点就在沙滩中宣部大院里的教育楼。可以说，对于社会主义经济，他探索了一辈子，讨论了一辈了，撰写了一辈子！然而在"文革"中，于光远却成为经济学界被批判的资产阶级学术权威之一。

通达和稳重

于光远平时不管机关党的工作，但是政治运动来了，作为处长，他也不能不过问。

一九五五年，反胡风运动中，全国各机关都清理内部的暗藏反革命。我们科学处一位同志的弟弟在另外一个机关工作，被怀疑是暗藏的反革命。那个机关决定对其弟弟隔离审查，同时要求我们机关配合，叫这位同志在其弟弟隔离审查期间不得去看望。

有一天，那个机关向我们反映：这位同志去看过弟弟，要我们了解一下情况。于是，我和罗劲柏受党支部的指派，向这位同志盘问。不料这位同志竟谎说是到医院看病去了，没有去看弟弟；在我们一再追问下，才承认自己只是顺便去看了看弟弟，没有说什么。我们认为这位同志"不老实"，并把这个问题向光远作了报告。光远却轻描淡写地说："关心自己的弟弟，去看望一下，这是人之常情。我看算不了什么问题，不必抓住不放。"这番话，使我们脑子开了窍，转变了思路和态度，不再把这件事当作什么问题。

肃反运动中还发生过一件事。外单位有人揭发说：有一个很大的反革命集团，其人员分藏在好多个机关，包括中宣部科学处。当时由一个大的机关主持这一大案的调查，凡有该集团成员的单位都派人去协助工作。于光远把我派去了，他向我交代说："你去，就是听一听。"主持

调查的机关对于追查这个集团的劲头很大，但是我听来听去，不过是一群在敌伪占领时期的大、中学生，他们苦闷，他们求友，他们也萌发着青春时期的爱情，经常结伴到西山去游玩。他们之中有人向往延安，甚至去过延安；有人向往重庆，甚至去过重庆……如此而已，算不上什么反革命活动，说不上什么反动集团。这样，在我们科学处，就始终没有把怀疑某人是反动集团成员的事提出来，更没有要求本人作交代。

三年前，这位同志去世了。在于光远发起的追思会上，我才第一次把这件事情说了出来。此前，科学处的同事们根本就不知道有这么一回事。

肃反中的这两件事，使我深感于光远的通达和稳重。正是他的这种通达和稳重，使科学处的这两位同志都受到了保护。

要反复讲科学重要

于光远说，中宣部专设一个科学处，我们科学处就要宣传两条，第一条是宣传科学重要，要反反复复地讲科学的重要性，因为党内还有很多人不懂得科学的重要；第二条就是要讲办事的科学性，也要反反复复地强调办事要讲科学。

1956 年开党的八大，这是新中国成立以后召开的党的第一次全国代表大会，开得很隆重。毛泽东致开幕词、刘少奇作政治报告、周恩来作国民经济建设报告、邓小平作修改党章报告。有上百人作了大会发言和书面发言。于光远就是在大会上发言的一个。大会发言不仅要印发，还要在报纸上刊登，影响是很大的。当时，科学院党组书记张劲夫等人为什么都推举于光远在大会上发言呢？一方面是由于中宣部科学处代表党的机构，另一方面是于光远有管理科学工作的历史背景，联系科学界的时间也比较长。记得他的发言主要是发挥了他认为科学处要反复讲的那两条，还讲了党怎样领导科学工作，怎样贯彻“双百”方针，党的干部怎样由外行变成内行等等。通过八大发言，于光远成为了人们公认的党联系科学界的代表人物。

1958 年大跃进，于光远曾写过文章帮着鼓吹小麦高产，他后来觉得这是作为科学处长一件丢脸的事。他还到毛主席那里汇报过一个省委报告下面把苹果嫁接到南瓜上长得多么多么大的事情，而事先没有核实，这也是一件丢脸的事。这两件事是他反省自己作为科学处长不科学，只记得“相信群众相信党”，忘记了相信科学，而当了弄虚作假的传声筒的例子。这些事他在科学处里讲过，后来还公开写过文章。他不但要自己记取教训，还要人们都记取教训。

整风反右中的科学处

一九五七年整风，光远派我们下去听意见，即到科学院和大学去听意见，这样就产生了中宣部《宣教动态》登载的傅鹰的那两次发言，引起毛泽东注意的那两篇批示。主要由于这两篇批示，傅鹰受到了保护，没有被划为右派。可惜中宣部的这个反映和毛泽东的两次直接讲到傅鹰的批示，没有能够在实践中起到保护知识分子的作用。

中宣部并不管科学院的反右，中宣部内部的反右主要也是机关党委干部负责，当然行政负责人也不能不管。

科学处划了三个右派，一位学物理的大学生，一位学哲学的大学生，一位学工程的中专生。可能迫于当时的形势和于光远本人的困难处境，他没有能够像过去那样保护这三位年轻人。

我没有想到，当时提倡鸣放就是为了“钓鱼”，我的确参加过一次为了“钓鱼”的鸣放会。大约 1957 年的 5 月下旬，上面已经决定反右，但没有往下部署，说是“光阴一刻值千金”，赶紧让那些右派言论放出来好反击。于是，中宣部机关在 6 月 5 日召开了一次鸣放会，主题是“等级和特权”，这是当时社会上也是机关里的热门话题。部领导同志都没有参加，由一位被交了底的中层干部主持，参加的都是年轻干部。我和罗劲柏商量作一个联合发言，由我在会上讲。我们无非是讲要注意干群生活差别呀，批评现行工资制度呀，要研究巴黎公社原则和按劳分配原则呀……会上的所有发言当即被整理成大字报公布，后来还编入中宣部机关的一本《言论集》。因为有这么一个编印本，我才得以保存了一份发言稿。现在重看，意见很天真、充满书生气，建议不切实际，要说是观点错，恐怕主要还是“左”的错误。没有料到，这个发言转眼竟成为反右中的一个问题。反右时最大的案子是“章罗联盟”，我和罗劲柏的联合发言，在中宣部也被人们戏称为“龚罗联盟”。

于光远和钱

于光远是中宣部里最有钱的人，也是最不在乎钱的人。

他每个月都请科学处办公室的一位服务员给他在上海的母亲寄钱，他母亲每次都在回信中说明收到了多少钱。回信中所说的钱数总是少于他所寄出的钱数，原来是被那位服务员偷偷克扣了。然而于光远却马马虎虎，竟从来没有觉察。

这位服务员是个小偷，而且是个惯偷，偷过很多人的钱。一次作案时，他被抓获了，并被起诉到法院。他供认说，偷于光远的钱最多。法院开庭审理此案，通知于光远作为证人出庭。可是于光远在回答法官的询问时，却一问三不知，说不清楚他的钱是什么时候怎么被偷的，更说不清楚被偷了多少钱。他那副狼狈无奈的窘态，惹得法庭上下哄堂大笑。于光远的这一轶事，在中宣部里很长时间都被传为笑谈。（这里，顺便坦白交代一下，在法庭上，那个服务员还供认：曾在龚育之挂在办公室的上衣口袋里偷过钱。而在此之前我也毫无察觉。）

于光远之所以有钱，是因为他稿费多。20 世纪 50 年代，全国各地都学习他编写的《政治常识读本》和《经济建设常识读本》，印量极大。后来，他和苏星主编的《政治经济学》是当时全国唯一的一部政治经济学读本，印量也极大。他的稿费当然就特别多。稿费怎么用？那个时候时兴的方式是交党费。于光远用稿费交了很多党费，但也没有全部交，他留下一部分，以便自己来支配。他有自己的一些想法，比如，资助一些公益事业。中国人民大学的剪报公司，也就是今天的中国人民大学书报资料中心，最早就是于光远出钱办起来的。中宣部建机关幼儿园和游泳池，他都是资助人之一。

20 世纪 80 年代有人批判于光远“向钱看”，其实他是赞成两句话：既要“向前看”，也要“向钱看”；“向前看”是坚持方向，“向钱看”

是重视生产，重视经济效益。至于他自己，对钱可是从来不在乎的。

农村“四清”中的于光远

1964年秋，我们都到北京郊区参加“四清”。于光远也去参加了农村“四清”，但他不隶属于由常务副部长许立群挂帅的中宣部工作队，而属于刘少奇组织的“机动队”，蒋南翔是队长，他是副队长。机动队不固定在一个地方，于光远当时又兼任国家科委副主任，是副部级，可以坐着专车到各村转转看看。他不像我们那样只在一个村子里蹲点搞“四清”，而是对了解农业技术方面的研究成果，以及在农村大田生产中应用、推广农业技术的情况感兴趣。

“四清”时，于光远把两位帮他写《政治经济学》的大学教授送到我所蹲点的生产小队。两位教授把生产队的账目做了彻底清理。原来小队的会计自己总是交代不出两箱玻璃的去向，只好承认是自己贪污了。两位教授花了好几天工夫，终于把小会计的一笔烂账查得清清楚楚，证明他没有贪污这两箱玻璃。这件事，小会计满意，小队长满意，社员们也满意。为小会计澄清了两箱玻璃的事，使他极受感动，他主动坦白说，他曾经贪污过几斤芝麻。

大教授帮小会计查清了账目，当时被传为美谈。

这件小事也说明：搞“四清”，搞任何运动，都必须有科学的态度，绝不能搞“逼供信”。

“文革”之初的于光远

“文革”之初，因为“二月提纲”没有涉及于光远，所以他当时还比较轻松。我已经被点名批判，而且批判的来势很猛。

一天，中宣部组织大家去沙石峪参观那里“千人万担一亩田”的造田成就，顺带参观东陵。我已经是被揪出来的批斗对象，于光远还是要我一起去，大概是想解除一下我的紧张情绪吧！

在汽车里，于光远对我说：“你现在这个情况，再在中宣部工作很难了，到哲学所自然辩证法组去吧！”

他不是抛弃我，而是安慰我、爱护我。然而他对形势的发展完全估计不足。不久，砸烂中宣部“阎王殿”，部长、副部长、处长、副处长，都被当作“阎王”“判官”揪了出来，于光远自己也被揪出来了。不单涉及“二月提纲”，不单涉及“方求”文章，还涉及整个中宣部。连哲学所的造反派也来中宣部煽风点火，也来要我写交代和检查，也来揪斗我和于光远。有一次哲学所批斗于光远，还要我去陪斗。

记得于光远曾向人描述他的第一次挨斗，形容他被戴上高帽子的状态怎样可笑。看来他是故作轻松，其实他的心情是不可能轻松的。

强将手下无弱兵

很多人说中宣部的科学处是一个出人才的处。

于光远领导科学处，时间不过 12 年，拿自然科学方面来说，人员不过十来个，就有所谓“十来年，十来条枪”。他的部下，科学处的干事们，后来几乎个个都是不同岗位的得力骨干。

“强将手下无弱兵”，这是光远爱说的一句话。在科学处，他为干部的成长创造了良好的氛围和环境，提供了广阔的思维空间。他鼓励我们结合工作和专业进行研究和写作，支持我们开拓新的领域进行思考和探索。

党的十五大期间，我遇到明廷华，他也是光远领导下的科学处的干事。他笑眯眯地对我说：“你注意到没有，在十五大的与会者中，从我们科学处出来的人竟有五个！”我倒没注意，问他，他扳着指头数，果然是大会代表有三人：郑必坚、明廷华、龚育之；特邀列席代表有两人：于光远、林涧青。郑必坚曾两任中央委员，林涧青曾任中央候补委员。

科学处出了院士！

于光远是 1956 年中国科学院哲学社会科学部第一批学部委员。

科学处还出了自然科学方面的院士！

中宣部的干部要成为自然科学研究方面的专家自然不可能。但是从中宣部出来，到自然科学研究机关长期做专业研究，取得成就，则是可能的。何祚庥就是一个。

有人说，科学处人才多，右派也多。当年被划为右派的侯德彭后来相继任广西大学校长、广西壮族自治区党委常委、宣传部长、科委主任、教委主任，还担任过广西壮族自治区政协副主席。陈远在山东也做了很多有益的工作。

科学处这些人后来的发展和当选，当然不全是由于在科学处做过工作，但在科学处做过工作，在于光远的领导下受过思想、理论和政治训练，这对后来的发展和工作，不是没有意义的吧！我自己就深有这样的体会。

于光远的凝聚力

"文革"之后，拨乱反正，中宣部恢复了，成立了新的中宣部，但科学处没有恢复，自然科学工作完全划归国家科委管了。

科学处不存，但科学处这一批人还在，友谊还在，于光远的凝聚力还在。尽管经过了不少风风雨雨，但毕竟我们有过一段共同的经历，有共同的回忆和共同的感情。所以，中宣部科学处在北京的同事们，形成了一个惯例，每年至少聚会一次。起初是轮流在各家聚会，每人带一道菜去。后来条件好了，就到餐馆去，近十年都在文采阁。虽说是轮流做东，实际上于光远请客的次数最多。每次聚会，大家亲切交谈，忆往瞻前，十分愉快。

近些年来，于光远每年都要发给我们一封他亲自写的新年贺信，讲述他一年里的工作和身体情况。他那永不停顿的进取精神，每年都给予我们新的鞭策和鼓励。

【说明】

本文是育之的一篇没有完成的遗作。今年2月，他说要写一篇描述于光远的长处和特点的文章，作为对《祝于光远九十寿》一文的补充，因为"祝寿"文只概述了于老的工作和贡献。2月23日，他写出一个题为"于光远琐记"的提纲，接着就断断续续地口述文章内容，由我作记录。其间，经历了两次病危。4月下旬起病情逐渐平稳，但是每天要躺在床上做“血滤”8至10个小时，口述很难进行。他寄希望于病情好转，每次只透析4小时后，仍然按照他平时的习惯，一段一段仔细地进行补充和修改，并把文章的副题改为“于光远素描”。然而他的心愿没有能够实现。现在文章的开头和第一、二段给他朗读了三四遍经他亲自修改过，其余大部分给他读过。文中的小标题大都采用了他提纲中的话，提纲中还写有“干校”等，但他没有来得及向我讲述，只能付缺。

——孙小礼

（2007年6月26日整理成稿，7月8日定稿。
原载《炎黄春秋》2007年第9期）

附：祝于光远九十寿（龚育之）

今年于光远同志90大寿，明年于光远同志学术活动70周年。我们大家聚集一堂，把这两个日子合并到一起来祝贺，的确是一件很有意义的事情。

还有一件事情，也值得合到一起祝贺，那就是于光远同志担任中国科学院学部委员50周年。

中国科学院的学部委员制度建立于1955年。这个制度，是在学习苏联科学院院士制度的基础上，根据中国自己的情况建立起来的，其中有许多不同于苏联的、属于我们自己的创造，这一点当时就明白地说出来了。这个制度，在某种意义上也是对旧中国中央研究院院士制度的继承，当然，根据中华人民共和国建立以后的情况变化和当时中国科学发展的实际需要有了很大的变化和许多的创造，这中间的继承性，当时没有明白地说出来。当时强调的是新旧政权新旧时代的本质变化，但是在本质变化中也有历史传承。中国科学院建立的一个重要基础，就是中央研究院留在大陆上的一大批研究机构，中央研究院留在大陆的院士基本上都被学术界推举和中国科学院院长郭沫若聘请为学部委员。这就看出事实上的继承性。

一个继承性，一个变化性。变化性，最显著地表现在哲学社会科学方面增加了许多马克思主义的学者。原中央研究院的院士中只有一位马克思主义的学者，那就是郭沫若。在国民党剿共内战打得正凶的政治环境下，国民政府治下的中央研究院能够选出一位马克思主义者为院士，这一点应该说表明了推选者们的气度。在中华人民共和国的科学院的学部委员里，当然要增加一大批马克思主义的学者，其中就有陈伯达、胡乔木、周扬、胡绳、于光远这些人。这五位都是中共中央宣传部的不同级别的领导干部。是不是因为他们官大，要管科学工作，就让他们当中国科学院的学部委员呢？当时中共中央联系科学工作的部门是中宣部，部长是陆定一，陆定一是中宣部里最大的官，而且是建立学部委员制度这项工作的实际指导者，但陆定一却并没有当学部委员。可见，这五位不仅因为他们是管科学的官，主要是因为他们自己都在马克思主义的学术研究方面有造诣，有贡献。对此，不仅在中国的马克思主义的学者们中有较大的共识，就是在原来不讲马克思主义，后来才新学马克思主义的中国学者们中间也有较大的共识。所以，应该认为，中国科学院学部委员的称号，总的说来，如同院士一样，是学术界对一位学者的学术造诣的承认和肯定。

20 世纪 80 年代以后，自然科学方面的学部委员一律改称院士，并且多次进行增选，社会科学方面的学部委员没有改称，也没有增选，大概是有关部门对这件事还没有拿定主意吧，但也没有人否认曾经有过哲学社会科学方面的学部委员这一相当于院士的学术称号。说相当于院士，不是今天的推论。20 世纪 60 年代印尼共产党总书记艾地，要求中国赠与他院士称号，当时中国没有院士称号，只有学部委员称号，赠与艾地学部委员称号时，正式规定：外文即译成院士。

前些日子庆祝学部 50 年，《科学时报》发了几大版特刊，其中一版照片，大字标题为《一同走过 50 年》。共登了 1955 年成立学部的时候，担任学部委员而至今在世的自然科学家 16 人，最年长的贝时璋，102 岁，最年轻的黄昆，86 岁。社会科学方面，至今在世的四人，最年长的薛暮桥，101 岁，最年轻的于光远，90 岁。

“人生七十古来稀。”这句老话，现在已经过时。现在人们高寿，中国人的平均预期寿命已经超过70岁。据最近来北京演说的一位诺贝尔经济学奖获得者预测，100年后人的平均预期寿命将达到120岁。这个推测靠不靠得住，反正是将来的事，不去管它。“人生九十”，则至今仍然是稀有的事情。再加上担任学部委员（院士）50年，从事学术活动70年，所以值得祝贺。

于光远的一个特点，是学识广博。他的学识渊博，又不是通常人们所称的学贯中西或学贯古今，而是学贯两科，学贯自然科学和社会科学这两门科学。他担任学部委员，属于哲学社会科学。但他的根底，却是在自然科学。

他是清华大学物理系的毕业生，师从周培源，做过研究爱因斯坦相对论的毕业论文。在时代潮流的推动下，投身到人民革命的洪流，成为中国共产党党员。这样，研究马克思主义这门科学，又成为他的专业。在延安，他是边区自然科学研究会的驻会干事。是他，同屈伯川一起，去邀请毛泽东到自然科学研究会成立大会上讲话。是他，在新哲学研究会上参加讨论抗日战争的新阶段是否已经到来，依据自然科学上水从液态转化为固态（冰）有一个过渡状态的例子来说明自己的观点，引起毛泽东的注意，毛泽东在进餐时把他拉到身边，说：他的发言有见解，学哲学还是要懂一点自然科学为好。是他，按照毛泽东的建议，在延安大学开设了自然发展史这样一门大课。是他，在延安重新翻译和发表了恩格斯《自然辩证法》中《劳动在从猿到人转变过程中的作用》这篇名文，为他那个在新中国成立后出版和广泛发行的《自然辩证法》新译本开了个头。所以，他在学术上渐露头角，首先还是在自然辩证法即从马克思主义的角度研究自然科学哲学这个方面。

我和于光远同志认识于1950年，当时我正在清华大学念书，担任理学院支部的宣传委员，他来清华大学开座谈会，了解大学生学理论的情况。那时他在中宣部负责政治教育和理论宣传。新中国成立初期，广大知识分子热情地进行马克思主义的启蒙学习，中宣部由于光远主编的《学习》和《学习（初级版）》，他所写或与人合写的《政治常识读本》《经济建设常识读本》《社会科学基础知识讲座》，是那时真正畅销的刊物和书籍。他还与王惠德一起在中央广播电台开设政治经济学讲座。那时还没有电视，广播是很有力的传播工具。由于在传播马克思主义理论方面的广泛影响，那时他已经是一位著名学者。

20世纪50年代初期中宣部新设立了科学卫生处分工联系自然科学和医药卫生工作。第一任处长是音乐家赵沨，后来到文化部当艺术局长，最后到中央音乐学院当院长去了。第二任处长是秦川，后来调任宣传处处长，最后当人民日报社社长去了。他们是我的第一和第二个上级，我对他们都很尊敬，他们各自在合适的岗位上都作出了很大的贡献。但是从专业方面说，他们都不能说是领导科学工作的最合适的人选。按理说，于光远是学自然科学出身的老干部，应该是最合适人选。但是，于光远说，他搞理论、搞社会科学已经这么多年，再回去专管自然科学，这个弯子转得太大了。那时他大概正在参加《关于党在过渡时期总路线的学习和宣传提纲》这类很重要的理论文件的编写工作，不可能转到专管自然科学的岗位上来。1954年中宣部机构调整，医药卫生工作分了出去，科学处明确既管自然科学，也管社会科学，胡绳来兼处长，于光远为副处长，不久于光远任处长。所以，他们是我的第三个和第四个上级。

国家科委和中央科学小组成立后，中央联系自然科学工作主要通过科委党组和中央科学小组，不再是主要通过中宣部。但中宣部的科学处仍然保留，处长于光远也是中央科学小组的成员并兼国家科委副主任。从领导职责来说，他仍然跨自然科学和社会科学两门科学。

于光远在科学处的岗位上一直工作到“文化大革命”开始，中宣部“阎王殿”被摧毁为止。

在这个领导岗位上，他参与和指导了1956年《十二年科学规划》的编制，还提议并主持和指导了哲学社会科学规划的编制，根据后面这个规划成立了中国科学院哲学研究所自然辩证法研究组（这是中国第一个这样的研究机构），创办了《自然辩证法研究通讯》杂志（这是中国第一个这样的专门杂志），并且兼任研究组长和杂志主编。他参与和主持了青岛遗传学座谈会，在会上做两次发言，从阐明在自然科学领域贯彻百家争鸣方针的各种问题而言，他的发言成了这次会议的灵魂。他

在党的八大上就党对科学工作的领导作了大会发言。1958年，他提出了研究“历史唯物主义论科学”，也就是提倡研究自然科学在社会发展中的作用和自然科学在社会中发展的规律，应该说，这是“科学学”这门新科学在中国的发端。他和陆平建议杨献珍、艾思奇在中央高级党校开办三年制的自然辩证法研究班，后来他自己在北京大学和中国科学院哲学所招收四年制的研究生，为这个学科领域培养了许多骨干力量。在20世纪60年代初，他参与了调整科学政策的《科学十四条》的制定，又随聂荣臻同志到毛泽东那里汇报新的十年科学规划，听到了毛泽东对《自然辩证法研究通讯》上发表的坂田昌一论基本粒子的文章的称赞，并同周培源一起被毛泽东请去讨论坂田文章。1965年他提议在《红旗》杂志上重新发表坂田文章，按毛泽东谈话精神撰写了编者按语，在全国自然科学界和哲学界围绕这篇文章展开了热烈的讨论。

这里提到的是我所熟悉的自然科学政策和自然辩证法研究方面的大事。于光远的精力，更多地还是关注在社会科学方面，这方面我就没有资格多说了。只是记得，他参加毛泽东组织的调查组，到湖南做农村调查，为《农业六十条》作了准备；他作为主持人之一，在中宣部教育楼每两周召开一次经济座谈会，讨论当前经济的理论和政策问题；他还调来一些人在他身边帮他编写《政治经济学》的大学生通用教科书，这显然是一项中央交办的任务，已经出版了上册，即《政治经济学（资本主义部分）》，而其下册，即《政治经济学（社会主义部分）》却变成了一项长期的研究任务，这原因，我们今天都能理解。已经出版的上册，因为是通用教科书，读者是很多的，我想，这是他的在《政治常识读本》《经济建设常识读本》之后销量最大的著作吧。

“文化大革命”中于光远关“牛棚”，挨批斗，到宁夏干校劳动改造，过的是周遭把他当贱民的日子，然而一次到银川看病，医生看见病历上的名字是“于光远”，大为惊讶，疑惑地问：“你就是写《政治经济学》的那个于光远吗？”得到肯定的答复，医生对这位落难的学者充满了敬意，给予了细心的治疗。

“文革”后期，于光远回到北京，没有分配工作，在家里约集一些人编辑《马克思、恩格斯、列宁论自然辩证法和科学技术》的大型资料书。邓小平复出，主持国务院工作，聚集一批复出的“大秀才”成立国务院政治研究室。于光远为政研室负责人之一，积极投身到按邓小平的指示推行全面整顿的紧张斗争中去。胡耀邦、胡乔木主持起草和修改《科学院工作汇报提纲》，政研室协助国家计委修改《工业二十条》，于光远都是参与其事者，这两个文件后来在“批邓、反击右倾翻案风”中被“四人帮”列入三株大毒草之内。最近，于光远出版了一本《我忆邓小平》，详细地回忆了在政研室那一段的事情和后来邓小平再一次复出后的一些事情，特别是他受邓小平委托帮助邓小平起草在十一届三中全会前的中央工作会议上讲话稿的情况。邓小平这篇题为《解放思想，实事求是，团结一致向前看》的讲话，被称为“实际上是三中全会的主题报告”（《邓小平文选》题注），“是在‘文化大革命’结束以后，中国面临向何处去的重大历史关头，冲破‘两个凡是’的禁锢，开辟新时期新道路、开创建设有中国特色社会主义新理论的宣言书”（十五大报告）。邓小平为准备这篇讲话亲笔起草的一份长达三页的详细提纲，一直保存在于光远手中，这件事《百年潮》杂志披露后，引起党史界很大的兴趣。

如果把于光远在新中国成立以后的经历做一个粗略的分期，我想，在中宣部的那段时期，算是一个时期；到国务院政研室以后，算是又一个时期；退出第一线以后，直到现在，算是第三个时期。在第一个时期，他为党为人民所做的贡献，我作为他领导下的一名干事，作了以上的简单叙述。在第二个时期，他参与的工作，他为党为人民所做的贡献，显然比第一个时期更加重要。党的十一届三中全会前后，他同时任职于国务院研究室（这是国务院政治研究室的后身）、国家科委（副主任）、中国社会科学院（副院长）。还是学跨两科。这个时期，从工作岗位来说我已不在他的直接领导下，别的同志对他的学术活动会比我了解得更多更具体。我只说说与自然辩证法有关的事。

一件事是他给方毅和邓小平写了一个报告，建议成立中国自然辩证法研究会，创办《自然辩证法通讯》杂志，得到邓小平批准。原来邓小平同方毅、李昌谈自然科学和社会科学工作的领导时就说过：要注意吸收于光远，他搞理论有专长。自然辩证法他比较突出。制定科学规划

请他参加，当你们的顾问。邓小平批准于光远这个建议，自然属于顺理成章。于光远被选为自然辩证法研究会的第一、第二两届理事长以及以后各届的名誉理事长，并任《自然辩证法通讯》的主编、名誉主编。他倡议编写《自然辩证法百科全书》，亲自写了几个关键性的条目。他提倡自然辩证法不但要研究天然的自然，还要研究人工的即社会的自然，为自然辩证法研究密切联系人类社会生活的实际打开了广阔的道路。他按照这个思路，汇集和重编他在自然辩证法方面的著作，出版了一部书，题为《一个哲学学派正在中国兴起》。

还有一件事是促进自然科学和社会科学这两门科学的联盟。在他的建议下，中国科协成立了“促进自然科学和社会科学联盟委员会”，第一届主任是钱三强，副主任是于光远，第二届主任是于光远。这个委员会在一段相当长的时间里把举办“捍卫科学尊严、反对迷信和伪科学”的连续论坛作为自己的主要任务，这也是于光远在国家科委副主任的任上已经开始的工作的继续。他为反对所谓人体特异功能的伪科学，专门写了学术著作。反对伪科学，发言和著文的人不算很多也不能说很少，但写出专门的学术著作的，我只知道他一位，我想，这本著作在中国当代思想史上应该占有它自己的地位。

退下来以后的第三个时期，我以为，对他来说，是一生经历中更重要、更富于成果的时期。无官一身轻，他有了更多的可以自己支配的自由时间，有了更广阔的从事学术活动的自由空间，思想境界上也更加挥洒自如，独立思考了。他这个时期的著作比以前更加丰富，几乎每年都有几部著作出版。每年都要游历许多地方，近年来虽然行走不便，但仍然以“坐轮椅，走天下”为乐。又学会了电脑，一个指头敲键，自称“一指禅”，还开通了自己的网站。我特别看重的，是这些年他又涉足一个对他来说是新的研究领域——党史研究。如果说，《“文革”中的我》还应该算是一本涉及党史的个人自述，那么，《从“新民主主义社会论”到“社会主义初级阶段论”》就是一部党史方面的史论专著，而《我亲历的那次历史转折》和《我忆邓小平》就是带有个人回忆色彩的党史方面的史实专著了。听说，有的经济学家劝他多写这方面的著作，因为经济学方面的著作别人还可以写，党史方面结合个人经历的著作，只有有他那样经历的人才能写。我认为说得很有道理。

记得五年前，为于光远祝寿，我献上八个字："不背初衷，与时俱进"。"初衷"就是最初的理想、追求和信念，不管后来经历了多少复杂和曲折，最初追求的革命理想和确立的科学信念，决不背离。于光远刻了一方印章，曰："死不改悔的马克思主义者"，就是这个意思。但这位马克思主义者，不是盲目信奉的马克思主义者，不是抱残守缺的马克思主义者，而是在历史的实践中不断反思的马克思主义者，而是在开拓未来中与时俱进的马克思主义者。与时俱进，那时还没有成为使用频率极高的词汇，我拾来这个词汇，完全是在无意之中，献给于光远，我认为很合适。

现在，我把这篇致词，缩成四句话，整齐押韵，但算不上诗：

人生九十古今稀，
学贯两科今更奇。
不背初衷坚信念，
与时俱进奔期颐。

人生百岁，叫做期颐。我们希望：十年之后，再来共同祝贺于光远同志百年大寿。

学习光远同志的改革创新精神

高尚全

光远同志是我非常尊敬的学者，我到他家里求教过，一次是他住在史家胡同的老房子时，搬新家后我又去过一次，那是 2009 年 1 月，我出版了献给改革开放 30 年丛书共四册，请他指教。那时他坐在轮椅上，我们做了很深的交流。

最近一次是今年中秋节，我到北京医院去看他，但这一次他已经没有知觉，尽管在他耳边大声说：“高尚全来看你了”，但他毫无反应。我们一同参加过多次会议，一起到马来西亚出席国际会议。2013 年 9 月 26 日他走后，我感到很悲痛，国家失去了一位有远见、有担当的学者，我则失去了一位可亲可敬的良师益友。

光远同志的一生是值得我们学习的一生。

我们要学习他解放思想的精神。大家知道，粉碎“四人帮”后，虽然结束了“文革”，但要冲破旧的思想禁区、要突破“两个凡是”仍然很不容易。光远同志就是在这种十分逼仄的环境当中，在小平同志和耀邦同志的领导下，打响了思想解放的第一枪。在“四人帮”认为按劳分配产生资产阶级的谬论背景下，他主导的关于贯彻执行按劳分配原则的研讨会和《人民日报》系列评论受到了小平同志的高度赞扬，引起了社会的极大震动。此后不久，《光明日报》就刊登了《实践是检验真理的唯一标准》，《人民日报》刊登了《贯彻执行按劳分配的社会主义原则》，掀起了全国范围的思想解放运动。在十一届三中全会前夕，他参与起草了小平同志著名的讲话《解放思想，实事求是，团结一致向前看》，为推动解放思想、确立改革方向做了重大的贡献。光远同志解放思想的精神永远铭刻在中国改革开放事业的光辉成就当中。

我们要学习他敢于创新的精神。光远同志解放思想的精神使他能够在工作当中敢于创新，他在诸多经济学方面进行了开拓性研究，除了倡议推动社会主义按劳分配的讨论研究之外，他还推动了关于社会主义生产目的研讨，同时，他也是中国社会主义市场经济体制的早期倡导人之一。在计划经济影响很大，人人耻于谈钱的20世纪80年代初，并不在乎金钱的他提出要“向钱看”并主张要以此来推动生产。他认为：“向前看”是坚持方向，“向钱看”是重视生产。这些都是在当时的社会环境下其他人想不到、不敢想的议题。1992年，他完成了《社会主义市场经济主体论》，这是十四大确立社会主义市场经济以前，唯一一本关于社会主义市场经济的书。此外，他还率先对消费经济学、教育经济学、环境经济学、旅游经济学等经济学的新领域进行研究，并组织和培养了大量经济学后人，惠及长远。

1995年1月于光远与高尚全（左）在马来西亚

我们要学习他讲求科学的精神。光远同志一向主张要有科学精神，并大力批驳伪科学。在担任国家科委副主任期间，他专门成立“人体特异功能调查组”，对一些特异功能等伪科学进行揭露，他还著述了

《评所谓人体特异功能》这样一本书，对那些弄虚作假的伪科学进行质疑。在面对压力时，他将坚持科学精神，维护科学尊严作为自身的信条，毫不妥协。正因为他的这种科学精神、科学态度，所以他很早就预见了法轮功的危害，事实也证明了他的判断。他捍卫真理、宁折不弯的科学精神值得我们缅怀学习。

我们要学习他博学多才、博闻广记的精神。光远同志是清华大学物理系出身，他的一篇关于相对论的论文还受到爱因斯坦的指导，但心系国家、民族前途和命运的他跨越了自然科学和社会科学的界限成为一名卓越的革命者和经济学家。丰富的知识和广博的阅历使他能够以旁人难以企及的角度和高度来思考问题，比如早在 20 世纪 50 年代，他倡导和推动我国自然辩证法研究工作时，就开始从社会角度来对作为科学学研究对象的科学进行总体的考察。在从事理论研究和科学工作过程中，他十分重视自然科学与社会科学交叉领域新学科的研究。他的著述涵盖经济、政治、社会以及自然科学等各个方面，其中的一些著作，比如 1988 年，他出版的《中国社会主义初级阶段的经济》，对我国的经济社会发展都产生了深远的影响，被誉为影响中国经济建设的十本经济著作之一。

我们还要学习他乐观主义的精神。光远同志有极其乐观的天性和好玩的性格，他一生乐观，即便生病了，也是乐呵呵的。他曾对他人说他给自己写悼词，就写“大玩家于光远已经走了，他走了，我们还是要玩的”。他出版了《吃喝玩——生活与经济》，《我的四种消费品理论》还未正式出版。他从理论上说明如何扩大消费、促进消费。

光远同志的一生是解放思想的一生、是敢于创新的一生、是讲求科学的一生、是博学多才的一生。这些都值得我们不断思考和学习。

（根据作者在 2013 年 10 月 19 日经济学界于光远同志追思会上的发言整理，原载于《中国民商》2013 年第 11 期）

他永远活在自然辩证法同仁们心中

朱　训

我认识光远同志比较晚，是参加自然辩证法研究会之后认识的。但是，他的名字我很早就知道了。早在战争年代，在根据地解放区的时候就听说在延安有两个很有宣传力的人，其中一个就是于光远。当然，新中国成立之后他的名字也经常出现。光远同志去世的确是我们自然辩证法研究会的重大损失，他的逝世不仅仅是我们研究会也是我们国家的损失，像光远同志这样的学者又是大经济学家、社会学家，真正维护学术的学者，他是值得我们敬佩的。光远同志是我们自然辩证法研究会的创始人，也是我们研究会事业的奠基人。我们研究会有今天是与光远同志分不开的。我参加自然辩证法研究会之后就深感他对我们这个学会非常关心和支持。开始我是主要负责专业委员会的事情，还没有到总会来。但每一次研究会开年会，他一请必到，几乎每次年会都参加，不仅参加也讲话。科学哲学委员会能成立和发展起来与他的支持是分不开的。这点我非常感谢光远同志对我们事业的支持。这几次活动过程中，我们有一些简短的交谈。他对很多问题的见解是一般人所不能及的，很多问题上对我都有启发。这里举一个例子。

比如说讨论资源的问题，他说资源问题特别是矿产资源不可再生，采一点就少一点。从这点上说，不可再生资源是有限的。我跟他讨论的时候，他说马克思主义认识论的基本观点是人的认识是无穷尽的，认识往往有一个过程，但是许多问题是可以通过认识的深化来解决的。现在的资源没有了还会有新的资源供我们使用，从这点来说它又是无限的，资源的有限和无限，这个辩证的观点是 20 世纪 80 年代后期提出来的，对我是很有启发的。后来我注意到现实发展的确是这样，就是对矿产资

源不断地有新的认识。前些年我们发现了可燃烃，这种资源比地球上煤炭资源的总量还多，但是一钱不值。资源的有限性与认识的局限性相关。20 世纪 70 年代有一段时间石油面临枯竭，导致人们对资源问题的严重忧虑。但是，当我们了解到认识的无限性，就会有助于解决资源有限的问题，并对未来人类社会的发展和建设充满信心。

在我和光远同志接触的过程中，他敢于直言。他想到什么事情认为是对的，敢讲敢说。

还有一点尽管是很小的事情，使我感到很受教育，他前些年每到春节都写一点小的总结和回顾。这种做法是很值得学习的，当然我们老做不到。听说，他每天都写一些字，每天都写，他善于思考笔耕不辍，很值得我们学习。

我们今天在这里回顾追思光远同志对我们国家的贡献和研究会的贡献是完全必要和有意义的。光远同志虽然离开了我们，但他永远活在我们自然辩证法同仁们的心中。

（根据作者在 2013 年 10 月 20 日中国自然辩证法研究会召开的于光远同志追思会上的发言整理）

于老与香港《经济导报》

陈伯钧

于老（光远）永远离开我们了。信息传来，我有深切怀念。

在《经济导报》早年的发展中，中国经济学界有三位老人家是最关心和支持这个专业刊物的，他们就是许老（涤新）、薛老（暮桥）、于老（光远）。早在20世纪70年代末，我就曾请于老为到北京旅行的经济导报社员工讲话，鼓励大家艰苦工作，奋发图强。以后经济导报社在北京举办的各种活动，包括举办经济座谈会、召开新经济刊物创刊招待会、导报40周年和45周年在人民大会堂举行的报庆招待会等等，于老都是积极的参加者。

对《经济导报》和它的各种出版物，于老是十分关心的，我手头现在还有一封于老的来信，对导报编印的一份《经济统计》提出了意见和建议，信中写道："《经济统计》所选的题目都是很有用的，有一点小意见：因为各期都是集中搞一个题目或是搞一个方面（这样做是必要的，用起来也比较方便），因此出了若干期之后，就会产生一个问题。这就是一些最新的统计一时登不出来。比如现在已经11月底（我收到第七期），美国工业生产数据现在还只登到八月份，在第七期后估计还有若干期都不会集中反映工业生产近况，八月后工业生产指数可能还要在相当时间之后。因此我想请你们考虑是否每隔若干期编一期最新材料作为以前登过的系统材料的补充。"20世纪80年代初期，经济导报社除《导报》周刊外，还出版有10多种包括中文、英文、日文、韩文和中英文合编的周刊、月刊和季刊等，在香港、大陆和世界各地发行。而于老信中所说的《经济统计》则是导报编印的一份不定期（一周、两周或三四周）、免费提供给内地经济学家和财经机构的"内参"

资料。当年，中国改革开放大潮刚刚兴起，但内地对外面的情况十分隔阂，各国经济资料更是十分匮乏，而导报社在香港却因工作之需要和地利之便，订有多种外文刊物。编印《经济统计》就主要取材于《联合国统计月刊》和几份美英刊物。于老对《经济统计》提出的意见，不仅显示出老人家治学的认真，也体现了老人家对导报的爱护。

1992年，于老为经济导报45周年纪念特刊撰文《愿多为导报出一点力》，在这篇文章中，于老写道："在我所知道的我国经济刊物中，香港《经济导报》的历史恐怕是最长的。它的创刊45周年纪念的日子很快就要到来。与它创刊同时诞生的婴儿已经到了中年，而那时候的青年则冉冉老矣。在这45年中，导报经历了新中国成立前最后的两年。我手边没有那个时期的刊物，但我听当时在香港工作的朋友讲过，知道那些年份在港进步人士的活动，我也就可以想象这份杂志对中国人民革命的最后胜利也贡献了一份力量。以后，它经历了中华人民共和国成立后中国大陆和香港发展的各个时期，从这40多年的报道中可以看出各个时期中国经济学家们对经济形势的分析和他们为推进香港和整个中国经济事业的发展献计献策所作的努力。这是在纪念它创刊45周年时不能不称颂的"。抗战前，于老在广州一所大学任教，并从事抗日救亡工作，在这期间曾多次到香港活动，在该救亡团体被破坏，一批成员被捕后，还曾到香港寻求舆论界的支持。香港的朋友还曾安排他在九龙的一所进步人士办的中学当教员，继续搞救亡活动，但后因民先队要他回北平工作而离开。于老在回忆了这段经历后写道："从抗战那时起到20世纪80年代初的40多年中，我没有再去香港，成为导报的作者是20世纪80年代初我再去香港访问时开始的。从那时起，我一直同导报编辑部联系。十多年来我多次去香港，每次都和导报的朋友们有接触。我也给导报写些稿件，有些年份多些，有些年份少些，总的来说不算多，也不算太少。我最近寄给导报的一篇稿子是发表在1991年的1—2期上，题目是《从一国多制到一制多式加一国两制》。我用这样最简单的语言概括了1949年后中国大陆已经发生的变化和1997年后因香港主权回到中国人民手中而出现的一个新的变化。""在1992年导报创刊45周年的时候，离1997年只有5年的时间，在这5年中与香港地位发生变化有关的许多复杂的经济问题需要经济学家们来做认真的研究，对妥善解决各种问题提出有科学依据的建议。在这5年中，导报的任务特别艰巨，导报可以和应该作出的贡献也就会更多更大。我想在这未来的5年中，我国经济学家们也应该更多地关心导报，在这篇短文结束的时候，我想勉励大家也勉励自己，尽可能为导报多出一些力。”这篇短文写出了于老与香港经济导报的渊源和他对导报的关心和期望。

于老还送过一本他写的书《我亲历的那次历史转折——十一届三中全会的台前幕后》给我。书中有云：“我和耀邦也参加了主题报告的起草，主要观点都是小平的。那些日子，小平、耀邦分别同我有四次长谈。我是消息比较灵通的人，有责任把我知道的历史真相告诉人们。”看到这段话，再回忆起于老对中国经济发展的贡献以及对导报事业的关怀和支持，哪能抑止满怀思念之情？

（作者陈伯钧先生，1947年加入经济导报社，长期主持报社的办刊和经营。1988年领导组建经导企业集团有限公司，任首届董事长，并继续担任经济导报社社长，直至1992年退休。本文原载《经济导报》2013年第21期，原题为《本刊老社长的回忆》，编者略有改动。）

附：光远先生去世后《经济导报》怀念文章《改革先导者于光远》

或许是人们从悲痛中走出需要时间，又或许是他的成就很高需要慢慢整理，再或许是他的贡献太多需要认真梳理，于光远已经走了快1个月了，学术界、政治界、舆论界对他的悼念潮方才徐徐拉开帷幕。

新华网10月14日发布唁电表示：“于光远同志病重期间和逝世后，中央有关领导同志以不同方式表示慰问和哀悼。”

人们在怀念一个人的时候，往往既颂扬他的贡献，也会指出他的缺憾，但在对于光远先生的怀念中，鲜见这样的“客观”悼文，从所有

怀念他的文章中还原出的于光远，是一位倡导改革理论，不惜为此受到批判几乎丢了党籍的人；是坚持真理科学，冷静指明“中国正处于社会主义初级阶段”的客观现实的人；是主张市场经济，为“按劳分配”和“唯生产力论”正名，将坚韧的计划经济体制顽石敲打锤击出了第一道裂痕的人；是为邓小平起草十一届三中全会主题报告，为改革开放的历史画上了最为浓墨重彩一笔的人。他是“真正赞成开放的人”，他是“思想解放中经济学界一面大旗”，他被认定为中国当代思想解放运动和改革开放的重要参与者和见证人。

或许正是因为他对中国改革开放所做的贡献重要而关键，又恰逢十八届三中全会召开前夕，所以人们愿意忘记他的另一面，只怀念他的“好”。

他生前曾向《经济导报》多次投稿，面对这位熟悉的老作者，我们也不妨“流俗”，单纯只从改革贡献的角度来纪念这位历史性的人物——于光远先生。

受命起草改革纲领性文件

邓小平在1978年中央工作会议闭幕会上所做的《解放思想，实事求是，团结一致向前看》的讲话，后来成为十一届三中全会上的主题报告，而这份被称为“开辟新时期新道路、开创建设有中国特色社会主义新理论的宣言书”的报告，成为扭转国家经济发展历史的重要指导文件，正是由于光远组织人起草的。

于光远所著《1978：我亲历的那次历史转折》中披露了这一报告出台始末。

1978年11月10日，坐落于北京长安街上的京西宾馆里，中央工作会议开幕，但这个原定20天的会议却足足开了36天，在中共历史上十分罕见，而正是这36天的会议，奠定了十一届三中全会的所有理论基础。

于光远作为当时国务院研究室负责人，全程亲历这场会议，这场会议在他的印象中一是规模不小、规格不低，够得上一个政治局扩大会议的水平；参会者的成分不错，大多数是在“文革”中受到迫害的老同志。

这场会议的讨论激烈而开放，“四人帮”时期人人自危的氛围已被突破，一些老同志不再“沉默”，而是大胆提出诉求，要求肃清历史问题，明确解放思想，对“两个凡是”（凡是毛主席作出的决策，我们都必须拥护，凡是毛主席的指示，我们要始终不渝地遵循）做出批判，对真理标准问题、民主政治问题做热烈的讨论。

是年，11月14日晚，实际上已经是中央“第一提琴手”的邓小平从东南亚出访归来，就来到京西宾馆参会，他从参会者热烈的讨论中敏锐地嗅到了历史性转折的机遇已经到来。早在会议之前为他准备的演讲初稿已经不能适应新的形势，于是决定重拟演讲稿，让胡耀邦找人重写，于光远就是胡耀邦选中的人。

12月2日，邓小平为于光远提供了演讲稿的提纲，于光远安排国务院研究室林涧青等执笔起草，两三天后，就上交了这份指明中国发展方向，明确发展指导思想，改变中国历史轨迹的著名讲话稿。

中央工作会议结束3天后，具有划时代意义的十一届三中全会开幕，对中央工作会议的成果做了确认，这份讲话稿成为三中全会的主题报告，全会通过的《公报》开头表述：“在全会前，召开了中央工作会议，为全会作了充分的准备。”

一位从事时政新闻工作近30年的老记者朱先生，也曾是计划经济转型的亲历者，他回忆起这篇报告时满是赞叹的语气：“尽管现在看起来报告中有些语句仍然有些‘官话’‘套话’，但在当时的语境下，让人读起来很感觉‘清新’，如沐春风。”

于光远回忆，这份演讲稿的标题是邓小平同志亲自提出的，很多被人们称赞和历史铭记的振聋发聩的句子，也大多来自小平同志自己。

2008年于光远在《1978：我亲历的那次历史转折》这本书出版时，公布了邓小平同志为他提供的讲话稿提纲原件，一共3页的16开的白纸微微泛黄，邓小平用铅笔写了7条提纲，近500字，分别是一、解放思想，开动机器；二、发扬民主，加强法制；三、向后看为的是向前看；四、克服官僚主义，人浮于事；五、允许一部分企业、地区、社员先好起来；六、加强责任制；七、新的措施新的问题；最前面还有一个是“对会议的评价”，加起来一共是八个问题。

这份手稿原件证实：在邓小平的开放思想下，在于光远与国务院研究室的同志们共同努力下，才有了这份指明党和国家发展方向的指导性宣言，正式拉开了中国改革开放的巨幕，为中国经济腾飞奠定下基础。

为什么是于光远？

会议过程中临时换稿，紧急情况下临危受命，为什么邓小平选中的是于光远？

其实，于光远投身共产党之后，一直坚持真理，倡导改革开放，之所以能够成为这份报告的负责人而被历史铭记和颂扬，是实至名归。

1934 年，通过严苛考试，19 岁的于光远从上海大同大学进入清华大学物理系三年级插班，与钱三强、何泽慧等后来为中国物理学做出突出贡献的大师级人物成为同班同学，于光远的论文曾由老师周培源先生带给爱因斯坦亲自修改，但在那个动乱的战争年代，于光远最终放弃了成为一个物理学家的梦想，加入中国共产党，投身抗日救亡运动。为此不惜弃考约里奥·居里（居里夫人的女婿）的研究生招生考试。

“文革”开始后，当时在中宣部工作的于光远同很多知识分子一样，下放农村，住牛棚，干农活，被批斗，但生性乐观的于光远没有因此而消沉，始终抱有一颗爱国的拳拳赤子之心。

于光远从宁夏的五七干校（“文革”期间，将党政机关干部、科技人员和大专院校教师下放到农村进行劳动的场所）回到北京后不久，集合身边的朋友重新开始研究因“文革”而中断的社会主义政治经济学，他将这一学科定名为“政治经济学社会主义部分”，此后他长期耕耘于此，并结集出版了《政治经济学社会主义部分探索》（1—7 卷）。

1973 年，近 10 年的“文革”已经让中国经济几近崩塌，为了收拾这“烂摊子”，邓小平第二次复出，担任国务院副总理。

邓小平复出两年后，组建了国务院政治研究室，于光远就是负责人之一。政研室由邓小平直接领导，没有设在党中央而是设在国务院，是为了在“四人帮”控制之外发出自己的声音，方便邓小平工作。

于光远曾在回忆中说道：“我完全没有想到会分配给我这样一个工作。”而政研室也最终不负希望，在整个经济巨大转型时期，许多命题由政研室第一次提出，很多改革的理念在这里萌芽生根，成为邓小平推动全面改革的理论依据。

如政研室成立不久之后，就起草了《论全党全国各项工作的总纲》，这16000字的长文，不同于其他文章对“四人帮”的迎合，而是与其强调的“以阶级斗争为纲”针锋相对，撑起了一面与极“左”势力公开对抗的旗帜。在邓小平的领导下，1975年中国经济超过以往任何一年，全年工农业总产值达到4467亿元，比1974年增长11.9%，粮食产量创下历史最高水平。

但这样的好日子并未持续，伴随1975年“反击右倾翻案风”运动开始，邓小平再度失势，政研室被称为“邓记谣言公司”，于光远等人再度受到“批判”。

不过，已失民心的“四人帮”终究挡不住改革的大势所趋，1976年10月“四人帮”被捕，随后，“拨乱反正”工作率先在理论界展开，在畸形权力和国民懵懂时期的常识颠倒、逻辑混乱等“走偏”现象，正在逐步回归。

1976年12月，在第二次全国农业学大寨会议前夕，时任中共中央主席华国锋的讲话稿起草者将征求意见稿寄给了于光远，于光远指出，讲话稿中把“唯生产力论”作为错误观点是不对的，“唯生产力论”是马克思历史唯物主义的一个重要观点。

后来，华国锋的讲话稿中删去了批判“唯生产力论”的内容，但是不久之后“两个凡是”言论的提出，让于光远真正意识到，虽然“四人帮”倒台，但纠正“四人帮”的宣传言论，纠正错误观点的工作迫不及待，于是，于光远联合冯兰瑞、周叔莲和吴敬琏开始从理论上揭批“四人帮”。

于光远组织了三个小组，分别研究按劳分配、为“唯生产力论”正名、讨论民主与专政问题。这些言论得到了邓小平的关注和认可，他默默地关注着这些会议，仔细阅读了公开发表的相关文章，还约谈了于光远等人。随后，政研室起草了重头文章《贯彻执行按劳分配的社会主义原则》，以特约评论员的名义发表在《人民日报》头版，6天后，《光明日报》刊登《实践是检验真理的唯一标准》，这两篇文章成为思想解放运动的“先遣兵”，与以往的任何文风和内容大不相同，触犯了一些人的思想禁区，但却为中国改革开放注入了第一缕春风。

从1976年冬天到十一届三中全会前夕，于光远共组织了5次“按劳分配”的大讨论，与会者谈到“奖金”“物质刺激”等一系列在当时的经济体制下看起来“大不逆”的词汇。这些努力最终打破了绵延多年的大锅饭，推进了联产承包制的落实，产生了社会主义市场经济理论的萌芽，思想空前活跃。

此外，他扛住了所有压力，坚持“我国正处于社会主义初级阶段”的判断，后来得到邓小平的认可，成为中国制定社会主义政治、精神文明和建设目标的基础，成为各项方针、政策、路线的出发点。

曾与于光远有过交往的人们对他的共同印象都是一个“思维很活跃”的人，是一个“紧跟时代潮流”的人，他担任第十二大、十三大中央顾问委员会委员的时候，在整个社会都反对个人追求金钱的语境下，肯定“抬头向前看，低头向钱看，只有向钱看，才能向前看”的说法，强调重视经济效果，因此受到批判，但历史最终证明他的判断是正确的。

经济学大家们的好导师

中国改革开放取得的巨大成就，发轫于计划经济体制向市场经济体制转轨，而于光远之所以能够成为改革中的标志性人物，源于他对经济学的深刻认知和理解，虽然他曾是物理学“科班出身”，但是他在经济学领域却有着很高的建树，很多经济学大家都尊称他为“导师”。

作为新中国第一代真正意义上的经济学家，于光远与陈翰笙、薛暮桥、孙冶方、杜润生是对中国经济学学术发展起带头作用，对中国政策制定起到重大作用的经济学家。

而董辅礽、吴敬琏、厉以宁、张卓元和赵人伟等则是新中国成立之后第二代经济学家的代表，他们中大都受到于光远的影响。

他的“弟子”张卓元在文章中回忆：“尽管在各个方面都有造诣，但他研究成就最主要的是在经济学，主要科学成果表现在经济学。”

张卓元在1959年大概有两至三个月时间天天到于光远的办公室，帮助他找资料，探讨问题，协助他写文章，后来发表了《社会主义商品生产问题》，由于每天朝夕相处，张卓元对于光远的印象更立体：“他的知识面特别广，理论研究造诣很深，智商也非常高，在讨论中会不断涌现很多创新的想法。他是一个很有才华的人，1955年就被中国科学院评为学部委员。在经济学方面非常有造诣，思想一贯很解放，勇于探索问题。”

张卓元说于光远在经济学的主要贡献在五个方面：一是最宽派的商品观点；二是作为哲学家，他认为经济规律是不可抗拒的；三是他曾是经济学界首个拨乱反正的组织者和发起人；四是他是社会主义初级阶段理论的开创者和阐述者；五是于光远对与政治经济学社会主义部分进行了积极的探索。

“他是真正研究马克思主义，是真正的马克思主义者。他研究马克思主义，不是僵化和教条的。”张卓元这么评价他的导师。

赵人伟则将于光远视为他的经济学启蒙老师之一。

在中学时就仰慕于光远的赵人伟50年代考上北大，经常聆听于光远在北大经济系做的报告，学习知识，聆听教诲。后来在中国社科院经济研究所工作时，时任中国社会科学院副院长的于光远是他的直接领导人。

“他的创造性思维和探索精神永存，永远值得我们学习。”赵人伟说。

弥留之际的董辅礽先生将自己的最后一篇文章发给于光远，题目是《守身为大》，这篇文章中董辅礽写道：“我国改革开放经历了曲折的道路，改革与保守或者反对改革的斗争异常激烈，每前进一步都有斗争，有时甚至变成了政治斗争。面对这种斗争，理论工作者是否敢于坚持真理，坚持改革的方向，就是对是否能坚持学术节操的考验。在这方面，于光远同志是一个典范，为学术界所敬重。他曾多次因为倡导改革的理

论而受到批判，并几乎丢了党籍，但他坚持真理，毫不动摇。”

甚至第三代经济学家，以周其仁、张维迎、林毅夫等为代表的，出生于20世纪50年代，在国际名校接受过经济学的系统训练，他们也都曾受到于光远的影响，有些人在于光远的影响下开始系统接触和学习西方经济学。

在舆论还在批判西方经济学的时候，于光远顶住压力，积极组织外国经济学讲座，以“中华外国经济学说研究会”的名义开设，连续举办了五六十讲，场面异常火爆，很多年轻经济学者，都是从那时开始真正了解和学习西方经济学的。

北京工商大学教授梁小民说：“过去我们一直批判西方经济学，那个时代公开做讲座，于光远是以他的地位克服了阻力的。”

周其仁也曾讲过：“当年听这个讲座感到非常震撼，因为很多西方经济学理论都没听说过。”

（上文与《经济导报》老社长陈伯钧先生的回忆文章一同刊载于《经济导报》2013年第21期，香港《经济导报》记者王芳，2013年10月23日）

《中国社会主义经济问题》与"组编"于光远

陈德华

我与光远同志的结识是在"文革"后的1977年左右，具体的工作是编写《中国社会主义经济问题》一书。当时正值"文革"后的"拨乱反正"，光远在中央思想理论领导小组工作，主抓理论战线的拨乱反正。高校政治理论课是一个重要的课堂和拨乱反正的阵地，当时，缺乏合适的教材是迫切需要解决的问题。光远同志通过刚刚恢复工作的原教育部政教司李政文司长来组织这项工作。为此，召开了全国三四十所院校政治经济学教学负责人和骨干教师参加的研讨会，会上光远同志作了报告，从理论思想给予了指导，并提出各校分头写或几个学校联合写出自己的教材初稿，然后组织一个统编组统编成一个全国通用的教材。我仿佛记得这个会是在原煤炭干校召开的，规模不小。会后大约经过了一年左右一些学校分别写出自己的稿子。写出稿本的院校名单在《中国社会主义经济问题》一书的出版说明中一一列出，大体二十个院校和地区部分院校联合编写组。这些稿子出来后，差别很大，体系各异，难以统稿。最后，在光远亲自指导下，教育部政教司从北大、人大两校抽人组成编书组，写成了《中国社会主义经济问题》一书。

光远同志对编写组的要求不是搞一本政治经济学社会主义部分教科书，因为条件不成熟，时间不允许。他提出不要拘泥于教科书的体系结构，应结合当时经济工作实际需要，从实际出发来安排书的内容结构，而当时经济工作中迫切需要的是，理论上拨乱反正，工作上尊重经济规律，按经济规律办事。所以我们编写的书第一章就是按经济规律办事，然后分别一个个写了社会主义基本经济规律，有计划发展规律、按劳分配规律、商品生产和价值规律，物质利益规律，最后落脚到生产关系一定要适合生产力性质规律等。这样写下来当然谈不上政治经济学社会主义部分教科书的体系结构，有人还讽其为“规律排队”。我们也没在乎这些。按照光远的意见取名为《中国社会主义经济问题》。书在出版前我曾征询光远同志请署他名为主编，这本是实至名归，但他没同意。他半开玩笑说，我只是“组编”，组织编写的“组编”，后在出版说明中写了“根据于光远同志的倡议”编写的。

这本书的编写出版起了两大作用：

其一，这本书 1979 年 10 月出版。出乎我们的预料，出现了学这本书的热潮，这不仅是在高校，虽也有些高校采用作为政治课的教材，但更多的是在各地机关甚至部队出现的学习热潮（据我了解这种学习并非由上层推动的）。各处办干部学习班以这本书为学习材料。有一个数字很说明问题：我现在手头上留下的一本《中国社会主义经济问题》在版权页上标明从出版发行不到一年时间，1980 年 8 月第八次印刷，印数是从 4900001—5200000，即在仅仅十个月就印行了 520 万册，我想我手上的这本不会是最后一次印刷发行的，不仅如此，当时由于部队干部学习大量需要，解放军出版社进行了翻印，我曾到北京某部队干部学习班作辅导报告看到过该社的翻印本，署解放军出版社（当时还没版权意识和相关制度安排，所以这样的翻印不奇怪）。

其二，如上面说到的，在编写过程中，光远同志动员全国南北几十所著名高校参与，虽没有把稿统起来，但随后分别成立了南北两大编书组，写出了各具特点的政治经济学社会主义部分的南方本和北方本，直到现在历经这么多年多次修订出版，仍在全国广大高校中使用。而于光远同志则是它们最早的推动者。

（根据作者在 2013 年 10 月 19 日经济学界于光远同志追思会上的发言整理）

沉思的记录

陈鲁直

导　言

《沉思的记录——从报人到大使》一书，是我在2010年撰写，2011年出版的。在本书的后记中有这样一些文字，“读者不难看出，我在思想上受惠于于光远先生很多。动笔前后，反复阅读了他所著的《我亲历的那次历史转折：十一届三中全会的台前幕后》，又比较系统地读了他关于时代问题的几篇文章，”“于老思考研究问题的深刻，表述理论问题的深入浅出，确实令人折服。”这本书的第十部分“适应必然性为上”，集中记录了1993年我和于老共事后，学习于老“时代观”的一些初步思考。

2013年9月26日晨，得知恩师于光远老先生以98岁高龄逝世于北京医院的噩耗。本来还考虑要就进一步探讨他的“社会资本主义”请教他，不料竟来不及了。

2015年，是于光远老先生诞辰100周年，谨以“适应必然性为上”这些文字作为对他的纪念。他的“社会资本主义”思想是我准备进一步深入研究的，因为它对我们目前面对的关键问题实在太重要了。但要写成较成熟的文章还有待时日，要作为今后缅怀于老先生的重要作业。

适应必然性为上

1993年，我国著名经济学家于光远先生继我国著名历史学家周谷城先生担任中国太平洋学会会长。承他的情，他把我这个中国太平洋经济合作全国委员会的副会长兼秘书长拉入他的学会。从 1994 年到 2010 年，有 14 年的时间（包括我从太平洋经济合作全国委员会退休后的 9 年），我在于老的熏陶下可以说又受了一次教育。我说我其实是于老的学生，只是他不接受。但事实毕竟是事实，我现在就以学生的身份谈一点感受。

使我深受感动的是，于老总说他是“死不改悔的马克思主义者”。作为马克思主义的经济学家，于老在经济学上的造诣，我是不敢妄谈的。但有一点，我个人得益匪浅，想在这里一提，那就是他的“时代观”。

学习马克思主义，不同时代相联系来研究，那只能是缘木求鱼。我同于老的交往，就是从当代的时代特征研究开始的。于老作为学者，不仅没有学者架子，而且“不耻下问”。我到他的太平洋学会之初，有一回他竟然提出要来“拜访”我。我实在不敢当，说我可以去他家，决不能要他来看我。他说，别客气，他是有事要同我商量。我就不好再阻拦了。原来，他是要同我讨论当今的时代特征是什么，他考虑用“大调整”三个字，问行不行，因为我是搞外交的，所以要同我商量。这真是“一拍即合”，我也在为这个问题伤脑筋，难得有这样的学习好机会，自然表示竭诚欢迎。

于老说的“世界历史大调整时代”的意思是，从第二次世界大战后的 20 世纪六七十年代起，资本主义世界开始调整它的社会经济制度，调整的结果是资本主义世界的经济文化上去了。社会主义国家没有调整，经济文化上不去，结果解体的解体了，巨变的巨变了，逼得社会主义世界也不得不进行调整。这个大调整时代的时间会很长，很可能整个 21 世纪都处于这样的时代。他还提出要对调整时期的质的规定性和发展规律进行多学科的研究和探求。

那么，于老为什么会提出这样的看法呢？谈时代问题，总不免涉及自然法则和社会法则。要研究我们所处的时代，探讨资本主义的去向，研究资本主义与社会主义的关系，不联系社会发展规律是谈不清楚的。

这使我想起恩格斯在《马克思〈1848 年至 1850 年法兰西阶级斗争〉一书导言》开始时说的一段话，意思是，要用唯物主义观点从一定经济状况出发来说明一段现代历史，就要把政治事件归结于终究是经济原因的作用，注意不要只局限于把政治冲突归结于由经济发展所造成的现有各社会阶级以及各阶级集团的利益的斗争，不要局限于把各政党看作是这些阶级以及阶级集团的多少确切的政治表现。① 我们今天，同样可以说，冷战时期形成的社会主义和资本主义阵营的政治冲突，苏联解体、东欧剧变及冷战结束，都不能简单地归结为是由经济发展所造成的世界无产阶级和资产阶级的利益的斗争，也不能简单地把共产党和资产阶级政党看作是无产阶级和资产阶级多少确切的政治表现；同样要具体地研究这些事件发生的终究的经济原因，也就是说要研究生产的历史发展规律所起的作用。

我想，于老提出“大调整”的时代特征，正是立足于这种自然的社会发展必然规律，对有关时代出现的事件和情况所作的思考，这同他多年来对政治经济学社会主义部分的研究和看法直接有关。

对在 20 世纪在某些国家建立起的社会主义社会，于老通过认真的观察思考，提出了，可以用两个社会主义社会的概念，或者说可以用两种社会主义含义，来解释或认识这一历史现象。一个是按马克思的设想，在人类社会发展序列中处于资本主义社会之后的那个社会主义社会，即在资本主义社会中社会生产力发展起来后，会有这么一个时候，资本主义的生产关系无法容纳已经发展到如此高度的社会生产力，于是社会经济制度就发生变革，建立起社会主义。还有另一种含义下的社会主义社会，那就是现实的社会主义社会。这种社会主义社会，是某些国家在本国或本地区，社会生产力并没有达到有必要突破资本主义生产关系时，在某种特定的历史条件下，由该国的无产阶级政党夺取政权，剥夺了资本家等阶级的财产而建立起来的。他深入研究了这种现实的社会主义产生的合理性和重大的缺陷及问题，得出了以下的看法：这些国家里的社会主义社会，还不是可以替代或者战胜资本主义的社会主义，而是一种与资本主义社会并存、与资本主义处于竞赛中的、甚至有可能再变为资本主义的社会主义社会。也就是说，社会生产力的发展还没有达

① 参见中共中央马克思恩格斯列宁斯大林著作编译局：《马克思恩格斯全集》第 22 卷，人民出版社 1974 年版，第 591—592 页。

到可以铲除资本主义的程度。在这种情况下，我们高谈所谓社会改造，不免沦为“以意为之”，就是凭借所谓马克思主义的社会发展阶段论，硬把心目中的资本主义向人为的社会主义的方向去改造。结果自然是《淮南子》所说的“以养而害所养”，反把社会搞糟了。

2008 年 7 月陈鲁直（左一）、成幼殊（右一）夫妇到家中拜望于光远

让我深受启发的是，于老确实能从经济原因出发，来分析资本主义世界和社会主义世界所进行的调整。对 20 世纪六七十年代开始资本主义所作的调整，于老研究了资本主义发展的经济规律。简言之，他认为，从自由资本主义到垄断资本主义的发展，只是资本主义发展的一个重要方面；还有一个重要方面，也是马克思、恩格斯给予了很大的重视的，那就是，从私人资本主义向社会资本主义的发展。马克思、恩格斯在《资本论》第 3 卷和《1891 年社会民主党纲领草案批判》中，对社会资本主义作了论述，指出了，是社会化大生产推进了社会资本主义的发展进程①，社会资本主义在一定程度上缓解了资本主义社会生产社会

① 中共中央马克思恩格斯列宁斯大林著作编译局：《马克思恩格斯全集》第 22 卷，人民出版社 1974 年版，第 270 页。

化与私人占有的矛盾。所以，我们还应从私人资本主义向社会资本主义发展的这条线索，去考虑和考察资本主义的调整能力，及进一步的发展能力，考虑资本主义出现的新变化，从中可以概括出，在世界历史大调整时代，作为资本主义特点的东西。要看到，经过一定调整，资本主义的生产关系还可能容纳比原有的社会生产力更高得多的社会生产力。

对于20世纪八九十年代社会主义国家开始的调整，于老也实事求是地研究了其经济的原因，更为难得的是，思考了其调整和改革的质的规定性。他认为，在这种社会主义的初级阶段，生产关系的特征是公有经济和私有经济共同发展。不仅如此，作为与资本主义国家并存的这第二种含义的社会主义国家，根据其本身的重要弱点和缺点，及社会经济的发展程度，可以明确地预言，在整个这种社会主义历史阶段都会是公有、私有并存的社会，而且应该看到，这样的局面的延续不是几个世纪的事情。这又使我想到，马克思曾经说过，分工和私有制是同义语。[①] 生产力发展到使人能够全面地发展，使分工成为多余的东西，的确很难说是几个世纪的事情。因此，在中国改革开放的过程中，人们越来越认识到，只有不论公有私有都视作神圣财产，社会主义社会才能存在，才能进步。中国的社会主义体制改革，之所以要以市场经济为取向，之所以要对国有企业进行战略性调整，之所以要发展非公有制经济，之所以要对外开放，是时代的质的规定性和发展规律所决定的。

我以为，对于我所说的“人为的”社会主义，于老所作的分析，真是切中要害。正如恩格斯在《社会主义从空想到科学的发展》中对社会变革的条件所作的精辟论述所说：“自从资本主义生产方式在历史上出现以来，由社会占有全部生产资料常常作为未来的理想隐隐约约地浮现在个别人物和整个的派别的脑海中。但是，这种占有只有在实现它的实际条件已经具备的时候才能成为可能，才能成为历史的必然性。正如其他一切社会进步一样，这种占有之所以能够实现，并不是由于人们

---

① 中共中央马克思恩格斯列宁斯大林著作编译局：《马克思恩格斯选集》第1卷，人民出版社1976年版，第37页。

认识到阶级的存在同正义、平等等等相矛盾，也不是仅仅由于人们希望废除阶级，而是由于具备了一定的新的经济条件。”“社会阶级的消灭是以生产的高度发展阶段为前提的，在这个阶段上，某一特殊的社会阶级对生产资料和产品的占有，从而对政治统治、教育垄断和精神领导的占有，不仅成为多余的，而且成为经济、政治和精神发展的障碍。”“当社会总劳动所提供的产品除了满足社会全体成员最起码的生活需要以外只有少量剩余，因而劳动还占去社会大多数成员的全部或几乎全部时间的时候，这个社会就必然划分为阶级。在这个委身于劳动的大多数人之旁，形成了一个直接脱离生产劳动的阶级，它从事于社会的共同事务：劳动管理、政务、司法、科学、艺术等等。因此，分工的规律就是阶级划分的基础。”①

在“时代论”的论述中，于老还特别提出了“现代市场经济文化”这个概念，它是把资本主义的调整和所谓社会主义的改革开放综合起来作出的这个概括，可说突出了大调整时代的核心内容，是值得我们深刻认识的。于老认为，从逻辑上说，经过大调整，资本主义国家不再是原来那样的资本主义国家，社会主义国家不再是原来那样的社会主义国家，那时的国际关系也不再是原来那样的国际关系。他还乐观地指出，世界历史大调整意味着人类历史的一种进步，人类历史的前进也是文明的发展。他说，20 世纪文明的发展中最突出的东西可以概括为两条，一条是自然科学与技术的大发展，还有一条可称之为现代市场经济文化的那种文明的发展。现代市场经济文化当然应该是与现代市场经济相适应的文化。换句话说，现代市场经济是我们所处时代经济社会的特点，是 19 世纪、20 世纪资本主义市场经济的发展。当今的资本主义和所谓的社会主义同处于现代市场经济时代，而且，与自然科学与技术一样，在现代市场经济和现代市场经济文化上资本主义世界都处于优势。

进而，于老还对国际关系的时代特征作了思考，他说，在世界历史

① 中共中央马克思恩格斯列宁斯大林著作编译局：《马克思恩格斯选集》第 3 卷，人民出版社 1976 年版，第 439—440 页。

大调整时期，我们期望着发展出一种“国际合作的新文明”，并使这种文明能成为 21 世纪世界文明的一个重要组成部分。“国际合作的新文明”中有一部分包括在现代市场经济文化之中，因为现代市场经济文化要求在国际合作方面的文化进一步发展，但是国际合作的范围比国际经济合作的范围要宽得多，因此不能完全包括在现代市场文化之中。可以说，这是对上一节所说的全球化的质的规定性的进一步揭示。于老满怀希望地说，21 世纪会不会发展出这样一个很好的文明，要看世界历史大调整时期世界经济政治的发展变化，要看各国政治家、经济界领导人士和学者对国际合作的认识能否大幅度地提高，和能否在实践中做出巨大的努力。联系到上面所讨论的国际关系一节所涉及的问题看，于老的“国际合作新文明”的概念是切中要害的。

于老通过对历史的观察提出，把以往的情况简单地延长到将来的历史研究的方法是错误的。他用事实说明了这种错误方法造成的发展的挫折。20 世纪初本来是资本主义的一统天下，但是，一部分国家不满足于它们在资本主义世界中原有的地位，要争更大的霸权，于是发动了第一次世界大战。战争引起了革命，结果出现了一个社会主义的苏联。战败国的德国在希特勒掌握政权后认为自己有力量、也有办法东山再起，后来发动了第二次世界大战，惨遭失败，二战中，资本主义国家除美国外，也遭受很大的损失。两次世界大战使资本主义国家不得不走上调整的道路。作为调整的结果，资本主义国家重新取得了活力，经济文化得到相当快的发展。与此同时，某些社会主义国家的领导者却沉醉于已取得的那些胜利之中，以为可以继续直线地前进，结果使本国经济社会生活停滞落后，不得不走上调整即改革的道路。

于老引用恩格斯的话说，“不同时期文明发展的速度同它距离人类历史发展的时距的平方成正比。”① 与此相适应，历史学中还有一条基本规律，就是人类历史是不会直线前进的，虽然历史前进是不可抗拒的规律。自以为走上社会主义道路的一些国家的领导集团以为历史发展的

① 中共中央马克思恩格斯列宁斯大林著作编译局：《马克思恩格斯选集》第 3 卷，人民出版社 1976 年版，第 446 页。

某种态势（例如走向社会主义）会直线地继续下去，就犯了把历史视作直线运动的错误。于老说，在历史前进的过程中，不可避免地会出现某些不符合历史前进规律的东西，这时候历史会出现使这种东西不再能长期存在下去的力量，去纠正那些不符合客观规律的看法和做法，然后再继续前进。历史的这种力量是非常强大的。

我以为，这种规律也就是马克思在 1877 年给俄国《祖国纪事》杂志编辑部的信中所说的话，即："我在关于原始积累的那一章中只不过想描述西欧的资本主义经济制度从封建主义经济制度内部产生出来的途径。因此，这一章叙述了使生产者同他们的生产资料分离，从而把他们变成雇佣工人（现代意义上的无产者）而把生产资料占有者变成资本家的历史运动。在这一段历史中，'成为形成中的资本家阶级进一步发展的杠杆的一切革命都是划时代的，使广大群众同他们传统的生产资料和生活资料分离并把他们突然投到劳动市场上去的那些革命更是如此。但是，这整个发展的基础就是对农民的剥夺。'那一章的末尾，资本主义生产的历史趋势被归结成这样：它'本身以主宰着自然界变化的必然性产生出它自身的否定。'它本身已经创造出一种新的经济制度的因素，它同时给社会劳动生产力和一切个体生产者的全面发展以极大的推动，实际上已经以一种集体生产为基础的资本主义所有制只能转变为社会的所有制。"①

马克思在这里所说的规律，也就是于老上面所说的不以人的意志为转移的历史的强大力量。恩格斯在《路德维希·费尔巴哈和德国古典哲学的终结》中说过，"社会发展史却有一点是和自然发展史根本不相同的。"在自然界中（如果我们把人对自然界的反作用撇开不谈）"全是不自觉的、盲目的动力，这些动力彼此发生作用，而一般规律就表现在这些动力的相互作用中。""反之，在社会领域内进行活动的，全是具有意识的、经过思虑或凭激情行动的、追求某种目的的人；任何事情的发生都不是没有自觉的意图，没有预期的目的的。"但是，人们所期

① 中共中央马克思恩格斯列宁斯大林著作编译局：《马克思恩格斯全集》第 19 卷，人民出版社 1974 年版，第 129—130 页。

望的东西很少能够如愿以偿，必然规律在偶然中开辟道路。“行动的目的是预期的，但是行动实际产生的结果不是预期的，或者这种结果起初似乎还和预期的目的相符合，而到了最后却完全不是预期的结果。这样，历史事件似乎总的说来同样是由偶然性支配着的。但是，在表面上是偶然性在起作用的地方，这种偶然性始终是受内部的隐蔽着的规律支配的，而问题只是在于发现这些规律。”①

于老看到了现实社会主义的重要问题，最可贵的是他能恪尽自己作为学者的社会责任，孜孜不倦为现实的社会主义走出困境进行理论探求，努力发现隐藏在偶然性背后的规律。他开辟了政治经济学社会主义部分研究这一领域，勇于与时俱进，不断修正、发展探求的成果。譬如，关于社会主义的基本特征，在中国改革初期，他曾提出补充列宁的公式，把“社会主义=生产资料公有+按劳分配”，改写为“社会主义=生产资料公有+（按劳分配+社会主义商品生产）”；1988 年，又提出计划经济与市场经济“积极结合论”，社会主义市场经济是社会主义的本质要求；1993 年，又鲜明地指出社会主义社会也是公有、私有并存的社会。关于社会主义生产的目的，他认为生产是满足社会需求，社会主义生产的本质是使用价值的生产，认识社会主义经济问题不能停留在价值运动、货币运动上面，不能忽视“消费生产着生产”；后来进而深刻地指出，我们应主张“消费者主权”，摒弃“为生产而生产”和“计划者主权”的思想。关于计划性，1983 年他研究对比了资本主义与社会主义两种计划制度的原则的不同，1988 年他经研究看到，资本主义生产、包括整个国民经济的计划性也达到相当高程度，看到社会主义要更好地掌握有关计划的科学和技术，努力达到当代资本主义已经达到的那种计划性。

我不敢说，我对于老“时代观”的上述认识准确反映了于老的思想，但它确实大大提高了我的理解现实问题的能力。仅就这一点来说，我自称是他的“私淑弟子”，并不是有意往自己脸上贴金。相反地，我

① 中共中央马克思恩格斯列宁斯大林著作编译局：《马克思恩格斯选集》第 4 卷，人民出版社 1976 年版，第 243 页。

至少从他那里学得了为学的一条基本要求，那就是，对现实的问题，切不可作简单的肯定或否定，那绝不是科学态度。既然是问题，起码的一条就是对它作实事求是的历史分析。于老比我大 10 岁，现已过 95 岁，他的这种精神，其实是贯穿于他的整个学术生涯，我能于 70 岁之前结识他，是荣幸之至的。

我觉得对于于老的学术成就，也应该有历史的眼光。解放初期，我只知道他是马克思主义政治经济学简明教科书的作者，“文化大革命”他受的苦，我只有零星的传闻，倒是“文革”之后，他的业绩才打动了我。他是十一届三中全会自始至终的参加者，并有十一届三中全会标志的历史大转折的专著，在我结识他之后，有幸参与了美国名著作家傅高义先生把它译成英文并在美出版的一些具体工作，也算我为他做了一点微薄的贡献。

从于老研究政治经济学社会主义部分的历程看，在解释“文化大革命”十年浩劫的根源时，他研究了“新民主主义论”中包含的“新民主主义社会论”，分析了作为新民主主义革命产物的新民主主义社会，分析了新民主主义社会论与社会主义初级阶段论的关系，并有著作。可以说，这些都是后来论时代特点的先声。从中我们可以清楚地认识到从“早产儿”“畸形儿”的社会主义发展到所谓“无产阶级专政下继续革命”和“对资产阶级全面专政”的所谓社会主义理论。

于老说，新中国成立后，中国进行了社会主义改造，结果是建立起一种“社会主义社会”。在这个“社会主义社会”中，社会生产力的水平非常低下，单一的社会主义所有制的生产关系同当时的社会生产力水平极不适应。结果是中国经济长期停滞不前。社会改造后中国建立起来的社会主义社会是一个发育不全的早产儿，在社会主义改造这件事情上，掩盖着对中国历史前进的指导思想上的严重失误。这种“社会主义社会”不只是一个发育不全的早产儿，它还是一个畸形儿。畸形之一就是，一方面宣布我国进入社会主义，一方面又强调我国还存在严重的尖锐的阶级斗争，把社会主义改造成功后的中国仍视作“过渡时期”，继续搞阶级斗争那一套。接着又掀起“大跃进”，强调“一大二公”，刮起“共产风”。至此，解放初期三年的“新民主主义社会”早已无影无踪了。

于老沉痛地说，有人认为，新民主主义革命早就胜利了，还有什么研究新民主主义论的必要？岂知同对资本主义的再认识一样，同对社会主义与资本主义互相关系的再认识一样，这一切都是同对时代的再认识分不开的。我们都承认 1949 年以前的革命是新民主主义革命，那么，新民主主义革命胜利后的社会理应是一个以无产阶级为首领的中国各个革命阶级联合专政的社会，这个社会应该是一方面有资本主义因素的发展，又一方面有社会主义因素发展的社会。而这种局面是一个相当长的历史时期的现象，因而“新民主主义社会”是人类历史上一种具体的为期相当长的社会经济形态。用马克思的过渡时期理论来看，这一点应该是明确的。但是，后来事实的发展，却正是过渡时期理论上的混乱导致了解放后社会改造思想上的混乱。

这就是中国社会主义走上歧路的根源，于老本着科学的精神，为我们作了剖析。多年来，我们总有一种错觉，仿佛有了马克思、恩格斯的社会改造学说，余下的事就是人的主观能动性的发挥了。1917 年俄国十月革命的成功就在于列宁设法发挥了俄国人的主观能动性，同样，中国革命的成功，也在于毛泽东借助马克思、列宁的理论发挥了中国人的主观能动性。在列宁的时代，竟然有人认为列宁比马克思高明，因为他有过人的胆识，毅然抓住时机发动了武装起义，搞社会主义，结果导致斯大林主义的出现。

问题是，俄国的和中国的社会改造究竟为什么没有实现预期的目标，于老对新民主主义社会论的提出和后来被抛弃的历史教训的研究，对我们更清醒、更科学、更理性地研究当今中国社会改造的道路问题，是十分有益的。于老说，他研究的目的是“向前看”，着眼于“社会主义初级阶段论”的发展和坚持。的确，只有能够把问题研究透，才不至于在取得某些胜利时，思想上再迷失方向。

关于“历史发展的主体”的问题。于老赞成恩格斯的“力的平行四边形”的看法，不赞成争论谁是、谁不是历史的创造者。认为各种不同的人、不同的组织、不同的地区、不同的民族都同时在创造历史。在力的平行四边形中，不同大小、不同方向的力对事物运动的方向起不

同的作用，但各有其作用是无可怀疑的。正如恩格斯所说，“人们通过每一个人追求他自己的、自觉期望的目的而创造自己的历史，却不管这种历史的结局如何，而这许多按不同方向活动的愿望及其对外部世界的各种各样影响所产生的结果，就是历史”。“历史是这样创造的：最终的结果总是从许多单个的意志的相互冲突中产生出来的，而其中每一个意志，又是由于许多特殊的生活条件，才成为它所成为的那样。这样就有无数相互交错的力量，有无数个力的平行四边形，而由此就产生出一个总的结果，即历史事变，这个结果又可以看作一个作为整体的、不自觉地和不自主地起着作用的力量的产物。”①

于老还讲，中国也是平行四边形中的一个历史发展主体，要认识到作为大国在世界历史上的重大责任。世界历史调整时期，各国历史发展的主体的具体研究是学者们必须做的一项基础工作。我们这些学者也会在力的平行四边形中发生某种作用。这种作用是附在历史发展的主体上起作用的。因此，妄自尊大固然没有根据，但是反过来妄自菲薄，认为自己不能有所作为的观点也是不对的。

既不妄自尊大，又不妄自菲薄，努力为历史发展发挥一份进步的力量。于老的这种精神来自对历史发展主体的科学认识，不是一时的冲动，也不是宗教式的信仰，所以它能够持之以恒，能够坚持对真理进行不懈的科学探求。于老确实是我们的良师益友。

最后，作为学习于老“时代观”的结论，也是对于老“时代观”的综合理解，就是“我们必须最充分地适应自己的时代”。“只有那种最充分地适应自己的时代，最充分适应本世纪关于世界科学概念的哲学，才能称之为真正的哲学，这样的哲学是时代精神的结晶，是时代文化活生生的灵魂。”这是于老《我亲历的那次历史转折》一书的结束语，我就用它来结束本文吧。

① 中共中央马克思恩格斯列宁斯大林著作编译局：《马克思恩格斯选集》第4卷，人民出版社1976年版，第478页。

以理为先　一往无前

邓伟志

在沉痛悼念于光远同志的日子里，于光远同志可歌可泣的那些动人故事，翻江倒海似的一起涌上心头。

于光远同志是一个有着传奇经历的人。在战争年代，敌人的坦克车曾经从于光远同志身上轧过去，可是趴在地里的他，竟然毫发无损。20世纪50年代他在北京大学作报告，喝水时，飞进茶杯的蜜蜂跑到他嘴里，蛰肿了他的上颚，他照样把课讲完。几十年来，他的理论研究之路也依然是不平坦却充满色彩和传奇的。

考察：他成了“于战略”

20世纪80年代，全国各个省、市、自治区都请他率国土经济学界的人士考察，为地方出主意，提战略。仅仅是我作为随员参与考察的就有云、贵、川、甘、浙、赣、粤、沪，还有两个筹建过程中的省筹备处，如三峡省筹备处、海南省筹备处都请他去实地调研。他的足迹遍及全国。

跟随于老出门是没有福好享的。他限制考察团游山玩水。到了云南大理的蝴蝶泉边，他不让大家专门去游蝴蝶泉。他到自宋代以来就被称为“苦甲天下”的甘肃省定西县，听说当地过去靠吃苜蓿和木薯生活，他要求考察团成员不吃别的，就吃那难咽下去的苜蓿和木薯。在云南的中缅边界处，由于座谈会开得时间长了，他提出不再回招待所用餐，可当地又没饭吃。离界碑几米远处有缅甸人卖大饼。考察团里的农业部副部长等几位行政级别较高的同志是不便越过边界出去的，于老这领队更不能随便跨出国门一步。考察团里只有我是不起眼的小人物，于老就请

县长同缅军打个招呼，让我与边民一起到对面买几个缅甸大饼充饥。我们说不好吃，于老却吃得津津有味。随于老考察最困难的还不是吃住，是他要求每个人都要写出考察报告。他说："你们可以不同意我的意见，不可以不发表意见。"从江西省考察归来，我患了病。他说："我们等你，你病愈后交卷。"由于他为各地国土经济的发展提出了一个又一个发展战略，又由于在三个海南省发展战略中，海南首选了于光远的方案，海南的一位"老延安"梁湘同志唤他"于战略"。

于老提战略是很慎重的，听不同意见，查地方史志，借鉴国内外的经验和理论。20 世纪 80 年代初，上海市长汪道涵请他研究上海战略。现在讲"开发浦东"很轻松，可在该战略提出前他与汪老反反复复讨论，比较来比较去，肯定后否定，否定后再肯定。他们至少经历四个回合：第一，要不要像印度建新德里那样建个"新上海"？第二，新上海是建在金山还是浦东？建在金山是孙中山的主张。第三，建在浦东，是近浦东还是远浦东？第四，浦东、浦西的关系如何处理？如何联动？于老还在上海召集国内外学者讨论城市学。经过多少不眠之夜，才得出"开发浦东"的结论。战略有了，付诸实施又有个漫长过程。后来邓小平发话，方才从战略变成现实。

于老到地方考察，他不像有些人那样随声附和，只说好听的。三峡省筹备处请他考察。去之前，他似乎也不反对建三峡电站。去了以后，他听了各方的观点，他与我们的另一位领队、地质部长孙大光反复商量，认为在长江的四条支流上建四个中型电站，发电量与在长江上的大电站一样，成本可以低很多，而且不影响长江航运，还会避掉大电站、高水位的一些副作用。他俩倾向于不建三峡大电站，这样，气氛有点紧张。于是，他和右手骨折、上着绑带的孙大光同志，这两位"老'一二·九'""老延安"在船上包上头巾，扭起了秧歌舞，唱起了《东方红》的前身——陕北情歌，做到了"和而不同"。

讨论：人称他"于发起"

于老在 20 世纪 70 年代末 80 年代初，同时担任中国社科院副院长、国家科委副主任，还是中共中央思想小组的七名成员之一。为了繁荣自然科学和社会科学，他极力主张开展学术讨论。由于当时“文革”结束不久，有人对“文革式”的假讨论、真斗争心有余悸，总以为非此即彼，非我即敌。于光远同志与孙冶方同志对此深表忧虑。有一天，这两位老友突发奇想：我们两人带个头，把我们促膝交流的不同的学术观点搬到刊物上开展指名道姓的商榷。文章一出，反响强烈，争鸣的气氛顿时活跃。

在真理标准讨论一开始，于老就热情赞同。他请中央党校《理论动态》负责人吴江同志在北京友谊宾馆给我们作真理标准问题讨论情况的报告。他自己重新审视和梳理了一些老观念。他先后发起了对市场经济、分配制度、初级阶段、生产目的等十多个专题的讨论，有的专题讨论百余场。由于每场讨论的主持人常讲“由光远同志发起……”，参加讨论的理论工作者听得多了，便给于老起了个绰号，称他“于发起”。恰好他家电话的后四位号码正是“8787”，他自己也笑称“发起发起”，更加强化了“于发起”。

讨论是切磋，是琢磨，是推陈出新，可“推陈”犹如移山，“磨”到谁的观点谁就会出来阻拦。在于老发起“社会主义生产目的”讨论时，有位领导误认为是对他经验的否定，不太高兴。光远同志知道后，不买这个账。其实，生产目的讨论并不是针对那位领导的。为生产而生产，为政绩而生产的事是个社会问题，再说得重一点，也是直到今天还存在的严重问题。于老重在理论，他不去解释，不在人事关系上纠缠，不去取悦于人。他临时通知愿意参会的各地学者“自带干粮”，自找驻地，继续讨论。结果，大家兴味不减，照样有板有眼地理来论去。他曾对人说：“改革是对不断产生的阻力的不断克服。”这是他这位过来人的经验之谈。

一直到晚年，他仍关心学术讨论。他赞同胡耀邦对“讨论还装核弹头”的批评。21 世纪初，他与好友广东省委老书记任仲夷同志都老得坐轮椅了。为了形象表达他俩的“互相推动论”，在一位广东青年朋友的帮助下，两人拍了两张很有意思的照片：一张是任仲夷坐在轮椅上，由于光远推动；再一张是于光远坐在轮椅上，由任仲夷推动。推动

使人年轻，推动者一往直前。

严谨：于光远为了两个字朝领导发火

于光远同志治学严谨。

他常为理解马恩的思想，查英文、查德文，请教内行。他为了写一万字的文章，要看一百万字的资料。我曾说他的“读写比”是百比一、千比一。他认为图书馆对自己青年时代成长的作用不亚于学校，似乎应视为自己学历的一部分。他还是首都图书馆的特聘顾问。

他喜欢抠字眼。他认为马克思主张的是“社会所有制”，而不是公有制。他为了“社会主义初级阶段”和“社会主义市场经济”概念的提出能够被中央所接受动足了脑筋。

于光远与邓伟志（2006 年 7 月）

最近媒体就如何遵守宪法在展开讨论。我每看一篇文章，总要回忆起于老为“八二宪法”上删去两个字而发火的故事。于老是全国人大

文件起草组成员之一。因此，他对“八二宪法”的一稿又一稿很熟悉。在表决时，他理所当然地表示赞成。表决后，他继续阅读表决用的稿子，忽然发现“迁徙自由”不见了。他从主席台后座走到前排的他的老领导跟前，问：“怎么‘迁徙’二字没有了？”组长说：“我昨天删去了。做不到，何必写上！”于老很生气地对老领导说：“主席团通过后，你无权再删。你要删，得经主席团讨论。”休会后，他又批评老领导：“你这是倒退（作者注：于指‘五四宪法’中有‘迁徙自由’）！是巩固三大差别。”老领导对他的“倒退”一说极为反感。

后来，他与那位老领导分别被广东省的两个部门邀去讲演。老领导有涵养，在听说于老的演讲受到好评后，提笔在广州写了首长诗，表达对光远同志的敬佩之意。我在学习那首诗时暗暗地想：这也许就是大人物认错的一种特殊方式。

初衷不改，与时俱进

在于老过生日的时候，他的老部下龚育之送去了八个大字：“初衷不改，与时俱进。”

毕竟是龚育之最了解于光远。用这八个大字来形容于光远是再恰当不过的了。

“初衷不改”是说于老坚信马克思主义的初衷未改。于老早年曾用过“马义”为笔名。毛泽东写《矛盾论》《实践论》等 11 个“论”的好多资料，是于光远同志提供的。他知道毛泽东为什么只把《矛盾论》《实践论》收入选集的道理。于老手中有毛泽东、邓小平、胡耀邦的很多手迹。

“与时俱进”是说于老始终站在时代前列。他是“多思”的思想家，是百科全书式的大学者。他曾担任中国大百科全书总编委的副主任，经常同姜椿芳、严明复、刘尊琪、陈虞孙等一起讨论百科。于老的“与时俱进”还体现在他对新事物的积极态度和适应能力上。人们把“70 岁学吹打”当笑料，于老却是 80 岁学电脑。他用电脑打字速度不快，自称是“一指禅”，但电脑改变了他的写作方式——他过去用铅笔

写作，家里有几百只写到不能再写的铅笔头，他晚年“坐轮椅走天下”，从网络上知天下，一直保持年轻人的心态。

于老在 98 岁时告别了我们，但他乐观积极、笑口常开的形象却永远留在学者们心中。

（作者系全国政协原常委，民进中央原副主席，上海大学终身教授，原载于 2013 年 10 月 11 日《联合时报》）

谈于光远社会所有制和私有制的论述

董辅礽

于光远同志是一个百科全书式的学者，他的研究涉及的领域实在太宽，有自然科学、人文科学、社会科学，而在社会科学中又涉及各门学科，其中经济科学是他重点研究的领域，而在经济科学中他的研究又涉及各门经济学科，其中有些学科原来没有，而是他创立的，如生产力经济学、国土经济学等。要对他的研究作出评论，绝非哪一个人所能胜任的，即使是经济科学也一样，因为没有哪一个人有他那样渊博的知识，研究过那样多的学科。我也算得上一个经济学的研究者，要我对他在经济科学方面的论著作出评论，自感没有这个能力。这里，只想就于光远同志的所有制理论中的社会所有制等问题谈一点看法。

社会所有制这一概念是马克思恩格斯提出来的，南斯拉夫也用过，但于光远同志对社会所有制有自己的见解。他所说的社会所有制与南斯拉夫谈的曾建立过的社会所有制不是一回事。

人们过去普遍地认为，公有制是社会主义性质的，南斯拉夫也曾把社会所有制看作是社会主义公有制的“一种形式”。于光远同志认为这种看法是不对的，公有制与私有制是一组对词，是所有制的不同性质，而不是所有制的不同形式。公有制和私有制都有不同的形式，而且存在于不同的社会经济形态中，在不同的社会经济形态中（确切地说，从原始社会后期起），公有制和私有制都是并存的，只不过在不同的社会经济形态中有不同的形式。① 他的这个看法是正确的，我很同意。我自

---

① 参见于光远著：《政治经济学社会主义部分探索（七）》，经济科学出版社 2001 年版，第 35、37 页。

己在一篇文章《重新认识社会主义经济》中也提出过“社会主义经济不等于公有制经济”的看法。例如，国家所有制，正如于光远同志所说的，在各个社会主义经济形态中都存在。过去人们不是从所有制本身的性质来论证其是公有制还是私有制，而是从政权的性质来论证，例如，说资本主义经济中的国家所有制是国家垄断资本主义。这种用上层建筑来论证经济基础的性质的论证方法本身就违背马克思主义的经济基础决定上层建筑的原理。

从上述论述中，于光远同志又提出要区分一般的公有制与社会主义公有制。他指出，认为“一般的公有制就是社会主义的基本特征，是同历史和现实不相吻合的”①。而社会主义公有制的根本性质就是社会所有制。因此，把南斯拉夫的社会所有制说成是社会主义公有制的一种形式是不恰当的。于光远同志认为，“社会所有制就是作为整体的社会成员”的所有制，这里所说的“社会”是在比较发达的生产力的基础上，以一定的目标结合而成的各种社会组织的总和。这些社会组织包括在社会中联合起来的个人及其家庭；包括类型不同、功能不同的经济文化其他方面的社会组织；包括区域性的社会组织；也包括由政治上居统治地位的社会成员组成的国家等，② 其中又有单一形式、混合形式和过渡形式的社会所有制。单一形式的社会所有制有社会主义国家所有制、社团所有制、社区所有制等。③ 于光远同志之所以把它们都归于社会所有制是因为在这些所有制中社会成员在不同的社会组织中联合起来了。也正因为这样它们都属于社会主义公有制。于光远同志关于社会主义所有制的思想与马克思恩格斯关于社会所有制（或社会财产——在德语中所有制和财产是同一个词，即 Eigentum）的论述是一脉相承的。同时，他又将马克思恩格斯关于社会所有制的论述展开了、具体化了，因为社会毕竟发展了，社会主义已经有了多年的实践。

---

① 见于光远著：《政治经济学社会主义部分探索（七）》，经济科学出版社 2001 年版，第 37 页。

② 参见于光远著：《政治经济学社会主义部分探索（七）》，经济科学出版社 2001 年版，第 36 页。

③ 参见于光远著：《政治经济学社会主义部分探索（七）》，经济科学出版社 2001 年版，第 45 页。

于光远同志关于社会所有制论述的理论意义在于澄清了关于公有制的许多混乱观念，特别是把公有制简单地同社会主义公有制画等号，停留于公有制一般的概念上，而不去深究不同社会经济形态中不同公有制的特殊性，从而把一般的公有制等同于具有社会主义本质特点的社会主义公有制。同时，对于社会主义公有制，人们又没有抓住其作为社会所有制的根本性质，也就是，它是社会成员以一定的关系结合起来作为具体的社会组织的所有者总和的所有制，从而事实上只能把全体社会成员所有的国家所有制或南斯拉夫的“社会所有制”看作社会所有制，排除了其他各种形式的社会所有制。这类不正确的看法和马克思恩格斯关于社会所有制论述是不相容的，而且也无法理解他们对社会所有制的论述，也无法理解现实生活。

于光远同志关于社会所有制的论述中有一个精粹思想，就是公有制和私有制长期以来是并存的，历史上是这样，在社会主义社会中也是这样，自然，在不同的社会形态中公有制和私有制都有不同。从这里他引出一个重要论点：“社会主义制度也是一种以社会主义公有制为主体的社会，但私有制在社会主义制度下一直存在。”① 不仅如此，他还提出了一个非常有意思，而且非常重要的思想：“在社会主义前进的过程中，原有的私有财产会不断转化为社会财产，即私有制会不断转化为社会所有制，但是新的私有财产又会不断产生出来。”②。而且，在他对股份公司（社会所有制的一个主要形式）的论述中，他还有一个重要思想，即社会所有制与私有制是可以相互转化的。他说：股份公司内部那些买进股票的个人或私有企业的企业主“不再是分离的单个的个人或私有企业，而是以联合起来的个人或经济组织发生作用。这时候他们原来拥有的这部分财产在公司中已经是社会化了。在他们出卖所拥有的股票之后，所得的货币可以又成为他们的私有财产。”③ 从他的这个看法

① 见于光远著：《政治经济学社会主义部分探索（七）》，经济科学出版社 2001 年版，第 51 页。

② 见于光远著：《政治经济学社会主义部分探索（七）》，经济科学出版社 2001 年版，第 5 页。

③ 见于光远著：《政治经济学社会主义部分探索（七）》，经济科学出版社 2001 年版，第 47 页。

也可以得出结论：在社会主义经济中，社会所有制和私有制也是长期共存的。他的上述思想是很有辩证哲理的。

下面我想对于光远同志的社会所有制思想作一点讨论，谈一谈我自己的看法。

光远同志列出了社会所有制有各种各样的形式，依我看来，它们是很不相同的，必须加以区分。我曾将公有制区分为两种形式：共同所有制和公众所有制。共同所有制是指在一定的范围内（国家、社会、企业等）财产归全体成员所共有，但这些成员又不是共有财产的某个特定部分的所有者，国家所有制、人民公社所有制就是这样的共同所有制。公众所有制是在一定的范围内（社会、团体、企业）财产归全体成员所共有，但这些成员又是共有财产的特定部分的所有者。合作社所有制、股份公司所有制等都属于公众所有制。共同所有制在不同社会经济形态（包括原始社会）都存在，公众所有制则是在生产社会化的过程中产生的，最早是各种合作社所有制，自从出现股份公司后，财产股份化进而证券化后，公众所有制有了很大发展，而且形式越来越多，例如公众持股的股份公司、各种证券投资基金、各种社会保障基金等等。共同所有制和公众所有制是不同的公有制形式。共同所有制有其特有的功能，还会存在，但其适宜存在和发展的范围是有限的，而随着生产社会化的发展，公众由此而引起的财产社会化、公众化的发展，公众所有制才越来越发展，其形式也越来越多样化。①

这里想着重谈一谈股份公司所有制这种公众所有制形式。在于光远同志的论述中，股份公司是社会所有制混合形式的一种经济组织。他认为，在股份公司中联合起来的个人或经济组织原来拥有的财产已经社会化了，“他们就不再拥有私有财产，只是作为联合中的一分子拥有这种所有制形式的社会财产中的一个不可分离的部分。”② 对他的这种论述，我同意一部分，即入股者的财产社会化了，成为股份公司的社会财产的一个不可分离的部分，用我的说法就是，它们形成不可分割的公众所有

---

① 参见《公有制与股份制》，《上海证券报》1997 年 9 月 3 日。

② 见于光远著：《政治经济学社会主义部分探索（七）》，经济科学出版社 2001 年版，第 47 页。

的财产；我不同意的是，他认为这些入股后的公众不再拥有私有财产。在我看来，股份公司的公众所有的财产中入股者入股的财产既形成了不可分割的公众所有的财产，同时，其入股的部分又是他们的私有财产，归他们所有，不是像于光远同志所说的，只有在他们卖出股票后所得的货币“又成为他们的私有财产”。其实在出卖股票前，这些股票也是他们的私有财产，他们以其入股的股份可以分红，同时又要对其入股的股份承担风险，何况股票是有价证券。这正是股份公司这种公众所有制的形式不同于共同所有制的地方。

公众所有制的产生和发展，是人类社会的所有制发展的一个新的阶段，即由原始的共同所有制，发展为各种各样形式的私有制，这是所有制的一次否定，再由各种各样的私有制发展为各种各样形式的公众所有制，这又是对私有制的否定。但它对私有制的否定，不是回到共同所有制，而是提升为公众所有制。不是私有制的消灭，而是私有制的扬弃，也就是公众所有制作为公有制的一种形式是私有制的否定，同时在公众所有制中又保留了社会公众的私有制，这已不是被否定的私有制。这里，私有制既被否定，又可以另外的形式被肯定，即否定中有肯定，这就是私有制的扬弃。1997 年 9 月 3 日我在上述《公有制与股份制》的文章中论述了共同所有制和公众所有制这两种公有制形式，并谈了上述看法。那时我还没有看到于光远同志的《于氏简明社会主义所有制结构辞典初稿》（1997 年 9 月 9 日征求意见稿）。很有意思的是，在他的这篇文章中引用了马克思在《资本论》第 3 卷中的一段话：股份公司的成立，使得那些本身建立在社会化生产方式基础上的资本“直接取得了社会资本……的形式，而与私人资本相对立”，这种社会资本“即那些直接联合起来的个人的资本”，“是作为私人财产的资本在资本主义生产方式本身范围的扬弃”①。我在写上述文章时没有查看马克思的这一论述。现在看来，我把公众所有制，包括其具体形式之一的股份公司所有制作为对私有制的扬弃的看法是合适的。可惜于光远同志没有从

① 见于光远著：《政治经济学社会主义部分探索（七）》，经济科学出版社 2001 年版，第 48—49 页。

"扬弃"的角度来理解股份公司，从而认为在股份公司中股东们不再拥有私有制。如果从"扬弃"私有制来理解，那么股份公司作为公众所有制的一种组织形式，既否定了私有制，使得私人资本成为社会资本，同时它又在否定私有制中有肯定，保留了包容于公众所有制的私有制。这就是对私有制的扬弃。

谈到对私有制的扬弃，我还想谈谈马克思恩格斯的有关论述。2000年，我查看了手头有的一本汉语注释的德文《共产党宣言》（商务印书馆，1975年）。《共产党宣言》中有一段非常有名、引用很广的一句话："共产党人可以把自己的理论概括为一句话：消灭私有制"。"消灭私有制"的德文原文是"Aufhebung des Privateigentums"。

该书的后面附有德文词的汉译注释。Aufhebung是个动名词，其动词为aufheben，书中用汉语注释"保留、保持、废除"，恰恰没有"消灭"的意思。而在《共产党宣言》汉译本中译作"消灭"一词的德语词除aufheben外，还有几个，即aufhoren停止，abshaffen废除、消灭，vernichten毁灭、消灭，Wegfallen废止、消灭。过去，在念大学时，德语是我修的第二外语，虽说没有学好，但至今也还没有完全忘却。为了使自己弄明白马克思恩格斯的原意，我曾在2000年与德国朋友埃琳及其妻子赵远虹在一起见面时专门向他们请教。当时，埃琳只是说这几个词在语意上有轻重不同。我想到aufheben这个词有相矛盾的词意，可能是黑格尔常用的我国译作"扬弃"的那个词。一查果然如此。这样，上述问题就释然了。原来，在《共产党宣言》中讲的"消灭私有制"准确地说应译作"扬弃私有制"。马克思、恩格斯用字是很严格的，在《共产党宣言》中在表述"消灭"的意思的许多地方都不用"aufheben"，而用上述其他几个德文词，只有在谈到私有制时，却专门用"Aufhebung des Privateigentums"，可见他们用authen这个词是很有讲究的。联系到马克思《资本论》第3卷中谈到股份公司中关于社会资本是作为私有财产的资本扬弃时，也可说明，他们的原意不是"消灭私有制"而是"扬弃私有制"。冯契、徐孝通主编的《外国哲学大辞典》中在解释"扬弃"，一词时，编者把aufheben解释为抛弃、保留、发扬、提高、辩证的否定、否定与肯定双重含义，又引用黑格尔在《逻辑学》一书中的解释：

Aufhebung "在语言中有双重含义，它既意谓保存、保持，又意谓停止，终止","既被克服，又被保存"。可见把"Aufhebung des Privateigentums"译作"消灭私有制"是不对的，应该译作"扬弃私有制"。我们从马克思恩格斯逝世后，包括股份公司所有制在内的各种公众所有制的蓬勃发展可以看到，公众所有制的出现和发展的确不是在消灭私有制，而是在扬弃私有制，在公众所有制中私有制被否定又被肯定；既被克服，又被保存。可见只有用辩证思维才能正确理解《共产党宣言》中的这一重要思想。我也注意到，于光远同志提出，到没有财产和财产观念的社会到来时，"私有制最终是会消除的"①。在我看来，私有制是与市场经济联系在一起的，没有私有制就不会有市场经济，至今我们还看不到有何种配置社会资源的方式比市场经济更有效率，既然市场经济不可替代，私有制也就会长期存在，只是在生产社会化的发展中，私有制会被扬弃，既越来越多地包容于公众所有制，即不是被消灭，而是被扬弃。于光远同志提出"私有制最终是会被消除的"，他没有用"消灭"一词，是有考虑的，但如果将"消除"理解为辩证的否定，也就是扬弃，那么这就与他说的私有制将"一直长期存在下去"② 的观点相统一了。

同上面所谈的问题有关，还有一个问题值得探讨。于光远同志在谈到在社会主义制度下私有财产必将向社会财产转化时指出，"在这里只存在社会化而不存在私有化"③。这是一个重要的思想。我赞成这一看法，我也曾提出过：生产社会化的发展导致了财产的社会化或者说公众化。目前，在美国大约占将近 50%的家庭拥有股票，有 68%的家庭拥有多种基金。在我国，目前已有 6500 万的个人证券投资者。这就是说，在当今，越来越多的人和越来越多的家庭拥有各种金融资产，越来越多的人已成为有产者。这个进程正迅速发展。财产的社会化、公众化正是生产社会化发展的必然结果。因此，马克思在世时，一个人要成为资本

① 见于光远著：《政治经济学社会主义部分探索（七）》，经济科学出版社 2001 年版，第 51 页。

② 见于光远著：《政治经济学社会主义部分探索（七）》，经济科学出版社 2001 年版，第 51 页。

③ 见于光远著：《政治经济学社会主义部分探索（七）》，经济科学出版社 2001 年版，第 53 页。

家必须积累足够的资本，以用于购置土地、厂房、机器以及准备流动资本，绝大多数人由于没有足够的资本，所以没有可能成为资本家，而只能成为出卖劳动力的工资劳动者。而在生产社会化的进程中，出现了公众所有制，特别是股份公司这种公众所有制的组织形式，使得资本股份化了，进而证券化了，这样，越来越多的人就可以参与投资，拥有股票、投资基金等形式的资本，虽然人们拥有的股票、基金有多有少，但越来越多的人成为了有产者，他们不仅有房屋等不动产，而且拥有作为资本的各种金融资产，成为公司的股东、投资基金的所有者等等。财产的社会化、公众化还会继续发展下去，公众所有制的发展不是财产的私有化，而是财产的社会化、公众化。其实，一些西方国家在国有企业的改革中，将国有资产股份化、证券化，出售给居民，他们称私有化，实际上就是股份化，这与我国有些企业的股份化有相似之处。我们看到，在生产社会化的发展中，由于公众所有制的发展，随着财产的社会化、公众化，越来越多的人成了有产者，而不是沦为除了两只手，一无所有，因而只能出卖劳动力的无产者，这是社会的大进步。马克思在《资本论》第 1 卷中所提出的资本主义一般积累规律，一头是财产的积累，一头是贫困的积累的规律已经改变。由于财产的社会化公众化，由于各种公众所有制的发展，以及由于越来越多人成为有产者，我们对马克思、恩格斯提出的关于“扬弃私有制”，关于社会资本、社会所有制以及“重建个人所制”等论述应有新的理解。事实上，人们在那时已经对财产的社会化、公众化的发展趋势有了一些很有意思的预见。

上面我就于光远同志关于社会所制及私有制以及相关问题的一些论述谈了一点自己的理解和自己的不成熟的见解。我想以此向于光远同志以及他经济学研究的同行请教。

（此文系时任中国社会科学院经济所所长的董辅礽先生生前所作，原文发表在《经济前沿》2003 第 2—3 期）

灾害经济学的奠基人

杜　一

于老离开了我们，但他为灾害经济学所作的贡献却永远被我们所铭记。

对于灾害经济学的创建，于老非常风趣的写了这样一段话。他说："有必要也有可能建立和发展一门新的经济科学——灾害经济学，这样的一个主张在我国是我首先提出来的。我的这个看法是 80 年代初形成的。先是讲从经济学的角度研究灾害的重要性，后来明确提出应该建立灾害经济学这个学科。我在发表这个主张之前并没有去认真查阅文献、进行考证，弄清楚对有关的问题前人讲过什么、写过什么。我是从本人接触到的中国经济社会的事实中受到的启发，反复思考，独立地形成这套自己的看法。因此，如果发现有其他人先我而提出类似的主张，我一定会痛痛快快地承认自己孤陋寡闻，我随时都有把发明权让给应该得到这种荣誉的人的精神准备。至于外国人是否先我而提出建立灾害经济学，我就更承认自己一无所知，只是知道我国还没有这方面的译作罢了。总之，关于灾害经济学，我发表的那些议论，完全是我独立地进行思考、独立地去进行分析综合作出的判断。我对灾害经济学的认识处在一个比较肤浅的阶段。"

我对灾害经济学的研究，百分之百的是于老的意思，那是在 1986 年，于老委托李成勋亲自找我谈话，建议我研究灾害经济学这门经济学的新学科。后来我与我的学生李周一起经过近一年的切磋琢磨，于 1987 年 4 月写了一篇《灾害经济学探索》，发表在《学术研究》（广东）1987 年第 2 期上，论文论述了灾害经济学的产生与形成，灾害经济学的研究对象，灾害经济学的基本原理，灾害经济学的基本方法，灾害经济学的指标体系，灾害经济学的决策体系等，为灾害经济学在我们的开创作了一些初具规模的研究与探索。

灾害经济学是一门正在我国创建中的经济学新学科，迄今还是人们比较陌生的，它与信息经济学、环境经济学、生态经济学一样，有着自身的独特的研究对象和任务，所以作为经济学的一个分支，它的存在价值无疑是可以与其他经常科学等量齐观的。

于光远同志对各门新学科的建立始终站在第一线上，孜孜不倦的探索和攻克，出主意、想办法，有着许多极其宝贵的思想。灾害经济学仅是他倡导和新建的新学科中的一个。然而他对它的研究确是既有深度，又有广度的。打个比喻，好比盖大厦，他为之奠了基，又为之设计了支柱和框架。

（一）“把灾害作为一门科学来研究”

灾害经济学是于光远同志倡导建立的，他从我国的灾害灾情出发，写过有关灾害研究若干篇文章，并多次在有关会议上发表过讲话，为灾害经济学这座大厦的建立奠定了基础。他明确提出要“把灾害作为一门科学来研究”，“建立灾害经济学”，那是 1985 年 9 月 25 日在北京政协礼堂举行的我国有史以来第一次灾害经济学座谈会上提出的。

我们知道，灾害经济学是一门研究灾害预测、灾害防治和灾害善后过程中所发生的一系列社会经济关系的学问。从于光远同志所写的文章和几次讲话精神中，理解到把灾害经济学作为一门科学来研究，具有如下三点特点：

第一，它是一门守业经济学。灾害经济学不研究价值形成和价值增值，而研究已有资源和已创造价值的保护。这是灾害经济学区别于其他经济学的一个显著特点。灾害经济学即不强调必须保证某些劳动成果（资源）免遭损失而不惜付出的代价，也不强调尽可能地减少灾害引起的经济损失，而是注重为守业投入的追加劳动，必须不大于由此减少的劳动损失。这里运用的是边际分析方法，研究灾害经济问题所关心的是为守业投入多少劳动是最为合理这一问题。

第二，它注意研究如何减缓环境、生态逆向演替进程中的一系列经济问题。灾害经济学作为一门相对独立的经济学分支，注重研究如何减缓环境、生态逆向常规进程中的一系列经济关系，着重研究如何制止国土资源恶化的一系列经济问题。

第三，它研究的任务是灾害预测、灾害控制和灾害善后的经济问题。

（二）灾害的分类

灾害经济学这座大厦建立的支柱，也是于光远同志提出来的。他提出："灾害有两种：自然的、人为的。自然的有两种，即物理的、生物的；人为的有两种：战争和对自然认识不够而形成的。"这无疑为科学研究灾害经济学提出了"纲"。

（三）利用灾害，变害为利

于光远同志还提出了灾害经济学这座大厦的框架，他指出："自然灾害，除地震灾害，其他灾害可以一分为二。""要利用灾害，不要只是防止灾害；不是水土保持，而是水土利用。"还指出："灾害当然是一件坏事，但是灾害的后果中，也不是完全没有可供我们利用的东西。"他的这些论述，又为科学研究灾害经济学提出了"目"。

利用灾害，变害为利，它是建立在灾害在经济发展过程中不可完全避免以及害利互变的原理基础上的，是科学的。在灾害不可完全避免的客观事实面前，人们必须从经济学的角度研究灾害预测、防治、控制和善后过程中的规律性现象；而且更为重要的是灾与得是互变的，从灾害中诱导到利益的可能性也是客观存在的。正是鉴于这种认识，我们把于光远同志的上述思想，作为建立灾害经济学的指导思想或基本原则。

（四）重视灾害经济学的研究，是于光远同志对学术界的动员，也是他对社会主义事业的耿耿忠心。

于光远同志对建立灾害经济学，也有一个逐步形成的过程。早在1983年在湖南韶山召开的中国水利经济研究会年会上，他就曾针对我国的水灾情况，提出"要重视水害研究"，他还针对新中国成立以来兴建了大量水利工程加强了防洪力量，但又存在着三十多年来没有发生大的水灾，群众对水灾的警惕性没有那么高，有的地方群众对于一旦遇到急事如何紧急行动，平时缺少训练，以及由于近一二十年中强调"以粮为纲"，不顾环境破坏，大量围湖造田，使得湖区面积大大缩小，减弱了抗洪能力等使人担心的事，提出"我们应该对灾害进行科学的研

究，研究客观的情况、客观的规律，研究主观上应该采取的有效办法。”1984 年 1 月，他在《未来研究的几个问题》中提出：“对可能发生的危险进行未来预测”，他中肯地指出：“……应该清醒地想到，在未来发展的进程中有时候可能发生一些不是我们所预期的、不符合我们愿望的、不利于我们的事情，要求我们正视这种危险性，事先有精神准备，并且努力防止或减少因此而造成的损失。”这就为灾害经济学的建立又向前进了一步。在 1985 年 9 月，针对辽河四次洪峰造成的灾害，他写了《灾害性的未来研究与灾害的现实》和《论城市的救灾与改革》二文，再次强调要重视对灾害的未来研究，并且引用了“亡羊补牢”的典故，启发人们“不要只顾眼前的利益，而要眼光放远些，用这种眼光来尽可能预防或减少可能发生的灾害。而当人们有更高的觉悟之后，是有力量去做这样的事情的。”同时，他又提出一个新的思想，即处理好救灾与改革的关系。这些见解，又为灾害经济学的建立奠定了基础。1985 年 9 月，在灾害经济学的座谈会上，他系统地阐述了本文开头引的那些思想，明确提出要建立灾害经济学。从此，开创了一个我国研究和创建灾害经济学的局面。

与此同时，他还恳切地指出：“在我们国家里，对水灾是不允许麻痹的，可是我们的学术界似乎很少去研究，希望更多的人重视这个问题的研究。”这无疑是个动员令和号召书。重视灾害，研究灾害经济，正确地处理好灾害经济中的关系，这将给社会主义事业、给广大人民群众、给子孙后代带来无穷尽的好处。我们完全接受和支持于光远同志的号召，在这里也建议：迅速成立灾害经济学会，以便有组织有领导地开展和推动灾害经济的研究。

（根据作者在 2013 年 10 月 19 日经济学界
于光远同志追思会上的发言整理）

我对光远同志学术成就的了解

范岱年

2013年9月26日中午，李惠国同志通知我，光远同志逝世了。虽然光远同志生病很久了，但他永远离开我们，仍令我感到非常悲痛。

于光远同志是杰出的马克思主义理论家、经济学家、哲学家、中国自然辩证法研究的开创者，是广博的百科全书式的大学者。他曾到全国许多地区、城乡实地考察，对中国的国情有广泛深入的感性了解和理性思考。他才思敏捷，又非常勤奋，笔耕不辍，留下了大量著作，是我国的宝贵精神财富。他教育影响了中国几代人。虽然，我认识他已有61年，也曾在他开创的自然辩证法领域，在他的领导下工作；但我对他的学术成就的了解，只是他丰硕成果的很小、很小的一部分。

1949年上半年，在杭州解放之初，我就读光远同志在《学习》杂志上发表的文章，读他和王惠德合著的《中国革命读本》。1952年秋，我被调到中国科学院科学通报编辑室工作。那时，光远同志是中宣部理论处处长（后改任科学处处长），经常来科学院参加会议，指导工作。他让《科学通报》编辑室的两个党员（许良英和我）经常列席科学处每周一次的会议。他民主的领导作风、平易近人的亲切态度给我留下了深刻的印象。

1955年，开展对胡适思想的批判，在北京举行了一系列讨论会，会上都是一片骂声。可是，光远同志在科学处的一次会上说，胡适的“大胆假设，小心求证”还是对的吧，表现出他独立思考、实事求是的精神。

1956年，在中央提出“双百”方针后，他参加中国科学院院务会议，倡议召开青岛遗传学座谈会。8月，他亲自到青岛出席并主持，为摩尔根学派平反，让摩尔根学派和米丘林学派平等地、自由地讨论、争鸣，在中国科学界产生了很好的影响。

1956 年，光远同志参加并指导了《十二年科学规划》的编制，同时倡议并主持指导编制《十二年哲学社会科学规划》，并要求许良英、龚育之负责组织编制《自然辩证法十二年研究规划草案》。该年 6 月，中国科学院哲学研究所自然辩证法组成立，光远同志兼任组长，成员有许良英、赵中立、何成钧、陈步、龚育之、张乃烈等。这是我国第一个自然辩证法专业的研究机构。同时编辑出版《自然辩证法研究通讯》，这也是我国第一个有关自然辩证法的学术刊物。可是好景不长，在 1957 年的反右斗争中，许、赵、何、陈四位成员都被划为右派。光远同志也不再兼任组长。自然辩证法研究进入萧条时期，《自然辩证法研究通讯》也于 1960 年停刊。我因为和许良英关系密切，也在中国科学院院部被划为右派，下放劳动。从 1958 年到 1961 年，我一直没有见到光远同志。

1962 年，形势有了变化。光远同志又开始兼任哲学研究所自然辩证法组的组长，龚育之同志兼任副组长。他们决定组织翻译出版西方著名科学家的哲学著作，恢复编辑出版《自然辩证法研究通讯》。这时，原哲学研究所自然辩证法组和中宣部的右派分子也大都摘了“帽子”。光远同志和龚育之同志就安排许良英、侯德彭、陈步和我等几个“摘帽右派”分别翻译爱因斯坦、玻恩、维纳、薛定谔、海森伯等人的哲学著作，让我到哲学研究所自然辩证法组编辑《自然辩证法研究通讯》，让陈步到商务印书馆任负责自然科学家哲学著作的编辑。这样我们才重新有了从事学术工作的机会。在哲学研究所，光远同志每个月要接见自然辩证法组的全体研究人员和研究生，和大家交谈有关自然辩证法研究的各方面的种种问题。他对我这个“摘帽右派”仍像以前那样亲切热情，令我万分感动，促使我在哲学所积极努力地安心工作和学习。

《自然辩证法研究通讯》1963 年复刊后第一期刊载了日本物理学家坂田昌一的“基本粒子新概念”一文。这篇文章受到毛泽东主席的重视。1964 年 8 月毛主席还同光远同志和周培源教授就坂田的文章作了一次谈话。1965 年，《红旗》杂志重新发表了坂田的这篇文章，并加了按语。在这之后，光远同志倡议并组织编写《自然界的辩证发展》一书，其中包括天体史、地球史、生物史、人类史、工业史、农业史和医药卫生史七卷，邀请了许多科学家参加。可惜这项工程因“文化大革命”而流产了。

1966 年 6 月，“文革”开始，中宣部被打成“阎王殿”，部长、副部长都成了“阎王”，光远同志被打成“判官”。1975 年，邓小平复出，光远同志任国务院政治研究室负责人之一。那时，光远同志要哲学所自然辩证法组的同志编录马克思、恩格斯、列宁论“科学是生产力”和“哲学不能代替具体科学”的语录。这显然是为了批判“四人帮”的极左路线服务的。以后，邓小平又遭批判，他就赋闲在家。那时，他住在史家胡同 8 号，离我家所在的干面胡同很近。我就常去看望他。逻辑学家周礼全有时也到他家聊天。那时光远同志决定根据恩格斯的《自然辩证法》德文本和英译本重新校译此书的中译本。开始时，他亲自参加，还请王玖兴（留学瑞士的哲学家）等专家参加，一起逐句讨论。“文革”结束后，他工作忙了，就由我和陈步完成全书的校译，由查汝强负责重新编辑，由自然辩证法研究室的全部同志负责写注释，由许良英写《自然辩证法》这部著作的写作、出版经过的说明，由梁成瑞等编索引。1984 年，这个新校译本《自然辩证法》① 终于由人民出版社出版。

“文革”结束后，光远同志任中国社会科学院副院长、国家科委副主任。1977 年 10 月，他与李昌和钱三强同志联名写报告给邓小平，建议在中国科学院设立《自然辩证法通讯》杂志社，建立中国自然辩证法研究会，被邓小平批准。1978 年，《自然辩证法通讯》杂志社开始建立，光远同志兼任主编，三强同志兼任社长，李宝恒任常务副主编。1980 年，李宝恒改任他职，9 月，我被调任常务副主编，在光远同志领导下负责杂志社的具体工作。10 月，光远同志主持召开《自然辩证法通讯》杂志的编委会。他说，他对杂志社工作的领导，采取“自由主

① 于光远等译编：《自然辩证法》，人民出版社 1984 年版。

义"的方针，要我们放手工作，每年向编委会汇报一次工作，接受编委会检查。自然辩证法是一个学科群，为了便于和国际接轨，我建议在刊物标题下加一个副标题"关于自然科学的哲学、历史和社会学的综合性、理论性杂志"，得到光远同志和编委会的批准。以后，杂志就在科学哲学、科学社会学和科技政策、科学史（偏重科学社会史和现代史）这些领域开展工作。

《自然辩证法通讯》1981 年第 1 期发表了于光远同志的一篇重要文章"关于解放思想"。文中指出："今天，我们的国家进入了欣欣向荣的大改革、大转变时期。我们现在要着手进行经济、政治体制的改革，这是一件有历史意义的大事。在改革中，……不仅具体的经济制度要改，……具体的政治制度也要改，要修改宪法，建立高度民主的政治制度。我们今天的解放思想，是时代的特征。""知识分子是社会进步的精神力量的承担者。时代赋予我国知识分子的任务很重。""思想总是伟大变革的前导。""学术思想要自由，要用政治民主来保障学术的自由。""我们提倡解放思想，就是主张坚持真理，……追求真理，就是坚持科学的认识，就是主张从事科学的研究。""我们讲的科学也包括了马克思主义的哲学和社会科学。""马克思主义不是封闭的，马克思主义要发展。……我们中国的马克思主义者要敢于研究问题，……解放思想实际上是以最严格的要求来思考问题。"① 他的这篇文章，成为《自然辩证法通讯》的指导方针。

在光远同志的组织领导下，中国自然辩证法研究会于 1981 年正式成立。光远同志任第一、二两届理事长（1981—1990 年）。我也当选为常务理事并兼任科学哲学专业委员会主任委员，在研究会的领导下，我国的科学哲学工作者的队伍有很大的发展。

光远同志倡议并主编了《中国自然辩证法百科全书》②，并亲自撰写了"自然"这一条目。在这个条目中，光远同志特别强调要重视对人工自然和社会自然的研究，重视对工业、农业、医药卫生事业、城市

① 于光远：《关于解放思想》，《自然辩证法通讯》，1981 年第 1 期，第 1—2 页。

② 于光远主编：《自然辩证法百科全书》，中国大百科全书出版社 1994 年版。

建设、国土资源利用、生态环境保护等等。

1996年，光远同志出版了《一个哲学学派正在中国兴起》一书[①]。光远同志在书中回顾了这个学派的形成和发展，指出这个学派是马克思主义哲学的学派，主要从事自然辩证法的研究；自然辩证法是一个学科群，这个学派特别关心社会问题，特别是中国经济文化建设；这个学派特别重视方法（聪明学）的研究；这个学派坚决反对迷信，反对伪科学；这个学派重视哲学家和科学家的联盟，自然科学家和社会家的联盟。

作为马克思主义理论家，光远同志不仅仅关注自然辩证法，他关注中国马克思主义哲学和社会科学的全面发展。改革开放以来，有一批老同志，对思想解放运动作出了贡献。但其中有些人士，否定马克思主义和社会主义，提倡自由主义、民主主义和资本主义。光远同志则多次声称自己是“不悔的马克思主义者”，表明他是真诚的、坚定的马克思主义者。

光远同志的马克思主义是开放的，不是封闭的，是发展的、现代化的马克思主义，不仅是革命的马克思主义，也是建设的马克思主义，不仅要关注国内的问题，也要关注当代世界时代问题的思考。他常说，“世界真奇妙，后来才知道。”这是承认人类社会发展变化的复杂性、多样性、突发性和偶然性，要时刻关注当代世界的生动现实。他的马克思主义不是独断的、教条的，是允许批判和研究的。我多次听光远同志说过，“宗教之作为宗教，是要人们膜拜的；法律之作为法律，是要人们服从的；科学之作为科学，是要人们研究的、批判的。马克思主义是科学，拒绝人们对它膜拜或服从，只要求人们真正研究它。”[②] 光远同志的马克思主义不是学院里、书斋里的学说，是理论与实践相结合的学说，是为中国的社会主义建设和改革开放服务的学说，是要深入中国社会、深入各个领域的学说。光远同志说：“作为马克思主义者，我不能不把注意的焦点放在当代资本主义与社会主义的根本问题上。作为一个

① 于光远：《一个哲学学派正在中国兴起》，江西科学技术出版社1996年版。

② 见于光远：《碎思录》，（香港）经济导报社1993年版，第87页。

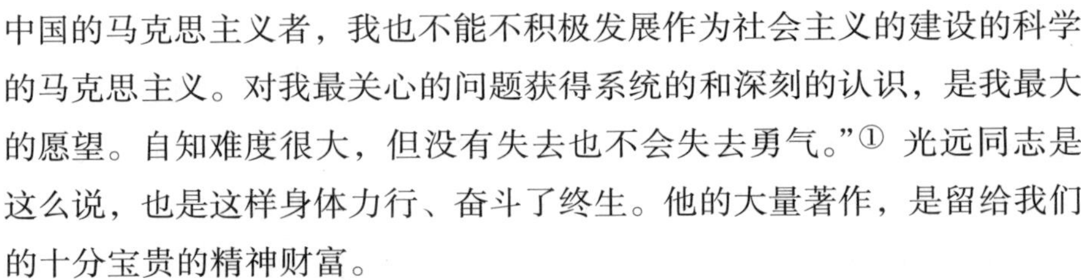

中国的马克思主义者，我也不能不积极发展作为社会主义的建设的科学的马克思主义。对我最关心的问题获得系统的和深刻的认识，是我最大的愿望。自知难度很大，但没有失去也不会失去勇气。”① 光远同志是这么说，也是这样身体力行、奋斗了终生。他的大量著作，是留给我们的十分宝贵的精神财富。

作为光远同志的老部下，每到新年，我都给光远同志寄新年贺卡，如果我人在北京，我就去光远同志家拜年。从 1986 年到 2010 年，我都收到光远同志的贺年信。看到光远同志总是那么勤奋、多产、乐观，我既感到高兴，也感到惭愧，和他相比，我们是差得太远了。真令人有“高山仰止，心向往之”之感。这两年，光远同志的身体大不如前了。我们去看望过他几次。他说话已经不太方便，但仍用温暖的手紧紧地握住我们的手，临别时，还坚持坐轮椅送到门口，从窗户上看着我们离去。他对同志、对部下、对晚辈的那种深情，令人终生难忘。

这几天，翻阅光远同志的译著，深深感到过去对他的著作的学习是太不够了。当然，从聪明才智、博学、勤奋、高效、多产等方面，我是无法和他相比的。但是我要学习他的精神，在晚年再做一些力所能及的事情，来告慰老领导光远同志的在天之灵。

安息吧！光远同志。

（该文为作者在 2013 年 10 月 20 日自然辩证法研究会举办的于光远同志追思会上的发言）

① 见于光远：《碎思录》，（香港）经济导报社 1993 年版，第 111 页。

一个革命的乐观主义者

郝怀明

于光远同志长我20岁，是我的前辈。我们老中宣部的同志平时都称他“光远”，很亲切又很敬重。他走了，平静地走了，走完了他98年传奇的一生。

我知道于光远的名字，是在上初级师范学习他同其他几位先辈著的《社会科学基础知识讲座》。1964奉调中宣部工作后，才有缘谋面，但不在一个处，没有什么接触。“史无前例的‘文化大革命’”狂飙突起后，我对他才开始有所了解并且由衷地敬佩起来了。

不用说中宣部的部长们，就是那些处长们过去也都是一些有影响的社会名人，但在“文革”中却一个个成了被“打倒”的“黑帮”。这突如其来的打击，有的人经受不了，走上了绝路。但光远在强大的压力下仍能保持一种达观的心态。有一次哲学社会科学部批斗孙冶方，他和副处长林涧青被揪到台上陪斗，他出于好奇，还特意摘下戴在头上的纸糊的高帽看看上面写着些什么，回来后还哈哈大笑，说“我这是第一次戴高帽”。因为，他根本就不承认有什么“反党、反社会主义、反毛泽东思想”的所谓“黑线”，完全没有把这种批斗当回事。

光远是有理由的。科学处曾召开过一次揭批于光远的会议，除科学处工作人员外，还有他过去直接领导的哲学所自然辩证法研究组、政治经济学教科书编写组以及国家科委有关局的代表参加。会上批判他“自觉地一贯地相当系统地反对毛泽东思想”，其中最大的一条“罪状”就是他在编写政治经济学教科书时多次说过：“中央负责同志的讲话，往往是针对实际工作讲的，从理论上看未必都正确，绝对不能按他们讲的来写，要按自己的观点来写。”“我们写的是科学，不要管谁怎么讲

的，即使是毛主席讲的也不一定都对”，“对毛主席的话，也要分析，要研究，也可以怀疑。”再就是理论问题不应写进党的决议，那样对开展理论研究工作不利。理论问题，应该让理论家去做结论。会上批判他“在历次阶级斗争紧要关头猖狂反党反社会主义”，最大“罪状”是在八届十中全会前夕，讲过“只要能使生产获得恢复和发展，生产关系后退一点没有什么关系”，大刮“单干风”；其次是为中宣部向中央起草报告，提出在党内根本取消右倾机会主义分子和反党分子的帽子，大刮“翻案风”。会上还批判他在科学工作中“推行了一条修正主义路线”，“罪状”有三：一贯宣扬“外行不能领导内行”，反对党对科学工作的领导；一贯抵制在文化、学术领域内对资产阶级的批判，在科学研究和出版工作中，执行资产阶级自由化的方针，宣扬“没有立，就不可能达到真正的、彻底的破”，鼓吹“没有自由就要死人”，“不只要有学术自由，还要有空气自由”，在历次批判资产阶级的运动中，不仅自己不参加，而且还利用科学处处长的地位和职权，对批判文章百般挑剔，对革命批判运动大泼冷水；提倡只专不红的“白专道路”，1962 年主持起草《关于研究人员招收和升职的暂行办法》，主张研究人员的提升“只看学术水平”，并包庇和重用了大批右派分子，等等。以上各条今天来看不仅不是什么“罪行”，而且恰恰相反，都是很有道理的正确意见。光远理所当然不会接受这种无理的批判，只有哈哈大笑。

光远在历史上传奇故事颇多。抗日战争开始后，他奉党组织之命，要把中华青年抗日救国先锋队的名单送往山西交给彭真。一天，他正在城里睡觉，一位亲戚跑来告诉他：“快走！日本鬼子快进城了。”他赶紧穿上衣服鞋袜就往北京西郊跑，出了西直门不远，就看见鬼子从西黄庄那边开着坦克过来了。他同那位亲戚赶紧分散钻进了旁边的庄稼地。他趴在地上一动也不敢动，只听得坦克在庄稼地里挨着往过碾，从他身上轧了过去。他想这下完了，没想到幸好正处在坦克肚皮底下，竟一点也没有伤着。他装死躺着一动不动。坦克停住了，鬼子朝他走了过来，脚穿大皮鞋，在他的屁股上狠狠踢了几脚，把他抓起来带走了。来到鬼子的住处，见到了一个日本小队长，剥光了他身上的衣服，只剩下鞋袜没脱，左右开弓，猛抽了他一通嘴巴，然后开始问他是干什么的，要到哪里去。他说自己是个小学教师，要打仗了，准备回山东老家。他面无表情，既不愤怒，也不惊慌。鬼子从他身上没有搜出什么可疑的东西，就把他给放了。光远心中暗喜，“青抗先”的名单就缝在他脚上穿的布袜子里，庆幸未被敌人查获，否则损失就太大了，自己也没命了。走出不远，他突然想到，如果下次再被鬼子抓住搜身怎么办？于是他又返了回来，请鬼子小队长给他开个路条，证明他是个“良民”。这个小队长果然给他出具了一个证明信。在他去良乡火车站的路上几次遇到鬼子岗哨的盘查，因为有了这个路条，他都顺利过关，终于到达太原，胜利完成了任务。还有一次，光远在南昌街上突然被国民党宪兵队抓获，他身上还装着一个小本子，里边有同几位地下党同志的联系地址，如被敌人搜去，将给党组织带来重大损失。怎么办？宪兵把他带到宪兵队住处的传达室，让他在那里稍等一下，自己离开传达室进去办事。此时传达室就剩下光远一人，他急中生智，立即撬起地上的青砖，把随身携带的那个小本本放了进去，再把砖盖上，用脚踩平，恢复原状。他刚刚弄好，那个宪兵就回来了。在审问中，他拒不承认自己是共产党员，敌人也没有抓到任何证据，就把他给放了。事实证明，他这次被捕，没有给党的事业带来任何损失。你说神奇不神奇？他的沉着、冷静、机智和勇敢，着实令人敬佩。当我们饶有兴趣地听着调查组关于光远被敌逮捕问题的汇报的时候，个个乐不可支。与其说是在对他的所谓“历史问题”进行审查，还不如说是在对他表达赞佩。

在“五七干校”的几年中，光远同其他“黑帮”分子干的都是最脏、最累的活。他喂猪、烧锅炉、淘厕所、拉煤卸车等，什么活都干，生活也很艰苦，但他始终不改乐观的天性。干校米饭不多，爱吃米饭的他用馒头换窝头，揉碎当米饭吃，自得其乐，被人笑称“于氏米饭”。烧锅炉，需用扁担从井中往上提水，相当吃力，他有时得跪下才能提起，这个“乐天派”笑着对人说：“哈哈……我在给井叩头呢！”最值得称道的是他的科学探索精神。干校土地盐碱十分严重，头年打下的粮食还没有种下的种子多。光远出主意说，一要向老乡们学习压盐碱的方法，二要使用化肥，三要加强田间管理，后来果见奇效。他还研究野菜。他在锅炉房门外墙头挂了几根野菜，并贴了一个说明，介绍野菜的

名称和用途。不料竟遭到军管组同志的批判，说这种野菜不叫那个名字，于光远这个“资产阶级反动学术权威”不好好改造自己，还要臭表现。其实，两种叫法都可以成立，于光远并没有错。

于光远的“帽子”有三顶：“反革命修正主义分子”“走资本主义道路的当权派”“资产阶级反动学术权威”。最初拟定他为敌我矛盾，人民内部矛盾处理，开除党籍，行政 9 级降至 14 级，是干校“黑帮”中定“罪”和处分最严重的一位。讨论时许多同志弃权。那时，许多人都已明白，这些“罪名”实际上都难以成立，最后到底怎样，谁能说得准呢？要开他的批判会“解放”他了，这不过是“完成任务”，走个过场罢了，不必太当真。于光远心里更明白，既然军管组准备“解放”他，他就“配合”他们“走”这一趟吧。批判会开了三个半天，他的检查似乎很认真，也很痛心，有时还不免痛哭流涕。批判会开过之后，他的问题算是基本解决了。几年来，一直不准他回京探亲。现在，整个形势发生了变化，他以治病为由，提出请假回京，一请就准。他回京后即遵照周恩来的指示留京工作，没有再回干校。多年后，同他谈到中宣部“文革”的情况，问他在“五七干校”批判他时痛哭流涕，是觉得自己犯了错误对不起毛主席呢，还是觉得自己受了委屈呢？他想了一下回答说：“是装的。”

“解放”以后的于光远很是高兴。一个星期天，大家都在休息，他突然来到我同另一位仍在被审查的同志住的房间，一进门就问：“你们喜欢吃野菜吗？”我回答说：“喜欢。”他说：“好，我给你们炒点儿去。”一会儿，他就端着铁锅来了，野菜已经炒好。我一看，油可真放了不少，把野菜都快给漫过了。我吃得津津有味。他问：“好吃吗？”我说：“好吃。”在“五七干校”那些无奈的岁月中，人们特别需要相互之间的关心、慰藉和砥砺。我想，我不是在吃野菜，而是在参加一次“精神盛宴”，一次难得的充满友情的“精神盛宴”。那种感觉和心情，是在若干年以后吃生猛海鲜、美味佳肴时所体味不到的。

1975 年，国务院政治研究室成立，光远是负责人之一，由于他和林涧青推荐，组织上调我前去工作。待我到达时，他已出任中国社会科学院副院长，但他仍是这里的领导，我成为了他的部下。

1979年1月，中共中央召开理论工作务虚会，光远是领导小组成员，第四组召集人。我是这个组的工作人员，任务艰巨，主要是编会议简报，并帮助光远整理誊清发言稿。会议的热点是两个“凡是”和真理标准问题，于光远等六人作了《关于真理标准讨论的情况》联合发言。会议的中心话题是毛泽东的功过是非。总结“文化大革命”的教训，民主与法治也是讨论得比较多的一个问题。

光远在会有两点给我留下的印象最深。

一是党取得政权后，和群众是什么关系，对民主应采取什么态度，是站在群众中间领导群众进一步去争取和发扬民主，还是与群众游离，认为群众要民主就是向党要民主，和党对立？于光远就这个问题从理论上进行了深入缜密的思考，提出了一系列应当深入研究的问题。比如，无产阶级取得政权之后，国家机器是要不断强化呢，还是逐渐消亡？能否说只有在一定的特殊的条件下可以讲要强化一下国家机器，但在无产阶级取得革命胜利后总的历史趋势与正确的理论指导应该是国家逐渐消亡？又比如，在无产阶级革命胜利后国家逐渐消亡意味着什么？不断强化国家机器又意味着什么？在我们无产阶级夺取政权之前，我们无产阶级政党一直是站在群众之中、站在群众之前领导群众去争取民主的，在无产阶级夺取政权以后，党还要不要继续站在群众之中、站在群众之前领导群众去争取民主、保卫民主？如果要，在这样的条件下，无产阶级和劳动人民群众还要向谁去争取民主？向谁作斗争来保卫民主？如果摆在党的面前还有这样一个任务，它的历史必然性是什么？是一切国家都要经历这样一个阶段，还是只有像我们中国这样一个封建残余势力比较大、农民在居民中比重特别大的国家里才有这样的任务？如何估计我国民主革命已经完成的程度？如何理解我国还是一个带有官僚主义弊病的工人国家？在党领导广大群众继续争取民主、保卫民主的斗争中，无产阶级和其他劳动群众对政府的正确态度是什么？在这样的条件下，党怎样来领导人民群众去争取民主、保卫民主？应该对人民进行怎样的教育使人民懂得如何正确运用自己的民主权利？无产阶级专政的国家对人民争取民主、保卫民主的斗争，应该抱什么态度？应该起到怎样的作用？再比如，我们应该如何严格区分无产阶级民主和资产阶级民主？资产阶

级民主，对资产阶级来说民主是真实的而对无产阶级与广大劳动群众来说是虚伪的，马克思主义经典著作中的这个说法是否抓住了划分资产阶级民主和无产阶级民主的根本点？在这点之外是否还有其他划分资产阶级民主和无产阶级民主的标准？“从资产阶级的民主转变为无产阶级的民主，从压迫者的民主转变为被压迫阶级的民主”，最重要的是什么？在严格区分资产阶级民主和无产阶级民主的前提下，应该怎样全面地评价资本主义社会中的民主？如何评价在资产阶级统治的社会中无产阶级在马克思主义思想的影响下，甚至在马克思主义政党的领导下，组织起来向资产阶级政府所作的争取民主的斗争和它获得的成果？如何评价实施资产阶级民主中资产阶级所创造出来的具体经验，如政权形式和其他民主形式？等等。他认为民主这个概念的本来含义就是作为国家的阶级关系，随着国家消亡，民主也将消亡。他说，除了民主这个本意之外，还有非本意的民主，即非国家的民主。在资本主义社会里也存在某些非国家的民主。非国家的民主在社会主义社会中有较大的发展，就成为我们社会主义事业中一个很重要的问题。关于民主问题的许多混乱思想，同没有区分这两种含义的民主是有关的。概念清楚有利于我们确定正确的路线、方针和政策。研究这个问题对于我国社会主义现代化建设具有很重要的意义。于光远就社会主义民主提出的这许多理论问题是很有启发性的，值得认真研究并付诸实施。

二是我们党的理论水平究竟是高还是低，理论工作究竟怎么办的问题。光远说，周扬同志传达邓小平同志的话说，我们党的理论水平低，党的理论工作落后了。我很拥护这个看法。我们对许许多多理论问题都没有研究。对外国马克思主义者写的著作，似乎不屑一看。关于什么是社会主义，怎样的国家是社会主义国家，这个问题急待解决。理论指导实践，解决这个问题不论对国内政策还是对外政策，都是很重要的。这次真理标准问题讨论，使理论工作者手中有了一个“实践是检验真理的唯一标准”的武器。我们就应该用这个武器，在哲学、政治经济学和科学社会主义马克思主义这三大领域，以及经济学、政治学、法学、历史学各个学科，来研究许许多多的理论问题，尽可能迅速地改变我国理论落后的状况。在谈到认识真理不是一次就能完成的，马恩列斯毛能发展，小人物也可以发展，理论工作要真正发扬民主的问题时，光远说，理论文章应该由理论工作者自己负责发表意见，别的理论工作者也就能发表不同的意见。党的领袖们写理论文章时，也是以理论工作者的身份来写，允许别人提不同意见。我认为以后理论文章尽量不要用报刊编辑部的名义来发表，不要给人一种印象，这篇文章的观点是代表党中央的，别人不好再发表不同的意见。在谈到20多年来理论工作的经验教训问题，理论工作者应该特别注意的问题时，光远认为，一个理论工作者就应该坚持实事求是的原则，对自己要解决的问题，按照严格的科学态度，作出站得住脚的结论，只要自己认为是站得住脚的就应该在任何条件下都坚持。在理论上确实要有一个老实的态度，要有一个彻底的态度。在理论上不能搞妥协，不能和稀泥。问题不清楚时可以不讲，不愿意讲时可以回避，应该讲和事实相符合的话，不应该讲不合逻辑的话。周扬同志提出“科学无禁区”，我认为这一命题本身就是重要的。理论工作者切忌成为风派，思想上一定要敢于独立思考，并且勇敢地坚持自己正确的观点。

改革开放以来，光远参加了许多中央领导同志重要讲话和中央文件的起草工作，出谋划策，贡献他的智慧和力量，做了许多工作。最著名的是他同胡耀邦一起领导和组织起草了被历史学家称为十一届三中全会主题报告的邓小平的《解放思想，实事求是，团结一致向前看》。就我所了解的情况而言，他对《中共中央关于社会主义精神文明建设指导方针的决议》《中共中央关于教育体制改革的决定》都发表过极为重要的意见和建议。他在胡耀邦主持的讨论精神文明决议二稿的会议上说：“精神文明建设本质还是创造，要大力提倡创造。马克思主义要单搞一段，马克思主义指导改革、建设，生活和组织建设，要给予突出的地位，把发展马克思主义作为最重要的任务。”对马克思主义在精神文明建设中的重要地位，没有谁比他提得更高。他在胡耀邦主持的讨论起草教育体制改革决定的会议上说：“这个《决定》要使对教育作用的认识大大提高。大学的主要问题是教育思想和教学方法。特别是文科，死记硬背，表示学生成绩的是一大堆的分数。学经济的不做调查研究，只读书是不行的。文科要进行案例教学，让学生学会分析。我们现在的教法

是‘缺点再生产’、‘愚蠢再生产’，高分低能。一辈子花在考试上有多少时间！”对我国教育弊端的批评可谓一针见血。精神文明建设《决议》中关于资产阶级自由化有一段论述：“搞资产阶级自由化，即否定社会主义制度，主张资本主义制度，是根本违背人民利益和历史潮流，为广大人民所坚决反对的。”这段话，也是在光远的直接参与下，同起草组同志一起推敲，字斟句酌写上去的。除此之外，均不应以所谓“资产阶级自由化”为由进行无端的批评和指责。

这就是我所知道的于光远。他是位不倦的马克思主义者、不悔的马克思主义者、革命的乐观主义者、难得的“百科全书”式的大师级的人物。

（本文原载于《炎黄春秋》2014 年第 10 期，
原标题为《我所知道的于光远》）

祝贺于老 97 岁华诞

何　伟

7 月 5 日是于老 97 岁生日。首先祝贺于老健康长寿，寿比南山。

回忆我与于老的关系可分为三个层次：远距离、中距离、近距离。

50 年代我在人大读经济学研究生，通过《学习》杂志的经济学讲座，知道于光远是位经济学家。我毕业留校任教。在斯大林的《苏联社会主义经济问题》出版后，于老到人大政治经济学教室作报告，讲经济规律的客观性，如水从高向低流，讲得非常通俗、生动，记忆犹新。当时还讲到，说有计划按比例是经济规律有问题，有计划是主观的，按比例是客观的，当时对斯大林竟敢提出不同意见。大跃进以后，于老在人大经济学教研室定期讲座，好像是一个星期一次。报告的内容是 C+V+M，讲剩余劳动和经济效益的意义，实际上是说明大炼钢铁得不偿失。由林兆木记录，最后还出了一个小册子。当时《光明日报》几个理论副刊，于老让几个学校分担，人大经济系分担经济学版。于老提议讨论生产力要素、经济效益专题，纠正脑子发热浮夸风。这些属于远距离。

中距离是于老任计委经济研究所所长时我与他的接触。他曾组织人编《政治经济学词典》，我参加了。后因反击右倾翻案风而夭折，后来许涤新完成了。粉碎“四人帮”后，由他发起的四次全国性的按劳分配研讨会我参加了，还是领导小组外围的一个成员，负责一个分会。后来经常参加于老组织的讲座。我还组织研究生为于老编写的社会主义经济学读本编摘《马恩全集》语录。

近距离是 1992 年我离休后，和魏杰一同编写《著名经济学家论改革》一书，有 40 多位支持改革的经济学家参加。在该书出版后作者座谈会上，大家提议北京经济学家应成立一个咨询中心，推动改革。会后就和几位同志研究如何成立。当时请于老、薛暮桥、蒋一苇任顾问，我任理事长。这个咨询中心叫什么名字，于老提议叫北京开达经学家咨询中心。“开达”英文的意思是蜡烛，燃烧自己、照亮别人。于老提出开达宗旨为三服务：为经济学家服务，为企业服务，为社会服务。当时海淀区不给注册，只能到工商登记。到北京市工商局后，局长一看名单马上给海淀分局打电话，同意，一个星期执照就批下来。后来于老又提议开设一个市场经济论坛，并出版文稿。论坛开会，于老只要有时间一定出席，特别是一年一度的新春论坛，于老每次都出席。一个民间学术团体，没有于老的亲切关怀和支持，不可能存在 20 年，并在北京产生了一定影响。

国务院规定一周两日休假后，于老发表文章提倡积极休闲，结果遭到一些人的反对，发表文章认为提倡休闲是剥削阶级、纨绔子弟思想。于老和我们几个人商量，成立一个组织推动积极休闲，为休闲正名。于老提议叫“北京六合休闲文化策划中心”，于老、朱厚泽任顾问，我任董事长，也是在工商登记。成立后在北京和外地开过多次会，提倡积极休闲，改变对休闲的消极看法，厚泽同志提出“玩物壮志”，就成了为休闲正名的格言。于老为休闲提出六条，为玩学提出科学内容，还出版一本《吃喝玩——生活与经济》的书。后来在马惠娣具体组织下，出版了五本休闲丛书，弥补了我国休闲学科的空白，目前已与国际建立学术联系。

近距离的接触，于老对我影响很大。

一是于老对新生事物的敏感智慧，对真理大无畏的追求精神，对工作孜孜不倦的作风，对同志真诚相待的平易近人的态度，对年轻人谆谆教诲的风范，都使我很感动，是我学习的榜样，更是我的良师益友。在上海复旦大学讨论中国经济学向何处去，于老说，我对西方经济学不熟悉，对马克思主义经济学有感情，我是一个死不改悔的马克思主义者；蒋学模说，我是一个不断改悔的马克思主义者；我说我是离经不叛道的不悔者，只离斯大林的经，不叛马克思主义的道。我顶住各种压力，一定要把斯大林与马克思分开，斯大林的失败不等于马克思主义的失败。

全民所有制不是社会所有制，在于老社会所有制思想影响下，我出了一本《股份制与社会所有制》的书。

二是于老对我的帮助。在于老提携下，参与于老主编、广西人民出版社出版的一本《随笔短论》。与于老共同撰写，在新中国成立50年时由江苏人民出版社出版。还编写了由于老担任主编的《中国经济学向何处去》一书。于老还为我的经学杂谈写了点评。

三是于老的治学态度对我影响很大。于老高龄，还那样孜孜不倦的工作，非常感动。看到于老用电脑写文字，用一指来点写，我想于老比我大11岁，他能用电脑我也要学。我已经做到写文章不用笔和纸，写信不用信封和信纸。

别人转告我，肖灼基说于老对他讲："何伟是个好人"，当我听到这句话时很受感动，能得到于老这样评价，是很大的安慰，也就心满意足了。感谢于老。

于老提出的社会所有制思想不是一个一般经济问题，而涉及阶级斗争学说和历史唯物主义的关系。这两者都是推动社会发展的动力，两者是什么关系，我没有见到马克思论述过。我发现经典作家在1848年时期，主要强调阶级斗争学说，主张通过暴力革命消灭私有制，建立国家所有制。股份制出现，马克思认为，这是资本主义生产力和生产关系的矛盾，在资本主义生产方式内的"自行扬弃"，通过股份制过渡到社会所有制。1848年时代强调阶级斗争，是建立在蒸汽机生产力水平上的理论，因为当时真正的资产阶级和大工业无产阶级还没有形成。电气化的普遍运用，使两大阶级明朗化，工人阶级已形成欧洲一支强大的力量，可惜马克思没有见到。在这种政治形势下，恩格斯提出放弃暴力革命，通过普选过渡到社会主义，这时强调历史唯物主义的作用。由于马克思主义存在两个社会发展动力，就出现第二国际和第三国际，前者强调历史唯物主义，后者强调阶级斗争。历史的实践对两者做出评价，以阶级斗争学说建立的社会制度是脆弱的，叶利钦站在坦克上振臂一呼，苏联马上土崩瓦解。一个用马列主义教育人们近80年的政党，在苏联瓦解时竟没有出现一个像夏伯阳式的人物，为捍卫苏维埃而英勇战斗，说明这一制度已失去人心。2011年12月，在希腊举行共产党、社会党第13次国际代表大会，有61个国家参加，出席178位代表。在谈到苏联失败的原因时，有的说出了叛徒，有的说休克疗法，有的说和平演变，其实这些只是压死骆驼的最后一根稻草，应从社会制度方面找原因。

以历史唯物主义建立社会制度是稳固的。瑞典左派执政64年，创建了一个高福利、民主、和谐社会。2006年因经济政策下台。右派上台后，只对税收和社会福利作了一些调整，而整个社会结构没有变。

全民所有制是阶级斗争的产物，社会所有制是历史唯物主义的产物，这对于社会主义是一个关键性问题。资本主义私有制通过股份制过渡到社会所有制，实现产权社会化：一是股票上市，公众持股，使资本社会化；二是将资本家排除在企业之外，由社会精英来管理，使经营管理社会化；三是股民以"手"和"足"投票，对公司进行监督，使监督社会化；四是股民承担公司经营风险，使风险社会化。股份制还是在公有制基础上重建个人所有制的雏形。所以马克思把股份制叫做"社会资本""社会企业"①，撒切尔夫人对国企改革是股份化，不是私有化，使英国股民从300万上升到1000万。普京任总理4年，将10大国企股份上市。他们通过股份制使国有制过渡到社会所有制。目前在西方国家正在静悄悄进行所有制的社会化革命，已成为世界潮流。产权社会化革命，引起了资本主义生产关系的一些新变化：一是公司对退休养老金的匹配是从利润中支付，雇员就享有利润分配。通常再用养老基金购买本公司股票，雇员两次享有公司的利润分配，并成为本公司的间接股东；二是改变了剩余价值被资本家独占的劳资二元对立关系，形成"共生共存、利益相关"的关系；三是养老基金数字非常庞大，美国在2005年已达14.5万亿美元，超过美国当年GDP。目前养老基金上市已占股值的40.7%，也就是说雇员成为40.7%间接股东；四是这种社会共享不是通过收入再分配，"而主要是通过产权社会化来实现的。"

以阶级斗争看社会主义运动前途渺茫，以历史唯物主义看社会主义运动前途光明。目前在西方一些国家社会主义因素像雨后春笋一样自然

---

① 《马克思恩格斯全集》第25卷，人民出版社1974年版，第493页。

生长。如王震讲“英国三大差别基本消灭”，北欧一些国家“从摇篮到坟墓”的全过程社会福利覆盖。这些福利支出一般达到 GDP 的 25%，有的高达 38%。

当然这些社会主义因素不能改变资本主义制度。但信息化可以加速这一过程。以信息化为代表的生产力突飞猛进的发展，出现了全球经济一体化、金融一体化、技术一体化、信息一体化，甚至连语言都走向一体化。全球一体化趋势的出现，说明信息化敲开了人类走向世界大同的大门，使马克思理想的社会主义看到曙光。同时也敲响了资本主义的丧钟，信息化成为资本主义的掘墓人。

最近看了《第三次工业革命》一书，世界走出这次危机，是靠网络与绿色再生能源的结合，所引起的是一次世界革命，有些类似从游牧社会向灌溉农业社会过渡，由农业时代向工业时代过渡，它是从工业时代向智能时代过渡，是一次社会大变革，叫第三次工业革命不恰当。第三次工业革命所引起的社会一些变化，使我们看到自由人联合体的曙光，如以扁平式权力结构代替金字塔式权力结构。以分散化、合作式代替垄断巨头。经典经济学家大厦危机，市场已不存在，被免费服务所代替，它揭开了自由人联合体的面纱。过去认为自由人联合体很好，但不了解，如同在云里雾里。记得小时候看《封神榜》，里边有千里眼顺风耳，认为是神话，信息化实现了，卫星是千里眼，网络是顺风耳。商务印书馆约我写这本书，书名初步定为《摇篮中的自由人联合体》，副标题是《解码若干社会主义经济理论问题》。

以上所谈，是在于老的社会所有制思想感召下，产生的一点感想，不妥处请批评指正。

（本文写于 2012 年 7 月 5 日）

【补记】

家父于 2012 年 6 月 4 日查出胃癌晚期之后，他不是积极看病治疗身体，而是依然忙于学术讨论与研究工作，并且更加奋进！因此，父亲拒绝了住院，也不进行放化疗，只在北京西苑中医医院接受一般的输液治疗。在这个过程中，父亲还一直惦记着于老寿

辰之事，说自己要好好为于老写一篇祝寿文。我们都知道，以家父的身体情况，这是他最后一次为于老祝寿了，因此没有人劝他多多休息。每天从医院输完液回到家中，小憩一会儿，他便会坐到电脑前抱病而书，为于老的寿诞写祝文。原来以为，他只是写写，写完发出就好，没想到，父亲对我说："明天是大家为于老办的祝寿会，我要去参加……"我们看出来了，父亲对此事态度坚决，没人能够阻挡，便默默地应下。第二天，父亲先去了于老的祝寿会，向与会的老友们说明自己的情况，申请第一个发言，亲自为于老祝寿之后，才去医院输液，这是家父人生旅程中参加的最后一次会议。

在家父人生进入倒计时的情况下，他与前来看望他的经济学界的朋友们还在谈着于老，在家父的心里，于老是中国改革派的一面大旗，只要于老在，他认为中国的改革就会有希望！因此，当胡冀燕阿姨来看望家父时，他竭精而嘱，托胡阿姨一定要于老好好保重！

2012年10月9日家父去世了。在他离世快一周年时，我知道了于老逝世的消息。家父去世两周年后，接到胡冀燕阿姨的电话，告诉我，家父为于老写的这篇祝寿文被选用了。对此我深表谢意！这不只是对于老的纪念，也是对家父心愿的一种满足。家父天上有知，一定会深感安慰！

（郝奇志（何伟女儿）写于2014年12月1日）

敢于且善于独立思考的马克思主义者

侯雨夫

我是1949年2月调到北京市委党校前身的北平市委干部训练班工作以后，在20世纪50年代初才知道于光远同志的，最初是从中央人民广播电台听到了他和王惠德同志合作的讲座的广播，然后是1953年听了一次他做的学习“过渡时期总路线”的辅导报告。1955年我在北京市委党校政治经济学教研室担任教员，中央宣传部发来他和陈道同志编写的、供全国初级党校使用的《政治经济学教学提纲》（初稿）征求意见，我是认识陈道同志的，所以通过组织大胆提了几点看法，这之后我便去中宣部参加了若干次由光远同志召开的关于编写政治经济学教科书的双周座谈会，我是带着耳朵去听会和学习的，因此有了较多的机会聆听他的讲话，但是并没有个人之间的接触。1961年2月我被借调到于光远同志领导的政治经济学教科书编写组，从此开始，除了从1966年5月到1975年5月，由于有人写了检举信和大字报，我先是被批斗、专政了三年多，被定成“现行反革命分子”，后又被当作人民内部矛盾处理，留党察看两年，并于1969年9月下放农村当了近七年的农民，前后共十年以外，一直到1987年从中国社会科学院前马列所离休以前，都在光远同志的领导下工作，后来也多次参加由他主持的讨论会，受到了他很多的教育，使我受益终身。因为没有正式当过他的研究生，不敢以他的学生自居，但是我一直是把他作为最敬佩的老师之一看待的。

我对他印象最深，并且使我感到受益最大的几个方面是：（1）光远同志是一个敢于独立思考又善于独立思考的马克思主义者；（2）光远同志是一个坚定的改革开放的促进派；（3）光远同志是一个学识渊博的百科全书式的学者；（4）光远同志是一个学风端正、作风非常民主的学者；（5）光远同志是一个非常勤奋的、一切报告和著作都亲自动手、活到老、写作到老的著作家。由于时间仓促，这里我只谈第一点：

我认为光远同志是一个既敢于独立思考又善于独立思考的真正的马克思主义者的第一条根据是：光远同志经常向我们讲，恩格斯要求我们要"并且时刻注意到：社会主义自从成为科学以来，就要求人们把它当做科学对待，就是说，要求人们去研究它。"①

根据光远同志一贯的学风，我理解，所谓"要求人们去研究它"，首先就是要求人们要像学习数学、物理学、化学等等自然科学一样，认真地、深入地去学习它，特别是认真、深入地学习马克思和恩格斯的原著，领会它的精神实质。然后要从马克思和恩格斯当年的实际与我们当前的实际出发，用科学的态度和科学的思想方法去检验它、批判它。这就是说，我们应该站在广大的人民群众之中，认真学习群众的智慧，了解群众的要求和当前现实的情况，努力在正确理解和坚持马克思和恩格斯的马克思主义基本原理的基础上，在完善和发展他们的理论的工作中贡献一份微薄的力量。总之是对一切都要坚持实事求是和具体问题具体分析的马克思主义的科学态度。

而对于认识的真理性问题，我们要懂得人们的一切认识的最终来源都是人们的实践，而从实践中得到的感性认识需要经过我们的头脑加工提高到理性认识，再回到实践中去进行检验。但是我认为判断人们的实践活动是否成功的标准，是指实践是否实现了人们进行实践所预定的目的。目的实现了，这种实践就是成功的，反之就是实践失败了。而判断人们的认识是不是真理的标准，是要看这种认识是不是与事物本身的客观实际相符合。只有符合事物的客观实际的认识才是真理，否则就不是真理。由于实践是不是成功的标准与认识是不是一种真理的标准两者是

① 《马克思恩格斯选集》第2卷，人民出版社2009年版，第219页。

不同的，所以，实践只是检验认识是不是真理的唯一的手段和方法，而只有认识是不是符合于事物本身的客观实际，包括是否正确反映了事物的本质和它的发展变化规律，这才是检验一种认识是不是真理的唯一的标准。因此，自然科学的实践必须能够经得起反复的实验，只有在经过多次反复的实验都能够得出相同的结果的时候，才能得出它是一种真理的结论；而人们从其社会科学的实践所得出的结论，则必须经受得起时间和历史的考验。

所以，我认为光远同志强调要用科学的态度对待作为科学的马克思主义的理论，这是他作为一个真正的马克思主义者的一个极其重要的标志。我们现在就是需要认真地、深入地学习马克思和恩格斯的马克思主义的原著，但又不做所谓“原教旨主义者”，在坚持马克思和恩格斯讲的那种马克思主义的基本原理的基础上，不唯上，不唯书，只唯实，也就是要坚持从社会的生产力、生产关系和由此构成的经济基础及其政治的、法律的上层建筑的各种关系，以及与之相适应的社会意识形态和社会心理、包括自然环境和生态在内的各种社会环境等等的实际情况出发，实事求是，坚持具体问题具体分析，以实践作为检验真理的唯一手段，以“理论符合客观事物的本质和它的发展规律的实际”作为检验真理的唯一标准。——这是我们理论工作者以至党和国家的所有领导人都应该遵循的、正确的原则。

我认为光远同志是一个既敢于独立思考又善于独立思考的真正的马克思主义者的第二条根据是：

在1952年斯大林的《苏联社会主义经济问题》一书出版并被翻译成中文以后，在我国理论界掀起了一个关于在社会主义制度下能不能限制价值规律作用的问题的讨论高潮。光远同志先是发表了《关于规律的两个问题》一文，后来又在1959年的《新建设》第8期发表了《关于经济规律的客观性质的一些问题》一文。特别是在其后一篇论文中，他充分论述了包括经济规律在内的规律的客观性质。强调了人既不能创造规律和改造规律，也不能限制价值规律等规律的作用，只要存在着某一种物质，这种物质运动发展的规律就会发生作用。规律的作用都是自发的，也就是片段地发生的。所以根本就无所谓规律的自觉的作用。规律的作用就是规律的作用，也无所谓积极的作用和所谓消极的作用。至于规律发生作用产生的后果对人是有利或者不利，那是由当时当地的具体的物质条件的情况和人的需要的情况决定的，和规律发生其作用本身并没有关系。所以在存在着某种物质条件的情况下，人对这种物质运动发展的规律自然会发生它的作用这一点是无能为力的。但是，人本身也是一种物质存在的形式，人可以通过自己的大脑这个物质器官对人的感觉器官从外面的物质世界的接触中获得的感性认识进行加工，提升成为理性的认识，并且通过自己的神经命令自己的手这种物质器官，使用物质的劳动手段，按照自己获得的认识，有意识地去改变某种物质存在的形式，使它变成另一种形式的物质，这样就会使原来那种形式的物质运动发展的规律不再发生作用，而使以新的形式存在的物质运动发展的规律发生作用。所以人在规律发生的作用面前如何作为这一点上又并不是无能为力的，而是可以按照人的认识和人的意志利用他们所能掌握和运用的物质发挥自己的主观能动性的。

所以，光远同志强调：人们既必须尊重规律的客观性质，反对那种任意妄为的“唯意志论”的唯心主义，又需要并且能够在尊重客观规律的前提下充分发挥自己的主观能动性，反对无所作为的“宿命论”的形而上学。

光远同志在其《关于经济规律的客观性质的一些问题》中，还对斯大林所引用的恩格斯在《反杜林论》中的一段话提出了批评性的看法。恩格斯的这段话说：“社会的力量完全像自然力一样，在我们没有认识它们和考虑它们的时候，起着盲目的、强制的和破坏的作用。但是，一旦我们认识了它们，理解了它们的活动、方向和影响，那么，要使它们愈来愈服从我们的意志并利用它们来达到我们的目的……”① 光远同志认为恩格斯这段话的意思大抵是正确的，但是“说得不准确”。我理解光远同志的意思是自然力和社会的力量同规律一样，它们本身都是一种客观的存在，它们都是自然地发生作用的，本无所谓“盲目的”“强制的”“破坏性的”这样一些作用的问题，只是在人们还没有认识

① 《斯大林文集》，人民出版社1985年版，第665页。

到它们，并在自己的行动中采取适当的应对措施的时候，它们发生作用产生的后果，便会使人“盲目地”不知所措和产生被强制接受的感觉，而且也只能任由它们支配和摆布，并对人们的行动以及人们劳动的成果产生某种破坏的结果。而在人们正确地认识了它们并且事前采取了适当的措施的时候，人们在它们的作用面前就有了行动的自由了，就可以避免它们发生作用时产生对自己不利的结果，而产生自己所希望的、对自己有利的结果。这也就是马克思和恩格斯所讲的“自由是对必然的认识”的意思。但是，无论人们当时是处在哪种情况下，这些力量和规律本身都是同样地自然发生作用的，只要客观的物质条件没有发生变化，它们发生的作用本身也不会有什么变化。总之，这都是规律的客观性和人的主观能动性之间的关系的问题。我认为在 1959 年当时那种历史条件下，光远同志能够这样大胆地提出问题，这就是他敢于独立思考也善于独立思考的表现。

光远同志的这篇文章所提出的人们既必须从实际出发，尊重自然规律和社会经济发展的规律的客观性，又要反对“宿命论”，充分发挥人的主观能动性的观点，对于我们全面地、正确地理解马克思和恩格斯的马克思主义是具有特别重要意义的。

因此，否认人的主观能动性、选择的可能性和人的创造性以及偶然性的作用的机械决定论和宿命论是根本错误的：否认人的主观能动性、人的选择和人的创造活动要受客观条件和客观规律的制约特别是要受社会生产力发展状况的制约的唯意志论，也是根本错误的。历史的发展是客观规律性和人的主观能动性的辩证统一，是多样性和规律性的辩证统一。

马克思主义的一条根本的精神，就是要在坚决遵循自然和社会经济发展的客观规律的基础上，去充分发挥人的主观能动性、选择性和创造性。我认为，我们尽管对光远同志的这一个或者那一个具体观点或者具体做法可以有不同的看法，但是光远同志一生的所作所为，确实是给我们树立了一个真正马克思主义者的榜样。

我认为光远同志是一个敢于独立思考又善于独立思考的马克思主义者的第三条根据是：光远同志 1975 年到 1980 年之间用了六年的时间亲

自动手并且具体组织领导许多同志对恩格斯《自然辩证法》一书重新进行了改编和译校，特别是进行了改编这一点。

根据1984年10月人民出版社出版的于光远等译编的恩格斯《自然辩证法》一书中，许良英同志写的《恩格斯“自然辩证法”的准备、写作和出版的过程》一文的论述，《自然辩证法》一书在恩格斯生前并没有出版，恩格斯逝世以后由于伯恩斯坦的阻挠，直到1923年苏联共产党中央派马克思恩格斯研究院院长梁赞诺夫去德国才找到了恩格斯的遗稿，并于1925年在莫斯科用德文和俄文对照的形式第一次公开出版，1941年由联共（布）中央马克思恩格斯列宁研究院出版了一个新的版本。《自然辩证法》的中文翻译本包括由曹葆华、于光远、谢宁翻译的第三个译本在内，到于光远这个重新译编本，一共出了五个不同的版本。其中第三个译本是根据《马克思恩格斯全集》1935年的德文版和1953年的俄文译本译出的，编排次序完全按照俄文译本（也就是1941年的那个新版），俄文译本的附注全部译出。中共中央马恩列斯编译局1971年出版的《马克思恩格斯全集》第20卷中包含的《自然辩证法》是第四个中文译本，译文是由中央编译局以第三个译本为基础略作了一些校订而成，校订所依据的是《马克思恩格斯全集》德文第2版第20卷。我认为，只要拿《自然辩证法》由光远同志主持译编的新版本的目录，同中共中央编译局译出的《马克思恩格斯全集》中文版第20卷中的那个版本的目录，两者对照一下，光远同志的译编本主题鲜明、思想脉络清楚、逻辑严谨的优点便可一目了然。

读了光远同志等的新的译编本，我们至少可以很清楚地了解到：

第一，马克思和恩格斯关于辩证法的三个基本规律的表述，除了量变质变规律、否定之否定的规律之外，他们说的是“对立的相互渗透”的规律，恩格斯在《自然辩证法》中讲“辩证的思维不过是在自然界中到处盛行的对立中的运动的反映而已”时，虽然也谈了“这种对立，通过它们不断的斗争和最后的互相转化或转化到更高形式，来决定自然界的生活。”这一方面；但是，他也专门谈到“(僵硬的和固定的界线)是和进化论不相容的——甚至脊椎动物和无脊椎动物之间的界线，也不再是固定的了，鱼和两栖之间的界线也是一样；……辩证法同样不知道什么僵硬的和固定的界线，不知道什么无条件的普遍有效的‘非此即彼！’它使固定的形而上学的差异互相转移，除了‘非此即彼！’，又在恰当的地方承认‘亦此亦彼！’，并且对立互相联系；这样辩证法是唯一在最高度地适合于自然观的这一发展阶段的思维方法。自然，对于日常应用，对于科学上的小买卖，形而上学的范畴仍然是有效的”①。恩格斯在这本书中还对达尔文把生物进化仅仅归结为“生存斗争的结果”的观点和马尔萨斯的人口论作为社会达尔文主义进行了批判，他指出："在达尔文以前，他今天的信徒们所强调的正是有机界中的和谐的合作，植物王国怎样给动物提供食物和氧，而动物怎样给植物提供肥料、氨气和碳酸气。达尔文的学说刚被承认之后，这些人便立刻到处都只看到斗争。……自然界中无生命的物体的交互作用包含着和谐和冲突；活的物体的交互作用则既包含有意识的和无意识的合作，也包含有意识的和无意识的斗争。因此，在自然界中决不允许单单把片面的‘斗争’写在旗帜上。但是，想把历史的发展和纷乱的多种多样的内容都总括在‘生存斗争’这样一个干瘪而片面的词句中，这是完全幼稚的。”如此等等。

我这里只是举了两个例子，但是这已经说明片面强调对立统一规律的对立和斗争是绝对的，统一是相对的；片面强调无产阶级和资产阶级之间的对立和斗争，片面强调暴力革命的手段，而绝对否定合作与改良、绝对否定和平过渡等等，以及片面强调所谓“一分为二”即强调“非此即彼”、片面强调所谓“斗争哲学”等等，都与马克思和恩格斯的马克思主义相去何止千里！

所以，我认为仅仅从光远同志主持重新译编恩格斯的《自然辩证法》这本书这一点来说，他对中国研究马克思和恩格斯的马克思主义就已经作出了十分巨大的贡献！

下面我本来还想讲一讲他在20世纪80年代提出“要发展作为社会主义建设的科学的马克思主义”的思想，以及他为了坚持辩证的唯物

① 于光远等译编：《自然辩证法》，人民出版社1984年版，第83—85页。

主义在反对所谓人体特异功能、所谓人工创造了“根瘤菌”等等假科学方面所作的努力，现在只能从略了。

（根据作者在2013年10月20日自然辩证法研究会举办的于光远同志追思会上的发言整理）

于光远和遗传学

——于光远对青岛会议和中国遗传学发展的贡献

黄青禾　黄舜娥

一

遗传学是农学、医学等学科的重要基础学科。20 世纪 30 年代中期起，苏联发生了震动世界的李森科事件。全国解放前后，苏联的一套做法，很快传到了中国。

问题的根子是斯大林。从 20 世纪 30 年代中期，苏联的生物科学受意识形态严重干扰。斯大林用农学家李森科作为工具，打击具有强大实力的前苏联遗传学和相关生物学家队伍。开始是从强调理论联系实际，以及遗传学要为集体农庄生产服务作突破口，并不断上升到思想、政治、阶级、敌我的高度。对传统遗传学家的打压，从限制教学、科研、撤销职务直到剥夺人身自由。到 1948 年 8 月斯大林亲自导演了全苏农科院会议时达到高潮。

随后，打着米丘林旗号的李森科主义传入中国。延安成立了以乐天宇为会长的中国米丘林学会。1950 年乐天宇入主北京农业大学，他照搬李森科的观点和做法，停止了传统遗传学和生物统计学等相关课程的教学和科研。在该校执教的李景均早年留美，是原北大农学院农艺系主任，知名生物统计学教授，因不满校领导乱扣政治帽子，停止开课等做法，对前途感到高度失望，在赴港探亲期间去了美国，并发表短文“遗传学在中国的死亡”。乐的做法引起了许多教师的不满，向中央反映了不少意见，一度引起了教育部、政务院文化教育委员会的注意，并以派工作组、组织专题讨论、发表文章等不同方式进行干涉。但是所有努力都收效甚微。这些干预都没有触及乐所坚持的李森科主义，只是批评了乐的工作作风过于粗暴，恨铁不成钢。结果是把乐调离农大；并在《人民日报》上发表了一篇署名文章，标题是《为坚持生物科学的米丘林方向而斗争》。其后果是继续推行李森科的“米丘林方向”，继续对摩尔根遗传学开展批判。

我们在科学处工作期间，于光远派我们到全国主要农业高校和科研单位调研科技政策，了解到不少传统遗传学家、育种家（摩尔根学派）受到不公正对待的情况。有的很严重：人被批、课被停、试验被毁。如得知北京农大李景均、李兢雄、华北农科所庄巧生、河南农学院吴绍骙、四川农科所鲍文奎等著名专家的遭遇后，全处都很震惊。这些情况陆续通过内部渠道向上做了反映。

转折出现在1956年年初。康生出席东德党代会后给毛泽东的报告中，提及东德党对遗传学的政策和苏联不同，对学术问题不加干涉，完全尊重科学家的意见。他们让持有摩尔根遗传学观点的斯多倍继续当农科院院长，继续他的育种工作，很有成就。报告引起了毛泽东的重视，并批示陆定一找有关部门研究开个会，解决一下中国的问题。陆把批示交给科学处处长于光远办。经过科学处、中科院、高教部的共同准备，1956年8月在青岛举行了有历史意义的遗传学座谈会。于光远安排我们和孟庆哲三人赶编了一个小册子，即《1935—1956年苏联生物学界的三次论争》，供有关领导和会议参考。该资料查阅了30年代以来有关的苏联报刊，其中不少重要情况过去是不知道的。资料系统介绍了遗传学两派相争的历史，作为会议的一个技术性准备工作，在会前发给了与会人员。

二

遗传学虽然是一门自然科学，但密切关系人类的生命和健康。所以，总能从它成长过程中看到其背后的社会影响和政治力量。20世纪30—40年代由斯大林导演的苏联政治干预学术的遗传学悲剧，在50年代的中国，也只能靠毛泽东的政治干预来解决。

作为一个经济学家、哲学家和党的工作者的于光远在这场扭转局面的工作中的角色和作用是很特殊、很重要的。当时，苏联和中国的遗传学问题，不是纯学术问题。它包括三个层次：政治、哲学和生物学。政治层面，遗传学被贴了政治标签：无产阶级的或资产阶级的，先进的或反动的；哲学层面：把遗传学的学术观点区分为唯物主义的或唯心主义的，以及与研究方法有关的，偶然性是不是科学的敌人的口号等；生物学层面：基因是捏造的概念，还是作为遗传物质的基本科学假设。

1956 年 8 月的青岛遗传学座谈会，既不是正式的学术会议，也不是典型的工作会议。它以学术会议的形式，起了工作会议的作用。会议从意识形态角度，摘掉了强加在传统遗传学头上的歧视性政治帽子和政治、哲学标签，为不同学术派别的平等发展提供了公平的环境，具体落实了百家争鸣的方针。于光远作为党中央宣传部科学处处长，受托执行这个重大而光荣的任务。他在会议的发言中，代表党组织宣布为传统遗传学摘掉被错误扣上反动的、资产阶级和唯心主义的帽子。宣布党对遗传学不同学术派别一视同仁，鼓励大家互相学习取长补短，共同为中国的遗传学和相关学科的进步作出贡献。

在会议结束的晚宴上，专家们喝了不少酒。复旦大学教授、中国传统遗传学界代表人物谈家桢兴奋得大声宣称，“我没有醉!”摩尔根的弟子、北大教授李汝祺说：“百家争鸣方针对于鼓励独立思考，促进科学家团结、推动科学研究都会起到很大的作用。学术的是非曲直，唯有通过争辩，才能越辩越明。”北农大教授李竞雄在会外问于说：“我们摩尔根派是真的反动还是别人强加的?”听了于的报告后，在晚宴上他上台的第一句话就说“我是摩尔根主义者!”中国科学院植物研究所遗传研究室主任，米丘林派的祖德明研究员说：“这次会上从争鸣达到团结是良好的开端，各学派要共同努力，加强研究工作，把我国遗传学推向国际水平。”

青岛会议为遗传学在中国的新生和日后赶超国际水平开启了新的一页。会议也是落实百家争鸣方针的一个示范，但它的影响远远不限于遗传学领域。

如果说，在青岛会议上为传统遗传学摘掉政治帽子是于光远的职务

行为；那么他作为哲学家，在发言中用必然性和偶然性的辩证关系，批驳了李森科的“偶然性是科学的敌人”的口号，认为这是不科学的、错误的，则属于他的个人行为。这一批驳对李森科派是很致命的。在育种方法上传统遗传学常常用辐射或化学药品的强刺激来改变生物的基因组成，并从中筛选出有价值的变异。但是强刺激造成的变异方向是不确定的。绝大多数变异是没有价值的，但总能在无数变异中发现有价值的东西。这种发现确实带有一定的偶然性。李森科无法否定遗传学家用这种方法获得有价值的成果，只能编出一个不科学的哲学概念来打口水仗。李森科派的理论基础认为在生存环境影响下后天获得的性状可以遗传给下一代，因此，可以通过改变生存环境定向改变生物的遗传性。尽管运用这一理论所做的实验没有能够通过严格的科学检验，但是这一愿望听起来是美好的，容易得到领导人、年轻人和非专业人士的欣赏。此外，恩格斯在论述猴子变人的机制时，似乎也接受了获得性遗传的观点。因此，有些马克思主义哲学家也容易接受李森科的观点。

三

青岛会议过去58年了，青岛会议的历史地位毋庸置疑。中国的遗传学得到了意想不到的飞跃发展。再也没有人怀疑基因的客观存在。现在，全世界都在研究基因工程造福人类的课题，集中争议的是转基因生物对人类、对环境的安全性问题。

当然，用今天的眼光来评价青岛会议，无论作为学术会议还是工作会议，都不是很完美的。当时中国高层是怎么想的，我们并不清楚。但作为一段历史，不管出于何种动机，在处理这样重大而复杂的问题上，确实表现出敢于正视工作错误和纠正错误的决心、勇气和智慧。我们在整个工作过程中通过学习和研究，对李森科事件的认识也是逐步提高的。

青岛会议的成果是于光远和科学处团队共同努力的产物：会前组织编印《1935—1956年苏联生物学界的三次论争》小册子。会后为《人民日报》写报道：《一个成功的学术会议——记青岛遗传学座谈会》。

青岛会议来之不易的成果，在几年之后的大政治背景下又发生过一些反复。到 1983 年，为纪念青岛会议 30 年、促进百家争鸣方针进一步贯彻，于光远倡议收集整理青岛会议的所有材料，写了一篇阐述会议的原委及其经验的文章：《青岛遗传学座谈会的历史背景和基本经验》，并将有关材料一起汇编成书出版。特别是为该书取了一个响亮的书名：《百家争鸣——发展科学的必由之路》。在商务印书馆的支持下，书终于在 1985 年底出版发行了。事后，于光远自豪地说："青岛会议开得成功，科学处为科学界做了一件好事。"

永恒的怀念：回忆同于老交往的时光

江春泽　谢明干

最后一次的握手话别

于老离开我们一年了。记得我们最后一次见他是在 2012 年 3 月 27 日，我们从西郊住处到北京医院去看望他。事前孟苏大姐告诉我们，于老已经听力很差，说话也很困难了，但头脑还清楚。我们带着忐忑不安而忧伤的心情轻轻地走进病房，看到躺在床上的于老明显地消瘦了，脸上也没有往日那温馨的笑容，只有一双眼睛依然清澈明亮，看到我们时还闪现出一丝兴奋之光。我们坐到他的床前，握着他的手，久久无言。他这双手，打开了多少知识的窗口，写下了多少启人智慧的雄文皓篇，教扶了多少为振兴中华而奋斗的俊彦栋才，现在，这双手已经软弱无力了……我们用粉笔把想对他讲的话写在小黑板上给他看："我们专程来看望您，衷心祝愿您健康长寿"；"近日参加了一个研讨会，×××　×××等都出席了，发言很热烈"；"经济学界许多朋友很挂念您，大家盼望您早日恢复健康"；"我们情况还好，继续做些研究工作"；等等。我们每写一句话，他都睁大眼睛看，目光闪了一闪，似乎是示意看明白了，然后又闭上了眼睛。最后，我们写道："我们回去了，您安心休养，过些日子我们再来看您。"再次握握他的手，看看他那仁慈的目光，含泪告别。我们原以为他脑子好，生命一定能够延续下去，但怎么也想不到，这次握手竟是我们同敬爱的于老的永别。这最后一别的感伤情境，我们至今还历历在目，刻骨铭心，终生难忘。

我们早就是于光远的“粉丝”

我们在青年时代读过于光远写的马克思主义普及读物以及他主编的《学习》杂志，听过他的一些讲座、演说。当时的知识界，也包括我们，对他都怀着敬仰之心。他在“文革”前是中共中央宣传部科学处处长（副部级），又是中央科学小组成员，兼任国家科委副主任。他知识渊博，既熟悉社会科学，又通晓自然科学，思维深邃，见解新颖，视野开阔似海，著述丰厚如山，在学术界有很大影响和人格魅力。对人们司空见惯、习以为天经地义之学说、原理、原则等等，他总是能别开洞天地从中提出一些值得重新推敲和思考的问题来，使听者始而惊诧、继而开窍、进而受到启迪而回味和思考。在他所涉及的领域里，一些极平常的现象，他都能与自然科学或社会科学联系起来，与历史联系起来，与人类未来联系起来。他记忆力极强，常常侃侃而谈，讲出很多典故来。同行们常常兴味浓厚地专注聆听他的讲话，然后不得不感叹，他确实是个大大的科学家，确实有个善于研究问题的“特殊脑袋”。

可以说，在“文革”前，于光远就有着庞大的“粉丝”群，而在改革开放以后，他的贡献就更加突出，他的品格也更加令人感佩。胡耀邦在《理论工作务虚会引言》中曾经表彰粉碎“四人帮”以后理论队伍中涌现出一大批“理论联系实际、密切联系群众、善于思考问题、敢于发表创见的闯将”。毫无疑问，于光远就是这批“闯将”中的领军人物之一。他发起组织了多少拨乱反正的研讨会，他倡议建立了多少新的学科，他深入到多少地方去做实际调查，他教育培养了多少后起之秀，他用铅笔和手指敲打电脑的键盘写下了多少著述和文章，真可说是数也数不清。在几次庆祝他华诞的研讨会上，人们都不知道用什么言语才能够最恰当地评价他、估量他，与会者发自内心地感叹：于光远确实是一个百科全书式的大学问家、大思想家。

我们早就是于光远的“粉丝”。但是直到改革开放前后，我们才有缘与他有较多近距离的接触。在实际的接触中，我们深切地感到他还是一个非常刚毅坚强、坦诚正直、谦和可亲的人。直到今天，我们几十年

来同于光远接触的一幕幕，还不时地浮现在眼前，宛如昨天。

第一次领略大科学家的风范

江春泽第一次直接接触于光远是在 1963 年。一天，中国人民大学经济系办公室通知研究生江春泽，次日清晨 7 点钟和同班的同学（罗肇鸿、张仁德、韩福财）一起到沙滩中宣部大院于光远家里去。这是江春泽第一次受到这位大科学家的接见，而且是近在咫尺的面谈。记得那天唯恐迟到，凌晨 5 点多就起床，来不及吃早点就匆匆出门，先乘 332 路公共汽车，到动物园再转 103 路无轨电车，准时赶到了于光远家。一路上，大家心里一直在嘀咕，这么高级的领导干部、大理论家，直接召唤我们这些研究生这么早赶到他家，有什么重要的指示和任务呢？

一进门，是一间明亮的大书房兼客厅，墙壁四周都是排列整齐的书橱，装满了书，靠窗户是一张大书桌，堆满书刊，有些书还是翻开的。于光远本人就坐在书桌旁边，见面后，他既没有摆出威严的架子，也没有任何客气的寒暄，待我们自己找凳子坐下后，他就海阔天空地谈起做学问的事情来。他并没有说明通知我们大清早赶过来的目的，还是像往常演讲那样，即席讲话，没有框框，也没有中心议题，想到什么就讲什么。他的话题很广，而且不断转换，上下古今，天南海北，洋洋洒洒，滔滔不绝，谈笑风生。气氛是轻松的，无拘无束的。江春泽和同学们听着听着，听得入神了，不知不觉，时针已指向 9 点。“铃……”，电话铃响了，于光远拿起话筒说：“好，我马上来”。然后对我们说：“我要去开会了，参加讨论《三评》。”《三评》指的是当时中苏两党大论战时，中共中央组织撰写的一评至九评等九篇文章中的第三篇《南斯拉夫是社会主义国家吗?》。江春泽和同学们在返校的路上，揣测着于光远这次谈话的意图，从谈话的内容看，与《三评》毫无关系；是不是想让我们读经典著作时注意帮他查什么典故呢？可他没有明确交代任务呀！是不是考察一下我们的知识广度深度和思路能不能帮助他做些什么呢？可他没有向我们提问，没有要求我们回答任何问题呀！这时，同学们都有些饥饿感了，有人开玩笑说：“这么大清早，叫我们赶到，谈话两小时，也没问一声我们吃过早饭没有。”大家不约而同地说：“这就是大学问家的风范吧！他脑子里满装着研究过程中的问题，与人见面交谈，除了谈学问，什么也想不起来。”同时，大家也感到，听于光远一席话，真是“胜读三年书”，但先要有思想准备，自己思考过的问题，听他一讲才能听出他的话有深度、充满哲理，加深了理解；但如果自己没有对这个问题动过脑筋，也许就听不出什么名堂，像外行看京剧那样，只能“看热闹”了。

但是无论如何，这是一次直接领略大科学家风范的机会，因而对江春泽是珍贵的、难忘的。

听于光远讲“文革”中的“趣事”

“文革”中，于光远在“阎王殿”（“四人帮”对“文革”前中央宣传部的污蔑）里被封为“大判官”“反革命修正主义分子”“反动学术权威”。

1974 年 10 月后的两年里，江春泽从北京大学被借调到人民出版社参加一本关于苏联 1953 年后经济实况资料的编写工作。编书组成员是从全国高校和研究机构借调过来的。那时，听说于光远已被定性为“人民内部矛盾”，从宁夏五七干校回北京来了，住在史家胡同。人民出版社编辑金作善和编书组成员王守海、藤维藻、宋则行、江春泽等 5 人怀着崇敬和求教的心情，去登门拜访于光远，想听听他对编这本书的意见。于光远当时大概正处于他自己后来所说的“恢复工作三部曲”中的第一步吧，即“自己给自己恢复工作”的阶段。他高兴地接见了我们。

去之前，江春泽想象，于光远受尽了“文革”冲击的折磨，肯定是大变样了。没想到，一见面，他仍是一如既往，侃侃而谈，而且谈话比以前更幽默更风趣了。他神态坦然、乐观、豁达，从容不迫地说着“文革”中经历的种种“趣事”。例如，当造反派宣布他是“敌人”时，他想：“啊，像我这样的人就是敌人，那我就尝尝做敌人的滋味吧！”又比如，在宁夏五七干校时，两个女儿去探望他，他们在一家小饭馆吃饭，女儿去排队买餐，他在饭桌旁留着两个座位等待。后见一位年轻顾客手捧着一碗面条找不到座位，就主动让出一个座位来。那人坐下一边吃面条，一边感激地与他交谈。当知道他是从北京来的时候，就说："我向你打听一个名叫于光远的人，不知他现在怎么样了？"他回答："于光远嘛，他现在还在研究些问题，比如顾客和座位的矛盾呐，等等……"诸如此类，他讲的故事笑话很多，我们听了都很佩服他的乐观精神、人格和风度。

那时于光远虽然行动上自由了，但仍未分配工作，他生性喜欢与学术界人士交流，所以常来编书组串门。编书组的人也欢迎他常来指教，实际上就是饶有兴味地听他上下古今海阔天空富含知识地闲聊，以启发思路。1975 年邓小平复出工作后，于光远是国务院政治研究室负责人之一，他对我们编书组的工作更关心了，曾带领政研室的工作人员来过编书组。但好景不长，当"批邓"和"反击右倾翻案风"的乌云滚滚而来的时候，当时的国家出版局专门指示编书组收集汇报于光远在编书组的言论。编书组人员心里都很清楚，这不仅是为了批判于光远个人，更重要的是想为"批邓"搜集"炮弹"，因为于光远所在的政治研究室曾经组织起草《论全党全国各项工作的总纲》《关于加强工业发展的若干问题》，以及曾经布置当时在中国科学院主持工作的胡耀邦组织起草《中国科学院工作汇报提纲》，这三份材料已经被"四人帮"定性为"三株大毒草"，正在广泛开展大批判。

可是此时已非"文革"初期了，被"文革""运动"起来的广大群众已经有相当的思考与识别能力了，对"批邓"不仅反应冷淡，而且学会用各种方式来抵制和抗拒了。编书组领导的头脑也是清醒的，并不认为于光远在编书组讲过什么应当批判的言论，但又不得不召集全体成员开会，以应付一下国家出版局，以为开个会、整理一份会议记录，表明于光远没有讲过有"问题"的话，事情就过去了，便指定江春泽负责记录和整理材料。但是会上大眼瞪小眼，谁也没有回忆出于光远来编书组时讲过什么有"问题"的话。江春泽想，戴着极左眼镜的人总是善于"从鸡蛋里挑骨头"和颠倒黑白的，可不能给他们送"炮弹"，于是主动表示："既然没有什么问题，我就不记录了，也不整理什么材料了”。会后，江春泽赶紧给于光远打电话，说：“现在编书组的成员都很好，没有人揭批出什么东西。但运动深入了，压力加大了，那时队伍会不会分化就难以预料了。所以，您现在还是少说话和不来编书组为好。”

于光远发起并亲自组建南斯拉夫经济研究会

粉碎“四人帮”以后，江春泽从北京大学被借调到中央宣传口和全国第一次宣传工作会议筹备组工作。这段时间，她结合原定的调研计划，积极参加了于光远发动的经济学领域拨乱反正的一系列活动，其中最主要的是四次全国性的按劳分配问题讨论会。在于光远的组织与引领下，讨论会越开越大（最后一次从全国各地来了1000多人），影响很大，澄清了许多被“四人帮”搞乱的理论问题。江春泽及时就此问题写了一份汇报材料，宣传口领导非常重视这个讨论会，并对这份材料作了批示：“这是所见同类报道中写得最清楚最好的一份。”1978年底，江春泽被调到中国社会科学院工作，据说在院党组讨论其工作安排时，有一种意见是放在院部写作组，但时任副院长的于光远提出：江春泽是经济学科班出身，能用外语，到世界经济研究所去工作比较合适。此后，江春泽就在世经所工作了10年。

1978年，随着中国与南斯拉夫实现关系正常化，由中共中央联络部常务副部长李一氓任团长、于光远任副团长的中国共产党代表团访问了南斯拉夫，回国以后，于光远给江春泽打电话，说要交给她一项任务：着手组建一个研究南斯拉夫经济的学术团体——南斯拉夫经济研究会，以便组织一支队伍，运用集体的力量，来实事求是地重新研究南斯拉夫社会主义自治的经济体制模式。他解释：之所以称作“研究会”，是因为它与“学会”“协会”不同，“学会”成员一般应是该学科的专家，“协会”则带有组织推动实际工作的作用，而“研究会”则可以为研究某个问题而成立，只要是对这个问题有兴趣的人都可以参加，研究清楚了也可以解散。最后，他要求江春泽第二天上午去中国社会科学院开会（当时江还在全国宣传工作会议筹备组工作），他在电话中还建议

江春泽去外国语学院旁听塞尔维亚语。次日是礼拜天，到会的人员除来自社科院和高校外，还有来自外交部、中联部、新华社、外经贸部等单位的相关人员。会上，于光远讲了研究南斯拉夫经济体制的意义、组织这个研究会的必要性和作用、如何开展研究工作等等，并宣布："研究会由罗元铮（世界经济研究所副所长）担任总干事，江春泽担任副总干事，实际主持工作。"这是中国社会科学领域内，由于光远倡议并亲自组建的第一个研究会。此后，各领域的研究会如雨后春笋般地出现，大大推动了我国社会科学的发展。

南斯拉夫经济研究会一成立，登记在册的北京地区个人会员就有近300人之多。云南、上海、四川等地还发展了团体会员。在于光远的直接关怀与督导下，研究会的活动搞得蓬蓬勃勃，从小型研讨会到每年召集一次的年会，会员们都踊跃提供资料、文章、著述，会上思想活跃，发言踊跃，常有不同意见的热烈争论。起初，研究会没有专门的活动经费，1980 年 1 月的第一次年会是在云南省计委经济研究所（团体会员）的帮助下在昆明市举行的，他们利用下属一所中专学校放寒假期间的校舍，给年会免费提供了会场；江春泽拿出了她组稿编辑出版一期《经济研究参考资料》所得的1000 多元稿费及编辑费，作为邀请来年会发言的著名老专家的旅馆住宿费；有些大学生自费乘火车硬座从北京赶到昆明参会；时任世界经济研究所所长钱俊瑞亲临年会讲话与指导。可见，大家对研究南斯拉夫自治经济体制的热情多么高涨！此前不久，于光远正在访问欧洲几个国家的回国途中，专门到贝尔格莱德停留了 4 天，他再次对南斯拉夫进行深入考察，期间与我驻南使馆人员、驻南记者长时间座谈，还与前任南斯拉夫驻华大使、时任南共中央执行书记德鲁罗维奇、南共中央特别顾问杜尔切克交谈了 3 个半小时，以取得对南斯拉夫最新情况更深更细的了解。他非常关注昆明的年会，准备来年会谈谈他再次赴南实地考察的情况和想法，但由于工作实在安排不开未能如愿，就委托同赴匈牙利和南斯拉夫考察的苏绍智教授到会做了《南斯拉夫目前经济情况概述》的专题报告，还托人带来了他专门为年会做的7000 多字的讲话录音带，讲他对研究会工作的想法和他"特别要着重讲的事情"，他指出：

第一，研究会要把已经掌握到的南斯拉夫情况，做一番综合整理，写出南斯拉夫基本情况的系统介绍，发现我们还不清楚、不了解的具体问题，以便继续出国做调查研究。以后出国考察的团组或个人，都应先在国内熟悉已掌握的情况，出去后有明确的考察目的，在某一方面专题深入。不要大家出去都从 A、B、C 问起。

第二，要求研究会组织人力写出几本对南斯拉夫做系统介绍的书，或公开出版，或内部发行。可以由了解情况较多、亲历较多的人来写，写出像邹韬奋的《萍踪寄语》和《萍踪忆语》那样的书。他说："组织编写这样的书的责任，我想，南斯拉夫经济研究会应该担当起来。"

第三，关于比较研究问题。他说："大概在 1977 年我就想到比较研究的重要性，后来到南斯拉夫，而后再到日本，发现他们已经重视比较研究。许多研究所都有比较经济学的研究课题，学校里也有比较经济体制学的课程。匈牙利马克思经济大学开设的比较经济体制学课程的讲义厚达 900 多页。现在我们报刊上发表的关于世界经济的文章还很少是属于比较经济的文章，所以我想强调一下这个问题。"他还列举了许多具体事例和数字，对东欧、西欧和日本等国家做比较，还谈了怎么看待匈牙利、南斯拉夫当前的困难。他强调做研究时要"采取打破砂锅问到底的办法"，开会时可以彼此问，"问来问去，问出许多不清楚的事情，这样就出来了任务，不但一般的任务，具体任务也出来了。我觉得'问'这个字是一个重要的学习和研究的方法。"他还谈到要在适当的时候，把匈牙利经济研究会、波兰、捷克、保加利亚、东德等国的经济研究会也组织起来，甚至阿尔巴尼亚也应该研究。中国是一个大国，各方面都需要研究。

随后几年，研究会按照于老的指示，组织翻译和撰写了不少介绍南斯拉夫经济理论与实践的著作，其中包括重新翻译南共联盟主要领导人、理论权威爱德华·卡德尔的名著《公有制在当代实践中的矛盾》等。时任中宣部部长王任重访问南斯拉夫时曾带回这本书并报告胡耀邦，胡耀邦总书记曾在王任重的报告上批示，要求中央领导人阅读卡德尔这本书，说这样的书不读，我们能成为成熟的马克思主义者吗？此时，江春泽正好又被借调到中央办公厅研究室做调研工作。为了使中央领导人更便于阅读此书，研究室理论组领导林子力请江春泽写一篇关于此书的简介。江春泽除遵嘱写好简介外，还特意邀请长期驻南的新华社记者徐坤明重新准确翻译并公开出版了这本书，供中央领导人和学术界人士阅读。此外，研究会成员还撰写了社会上急需的《南斯拉夫手册》《南斯拉夫经济与政治》等书，这些都产生了一定的社会影响。南斯拉夫驻华使馆很支持研究会的工作，曾向研究会赠送了160册书，价值4.5万第纳尔（合2000多美元）。

于光远对研究会的工作经常提出要求。记得有一年冬天，临近春节了，他还通知江春泽和北大的张德修教授去他的住处谈话，指示我们再编写5本有关南斯拉夫的书。如今，书早已摆在书架上，录音讲话的记录稿纸也早已发黄，睹物思人，敬爱的于老已永远离开了我们。

于光远的《碎思录》在香港出版

1992年春，谢明干被派往香港担任香港经济导报社社长，作为记者，专程到于老家采访了他。访谈中，于老重点谈了干部作风问题，强调指出：“当年毛主席说严重的问题是教育农民。现在，严重的问题是教育干部!”他这番话，如醍醐灌顶，在当时具有很强的预见性与前瞻性，谢明干至今仍然印象深刻。

那时，于光远正在整理他的《碎思录》文稿，并苦于无处出版。谢明干随手拿几篇看了看，觉得字字珠玑、智慧丰盈，又文笔生花、生动有趣，实是上乘佳作，当即表示愿意帮助他在香港出版。回港后，谢明干亲自筹划、设计、审稿、校对，使这本充满哲理、睿智与情趣，文篆并茂（每一页背面都有篆刻家戈革的精美篆印）、装帧古朴的仿线装书《碎思录》终于得以面世。拿到此书的人都啧啧称赞。孟苏大姐说：“光远很喜欢，在他所有著作中这是他最喜欢的一本。”于老很珍爱这本字数不多但内容精湛的书。也许是作为感谢吧，他主动给我们写了一帖字：

青松寒不落

碧海阔逾澄

此为杜工部诗句戊辰夏胡耀邦曾以见赠今复书之以自勉也

明干春泽补壁　于光远癸酉早春（印章）

胡耀邦下台后看了《碎思录》的部分原稿专门书写杜甫这两句诗送给了于老。《碎思录》出版时于老又特地把胡耀邦这个墨迹印在首页上。于老抄录这两句诗送给我们留念，表达了他在当时的环境下泰然、坦然的心境。他不仅亲笔写好，还专门送去裱好，并派人送给我们。我们视它为最有纪念意义的珍宝，挂在书房的墙上借以自勉。

于老深情地给我们题了八个字

2005 年 4 月 22 日，我们又一次去拜望于老和孟大姐。于老的白头发多多了，精神有些疲惫，行动也有些迟缓，但仍然愉快、健谈。他说自己正在构思写一些回忆延安时代的文章，并主动提出要同我们一起照张相。更出乎我们意料的是，在闲谈时，他悄悄地伏案用毛笔写了“青春长驻，干劲永在”八个字送给我们，把我们夫妇俩的名字（春泽、明干）包括进去了，使我们十分惊喜。我们向于老表示，衷心感谢他对我们的希望和鼓励。

后来我们聊到于老当下住的旧院子（史家胡同 8 号），确实是太陈旧太拥挤了，客厅兼书房，资料没地方摆，我们不理解于老作为老革命、大科学家，他的住房为什么长期得不到解决。后来过了几年，听说终于解决了，于老再也无须像在史家胡同时那样，把电脑桌摆在客厅门口了。那时，冬天室内太冷，加上需要熬中药，他曾经专门给市长写信，请求多分配点液化气。真是“安得广厦一两间，让年迈的寒士于老尽开颜”呀！我们去于老在广渠门的新居，看到他坐在新居书房的电脑桌旁乐滋滋的神情，心里又感慨又高兴。过九旬高龄才住上新房子，太迟了吧！我们一面祝贺他乔迁新居，一面希望他“健康第一”，该搁笔颐养天年了。其实，他怎么能搁笔呢？谁都知道，他满腹经纶，

又是一个“无时不思，无日不写”的人呀！

2010年于老九五华诞，有朋友在他家附近的饭店设宴庆贺。那时的于老已言行困难，无法与人交流了。饭店里人多拥挤声音嘈杂，我们也无法上前去向于老说几句祝贺的话。江春泽当场念了一首我们自己写的短诗《贺于老九五华诞》，以表达一下我们的心意：

九五不老松，巍巍泰岳耸。
一生为振兴，改革更先锋。
笔耕不停息，忧国愿年丰。
文著等身多，桃李烂漫红。
光照旷世远，名耀青史雄。
真情在《碎思》，任凭西北风。

可惜，那时候，于老都听不见了……

*　　　*　　　*

山高水长，一代楷模。于光远，是我们中国文化学术界一面闪光的旗帜；于光远的著作，于光远的思想风范，是中华民族文化学术宝库中的瑰宝，是我们实现中国梦奋斗中的精神力量。于光远将永远活在中国人民的心中。

遥望西天，思念无限。我们常常遐想：于老大概正在同马克思讨论经济学的新发展吧……

随于光远访耀邦故居

李冰封

胡耀邦同志童年和少年时的故居，位于湖南浏阳中和镇苍坊村。苍坊居罗霄山脉北段东麓，村的四周，山峦起伏，群峰逶迤，在青山翠谷中，清澈见底的敏溪绕村顺流而下，耀邦故居就在这条小溪之畔。1992年春，我有事到浏阳，出于对胡耀邦的景仰和尊敬，曾专程去拜谒他的故居。车到文家市，参观了秋收起义会师的会址后，去苍坊村。文家市到苍坊，只有一条连简易公路的标准都够不上的小路。车子在小路上摇摆颠簸，15 公里竟走了一个小时。据说，耀邦在位时，曾三令五申，不准修建去他故居的高级公路。所以，从文家市去他故居的那条路，一直是条小路。那天，我们到了耀邦故居，还在禾场上见到了耀邦的亲哥哥胡耀福，他是一个标准的湘东老农民。他带我们看了故居的几间房，还指出其中一间，说：那是耀邦出生的房子。那故居也是湘东一带山区标准的农民住房。此外，胡耀福还向我们介绍耀邦的童年和少年。说他从小就很讲道义，很聪明，很爱看书。我们问：他小时候喜欢怎么玩？胡耀福说：我们山区没有什么好玩的，他就喜欢和小朋友在小溪旁边，瞄着对岸的山上，丢石头。

这是 20 世纪 90 年代的事，一眨眼，十几年就过去了。

2004 年 3 月 26 日，于光远同志从北京飞到长沙参加一个学术研讨会。班机是晚上到达的，他决定第二天即去耀邦故居，因为第三天要开会。光远同志再过几个月即已进入 90 高龄，而且行动不便，要坐轮椅，乘坐的汽车还要在路况很不好的路上跑一段长路。这样的劳累，90 岁老人吃得消么？我们很为光远同志的这种真诚、执着、顽强的精神所感动。我是先几天就知道了他的这个访问计划，决定无论如何都要陪他

去。那天，同去的除了他的秘书胡冀燕以外，还有湖南人民出版社的陈敬和她的先生彭子诚，以及黎维新、杨德嘉、弘征，这些，都是湖南出版界的知名人士。另外，还有一位现职官员，湖南社科院院长兼党组书记朱有志，过去我们不认识。上午9时半，我们乘坐的几辆汽车同时从光远同志住的宾馆出发，长沙到浏阳，因其中有一段高速公路，所以不到一个小时就到了浏阳市区。从市区往前走，过澄潭江后，路就不那么好走了，近12时才到文家市，参观、吃中饭后，立刻上路。到处在修路，到处是坑坑洼洼，到处是泥泞，路更不好走了，文家市到苍坊村15公里，汽车也跑了一个小时。和十几年前我的那次经历，几乎一模一样。中途停车时，光远同志没有下车，我前去问他：吃得消么？他斩钉截铁地说：可以。

胡耀邦故居周围，较之十几年前，略有些变化。屋前的斜坡修了十几级石板的台阶，种了些树。故居也略作修葺，复原陈列了胡耀邦少年时代的住房，父母及兄长居室及正厅、横厅、厨房、火房等。故居旁边，新建了几间风格和故居房屋一致的房子，作为陈列室，陈列了耀邦生前穿过的衣服、用过的物品及他的毛笔字手迹等。当然，陈列室以后如何陈列，应该怎样反映出历史的真实面貌，反映出胡耀邦为中国人民奋斗不息的真实的一生，是值得好好研究的一个大问题。

在耀邦故居参观时和在路上闲谈时，光远同志谈了一些重要的看法和意见，倒是很值得人们深思。下面略谈一二：

一是光远同志谈到他和耀邦同志交往的经过。他说，在延安时，他们互相认识，但交往不多。以后，长期不在一个地区工作，彼此搞的工作也不相同，所以好多年没有交往。真正熟识和有较多的工作接触，是在邓小平复出的1975年。此时于在国务院政治研究室，胡在中国科学院，都是邓小平的麾下，先是相互合作，后来在批邓中都挨斗。胡对于说：二人是难兄难弟。在耀邦的领导下，他们工作起来感到非常称心、合拍。

光远同志说，胡耀邦生前最讨厌山头、宗派，认为这样做最脱离群众。现在，许多人对于胡耀邦的景仰，完全出于他的精神上的凝聚力。群众对耀邦精神上的凝聚力，必会化成巨大的推动改革和开放的力量。

二是关于在耀邦故居的前面建造耀邦铜像的问题。中和镇的负责人向光远同志汇报了目前存在的困难。

对于建铜像需要的经费，光远同志说：你们可以发动大家捐助。据了解，许多人都想为这件事捐助一些钱。因为，胡耀邦活在很多、很多人的心里。

当天下午 4 时，我们离开胡耀邦故居往回走，车子仍然走的是泥泞的路，坑坑洼洼的路，在有的地方还堵车。我们前后几辆车走散了。我和黎维新、杨德嘉坐的车子，过了晚上 8 时才到了长沙市区。光远同志和胡冀燕、陈敬坐的车子何时到的长沙，不得而知。光远同志到长沙后，还得参加一个欢迎宴会呢！这一天，他什么时候才能开始休息，也不得而知。我心中还老惦记着这件事呢。

（作者为原湖南省新闻出版局局长，
本文写于 2004 年 4 月 5 日）

他创造了一生，服务了一生

李成勋

中秋节的前 3 天，也就是 9 月 16 日，我和我的老伴李淑英一起到北京医院去看望已住院多日的于光远同志。看到他安静地躺在床上，虽然口鼻戴着呼吸机、闭着眼睛不看人，但他的神志还是清楚的。护工在他的耳旁说："您的老部下李成勋来看您啦!"于老还点了两下头。我看到后感到欣慰，对他的生命力很有信心。在向护工和医生了解了他近日的病情后，得知并无大碍，我们就放心地告辞了。不料，到了 19 日晚上，于老开始发烧，健康状况日益恶化，直至 26 日凌晨 3 时 42 分便与世长辞了，享年 98 岁。我万万没有想到 10 天前的一别竟成永别!

一

于光远 1915 年 7 月 5 日生于上海。他在青年时代就追求社会进步，心怀救国救民的志向。他是 1935 年"一二·九"爱国学生运动的积极分子，当时他在清华大学物理系读书，随即又参加了平津学生南下扩大宣传团，参与抗日救亡团体中华民族解放先锋队的发起和组织，义无反顾地走上了革命道路。1937 年 3 月他加入了中国共产党。于老是中国共产党的优秀党员、著名的马克思主义理论家、经济学家、哲学家、原中央顾问委员会委员、原国家科委副主任、中国社会科学院原副院长，还担任新乡学院总顾问等多种社会职务。

于老是当代中国最有影响的经济学家，他和苏星主编的《政治经济学》高校教科书，哺育了一代又一代青年学子。粉碎"四人帮"以后，1978 年，他参加了中共中央工作会议，并列席具有重大历史意义的十一届三中全会。他组织并参与邓小平在中央工作会议上的讲话稿《解放思想、实事求是、团结一致向前看》等重要文件的起草，为全会的胜利召开作出了积极贡献。改革开放以后，于老更加精神焕发、竭力奉献智慧和能量。1979 年，适应改革开放的需要，他倡导和指导编写的经济学教材《中国社会主义经济问题》，流传甚广。1980 年，为探索经济体制改革的动力，他组织并推动了社会主义生产目的的讨论。并于 1981 年出版了他的《社会主义生产目的的十三篇文章》。这次讨论进一步解放了思想，人们认为其意义可与实践是检验真理唯一标准的讨论相媲美。1985 年，他撰写出版了《论我国的经济体制改革》，系统阐述了所有制形式和结构改革是经济体制改革核心的理念。为了使改革更符合中国的国情，1988 年他撰写出版了《中国社会主义初级阶段的经济》专著。为了找准中国经济体制改革的目标，1992 年，他撰写出版了《社会主义市场经济主体论（札记）》一书。可以毫不夸张地说，他在经济理论层面有力地推动着我国的经济体制改革。与此同时，他还与时俱进、坚持研究政治经济学社会主义部分理论。从 1981 年到 2001 年，20 年间先后撰写出版了七卷《政治经济学社会主义部分探索》。

于老对经济学这一大学科的研究和贡献，远不限于政治经济学，而是扩展到各种产业经济学和专业经济学，其中有：生产力经济学、经济发展战略学、技术经济学、国土经济学、环境经济学、教育经济学、旅游经济学、灾害经济学等。2003 年，他以 88 岁高龄还撰写出版了《我的“四种消费品理论”》专著。

于光远同志不仅是一位杰出的涉猎广泛的经济学家，他还是一位有影响的哲学家，特别是在科学哲学方面贡献颇多。他参与了恩格斯的哲学名著《自然辩证法》一书的翻译；他担任《中国自然辩证法百科全书》的主编；他组建了中国自然辩证法研究会并出任会长；他还培养了一批出色的自然辩证法专业的研究生。

于老对学术的贡献也不限于经济学和哲学领域，他对于科学社会主义、政治学、社会学、教育学、心理学、党史以及图书馆学等学科都有所研究，发表过不少独到见解。他自称是个“杂家”，学界则公认他是一位“百科全书式的大学问家”。

于老不仅自己潜心为学，而且他还面向社会千方百计组织推动学术研究。他提倡和组建了中国马恩列斯著作研究会、中国生产力经济学研究会、中国技术经济研究会、中国国土经济学研究会等；他还倡导和创办了《自然辩证法通讯》《经济研究参考资料》《经济学周报》《经济效益报》等一大批学术刊物和报纸。

可贵的是于老在长期从事科学研究和组织学术活动的实践中还形成了自己独特的学风和人生哲学。他对人常讲的是："为人民事业生无所息""独立思考只服从真理""正道直行""重节轻位"和"服务万岁、创造万岁"。他请人给他篆刻了两枚印章：一枚是"创造万岁"，另一枚是"服务万岁"。我认为，这两枚印章就是他一生的写照。他追求创新，他的一生就是学术理论创新的一生；他无私服务，他的一生就是服务社会的一生。他之所以名扬四海和广泛受到人们的尊重，都源于这两个基点。

为了以创新促服务和为服务而创新，他坚持深入实际。改革开放初期，在北京他每个周日都去郊区调研，及至年老行动不便以后，他在战胜癌症的情况下，还坚持"坐轮椅走天下"。2004 年，他以 89 岁高龄还坐轮椅去了 23 个城市搞调研。他曾说："我的学问是坐出来的，同时也是走出来的。"于老的不懈追求精神多么动人啊！

二

于光远是我的良师，从做学问到干事业，他给予我的影响太大太多。我直接和间接同他接触已有 60 多年之久。1951 年夏，我在平原省新乡专署粮食局工作时，由于手部受伤不能执笔，每天上班只能阅读书报，这使我有机会学习了他在解放区写的《论调查研究》一书，从中不仅使我懂得了调查研究对于贯彻政策的重要意义，而且懂得了什么是"算术平均数"和"加权平均数"等调查统计的方法。光远是人大的兼职教授。1959 年，我在中国人民大学经济学系读三年级时，第一次见到光远，还听了他的报告。在报告中间休息时，我向他请教一个问题，他很敏锐地反问道："你一定是看了苏联学者××××的文章吧？"1961 年下半年，正处于暂时困难时期，为了从理论上总结“大跃进”的经验教训，光远同志作为中宣部负责理论工作的部门领导到人大召开座谈会，每周三下午开会，一连座谈了10次。我当时作为一个青年教师，尚未开课，领导上要我每次都参会并做记录。一次我就如何认识规律的客观性问题发了言，于老在最后总结讲话时，还针对我的发言强调了对规律的客观性不容置疑。后来为指导人大经济学系编写教材，他还多次来人大开会听取讨论。他强调要编好教材就一定要多准备“各种砖瓦”（信息资料）。

粉碎“四人帮”以后，为了拨乱反正，于老建议教育部重新编写高校政治经济学教材，于是教育部政教司就从各大学借调教师组成编书组，在于老指导下开始编书，我也从人大借调过来参加编书组。书名定为《中国社会主义经济问题》，共分11章。从书名到全书体系结构都由于老确定。这本教材1979年出了第1版、1982年出了修订版。由于这本书切中时弊、满足急需，第1版推出之后就销售了600多万册，加上以后各版的销量，总销量当在1000万册左右。如此大的发行量是十分罕见的。这主要得益于于老的指导。

1979年，为了研究和推进经济体制改革，中央财经委建立了四个调查研究组，光远同志被任命为理论方法组组长，包括我在内的编书组成员都被转调到理论方法组工作。在这里有更多的机会同于老接触。

为了进一步肃清“四人帮”的思想影响和探求经济体制改革的路径，光远同志领导的理论方法组，组织了多次全国性的讨论会。其中有按劳分配讨论会（在北京）、社会主义生产目的讨论会（在北京）、城镇集体所有制讨论会（在沈阳）、社会主义生产资料所有制结构讨论会（在成都）。除按劳分配讨论会外，我都担任大会简报组组长。负责把大会讨论的情况通过《简报》反映给光远同志，再把光远同志的要求通过《简报》传递给与会者。

为了帮助广大干部更新观念、改善知识结构，光远同志从1981年底开始拟提纲到1989年河南人民出版社出版合订本，前后用了8年左右的时间，组织撰写《社会主义经济建设基础理论》大型著作（起初书名为《社会主义经济建设常识读本》，由江西人民出版社出版）。从

书名、体系结构到主要论点都由光远同志确定，有些章节甚至由他亲自执笔写出样板。全书分为8部分，50章。我自己执笔或与别人共同执笔完成了4章。光远同志指定我负责编书组的组织联络工作，并希望我组织100位作者参加此书撰写。后来受全书框架的局限，只组织了44位同志参加。这些作者由于受光远同志的熏陶，其中不少人后来都颇有成就和影响。

在撰写《社会主义经济建设基础理论》的过程中，中共中央作出了《关于经济体制改革的决定》。为了深入理解和贯彻落实这一具有重大历史意义的决定，光远同志又组织部分《基础理论》的作者撰写了《我国经济体制改革的基本问题：理论·内容·意义》一书。书中扉页上标明："受主编于光远的委托，由李成勋负责全书统稿工作。"这种对中青年的信任和放手是我所感念的。

光远同志在学术上对我教诲和影响最大的是关于发展战略学的研究。光远同志1981年2月发起召开"经济社会发展战略问题座谈会"，每两月一次，起初都在人民大会堂举行。他以座谈会发起通知的形式，发表了他的题为《经济、社会发展战略——一个应该研究的重要问题》的首篇发展战略论文。随后他又先后出版了3部有关发展战略的论文集。我为他讲的战略研究关系到国家前途、民族命运的重大意义所撼动，8年中46次座谈会（从1982年开始这个系列座谈会纳入两月一次的经济学活动周内），我会会必到。这个战略座谈会不仅讨论宏观战略，各省市还都争先恐后地将他们的地区战略规划提交会议讨论。发展战略研究的学术价值和实践意义使我决心除《资本论》外把"经济发展战略理论与实践"作为我的一个研究方向。

光远同志对我研究发展战略的想法颇为支持，并希望我能够写出专著。在光远同志的影响下，1989年我终于出版了国内首部《经济发展战略学》。此后，我进一步设想把经济发展战略学建设成为一个小学科。我把这一想法告诉了光远同志，并列出一个学科建设的框架当面交给了他。他很小心地把我写的东西放在他的书包里。在我1999年出版《经济发展战略学》第2版时，光远同志在为这本书的题词中写道："不仅要研究战略，而且要研究战略学，后者是在总结前者的基础上建立和发展起来的，并对前者起指导作用，前者又将进一步充实后者。这样的话说起来不难，但是实践起来就不那么容易了，要多动脑筋。我本人也愿同此书作者和读者共勉。”这是光远同志对我的一个有力鞭策。

2009 年，我在出版第 3 版《经济发展战略学》的同时，又出版了《区域经济发展战略学》。光远同志以 94 岁高龄为这本书题了词：“要重视区域经济发展战略学研究”。2012 年我又出版了《企业发展战略学》。眼下正在研究产业发展战略理论与实践，争取将来也能出版专著。我决不辜负我们在实现“中国梦”历程中国家和社会对发展战略学的迫切需求，也决不辜负光远同志在世时的多年期望，我一定排除各种困难，将经济发展战略学这一小学科初步架设起来，以便为后人的深化研究打下基础。

三

我 1934 年出生在河南获嘉县，1951 年调到北京工作后，改革开放前只回过一次故乡，但对家乡十分爱恋。1983 年 12 月 17 日《经济日报》公布了全国第三次人口普查的数据刺痛了我的心。数据表明：到 1982 年年底，全国每 10 万人中具有大学毕业文化程度的人数排在倒数第 1 位的竟是我的家乡河南省。中华文化发祥地、全国 8 大古都拥有 4 个的河南省怎么会是这样呢！我作为一个河南人对于改变这种状况又能做些什么呢？经过反复思考和调查研究，决心为家乡创办一所大学，以缓解河南高教落后的状态。这对于一介书生来说，谈何容易！我把自己的想法告诉了于老。于老深表理解和支持。过后，他在经济学界的一次大会上还讲道：“我国高教事业发展不平衡，河南、河北和山西三个历史悠久的省份，没有重点大学、没有一级教授、没有学部委员，是个三无地区，是个锅底、是文教洼地。但是，最近有热心家乡教育事业发展的同志，想在河南创办一所大学，这就很好！”

要在家乡办大学，地址我选择了新乡，并得到新乡地、市领导的支持，但还必须争取省里领导的认定。时任河南省省长的何竹康同志在信中曾答应接见我，但总是因为忙安排不下来，于是我便求助于老。于老

很爽快地答应致函何竹康介绍我去拜见他。信中写道：“竹康同志：在京西我们互通电话时说起，马列所李成勋同志热心在新乡办学的事，他准备不久到郑州走一趟，商量这件事，希望我再写封信把他介绍给你（我想他是和你没有见过面），因我24日就要去贵州，所以先写这封信留给他，让他带着来见你。”又写道：“关于河南教育问题过些时候再和你联系，在空军招待所同刘杰同志（时任河南省委书记）简单地说过几句。敬礼！于光远。”过了不久，我拿着于老的信到郑州很顺利地拜见了何竹康省长。何省长当面表示支持我为家乡办大学的设想，并问我：“你能不能来担任校长？”

同时，我向国家教育部申请在新乡办大学的事，在教育部接到我的申请报告16天之后即1984年10月15日也批下来了。批复中写道：“您为了加快中原地区高等教育事业的发展，决心以改革精神，少花钱，多为四化建设培养人才的精神我们是支持的。”并且批示“先办一所专科职业大学”。

经过我此后的进一步推动，特别是新乡市、河南省党政领导的鼎力支持和筹措，1985年4月19日，新乡市委、市政府在市委礼堂正式举行了平原大学成立大会。于老出席了这个具有历史意义的大会并作了报告。在成立大会上，市委、市政府聘请于光远同志为平原大学总顾问，我被聘为名誉校长。一个新型大学平原大学正式诞生了。

平原大学成立后，于老仍时刻关心着支持着学校的发展。他在出席平大的成立大会后，又先后3次来平大视察和调研。每次来必演讲、必开座谈会。不仅如此，他还先后在《平原大学学报》上发表过13篇文章。据我所知，他对任何一所大学也没有如此厚爱过。他年事已高，事情又那么多，他哪里有时间写文稿？据我长期观察，他的时间完全是“挤”出来的。他的行为格言是：“无时不思、无日不写”。他随身带着纸和笔，就是坐在主席台上开会，他也在俯首命笔。我亲眼看到，在他参加平大成立大会后回郑州的路上，坐在火车上还给《河南日报》写了一篇文稿。他的这种勤奋和拼搏精神怎能叫人不钦佩！

2002年底，新乡市委、市政府为解决经济社会快速发展与高层次专门人才十分短缺的矛盾，根据国家教育部整合优化教育资源的指示精神，在省政府指导下，作出了将有半个多世纪办学历史的新乡师范高等专科学校、平原大学和成立于1980年的新乡市教育学院三校合并申办本科层次新乡学院的决策。合并升本是个十分复杂和艰难的任务，我目睹并参与了这个过程。于老因体力不支不可能去运作具体事情，但他也为合并升本献出了他的智慧。我们在他的示意下，少走了弯路，提高了工作的有效性。经过三校同志数年的共同努力，国家教育部在严格评审的基础上终于在2007年3月批准了设立公办全日制普通本科高校新乡学院。这一令人兴奋的结果也包含了于老的心血。

新乡学院获准组建时，光远同志已经92岁高龄，但他仍然关心着学校的发展，每年都听取校领导关于学校发展情况的汇报，每年他都将自己一年的健康与工作情形书面告知学校。如今他走了，永远地告别我们了，这使我们何等的悲伤！

于老的离去，使平原大学失去了值得尊敬的总顾问，学术界失去了一位百科全书式的大师，社会失去了一位改革创新的领军人物，党失去了一位忠实的坚强战士，我失去了一位难求的良师！

于老，您安息吧！我们永远怀念您！您的创新与服务精神将永垂青史！

（本文原载于2013年11月12日《上海经济评论》）

于光远的改革与风骨

梁文森

看到《南方都市报》发布的消息，著名经济学家于光远 9 月 26 日凌晨在北京去世，享年 98 岁，我深感悲痛，致电给他的秘书胡冀燕，表示深切哀悼。

回顾 2012 年新年，我没有收到于光远同志寄来的贺年信引以为忧，致电问胡秘书，她回应说于老入医院已数月了，令我不知如何为他分忧而更难过。按惯例于老他每年对自己的生活写个小结告诉亲戚朋友，信中内容蕴含着他为人爽朗正直豁达的精神，对我们后辈是一种激励。我荣幸获他厚爱惠寄，得而珍藏之，见信如亲聆其教诲。于老既是我的老领导，也是老师，他待人和蔼可亲、谆谆善诱，他的辞世使我失去一位可敬的良师，深为悲伤，对他为国爱民独立思考追求真理与严谨治学的精神，我永铭于心。

略记与于老的接触

于老光远同志是前中国社会科学院副院长、学部委员、前中共中央顾问委员会委员，著名“一二·九”运动健将，在学术界享有崇高威望，受广大知识分子的景仰。于老光远同志勤奋过人，勇于创新，在经济学界著述极丰，堪称首屈一指。

20 世纪 50 年代，于老率先发起探讨社会主义经济的政治经济学研究，并将这一学科命名为“政治经济学社会主义部分”，他编的《经济建设常识读本》，以及与苏星合编的《政治经济学》成为全国采用的学习读本。他是较早主张在中国实行市场经济的学者之一，他早就参与组织开展商品经济、价值规律、社会再生产理论研讨会，在国家实行计划经济体制年代，这一举措不能不说是个突破。

至 70 年代末期，他又在人大会堂内组织著名的“双周座谈会”，由中国社科院经济领域各个研究所轮流主持，开展有关经济理论问题研讨会，包括生产力、再生产问题等，这是他参与邓小平在十一届三中全会上的讲话《解放思想，实事求是，团结一致向前看》的文件起草后，学术空前活跃的表现。

须指出的是，面临拨乱反正，于老光远组建生产力研究会，驳斥了所谓“批判唯生产力论”滥调，狠批了“四人帮”的“宁要社会主义的草，不要资本主义的苗”谬论；而后他在改革开放大潮中，不断探索经济体制改革和支持建设经济特区的试验，加速计划经济向市场经济的转变与完善，大大解放生产力及其发展，进而推及全国。中国经济改革开放 30 年高速增长，其中，于老在思想理论上的贡献，有目共睹。特别是他的高尚品格，不畏淫威，不怕丢官，坚持原则，追求真理的精神，令人肃然起敬，更是我们做人做事的楷模。20 世纪 50 年代起我在中国社科院从事经济理论研究工作近 30 年，深受于老的教诲而受益，即使 80 年代调到深圳特区工作也未失去向他学习的机会。

2006 年，我请于老为我写的《梁湘传奇》（梁湘为前深圳市长、市委书记、海南省长）作序，并题书名，他欣然同意。那时他已 90 高龄，他的秘书胡冀燕告诉我，于老讲，要是别人，他是不会写的；他与梁湘早年在延安已结下革命友谊了。以往，家兄梁湘曾对我讲过，在抗日战争前，他在广州从事党的地下工作，中共市委就要求，对 1935 年“一二·九”学生运动后躲避国民党追捕逃到广州的青年要保护好，其中就有于光远同志。我以为他俩这时已成了患难之交。

后来我看到于老写的《梁湘传奇》序言，其中讲到，他南下广州未在广东省工作，才清楚他俩是在延安中央党校同一个党支部，第一次见面认识、结下革命情谊的。在这篇序言中，于老高度评价梁湘对改革开放和建设中国经济特区的功绩，赞梁湘是改革先锋，说他思想解放，改革早就明确以市场为取向，突破计划经济体制框框，使社会生产力高速发展，深圳“一夜城”拔地而起，短短时间率先在全国进入“小康”

1993 年 12 月在广州与梁湘同志（左一）合影

水平，国内外为之耳目一新。尔后梁湘又调任主政海南中国最大经济特区，续有创新。

2011 年 5 月 27 日，笔者到北京中国社会科学院参加一次学术会议，趁公余，我与于光远同志的秘书胡冀燕联系，去广渠门外于老寓所拜见他老人家，见他正挥毫为《炎黄春秋》杂志创刊 15 周年题词，其中误了一划而重写，十分认真。但见面也令我喜忧参半，喜者见到这位学问渊博、铁骨铮铮的老领导和师长仍健在；忧者他已坐在轮椅上无法正常用膳而只能鼻饲了，令我深感难受，忐忑不安。幸他脑子清晰，能用小黑板与我笔谈，使我又一次亲聆他的教诲。当他的秘书与我说起经济学界出现非议改革开放的极左言论时，他还表示决不应让它得逞。最后，他移到书桌旁在想做点什么，我鼓起勇气说，请于老有空给我题词鼓励。他点点头回应，我也心存感激（我珍藏着老前辈经济学家许涤新、千家驹的亲题赠词）。长谈使于老累了，他夫人与他同我一起拍照留念。当我离开时，坐轮椅的他一定要送到电梯口。他秘书说，这是他对客人的最高礼遇，我又一次对他的厚爱深表敬重。这次难得的见面一个多小时谈话似乎很快过去了，我从中获益良多，可是没有想到这竟是最后一次见面。

这次拜见他，更让我忆起 1983 年在北京我陪梁湘去史家胡同住所看望他时，于老从书桌旁站出来对梁湘说："我比你大三岁。"当他听梁湘介绍我是他弟弟时，于老对我说："哟，梁文森你以前为什么不告诉我?"原来我在中国社会科学院经济研究所工作已快 30 年，也曾到他住家探望过他，不过未提及家兄梁湘罢了。梁湘这次登门叙旧，主要请于老谈谈经济特区改革和建设问题。

于老一直关心经济特区初创与发展，梁湘邀请他到特区向全市干部作报告，他鼓励特区创新，开创改革开放新路径，受到热烈欢迎。1985 年他亲临深圳考察，梁湘和我在市委招待所迎宾馆同他共进晚餐，向他讲了特区当前形势，并请他谈谈特区发展战略，启迪良多。

带动探索海南发展战略

1987 年梁湘走马上任海南经济特区，于老高瞻远瞩地发表对海南特区发展战略的看法，支持向更开放特殊政策、"小政府、大市场"，在产业结构上迈向工业现代化同时，发挥地区优势大力发展农业。形成理论界探索海南发展战略一股热潮，对加快海南发展具有重大的积极意义，梁湘为之鼓舞。

20 世纪 90 年代，于老忧心前去深圳看望病中老战友，两人促膝谈心，梁湘长叹！梁湘不幸辞世后，深圳乃至国人对这位特区开荒牛怀念不已。于老与梁湘这两位老革命，一生献身为独立民主富强的新中国而奋斗，有着共同信仰和决心相维系，也坚信法治、民主、自由、繁荣昌盛的现代化中国一定会实现。

（作者梁文森是梁湘之弟，深圳软科学研究会名誉会长）

他毕生追求科学

林京耀

新中国成立以来，于光远同志在从事科学管理的过程中，一直为发展中国的科学事业贡献自己的智慧和力量。如1956年参与和指导对发展我国科学事业具有重大意义的《十二年科学规划》的编制工作，积极倡导和支持新学科的创立，填补了科学领域的一些空白，他还亲自创办或指导创办一些民间科学社团等等。光远同志在科学管理工作和他所从事的经济学、自然辩证法等学科的学术研究中，始终坚持科学的精神，以坚持科学、捍卫科学为己任，这是科学界、学术界敬佩光远同志的重要原因，也是光远同志的魅力所在。

20世纪50年代初期，我国生物学界发生过一场现在看来不可思议的争论，这就是在遗传学上支持摩尔根理论还是支持米丘林学说之争。当时，有的科学家发表意见甚至写文章肯定和支持摩尔根理论，认为摩尔根遗传学是科学的。在“学习苏联”的大环境下，这种主张很快就遭到科学界一些人士的反对和批判，他们认为中国应该学习和应用米丘林学说，并给摩尔根理论扣上“资产阶级”的帽子，只能批判，课堂上不许讲摩尔根遗传学；而米丘林学说是马克思主义的，是应该学习和应用的。为此，《人民日报》还专门发表了《为坚持生物科学的米丘林方向而斗争》一文（1952年6月29日）。“斗争”，这是当时对待摩尔根遗传学的整个氛围。这显然是违背党的方针政策的。对这种做法，光远同志是不认同的。1956年8月，光远同志提议召开并主持青岛遗传学座谈会，摩尔根学派和米丘林学派都到会并充分发表了自己的意见。实际上，摩尔根遗传理论和米丘林遗传理论都是在实践的基础上总结出来的成果。摩尔根因借果蝇研究而建立遗传的染色体学说并获1933年诺贝尔生理学或医学奖。米丘林是苏联著名的植物育种家，他创造了三百多个果树新品种，在此基础上提出植物遗传性的理论，人们称之为米丘林遗传学。很明显，这两派学说无所谓“对”与“错”之分，根本谈不上“资产阶级”与“无产阶级”、马克思主义与反马克思主义的对立。在青岛座谈会上，于光远同志作了发言，强调在自然科学领域要实行百家争鸣的方针，这个发言可以说是这次座谈会的总结。这个座谈影响广泛而深远，被认为是科学战胜反科学的胜利，几十年来还不断被人提起。

1979 年 3 月 11 日，《四川日报》刊登传遍中华大地的一条消息，说大足县一个儿童“能用耳朵认字”。“耳朵认字”很快被各种媒体转发，许多人都信以为真，许多地方争相邀请这个小孩去表演。不久，北京也出现一个女孩具有类似“耳朵认字”的功能。受“耳朵认字”的启发，一些地方还出现如有人能隔墙“看”出物体、凭意念可以使物体发生人要它发生的那种移动即“意念移动”等。“耳朵认字”、隔墙“看”物等功能被称为“人体特异功能”。从报道“耳朵认字”的宣传开始，光远同志就持反对的态度，认为这种“特异功能”绝不可能存在，而是一种“戏法”或叫“魔术”，因而“应该停止这种反科学的宣传”。但在一段时间内，“耳朵认字”的宣传不仅没有停止，而且规模越来越大，“人体特异功能”被称为“人类神秘现象破译”，科学界、医务界一些人士也表示支持，不少相关单位还参加研究、考察和试验，而揭露和批评“耳朵认字”骗局的文章却得不到发表的机会。更为出奇的是教育部组织编写的一本哲学专业教材《辩证唯物主义原理》一书在出版前竟然加进一段肯定“人体特异功能”的文字，把完全违背辩证唯物主义原理的“耳朵认字”等“人体特异功能”看作是意识能动作用的“新发现”，光远同志认为这种情况“是不能容忍的”，“如果不把类似这样的违反辩证唯物主义的内容删去，这本书就说不上是什么普及辩证唯物主义的哲学书籍”。虽然有光远同志以及科学界许多人士的抵制和反对，“耳朵认字”等所谓“人体特异功能”还是在中国闹腾了七八年，这说明在中国还有反科学的迷信的宣传空间。最后，“耳朵认字”等“人体特异功能”还是被其宣传者的拙劣表演所戳穿，再骗不了人了，只能败下阵来。现在想起来，如果没有于光远同志等一批人士的反对，“耳朵认字”这类闹剧还不知演到什么时候。中国仍然存在产生“耳朵认字”这样闹剧的土壤，只是表现的方式、方法不同而已。因此，我们仍然需要有于光远同志这样的专家、学者来揭穿那些弄虚作假的所谓科研成果。

20世纪90年代，“法轮功”曾风靡全国，修炼者上亿人，李洪志的《转法轮》成为畅销书，他还成立了“法轮大法研究会”，迷信“法轮功”的人有病不去医院看病，不吃药，以致有些修炼者病死，还有不少修炼者“走火入魔”而自杀。“法轮功”修炼者还以到中南海“集体练功”为名包围中南海。更使人想不到的是，科学研究机构有些科学家和研究人员也相信和支持“法轮功”，修炼“法轮功”，并写出《不是迷信，而是博大精深的科学》这样的文章，力图从科学的角度来论证“法轮功”的科学性。对“法轮功”的所作所为和它所带来的严重后果，于光远同志实在忍无可忍，从一开始他就表示坚决反对，不断指出“法轮功”是反科学的，是伪科学，而且危害极大。对此，“法轮功”的创始人、倡导者以及信徒气急败坏，他们把于光远列为四大“恶人”中的一个，还说于光远领导的老中宣部科学处摧残了中国科学，妨碍了中国科学的发展。面对他们的攻击和辱骂，光远同志始终坚持自己的立场和态度，直到“法轮功”的失败。

以上讲的是于光远同志坚持科学、捍卫科学的三个故事，这些故事也说明，坚持科学、捍卫科学除了需要知识的支撑，还需要勇气。为科学而生，为科学而死，这就是勇气，光远同志的一生，为我们做了榜样。

中国当代的亚里士多德

刘道玉

9 月 27 日上午 10 时，接到北京陈浩武的电话，告知昨天凌晨 3 时，著名经济学家于光远先生不幸在北京医院逝世，享年 98 岁。随后，我接到了于光远先生治丧委员会的讣告：“于光远同志遗体告别仪式定于 2013 年 9 月 30 日上午 9 时在北京医院西门大告别厅举行。”鉴于我年事已高，不便前往凭吊，特向光远先生治丧委员会发去了一副挽联以示吊唁。

沉痛悼念于光远先生逝世

一身正气读万卷书行万里路著作等身

两袖清风学贯中西当代的亚里士多德

后生学生　刘道玉哀挽

同时，我请浩武教授亲赴光远先生的府上，转达我对于光远先生的逝世表示沉痛的悼念！向他的夫人孟苏女士转达我的亲切慰问，并帮我备置一个花圈献于他的灵堂。但是，我的心情依然不能平静下来，思绪把我带入与光远先生交往的岁月，特写这篇纪念文章，以进一步表达我的怀念之情。

我与光远先生相识于 20 世纪 80 年代初，是改革开放把我们紧紧地联系在一起的。他思想解放，一直走在最前面，对我出任武汉大学校长表示支持，希望我真正地做一个教育改革者。论辈分，我是光远先生的学生，对他崇敬有加。我特地聘请他为武汉大学的兼职教授，邀请他给学校的教师和学生作解放思想的报告，受到了大家的热烈欢迎。

他从报道得知，武汉有一个叫小津津的4岁智力超常的孩子，他建议把这个孩子招收到武大来，对他进行特殊的超常培养试验。我接受了光远先生的建议，我与光远先生共同对小津津进行了面试，果然他的数学、语文和英语都有超常的表现，有的达到了小学三四年级的程度。于是，我们把小津津招收到学校来，但并非外界所报道的是少年大学生。我们成立了一个实验小组，制定了培养的原则和“2—3—2—3”计划。我们的原则有三条：一是必须循序渐进，可以跳跃，但大的学习阶段不能缺失；二是必须回到儿童世界中去，接受智力开发的同时，一定要让孩子享受到儿童的乐趣；三是不能脱离集体，学会与同学和谐共处的能力。所谓的“2—3—2—3”计划，即用两年完成小学六年的学习任务；用三年完成初中和高中六年的学习任务，用两年完成大学本科四年的学习任务，再用三年完成硕士和博士的学业。这样，14岁就可以获得博士学位，这既是超前的又是切实可行的，而且国外已有这样的先例。可是，小津津父亲反对我们的科学实验做法，他主张派教授到家中对孩子单独教授，并动辄以拳打脚踢强迫儿子学习。我们认为他的要求不合理，其方法也是违背教育规律的。因此，在双方僵持了一年多后，被迫终止了对小津津的试验。

1988年2月10日，教育部突然将我免职，原因是反对我所进行的各项改革。春节过后，光远先生亲临寒舍探视，他对教育部的做法感到很愤怒，认为是对励志改革者的打击。他安抚我说：“地球大也无限，小也无限，何处没有英雄用武之地呢?”接着，他告诉我准备筹备全国科学文化论坛，它是一个集多学科的学者们的园地，目的是进一步开展思想启蒙宣传，以推动我国的科学和文化的发展。他希望我积极参加这项活动，特别是在教育改革方面多发表意见。

光远先生是中国自然辩证法研究会的发起人和创始人，我作为常务理事，参加了每次活动，光远先生是每次会必到，而每次会上他都有精彩的报告，使与会者受益匪浅。他倡导创办了《方法》杂志，首次提出了科学方法学、聪明学，致力于开发中国少年儿童的聪明才智。

1996年6月6日，在深圳召开了《面向21世纪的师范教育》研讨会，我应邀参加了。会后，于6月9日在深圳的优雅青春世界举办了

《于光远先生从事学术研究60周年暨教育思想研讨会》，我与他的学生50多人参加了。在会上，我以“一个经济学家的教育观”作了发言，这篇讲话后发表在6月19日的上海《文汇报》，《中国图书商报》也作了转载。

我的自传《一个大学校长的自白》于2005年9月出版。在学生们的建议下，于9月25日在北京举行了首发座谈会，在京校友和新闻界的100多人参加了会议。会后，我第一个要去看望的就是备受尊敬的光远先生，我的学生李为与丈夫沈洪、陈浩武和小儿子刘维东一同去拜访光远先生，那时他还住在史家胡同8号。我把自传亲自赠送给光远先生，真心地请他矫正。这次见到光远先生时，他明显地衰老了许多，他的听力不济，坐在轮椅上谈话，我们合影作为纪念。

这是我最后一次拜访先生，以后虽然没有机会再看望他，但我无时不在关注他的情况，包括他的书著和健康情况。自从认识光远先生以后，每年都收到他的贺年信，是一份介绍一年工作情况的信，20多年从未间断过，实属难能可贵。我也回赠贺卡，衷心祝他健康长寿！我本指望在光远先生期颐大寿时，再向他表示祝寿，不料他竟然以98岁驾鹤西去。看来，百岁是一个关口，不少著名学者都没有闯过这道坎，如韩德培（99岁）、钱学森（98岁）、季羡林（98岁）、张培刚（98岁）、吴征镒（97岁）、何泽慧（97岁）、吴浩青（97岁）、梁漱溟（95岁）、赵朴初（93岁）、任继愈（93岁）、朱光亚（87岁）等。

我知道光远先生早年在清华大学是学物理学的，他是在革命的实践中成为一名知名的学者。1955年建立中国科学院哲学社会科学学部时，他是最年轻的学部委员之一，时年仅40岁，比胡绳（37岁）大3岁。他博学多才，除了经济学以外，他在哲学、政治学、管理学、自然辩证法、教育学、科学学、思维科学等领域里，都有重大的建树，所以在我心目中，他是中国当代的亚里士多德——一个百科全书式的著名学者。

光远先生，您太累了，现在终于可以永远地休息了！

安息吧！

（本文写于2013年9月28日）

于光远的几件轶事

刘梦溪

从报道中看到，于光远同志逝世了，享年98岁。我和光远相识多年，往来甚少，不算很熟悉。但他的好友龚育之，倒与我相知。2007年6月12日龚育之去世时，我写过一篇文字，叫《念育之》，中间有一段涉及于光远，兹摘录出来，作为对这位至老未泯天真的老辈理论家的感怀。

昨天夜里小礼（龚育之夫人孙小礼，北大物理系教授）发来了她写的《花堪折时直须折》，记育之的病和直到离去的情形，和老龚的一篇遗稿《记我的第三个上级》，写于光远。我感到了小礼的寂寞。“花堪折时直须折，莫待无花空折枝”，是他们初识相爱时，互相勉励的话。小礼用作文章的标题，如今有点像谶语了。而育之最后一篇文章写的是于光远，口述，没有完全定稿。龚育之最后的文章，不写于光远又写谁呢？于光远不最后写，他怎么能够呢？

于光远是伴随他一生的人物，知遇之情，惺惺相惜，命运同济，荣辱与共。人们见到于光远，总会想起龚育之。说起龚育之，也会提到于光远。记得90年代的第一年或是什么时候，老龚说起，他遭遇了一次不能不回答的提问。“你对于光远怎么看?”“他离开马克思主义就没饭吃了。”提问者不以为然：“你还这么看！”可是他以及我们，对于光远又能怎么看呢?

前两年一次会上，光远突然说他是新自由主义。我对“主义”向来不很敏感，包括“自由主义”等名目，知之甚少，“自由主义”前面再加一个“新”字，更茫乎其若迷了。不过于光远当饭吃的马克思主义，看他自得自喜的进餐模样，很容易觉得那味道是不错的，至少火候掌握的比较合宜。我和光远认识多年，但不特别熟悉，远没有和龚育之熟。但一次他向我提出，流行歌曲的歌词很特别，值得研究文化的人关注，不妨开一个专题研讨会，题目就叫“流行歌曲歌词的文化评论”，由我主持。他不知道我是不喜欢开会的人，尤其不喜欢主持会议。所以这个会至今未开，虽然所里同人都觉得题由甚具创意，并非没有开一开的价值。

龚育之遗稿《我的第三个上级》，写了一些鲜为人所知的于光远的轶事，比如50年代初期“肃反”，他们单位一个人的弟弟被所在机关怀疑是暗藏的“反革命”，那个机关要求配合，要求在弟弟隔离审查期间哥哥不去探望。其实，他哥哥还是悄悄地去了。于是追查，这位哥哥被逼得山穷水尽才承认有此事。担任该单位领导的于光远说：“关心自己的弟弟，去看望一下，这是人之常情。我看算不了什么问题，不必抓住不放。”育之说光远这番话，使他脑子开了窍，转变了思路和态度。陈寅恪标举对古今人物的“了解之同情”的态度，揆情度理，于光远当时能够如此，自属难能。

当然龚育之的文章，也没有一味扬善，于光远1958年也唱过小麦高产的调子，但随后他真诚痛悔，说这是“科学处长不科学”，只记得“相信群众相信党”，忘记了相信科学。我不知道育之的为人为学的科学态度，只是由于他和小礼都是自然科学出身，还是也受到了于光远的影响。于、龚二人，道相同，性格却不相像。于的心性中有浪漫和诗，龚则大事小事，严谨如仪。他的另外两个上级，赵沨和秦川，也都是自成格局的人物。60年代初，我听过赵的讲演，有思想，好风度。秦亦见过。他们对育之的影响，应该都是正面的。不管出于何种理由，反正科学是龚育之毕生未尝或离的学术理念。

解释学的一个基本假设，是认为历史真相不能原封不动的重构。因此听人讲自己见过或经过的事情，转述别人的观点和看法，遇有情节繁简的取舍或色彩浓淡的剪裁，往往谅之。但这个世界上有一个人，凡经他的口叙述的事情，其真实可信不改原样纤毫的程度，应无有过之者。这个人就是龚育之。我本人有时相信直觉，不否定神秘经验，主张“情本体”，认为心可以通灵，情可以通神，育之不以为然。汤一介、王蒙也不认同我的“大有异议非常可怪之论”。

于光远：改革理论的开拓者

——缅怀经济学泰斗于光远

冒天启

光远是2013年9月26日凌晨走的，他1915年7月5日出生，享年98岁。记得他在多年前的一次小聚会上曾戏说：我肯定比他老人家活得长！掐指算来，光远的确比他老人家多活了15年！

安息吧！光远，你是一位杰出的跨时代而又学贯自然科学和社会科学的博学多才、睿智勤奋的科学家；你以自己渊博、敏锐、勤奋、宽厚的强大人格魅力获得了众多的一代又一代的追随者；在经济学浩瀚的大海中，你以创建中国自己的经济学体系为己任，独立思考，不断探索，以极大的理论勇气，冲破极左意识形态的束缚，是构建经济学新体系探索道路上的斩棘者；你以敏锐的思维见解，不断提出经济理论的新思想，是改革理论的开拓者。

经济学界公认，光远是经济学界一个时期的一面旗帜！

20世纪60年代的经济学专业学生，有两本教科书：一本是苏联的政治经济学教科书；另一本就是于光远与苏星合著的政治经济学教科书。随着社会经济的发展和时代变迁，他所编写的教科书及其观点，可能已渐渐被人遗忘。可是，这部适合中国人自己阅读的经济学教科书，其中所使用的范畴、概念以及对经济规律运行的描述，为数千万经济学家奠定了经济学思考的基本功。我在学生时代，就认认真真地学习了于光远、苏星合编的这部经济学教科书，把握了经济学思考的基本功能。"文化大革命"前，我经济学本科毕业，虽然进入了科学院，但却在连续不断的政治动乱中，不得不去农场多年种红薯。70年代，又转至京城粮食仓库，严寒、暑天装卸火车、堆码粮囤，虽然说很接地气，获得了深深了解中国社会的机会，但却也很苦，200斤的粮袋能扛起来上粮囤，对一个文弱书生来说，也得好好练练啊！但那时，我仍念念不忘爬格子，70年代中期，正值世界发生能源、粮食危机，我苦苦思索，撰写了世界粮食问题、世界能源问题的系列文章，这些文章不知通过什么样的渠道，传到了光远的案头，他很是赞赏。1976年左右，于光远所在的国务院政治研究室奉邓小平的意愿，正在中国科学院哲学社会科学学部筹办《思想战线》杂志，除从本学部调人外，也计划从全国选调人才，准备组调10名年轻的记者、编辑。我被光远选中，他指令《思想战线》编辑部将我从粮库调回编辑部，让我从装卸工直接转成了学术刊物的编辑，这是我人生轨迹的一大转折啊。对此，我很感恩！

筹备中的《思想战线》杂志随着“四人帮”的“批邓”夭折了。但不久，“四人帮”也垮台了，其控制下的喉舌《红旗》杂志骤然停摆。我有幸被调去《红旗》经济组做编辑工作，按新的指导思想继续《红旗》刊物的出版。但我的兴趣一直是经济学基础理论，后来找机会调到了经济研究所，有幸随孙冶方撰写《社会主义经济论》。这期间，孙冶方以深邃严谨的经济学思想对我进行经济学的再教育，光远以敏锐博学的多学科知识对我进行脱毛式的补课。可以说，那几年是我思想更新、知识累积长足进步的时期。70年代末80年代初，中国的思想界从冬眠中渐渐苏醒，经济学界首先掀起了思想解放运动的浪潮。那时，光远充分发挥了他的学术组织才能，组织了许多影响中国经济建设的经济学理论问题讨论会，诸如：资产阶级法权和按劳分配、社会生产目的、经济社会发展战略、社会主义初级阶段、社会主义市场经济，还有消费等问题；还举办了多种学术报告会，倡导发展生产力经济学、技术经济学、教育经济学、环境生态经济学、灾害经济学等，这些学术活动对推动经济学界的思想解放起了不可估量的作用！大多数活动我也都有幸参加了，受益匪浅！

就经济学而言，光远对中国经济改革起着理论开拓功能的经济学思想基本上都凝聚在《政治经济学社会主义部分探索》1—7卷中。其中就有《中国社会主义初级阶段的经济》《社会主义市场经济主体论》

等。他走了，这几天，我怀着一种深深地追念，将这七部著作排列在我的案头，一部一部重新翻阅，感触刻骨幽深，这里主要有三点：

一是提出社会主义市场经济主体论，为确立社会主义市场经济的目标模式奠定了经济学思想基础。

“社会主义市场经济主体论”，是光远在20世纪80年代中期在多次学术报告、对外学术交流、论文中提出的一个大论题。这一论题的核心是在论证：社会主义经济本身应该作为一种现代市场经济来理解，这个“主体论”曾引起学界的激烈争论。首先发生在对“主体”的理解上。从哲学的意义上，要讲“主体”，必然要论及“客体”，质疑者总是问：说社会主义市场经济主体，那么社会主义市场经济的客体是什么？进一步还质疑说：如果把主体理解为起主导作用的成分，那么非主要的部分又是什么？因此，学界不少同人说：社会主义市场经济主体论，实际上就是把计划经济为主、市场经济为辅倒过来的意思。光远对这种质疑很宽容，他从经济思想发展史做了详细的论述：20世纪初，列宁最早给市场经济定性，说它是一种“无法消灭不平等的剥削”；而计划经济“才可能消灭剥削”，所谓市场经济姓资、计划经济姓社，就是由此开始的；进入50年代，学界对市场经济与计划经济性质的认识有所松动，但市场经济存在的范围仍然受到严格的限制。列宁的论断仍然控制着原社会主义国家的思想界。但进入70年代，市场化改革成为世界潮流，转型国家的改革在弄清什么是社会主义的大前提下，首先确立了市场化改革的决策思想。以中国而言，1984年10月，党关于经济体制改革的《决定》中指出：“社会主义是公有制基础上有计划的商品经济”，明确提出改革的任务就是要逐步完善市场体系；1987年10月，党的十三大更是明确提出：社会主义经济体制中的计划与市场都覆盖全社会，而有计划的商品经济体制，是计划和市场内在统一的体制。但是，左的残余势力仍然死死地守住列宁早期的思想，一有风吹草动，就要诋毁市场化改革，他们在论述什么是社会主义时，重点依然是计划经济，不同的是，他们打出了有计划的商品经济的旗号，以此极力诋毁市场经济。针对思想界的这种情况，光远说：与其让他们钻有计划商品经济的空子，倒不如提出社会主义市场经济主体论，其要旨是：在新的历史阶段中，社会主义经济中不再有市场经济与计划经济并存的局面，整个社会经济只有市场经济，即市场经济成了主体，但市场经济并不排斥计划，市场经济也是有计划发展的。这个有计划发展的主体不是别的，也正是市场经济。

1992年10月，中国的改革有了明确的目标：社会主义市场经济新体制。与社会主义市场经济理论相比较，社会主义市场经济主体论显得不够鲜明，但“主体论”对社会主义市场经济理论的形成所起的思想推动功能仍不可磨灭，一是在80年代，“社会主义市场经济主体论”给市场经济改了姓，让市场经济与资本主义脱钩，颠覆了列宁最早的定义。二是鲜明地提出计划经济与市场经济并存的局面将不复存在，市场经济是整个社会经济的主体。这在1992年10月的十四大前，起到了市场化改革的旗帜功能。年轻的一代经济学人可能还不大清楚那段历史。那时在极左意识形态的笼罩下，谈市场，是会有流血的斗争。有理论家就公开说：搞市场经济就必然要搞私有化，要取消计划管理，要实现西方的和平演变。更有甚者竟然断言：搞市场经济，就是要取消共产党的领导！那时讨论市场经济，真是充满了刀光剑影啊！现在看来很荒唐，那时一些人却觉得自己很革命！

自确立了社会主义市场经济的改革目标后，光远明确表示：我拥护社会主义市场经济新体制的提法。而且认为要积极开展现代市场经济的研究、教学和传播工作；要花大力气推进与其相适应的社会观念的变革工作。其中有件大工程是组织经济学界同人编撰了大部头的《社会主义市场经济的理论与实践》的学术著作，收录了吴敬琏的4篇、厉以宁的4篇、龚育之的3篇，光远本人就撰写了8篇，都是论述社会主义市场经济理论的学术文章。我有三篇文章也有幸被选中编入书中，一篇是《中国经济改革大趋势：向社会主义市场经济过渡》（1992年6月赴美国华盛顿大学学术访问的演讲稿，发表在《工业经济研究》1992年第4期），另一篇是《经济改革理论的新进展：社会主义市场经济》（原载《江淮论坛》1992年第10期），还有一篇是我阅读国内外文献时，对不同国家经济学家对商品、商品经济以及市场、市场经济含义的论述资料整理。光远说：“本书是一本经济学家集体创作的高水平的学术著作，具有深刻的理论意义与重要的现实意义。”①

二是提出“社会所有制”理论，批评了全民所有制的弊端，为国有经济改革拓展了大思路。

光远费了很大的精力，从德文的翻译中来把握社会主义所有制的基本性质，这在我国经济学界也许是独一无二的。光远在考证中发现，“公共所有制”和“社会所有制”是完全不同的两个概念。马克思、恩格斯在使用这两个概念时，是非常严谨的。当他们讲到社会主义社会的所有制是对古代公有制的否定的否定时，使用“共有制”这个概念；而讲到社会主义社会的所有制时，他们非常严格而又异常明确地使用“社会所有制”。他特别强调，在讲到社会主义所有制时，只有准确地使用“社会所有制”，才能真正反映社会主义所有制的基本性质，他在多种场合批评说：翻译界把“公共所有制”和“社会所有制”统统都翻译成一个词即“公有制”，这是不对的。

光远认为，“社会所有制”是社会主义所有制的基本性质而不是基本形式。原南斯拉夫就把这个理论问题搞混了，因而出现了一些弊端。作为社会所有制，可以有多种形式：首先，如何看待“全民所有制”？“全民所有制”的概念，其发明权归属列宁，是列宁在十月革命前全俄农民第一次代表大会上提出。但在长期实践中，所谓全民所有制的生产资料根本不能由全体人民来支配，全体人民在经济上也不能实现自己对生产资料的所有权，全体人民也不能从这种所有权中获得经济利益。实际生活中，所谓全民所有制，实际上都是由国家来支配的，而国家理所当然地以全民生产资料的所有者的代表来获取经济利益。所以，准确地说，国家所有制是社会所有制的一种实现形式。当然，国家所有制能否称得起是不是具有社会主义所有制的性质，前提是：这个国家首先必须是社会主义的国家，是真正代表人民利益的国家，否则，国家公务员行使财产所有权的功能，要比私人资本家还坏！他们从国库、企业中捞取财产，比私人资本家从自己的钱柜中提取还顺畅。所以，应该说，全民

① 详见于光远主编：《社会主义市场经济的理论与实践》，中国财政经济出版社 1999 年版。

所有制，乃是一种虚拟的概念。其次，如何看待劳动群众集体所有制？劳动群众集体所有制要能体现社会主义性质，如同国家所有制一样，按教科书说：劳动群众集体所有制要成为社会主义社会所有制的前提条件，要首先有合格社会主义国家所有制，否则，那仍然是一种集体的资本主义所有制，这种议论的根据仍然是列宁在《论合作制》中的有关条条。对此，光远很不赞成。但他在探索中还没有形成比较成熟的结论，只是提出了问题。第三，光远认为：社会所有制体现了社会主义所有制的基本性质，属于社会主义基本制度问题。但其基本形式，未必都一定要体现基本制度的归属性。他指出：转型国家在某一个历史时期，有可能社会所有制的基本形式都不占据主要地位，光远依据改革开放的实践，指出：国家的、集体所有制的企业，通过横向联合、合作组建了新的企业，会比原来比较单纯的所有制企业的资产组成变得更为复杂、多样，而且这种新的财产组织形式会越来越多。因此，社会所有制的实现形式会是多种多样的，各种不同的所有制会以更复杂的形式组成适合市场经济运行的财产组织形式。这有利于社会生产力的发展。

光远在提出社会所有制概念时，还对最基本的概念做了研究，比如：所有与占有经济学含义，提出“使用中的占有”“经营中的占有”“所有中的占有”之间的经济学界限，这对清理“穷过渡”的祸害以及维护产权改革中不同经济主体之间的经济利益，都具有重大的实践意义。

三是提出社会主义初级阶段理论，弄清什么是社会主义。

光远对社会主义初级阶段理论的提出，有个简单的回顾：他在《论中国经济 50 年》这部著作中说：党的十一届三中全会后最早系统提出社会发展阶段问题的是苏绍智、冯兰瑞。我把他们的思想概括为社会主义初级阶段。在起草若干历史问题《决议》时，是我力争把“社会主义初级阶段”几个字写到《决议》第 33 条中去的。1982 年，我参加胡耀邦在党的十二大政治报告的起草时，我再次提出写进了“社会主义初级阶段”，形成的文字也比较满意。但这两次我们能做到的事只是把“社会主义初级阶段”的提法写进了中央的重要文件，后来，在十二届六中全会上有个精神文明建设的《决议》，其中也讲到了“社会主义初级阶段”，但在起草过程中，不少同志认为，社会主义初级阶段是个涉及全局的大问题，在这个决议中没有深入发挥论述是个明显的缺点。因此，主张将对这一问题的全面论述留给十三大政治报告中去完成。这个任务就落在赵紫阳的身上。1987 年，赵紫阳给邓小平写了一封信，信中提出：他想在十三大政治报告中“着重指出我国正处在社会主义的初级阶段，这是我们之所以必须采取现在这样的方针政策而不能采取别的方针政策的基本依据”。赵紫阳还提出：“初级阶段这个提法，在党的文件中已经三次出现，但都没有发挥。”邓小平同意赵紫阳的看法，因此，党的十三大政治报告全面论述了社会主义初级阶段的理论。

1988 年，光远亲自执笔，撰写了《中国社会主义初级阶段的经济》（1988 年 8 月，中国财政经济出版社）一书，他从现实的生产力、生产关系出发，全面而系统地重新认识了什么是社会主义的大问题。1994 年，光远围绕社会主义初级阶段的理论，总结中国经济建设的教训，写过一篇短文：《三个“三十年”》，江苏人民出版社看到了这篇短文，希望能写成一部专著。光远答应了约稿，但却“不想一个人去做这件事”，因此约请了何伟、晓亮，还有我，共同来撰写这部巨著。光远召集我们谈了他的基本思想，我们四人中，光远是我们的老师，但他虚怀若谷，宽以待人，开宗明义说，我是这部书稿的主编，但也是四个作者之一，按照写作分工，我撰写第一篇，由计划经济向市场经济转变；第二篇由晓亮写所有制问题；第三篇由何伟写分配问题。待我们大体完稿后，由光远写序，对全书有个交代，而且明确要写一篇有实质内容的“主编者言”，占用全书总篇幅的 1/10，说：“我写的文字长度相当于其他三位经济学家所写总和的 1/10。他撰写的‘主编者言’其中有一段关于如何在一本书里百家争鸣与百花齐放的话非常感人，他说：“在这部书稿中，我以外的三家各写一个题目，彼此交叉的观点不会太多，因此，实行双百方针主要在我与别的三位作者之间。人们以为作为主编的我想在一部书中有一个统一的观点。本人无此主张和要求。三位作者都是我的老朋友。他们对我很了解，因此用不着商量，他们就会在写作中无所顾虑的表达自己的观点。”① 的确，我们在书稿的撰写中，是毫无

① 详见于光远主编：《论中国经济 50 年》，中国财政经济出版社 1999 年版，第 22 页。

顾虑的写了我们要写的思想。大树底下好乘凉，与大师合作，为我们独立思考提供了极为广阔的空间。

80年代初，孙冶方因病住院，光远去探望他，在床头，两人有一段对话，我在场，回来后做了追忆记录。光远说：冶方，过去你在研究部门工作，我在党的意识形态部门工作，你曾就经济学理论和实践，提出了不少很有见解的观点，由此受到了很不公正的待遇，全国范围内对你进行了批判，这种做法我不能承担责任，也没有能力去保护你，但我的确也对你的观点的现实意义理解不深。这些年，我离开了意识形态部门，比较多的贴近了经济实际工作我才清楚了你许多观点的实践意义。两位经济学界的泰斗，谈得非常痴情！

光远走了！我轻轻地抚摩着《政治经济学社会主义部分探索》1—7卷本，感慨万千！我苦苦地思索着，像光远这样智慧超群且又学贯各类学科的大师，数十年来，难道就一直只能“探索”一门经世济民的实用科学，为什么就仅仅是“探索”呢？就光远的亲身感受，当时我们的意识形态部门，对经济理论发展的新思想不熟悉，对经济实践出现的新问题不了解，但却对什么问题可以写可以说，什么问题不可以写不可以说，有着绝对的控制权！处处刀光剑影，学者怎么能去独立思考呢？所以就“探索”吧！

（本文写于2013年国庆休假期间）

未到终点

——于光远剪影

孟伟哉

我的兴趣是了解人。我希望能有机会观察、接触各种各样的人，哪怕是短暂的、片断的、不完整的，对我来说都是莫大的幸事。

子曰：三人行，必有吾师。——我相信这句名言。

1

……早晨。

在我的记忆里，那是一个美丽而宁静的初春早晨。晨光照耀着巍峨的贺兰山主峰。空气是透明的。一切都清晰可辨，从近处的枯草滩到远处的贺兰山上的积雪。

我站在我们那一排土房的山墙边，突然看到了我正想看到的一个人——于光远。

他走动着。他整个的神态，不禁使我有些吃惊。因为，好像是刚睡醒来，我就听到了关于他和另外几名老干部的一系列坏消息，而且，在所有的坏消息之中，关于他的消息，应该说是最难以承受的，把它们叫做噩耗也许更为准确。

人家说，昨天夜里，军管组党支部开会“定性”，他同时被戴了“走资本主义道路的当权派”“修正主义分子”等三顶帽子，并将受到“清除出党”和行政上“降为十四级”的严重处分！这些，只待上报批准，便可生效。

从政治上说，这岂不等于是一种死刑判决吗？

受到这样的打击和判决的人，会是一种什么样的精神状态呢？——我正这样猜想的时候，却突然看到了他。

他在靠北的另一排土房前朝东走。右手提一个日本式的被烟火熏烤得发黑的饭盒。上身似乎是一件破旧的黑呢制服。而由于裤裆太低，裤腿管显得异常宽大和皱巴。脚上是布棉鞋还是一双破皮鞋呢？总之是沾满着泥污。

他走着，闭着嘴，那多日不刮、有着黑白相间的浓密的胡子茬的脸，似严峻，又似平静。

他走着，身子一左一右微微摇晃地走着。头上那顶带着尘垢的蓝色的棉帽，——像八路军曾经戴过的那种式样——护耳支棱着，连同那根小系带，随他的步子上下闪动着。

他走过去了，越过土质公路，朝食堂方向走去了……

他不知道他遇到了什么噩耗吗？不可能。

他为什么还是这副样子呢？——照常要吃饭，照常这么一摇一晃地走，而那帽翅的闪动，好像表示着蔑视什么的意味，这是为什么？

他不怕开除党籍？不怕“修正主义”的帽子？不怕今后的潦倒不堪？……

我看不见他了，却依然站在山墙边这样想着……

1981 年 5 月，当作家张锲约我和他一同随于光远同志外出走一趟的时候，我首先记起的就是我曾经看到的这些情景和我曾经有过的这些感觉。推算起来，这好像是 1971 年的事了，我仍然记忆犹新。

2

张锲说：“光远同志讲，他和你是同学。”

我先是一愣，接着笑了。“是的，”我说，“算是同学，‘五七干校’的同学，我还批判过他呢！”

往事又在我的记忆中重现——

他，于光远，被预订地戴了三顶帽子，受了两项处分，却迟迟没有生效。由于我们不在一个连队，更不是一个班，大家分别都在进行政治运动和体力劳动，我很少见到他，当然不知其中的原委。然而我始终觉得，那些帽子和那些处分，对他来说，即如达摩克利斯剑似的沉重地悬在他的头上，会给他的心灵投下一个浓重的阴影，因而会严重地压抑着他的精神。

事情并非如此，或者说，似乎并非如此。

好像就是那一年的夏天，他一个正在陕北插队的女儿和另一个同志也在那里插队的女儿，来到宁夏我们的干校。这两个姑娘跟她们的父亲是怎么谈的，我不晓得。但我知道，有那么几天，这两位父亲，——于光远和另一个同志——为两个孩子，大费其劲地在贺兰县买小猪崽。

孩子们那时是准备在陕北安家落户的。他们为孩子买小猪崽为的是去繁殖。

忙活了几天，他们终于用筐子装着小猪崽，把小猪崽和孩子一起送走了。

是送走孩子的那一天还是另一个时间呢，总之是这期间的一天下午，我到县城去办事，——看病？买东西？——返回干校时，正碰上于光远也在等公共汽车。

他坐在那阳光下的土路边，手里拿一根细树枝，一看见我就真诚欢快地喊我的名字，问我来干什么，并拿小树枝指点着他的旁边，要我坐下。老实说，对于这个翻译过恩格斯的《自然辩证法》的人，即使他倒了大霉，我仍然认为他是一个学问家，在感情上不能蔑视他，——不，我真诚地对他怀有敬意；我正在重读《自然辩证法》，而作为一个人，一个在劫难中的人，——一个在劫难中还保持着自己性格的人，我是更有兴趣同他接近的。

我们坐在一起了。这是第一次我同他坐在一起，而且是在这样的时间和地点坐在一起。“文革”前，在办公大楼里，我只在楼道里看到过他匆匆来去。那时，他还不认识我。

记得，我也问了他来干什么，但话不多，有意地不碰他的痛处。我印象最深的是他那明快的眼神和时而发出的笑声。

大约是因为见到了亲爱的女儿，同女儿在一起生活了几天，那一天，他特别高兴，思维活跃，很想说话。他的谈兴是那么浓，主动地扯起一个又一个话题，不过，一直没有涉及政治问题。似乎是生活上、农事上或气候上的话头，他却都用辩证的观点来谈，大讲辩证法。他的谈吐和情绪使我深受感染，使我那潜在的抑郁的情绪轻松起来，真是愉快。直到上了汽车，——车上人挤，我们都站着——他还是又说又笑，最后总是归结到辩证法……

他一边讲，我一边想：这个人可真有意思！他的精神状态如此之好，莫非就因为他信仰辩证法？……

在党的、国家的、个人的那样的灾难之中，我不相信他没有痛苦和忧愤。我虽然很少同他交谈，却也看到过他的另一种面容，那是沉思的、冷峻的，有时甚至可以说有几分痴木。当他冷峻的时候，那目光显得集中、有神；当他痴木的时候，那目光便给人分散和混浊的感觉。然而总的说来他是乐观的，并且是睿智和机敏的。这次他虽然说了许多话，却避而不谈敏感的政治问题，便是一个明证。当然，他没有同我谈这方面的内容，也许还由于他跟我不很熟识吧！

3

“你还批判过他？”张锲问我，但并不惊讶。

“是的，”我说，“长达一万五千字的一篇发言呢！”我如实告诉张锲，丝毫没有想到这会使于光远同志不愉快，会影响我们正在商谈的旅行。这里有我的一个信念，好像是凭着第六感觉不知道在什么时候获得的信念：他会理解那一切，尤其会理解我这个“陌生人”对他的“批判”。世界上的事情很怪；越是心胸狭窄的人，心里记的事情越多，越是胸襟开阔的人，心里记的事情越少……

“喂，同志们！这个于光远哪，咱们批判他的时候，要把会场气氛搞严肃一点，别让他逗笑了。这个人不严肃，他给你出洋相……”这是于光远所在的那个连的军管组的负责同志讲过的话。

如果我记得不错，这是于光远在干校所受的最后一次“大批判”。那是他的三项罪名又被含含糊糊改为“走资派错误”或“路线性错误”的时候，所谓“解放干部”，为了“解放”他，批了他两个半天。

我们的食堂兼礼堂是由土坯、木架和泥顶构成的，每人拿一个马扎或小板凳，集中起来就是大会堂。会堂中间靠北的地方，似乎有半堵墙支出来。每一个挨批的人，站在这半堵墙的前边，才能为各个角度的人看见。于光远也照例地站在这个地方。

头一个半天批他的时候，有的同志在发言过程中时而发出这样的问话："于光远！是不是这样?""于光远！你承认不承认这是你的罪行?"等等。问题在于他的回答总是引起人们的笑声，并由此而使会场的气氛受到了"破坏"，于是，又重新对第二天的会议作了布置。我就是在第二个半天里宣读了命题作文的发言稿。

本来，他站在那里，头发那么蓬乱，胡子茬那么长而密，衣服那么邋遢，耷拉着脑袋，样子已经很有些可笑了，——顺便说说，"伟大的革命"到了这个时候，在某种意义上已经不知不觉地变成了一场滑稽戏，群众和"走资派"之间的关系，已经发生了微妙的变化，双方都经过反诌，狂热、恐惧和仇恨都大为消减。在这种为"解放"而进行的"批判"中，至少在多数人之间，双方都心照不宣地知道这是走过场，因而都在互相配合，例如于光远的低头，在我的感觉上就是一种配合的表演——而他回答问题的样子，更几次地引得大家发笑，这确实冲淡了会场的严肃性而频频掀起一种滑稽波。

配合性的低头，大概弄得他脖子也很酸。因而一旦人家质问他"是不是这样?""你承认不承认?"他便赶紧抬起头来回答："是的是的，是这样……"他好像总想多说几句，而那显然是不必要的，这就使人们凭直觉发出了笑声，——天晓得他是真心回答"质问"，还是为了借机舒展脖子、活动腿脚！他很"不老实"地动腿动脚，埋下脸自己窃笑，这就使一些人更可笑，确实把会场的气氛搞得很糟。这中间，也有因发言提出了愚蠢的问题，而他仍不得不加以合作的时候，自然也"破坏"气氛……

军管组那个同志的话，就是在第二个半天批他之前讲的。而且，我记得，军管组同志似乎特意动员大家，不要再向他提问题，干脆就是声讨。大家按军管组的意思办，管你听不听，反正一个接一个地讲——我就是在这第二个半天里宣读了自己的命题作文的发言稿——会场气氛总算做到了“严肃”。事后，听军管组的人说，于光远对第二个半天发言的评价是：“水平比头一个半天高。”军管组的同志讲到这一点时，面露喜色，颇为满意。我恰好作为第二个半天的发言者之一，听到此事，内心里既有些喜意沾沾，也有点儿底数不清，不知道他这个评价里包括不包括我！……这是一种什么心理呢？我为什么怕他的评价里不包括我呢？究竟谁是强者呢？……

这件事在我的印象中是如此深，以至十年之后我还不能忘记。是的，我已经羞于再提起自己那篇形而上学的发言，可是正因此，我才更深刻地感觉到那是多么荒唐和可悲的一幕！

我一直清晰地记得那个会场……

4

说好了。我们一同经河南去湖北。我对于光远同志提出的国土经济学很感兴趣。他给我打过一个电话，说他这次去湖北一方面是应陈丕显同志的邀请，一方面是他想去丹江水库，到那里去“做媒”，让河南和湖北两省合作起来，很好地利用丹江水库，发展淡水养鱼事业。

“……去转一转吧！你们搞文学的也了解一下国土经济问题……”他在电话里说，“时间不长，一周左右就回来。”

“好啊！我去。”我回答他。

事情是定下来了，我心里却不安。理由是：这些年我几乎没有读过他的著作和论文，对他所说的国土经济学也没有一个概念，怕没有共同语言。然而张锲的提议和他的邀约又对我有着很大诱惑力，那就是，我想乘此机会直接观察他这个人和即将遇到的其他人，也想借此良机开阔自己的视野，增长自己的见识，我怎么能不关心我们中华民族世世代代生息于其上的这块土地呢！

5 月 3 日——是的，1981 年 5 月 3 日——是个星期天。上午 11 点的时候，他突然来到了我的家里，他的秘书小胡和张锲一起来了。天气有些凉。他披一件陈旧的黑呢上衣，——使我想到也许就是他在干校穿过的那一件——一身铁灰色布衣显然已经穿了一段时间，不曾浆洗过。

没有戴帽子，头发支棱着。走动的姿势还是干校那个样子，身体的重心随着腿脚转移。

张锲一进来就讲："老孟，我今天有一个发现：光远同志那里有325个铅笔头，短得再不能抓的铅笔头！"

"是吗？"我问，"多少年的积累？"

"从干校回来以后的呀！"张锲说。

我好奇地望着光远同志。他一笑，转身去看我窗外的枣树，幽默地说："一棵是枣树，还有一棵也是枣树。"

我记得他是1972年从干校回北京的。这样算来，是八九年时间。这八九年中，钢笔、圆珠笔不计算在内，仅铅笔一项，他就要10多天用一支了！我说："哪一天我得去看看这些铅笔头。"

谈笑一阵，他那爽朗的声音留在我的寒舍，我们便一起乘他的小车子奔北京火车站。临进车站大厅的时候，我说：

"光远同志，在我的印象里，你总是很乐观的。"

他提一只扁扁的硬壳工作箱，边走边说："不是乐观，是客观。"

我很赞赏他这种说法。心想：我虽然知道他的名字已近30年，同他认识也有十几年，却从未能在正常的情况下对他进行贴近地观察：这次算是获得了机会，而交流和观察也就这样开始了。

5

火车开动了。车厢安静了。他打开他的工作箱，从中拿出一些他的铅印文稿，分别送给张锲和我。接着，他拿出一支粗粗的红蓝铅笔和一本书，我扫了一眼，是贺麟译的黑格尔的《小逻辑》，版本很旧了。待他翻开书到兜里去摸花镜时，却发现镜子不在。

"哎，我的花镜呢？"

"你装到那件呢衣里了吧？"小胡作了一个推断。

果然是这样。他方才还在汽车里看东西，顺手装在呢衣兜里了。而那件呢衣，放在车子里被带回去了。

对他来说，丢了花镜就是丢了时间，或者就是丢了黑格尔，使他未免有点儿扫兴。在一阵笑声中，我取出我的花镜，说明是250度，不知他能用不能用。他试了一下，高兴地说：

“差50度。可以。问题是你也要用呀?”

“你用吧!”我说，“在车上我不用。”我没有说出的话是：这镜子戴在你的眼上比在我的眼上价值更大……

小胡说到了郑州再给他买一副。他笑着对我说；“那就请你休息吧！我来读天书。”他说的“天书”是黑格尔的《小逻辑》，随后他又拿出列宁的《哲学笔记》靠在铺位上，两相对照地读起来……

我看两本书上已都有标记，猜不出他是第几次读了。看来，时间，这最宝贵的东西，他就是这样抓住的，挤出的。

6

我们到达河南省委招待所，已近晚上10点。省委第一书记刘杰和书记李葆光同志接待。刚坐到沙发上，于光远便拿出他访问日本时带回来的一本画报，——实际上是一本彩色说明书——向这两位书记讲起马哈鱼来……

这是我不熟悉而且多少有些意外的活动方式。按我的想象，他们见面之后，总少不了一阵寒暄，礼貌一番，说一些闲话和笑话，一方表示欢迎，一方表示来意，如此这般之后，才会触及正题。然而并非如此。他们一见面就谈正事。

“你们看，”于光远指点着画报对刘杰和李葆光说，“这是日本北海道人工繁殖马哈鱼的方法和过程……”他讲着，和刘杰坐在一起，神情专注，把那本薄薄的画报一页一页讲了一遍。然后说到日本的北海道原来多么荒凉，一百年来被开发到了何种程度，为了开发北海道，日本政府实行着怎样的政策，等等。如果不是经过这次旁听，后来看日本影片《远山的呼唤》时，我对它的背景就会很不理解了。

马哈鱼似乎和长江水系丹江水库的淡水养鱼业并无关系，他为什么讲这些呢？我在一旁听着、想着，觉得他虽然谈的是日本的情况，关切的却是我们自己的国土，是我们自己的国土及其资源的开发和利用。果然，接下去，他就同河南的领导人讨论起丹江水库的养鱼问题，一直谈到11点多，大家才分别休息。

两天之后，我们到达湖北省委东湖之滨的招待所。他和我们吃一样的伙食。当一盘烧鱼块摆在桌上时，他说：

“我有个怪毛病，不吃鱼。你们吃吧！”

我说：“噢，你是不吃鱼的人来鼓吹养鱼事业喽！”

他笑了笑。

这件事我倒不奇怪，也觉得不难理解，然而我感到这毕竟是美好的……

7

在东湖边，一天，我问他：“我们的生态状况怎么样呢？”

他颇为激动地说：“30多年来对生态的破坏，超过了以往若干世纪！”

这可真是惊人！

我必须了解一下他关于国土经济学的基本观点。我认为，对于他这样一个人来说，最重要的思想和感情，正包含在他的学术见解之中；换言之，他的学术见解中，正搏动着他的心灵。

我读他的《建立和发展“国土经济学”研究》一文。这是他1980年7月24日在国土经济学座谈会上的讲话。

“什么是国土经济学呢？”他说，“国土经济学就是以某一个国家的国土作为对象的一门经济科学。这门科学在各个国家都能成立。它包括研究有关国土经济学的一般原理、一般理论、一般方法，但它实质上是一门研究具体问题的科学。因此各国都要建立以自己国家的国土为特定的研究范围和研究内容的科学。对于我国来说，就是要以我们国家的960万平方公里的陆地（包含现有的岛屿）、18000公里的海岸线以外的领海和由大陆延伸出去的大陆架，以及它们的地下和上空为对象的一门经济科学。”

他说：“现在我国在国土利用、保护、治理方面状况，是很严重

的。造成这种严重状况的原因是多方面的，大炼钢铁、共产风、以粮为纲等都是。在这之外没有一个强有力的国土管理工作，也是重要原因。”

他举出一些数字，使我大为震惊：

“……云南的森林覆盖率已由过去的60%下降到30%，四川由过去的19%—25%下降到13%。内蒙古伊克昭盟开垦了600万亩耕地，沙化了1000万亩，还有130万亩为流沙所吞没。黑龙江省开垦初期土壤有机质高达7%—8%，现在下降到1%—3%。黄河中游的耕地，水土流失现象高达90%，长江流域也在20%以上。黄河、长江两大水系年冲入江河的泥土量达50亿吨，相当于600万亩肥土。对水库的问题，有人估计，由于水土流失，青铜峡只使用5年泥沙淤积已占水库容量五六亿方的87%，盐锅峡只使用4年，淤积泥沙已占水库容量2亿方的68%。”

他说：“有人认为这种估计过于悲观，我也希望如此。但即使这种估计只有一半可靠，后果也是可怕的。辛辛苦苦修的水库很快就变成大瀑布，损失了建设投资，损失了建设时间，损失了有利坝址！环境保护办公室从四个资料整理出来的资料表明：比台湾只小1/7的海南岛，森林覆盖率由过去的25%下降到2.7%，海南岛一个水库库区的森林覆盖率由66%下降到17%。过去洪峰期为8—10天，现在缩短到只有3个小时！”

“我们要讲成绩，也要讲讲损失。”他说：“这些问题应该提到更高的高度来考虑，否则子孙后代是会骂我们的。”

难怪，经国务院批准，在中央和各省市，要设置国土经济研究机构。这个文件，是我们离开北京时他带在身上的，当他向刘杰和陈丕显同志谈起此事时，他是很欣喜的；我好像也懂得了一点，也为之欣喜。

8

他睡眠好，精力旺盛，健谈。我原以为，跟他这样的学者兼“大官”一起出行，会是一件轻松的事情。却原来，他的活动安排得非常紧，一项接一项，不是座谈调查，便是参观访问，兴趣广泛得很。当然，在湖北省的头几天里，在随陈丕显同志出发了解长江的防汛准备情况以前，他研究得最多的还是鱼。

他问起湖北省解放前共有多少湖泊，占多少面积，每一亩水面产多少鱼，后来的变化情况怎样，目前又是什么状况，涉及到很多专业知识。

往往是这样：他的秘书小胡控制着一台小型录音机，他在那里与人们交谈，我们在一旁听着。我得承认，我对鱼的知识几乎等于零。但是，听了几次之后，我开始受到教育，受到感染，对这件事情和从前有了完全不同的感情。我想。任何人稍稍深入一下，当他获知号称千湖之省的湖北的水面缩小了很多，平均鱼产量大为减少，某些地方一亩水面由原来产鱼200斤减少为10斤、5斤乃至2斤时，从国民经济的意义上，从国土经济学的意义上，从中华民族生存发展的意义上，是不能无动于衷的……

由于他的活动安排得很紧，以致使我产生了这样的想法：他也许回北京之后将专门休息几天。一天，——在什么地方呢？记不得了——我对他说：

“光远同志，你出来这么紧张，回京后得休息一下吧？”

“不，”他说，“现在是我最轻松的时候，回到北京就一点空都没有了。”

他说得对。我恍有所悟……

9

“……全中国每天有多少人做饭呢？”他这样说，背着手望着洛珈山。

是傍晚散步的时候，不记得怎样引起了这话头。我不很理解，却印象很深，真不知道为什么。大约是因为吃饭这个最平常最基本的问题，常使我感到苦恼，并令我从文学创作的角度思考过吧！待读了他的《为什么国民生产总值不能准确地表示一个国家的经济生活？》一文，对他的说法我才理解得深一些。

原来，他把“主妇不挣工资的家务劳动”，包括到了国民生产总值这个概念中；并且，不仅仅是主妇们的家务劳动，其他很多不计入国民生产总值的劳动，也在创造着价值。

“……在一个像农村居民人口占全国人口80%的中国，要计算在国民生产总值中的生产出来的财富或收入那就不知道要多多少。这种未计入国民生产总值中的财富或收入是一个国家实际经济生活中要比国民生产总值所反映的为高的因素。”

他是批判地吸取了两个美国经济学家的见解说出自己的观点的。

乍一接触如此专门的经济学问题，我在理解上是吃力的，但我根据自己的经验，仍觉颇得启发。

真的，我们的国家多么大又多么穷啊！可是中华民族的生存能力又多么强啊！如果只按政府能够统计到的生产总值进行人口平均，并与西方资本主义国家相比，在我们这个人口最多的国家里，其结果往往是令人泄气的。我们不要阿Q精神，但也应充分估计到我们的潜力，特别是农民的潜力……这就是我所得到的启发，而这种启发便是生活的信心……否则，我的悲观情绪要比我的生命更为长久……

“……从社会主义的观点来看，怎样的消费水平、怎样的消费结构、怎样的消费方式是值得我们用很大的努力去争取实现的；怎样的消费水平、怎样的消费结构、怎样的消费方式是不值得我们用很大的努力去争取，或者根本不值得我们去努力争取的。比如我们是否要把像美国那样每两个人有一部小汽车作为追求的目标？人的身体只有几公升的体积，有没有必要一个人居住几百平方米？有没有必要一个人几十套西装？有没有必要像今天美国那样，每人每年平均消耗相当于15吨标准煤的燃料和动力？……我们这里不是讲可能不可能，而是讲必要不必要、值得不值得那样做。社会主义生活的目的是满足人的需要，不是浪费或摆阔气。一部汽车或一部电视机，在完全能够很好地使用的情况下，只是因为邻居有了一辆更新的汽车或更新的电视机就把它们扔掉的状况，值得不值得我们去仿效？这样的问题，也就是现在被人们称之为‘价值观’的问题。关于价值观问题，李宝恒同志给我一个他在去年出席一次国际未来学大会带回来的材料。这个材料上说，美国有一次民意测验得出了出乎意料的结果：有 79%的美国人希望‘教育人民靠基本需要过生活’，只有 17%的人希望‘达到更高的生活水平’。有 55%的人认为，‘过一种比较严肃简朴的生活是一件好事。’有 76%的美国人宁愿从非物质的体验中得到快乐，而不是要求得到更多的商品和服务。美国人尚且有这样一些观点，我们社会主义的建设者就更应该在消费问题上进行马克思主义的研究……”

这是他在《对本世纪末我国经济发展目标提法的几点想法》的发言草稿中的话。他讲这些的意图是，他认为：

“在本世纪末经济发展目标的提法上，要注意避免给人造成一种印象，仿佛我们实行的是所谓‘传统的发展战略’——把追求按人口平均国民生产总值接近、赶上或超过世界上主要发达国家作为主要目标的战略。”

他认为：“我国发展战略的根本指导思想应该是根据政治经济学社会主义部分中关于社会主义目的的原理，把达到一定程度地满足广大人民群众的物质和文化需要，作为本世纪末在我国进行社会主义建设的根本目标（当然我们还要做到国防力量一定程度的增长，使国家的安全得到保障）……”

不记得是在哪里，他一边急匆匆行走，一边挥手说道：

“假定有五亿辆小汽车在中国的大地上行驶，那会是一种什么情景呢？需要把多少耕地变成公路，又需要多少停车场呢？那么多汽车排出的废气，又会给大气造成多大的污染呢？地球上的资源是有限的。我们国土资源也是有限的。我们究竟应该怎么办呢？……”

看了他的两篇发言，陆陆续续听到他的这些言谈，引起了我从文学创作的角度去思考当代的中国人，应该怎样生活，应该去追求怎样的生活目标和生活方式？

10

他把一封信，匆匆塞进了墨绿色的信箱。

那是在咸宁地区招待所，一早，我们要离开了，说是去看一片竹林和一片茶园。我问：

“才离开北京几天，就写信呀?”

他笑笑，说：

“本来没有什么事，写几句话为的是把邮票寄回去。我的小女儿在集邮，跟我约定了这样办。”

“这件小事倒引发了我的感触，因为我的小儿子也爱好集邮……本来，在我眼里，像他这样的大学者，也许是不会干这种事的，不屑于干这种事的，顾不上这种事的，而事实并非如此。”

听他的秘书讲，20 世纪 60 年代初，他的一个孩子降生后，他曾对婴儿进行过认真地观察，并作了记录，还试验过在什么时候把什么颜色的玩具挂在什么地方对婴儿最好……想作为研究儿童心理的第一手资料，可惜这些资料在“文革”中被抄了，损失了……

“贫穷困苦是不幸的。”

“富裕并不就等于幸福。”

这是他的论文《社会主义建设与生活方式、价值观和人的成长》中的两句话，我昨天半夜刚读过。想起这两句话，联系起他为女儿寄邮票这件小事，我忽然对他论文的内容倍感亲切，觉得他这个人也更生动。

他的论文是 1981 年 3 月在日本东京的一次演讲稿，题目是由日本人出的。

他在他的论文中引证了一个日本人古井喜实给他讲的故事。

“……有一位日本妇女，年轻时嫁给我国东北的一个中国人。她的丈夫早已去世了，自己无儿无女，年纪也很老了。她后来被接回日本，日本政府为她安排了家，过着相当富裕的生活。但是她在日本住了一段时间之后，坚决要求回中国她曾居住过的农村。她的理由只有一条，在日本，她的邻居各自忙自己的事情，闲暇时也各在自己的家里休息，没有什么人和她闲谈，因此她感到孤独。而在她住过的中国农村，有很熟悉的邻居，她和她的邻居老太婆经常互相串门，或者一起晒太阳聊天。她觉得那样地过穷日子反而比在日本过比较富裕的生活愉快……”

他说，古井喜实先生跟他讲了这个故事之后，说了这样一句话：“可见富裕并不就等于幸福。”他认为这句话“的确是一个真理”。

这个故事给我的印象实在是深，使我联想起生活中许多现象。因而，他另外一些说法我是很信服的……他说：

“我们要做到人民群众生活富裕，因为贫穷困苦是不幸的。但是生活富裕而不幸福甚至遭遇悲惨的人，在历史上的各种社会制度下何止千千万万。特别是家庭、婚姻、恋爱关系上的不幸，是许多著名小说、戏剧的主题。一些王子、贵族、富翁都因不幸的伦理关系而过着不幸的日子。这种情况在今天西方社会也是一个突出的问题。西方学者不是在讲‘人的孤独’问题吗？追求物质生活的结果，人与人之间关系的疏远，导致不少人的孤独与痛苦。古井喜实先生讲的故事是长期生活在另外一个国家的老妇人的特殊情况，但是‘人的孤独’问题，在西方社会中就不是很特殊的问题了。这使西方人想起了东方，想起了社会主义的理想。”

人不吃饭是不能生存的，但在物质生活之外，精神生活也是同样重要的。于光远同志论述了“受社会主义伦理关系影响的人的精神生活”，而我认为他寄出的一枚小小的邮票，就正是他和他的女儿之间的伦理关系的一个生动例证。

是的，我完全相信，一枚小小的邮票，可以增进父母子女之间的愉快和友谊，也可以损害父母子女之间的关系，全看人们如何处理它，全看人们是否意识到它的价值和意义……

11

崇山峻岭，翠碧如洗，竹林起伏，真美啊！

每一株树，每一棵竹，都是我们国土上的资源和财富，他——于光远，就是怀着这种感情，来拜访这一大片毛竹林的。他向当地的同志打听竹林面积的增减情况，竹林再生再造的情况，竹林采伐情况，竹制品的生产和销售等情况，实地调查和学习。我注意到，在这大自然的怀抱里，在这不曾遭到破坏的生态面前，他兴致很高，和我们一起用那架36元的红梅牌相机留影……

忽然，我们看到，好端端的竹林里，有许多粗大的竹子折断了，倒地了。我不明白这是怎么回事，经询问，才晓得，是一场大风造成的。竹林遭了风灾。站在那倒毙的粗大而嫩软的竹子前，于光远同志惋惜地沉默不语了……

这些竹子太可爱了，太珍贵了——它们的价值若以人民币计算，是一个很大的数目。我产生了一个想法：何不把它们加工成笔筒之类的工艺品呢？我讲了我的想法，建议光远同志拿一些回去做纪念，这使他高兴。于是，他和我们一起去捡那折断的嫩竹的很大的笋衣，说是可以写上字压在玻璃板下；去捡那青嫩的竹干，说是可以裁截成笔筒、烟缸……像孩子似的那么热情、认真，并果然把这些东西带回到东湖之滨的招待所。不幸的是，待我们过了八九天再回到这招待所时，这些嫩竹，有的因水分跑掉而抽缩了，有的因藏在壁橱里不通风长了白毛……这又引起他一阵大笑。

我的提议是我无知的想象。有趣的是，他那么天真地相信了我。

12

湖北省委第一书记陈丕显同志，约了长江流域规划办公室主任林一山同志，带一群专家，要去察看、安排长江的防洪事宜，我们随同前往。

在温暖的 5 月上旬的一个美丽的早晨，穿一身普通军衣的丕显同志，抱了抱他的小孙子，又还给一个女同志，就和我们一同乘坐面包车出发了。

跟着丕显同志，于光远每到一处便收集地图，各式各样的地图都收集，一卷一卷，视若珍宝。丕显同志完全理解他是为研究国土经济学收集资料，很支持他，总是让各地的同志给他多找到一些。而他只要拿到这些地图，不管是在面包车里还是在某个住所，总是兴致勃勃地看，首先把当地的方位搞得很清楚。

一天，我说：“这样下去，你将是中国收藏地图最多的人了。”

他嘿嘿笑道：“我要搞一个地图资料馆，办展览。”

13

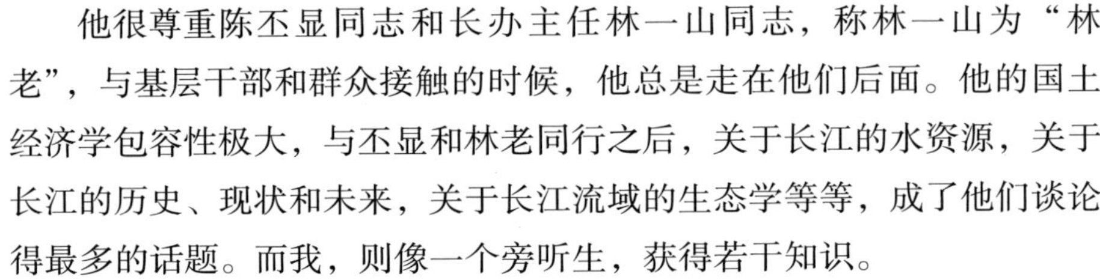

他很尊重陈丕显同志和长办主任林一山同志，称林一山为“林老”，与基层干部和群众接触的时候，他总是走在他们后面。他的国土经济学包容性极大，与丕显和林老同行之后，关于长江的水资源，关于长江的历史、现状和未来，关于长江流域的生态学等等，成了他们谈论得最多的话题。而我，则像一个旁听生，获得若干知识。

是在洪湖，还是江陵呢，一天早晨，他对小胡、张锲和我说：

“昨天晚上我和丕显同志下了一盘围棋，赢了他两子。”他诙谐地解释说：“我的战术是：他在什么地方下一子，我就在相对应的另一面的同样的位置上下一子，哈哈，弄得他没有办法，他还不了解我这个秘诀，所以我赢了两子。”

望着他那快活的样子，我不禁觉得他也有些调皮呢！我记起了他曾说过“文革”前他约请一些人讨论过游戏问题，又想：他这种战术，是不是也体现着辩证法呢？……

14

他同湖北的同志探讨了丹江水库的养鱼问题。不过，由于随丕显同志视察长江的防洪准备状况——去年夏季长江起大洪而江汉平原终得平安之后，我才意识到丕显同志此行的及时和重要——我们到底没有亲眼看见丹江水库，没有到达预定的目的地。

未到终点，——这倒也有些象征意义，犹如他的学术活动和学术研究一样，正在进行中，未到终点……

（1983 年 3 月，北京

原载于《现代人》1985 年第 2 期）

于老与《方法》杂志

乔宽元

大思想家于光远是对我直接影响深刻的大学者。许多往事，常浮现在心头，铭记不忘。

于老教我办《方法》杂志

与许多同代人一样，我在学生时代就熟知于光远的名字，这就是那本《政治经济学》教科书，令我们仰望。但那时，我怎么也不会想到，以后我能与于老有不少交往，并直接聆听其教诲。

于老曾是中国自然辩证法研究会的第一届、第二届理事长，这是改革开放后由邓小平同志亲自批准成立的研究会。我作为大学的自然辩证法教师，在一些有关的会议中感受到他的睿智和渊博的学识，而真正的"零距离"接触，则是1987年后，在创办《方法》杂志的过程中。

《方法》杂志在北京试办，正式编辑发行则在上海。主编是时任中国科协书记处书记的李宝恒，社长由时任上海市人大常委会副主任的舒文担任。我任副主编，主管编辑发行日常行政等工作。主编对我的要求是"一切听于老的"。于老要求《方法》杂志办成一本专门评论聪明与愚蠢的杂志。可当时，我对办杂志的知识几乎为零，办《方法》却无方法。虽有如戚进勤、邓伟志、张舟萍、陶颖昌等几位高人鼎力相助，还有诸华敏的全身心投入，但依然困难重重。为此，杂志的前几期，于老要亲自审定主要文稿，我也就成了北京史家胡同8号于老家的常客。

在审稿时，他不时发表看法，甚至会马上动手写文章。关于"狡智"的文章就是这样写成的。他的家就是一个图书馆，几重书架上满是书，他在书海之中很快找到了《资本论》，随手翻到了马克思关于“狡智”的论述，给我详解，并提笔疾书。一篇精彩文章仅在十分钟左右的时间里就写成了。我知道，他这是在亲手教我如何写文章。

亲临“虹中心”为张舟萍题词

于老十分珍惜朋友的友谊，“贵友”是他的信条，把朋友作为“外在于我的、能够帮助于我增强实现自己理想的力量”。

张舟萍，上海杂文家，《方法》杂志的主要编辑之一，于老称他是“我们共同的朋友”。张先生早年入冤狱 17 年，晚年又患骨癌。我向于老汇报了张先生的病情，于老心情沉重，他告诉我：“骨癌是很痛的。”他有一次来沪开会，坚持在百忙之中要亲赴虹口区中心医院（现上海市中西医结合医院）看望张先生。于老向来不爱迎来送往的客套。可这一次，于老却表示要见医院领导，并嘱我准备些纸墨。于老到医院后，在医院领导的陪同下询问了张先生的病情，并安慰张先生，要他积极治疗。随后到会议室与医院领导进行了亲切交谈，为医院写下了大幅题词。当场还专门给张先生画了一幅“笑、笑、笑”的漫画，给了张先生很大的精神力量。于老提倡“喜喜哲学”，他说：“笑是智慧，笑是力量，笑是健康。”于老认为：“看清楚事物的本质和规律，自然而然发出的笑是智慧的表现”，“是真理必将取得胜利的信息的显露”。“而欢笑对健康也有积极的作用。”于老亲切关怀《方法》杂志的编辑，为我们树立了榜样。在张先生患病过程中，时遇“无钱买药”的困难，《方法》杂志的经济状况也不好，但我们竭力给张先生以帮助，留下了践行于老“贵友”思想的一段佳话。

“我是一个学者”

“抗日救亡运动的青年先锋，追求社会进步的革命者，新中国建设中自然科学和社会科学工作的积极组织者，当代中国体制改革中思想理论界的重要代表人物，著名经济学家、哲学家。”这段文字大致概括了于老的人生主要经历和贡献。其中，突出的是两个“家”。

对于“家”的概念的功用，在于老那儿，并不仅仅用在对一个人功绩的评价，而更着眼于推进社会的进步。他曾说过，教育家的这个“家”，有助于发展教育事业，创造“企业家”这个概念，有助于发展经济建设。而对于于老，他头上有好多“家”的帽子，有的记者还给他戴上了“大玩家”的高帽。于老说，他其实是“大玩学家”，对于吃、喝、玩有专著论述。在玩具中，他对麻将及旧时的纸牌都有深入的研究。他书桌上的2000多枚铅笔头见证了“于氏玩法”。有一次，我到他家里，看到台上有多捆用牛皮筋绑着铅笔头，每一捆的高度稍有不同，很整齐，这些铅笔头都是他写文章用的，经如此“包装”，成了他的“玩具”，这是一个由“工具”（铅笔是书写工具）转化为玩具的微型案例。

“无时不思”是于老的人生哲学之一。他是我国当代著名的思想家。但于老更喜欢用“学者”这顶帽子。对于“学者”的词义，于老又有自己的解释：“一个喜欢学习的人”。于老之忙，忙于思考，忙于学习，忙于写作。旅游也在思考问题，途中稍有停留，就笔耕，许多精彩的文字，就是在这种情况下写成的。

于老对于新学科的创立和建设，有自己的独到见解，因而在好些学术领域中都取得了可以称“家”的学术成就，其中有不少领域他就是“开山鼻祖”。在出版《方法》杂志的几年中建立起来的“聪明学”仅是其中之一。

《方法》杂志上曾发表了一篇讨论“贝尔纳现象”的文章，认为贝尔纳作为一个天赋极高的科学天才，他可以在晶体学和生物化学中获得诺贝尔奖。但他却把一个个开拓性的课题抛出，留给他人创造出最后的成果。对此，作者感到惋惜。于老却不这样认为，他对我说：“提出一个有价值的课题也是对科学的贡献。”也许正是这样的科学哲学思想使他成为许多领域的拓荒者。他认为：“人各有特点，我的特点就是思考和写作。我感到世界上有许许多多的问题值得去思考。”

对历史负责，是于老的重要行为准则。《我的编年故事》《“文革”中的我》《我亲历的那次历史转折》是十分珍贵的史书。他的一生就是

一部党史，应写下来。可他处在“年龄越大越忙碌”的境况之中。我作为有时在他身边的小辈，会对他说一些“不当的真话”。比如，我不希望他就某类当下发生的社会事件发表意见，以免纠结其中。结果遭了他的“训”，并反问：“今后历史学家问起，于光远此时在做什么？怎么回答？”十分显然，他是抱着对历史高度负责的态度来审视发生在身边的社会事件的。

他倡导“留珍”，指出：“老年人免不了想留一点珍贵的东西给后代，即使不留给子孙，也得留给社会。要把经验转变为文化，传承下去”（引自于光远《碎思录》）。在他 88 岁那年，“坐着轮椅”到上海来参加有关殡葬的国际会议，会上，他要我代他宣读文章，在我宣读完文章后他又作了进一步的阐发，强调殡葬服务要包括“殡、葬、传”。于老的一个“传”字，为我们在殡葬文化研究中强调人生文化传承，确立既要做好“不保留遗体”（如火化）、“不保留骨灰”（如海葬）的服务，更强调“保留人生最珍贵的人生文化”的思想奠定了基础，成为我们构建由传统殡葬向现代殡葬转型理论体系时的一个重要思想来源。可是，我感到于老年事已高，把宝贵的时间花在殡葬研究上可惜了。因此，我在推轮椅送他的途中，对他说了一句：“多花点时间写回忆录吧！”他又严肃地回了我一句话：“我就是党史”，“你怎么知道我不写？”

于老自 1986 年以后，每年要给亲友们写一封贺年信，一直到 2009 年。贺年信用的是一张极为普通的纸打印的。我每每收到于老的贺年信，欣喜不已，细细拜读。于老在 1992 年初的贺年信中曾说，想以“不悔的马克思主义者”为书名写一本书，陈述自己对马克思主义的看法。于老论著甚丰，用“著作等身”作形容是远远不够的，我参与了他主编的《生长老病死》一书的编辑工作，又让我受到许多教益。

于老不幸于 2013 年 9 月 26 日凌晨 3 时在北京医院逝世，享年 98 岁。在他逝世前一周，诸华敏与我专程赴北京医院看望于老，并作为“家乡人”参与了抢救于老的讨论。当时于老呼吸困难，神志不清，我抚摸于老的手，呼唤于老，他眼睛动了一下，似有“我听到了”的反应。据医生介绍，于老肺部感染较严重，而肾脏功能也退化了，如不及时上呼吸机，可能有危险。根据我的常识，用呼吸机是件痛苦的事。因此，我向医生请教了医学上的问题，医生作了认真的回答。在短暂的讨论之后，于师母就作出了“不耽误”的决定，马上上呼吸机。手术出人意料的顺利，除去准备的时间和收尾的时间，仅十几分钟就完成了。于老的呼吸很快恢复了平静。

一周之后，我从诸华敏和郁鸿胜那儿得到信息，于老逝世了！我陷入悲痛之中，又想起了于老在90岁时说的一句话：“我追求！我坚持！我执着！我成功!”于老作为一个“不悔的马克思主义者”不屈不挠的精神——永远激励着我们。

为于光远《窗外的石榴花》作序

邵燕祥

于光远这个名字，在20世纪50年代之初，一常见之于《学习》杂志的要目，二常闻之于中央台的广播——“政治经济学讲座”，播的是他和王惠德的讲稿。到80年代我的眼界稍稍放宽，便发现于光远的研究和发言，远远不限于一个两个学科，他时而倡议规划、开发和保护国土，时而带头创办关于方法即“使人聪明的学问”的期刊等等；他是博览群书又好学深思的学者，能指摘《资本论》中译本里的某些译成“公有制”的地方应该译为“社会所有制”才对，而他又经常走出书斋，在一些改革开放有所创新的地方留下踏访的足迹：各大特区不说，“小地方”如河北蠡县辛兴市场，温州苍南龙港农民城，我都看见他提纲挈领的精到的总结。我感到于光远真是一位“风声雨声读书声声声入耳，家事国事天下事事事关心”的当代知识分子，往复于理论—实践—理论之间。

90年代以来，我更惊奇地发现，这位因癌症和肝炎几度住院的耄耋老人，竟好像有点无所不在似的，各地报刊几乎三天两头看得到他的随笔小品，犹如天女散花。固然钦佩他的动笔之勤，更欣赏他的敏感和多思。天地之大，神骛八极，芥豆之微，尽收眼底，无论长短，从不作模棱游移之语。不仅近乎“从心所欲，不逾矩”的境界，并且可以说“不屑于隐瞒自己的观点和意图”了。

我说过一个希望，希望更多的学者在专业之余，多为普通读者写点深入浅出的短文，叫随笔也罢，小品也罢；大手笔写小文章，举手之劳，读者受益，也有助于报刊文字品种的丰富和品位的提高。近年有不少老年的、中年的、青年的学者早这样做了，于光远同志也在“普及于光远”了，他便不仅是学术圈子里的朋友或什么圈子里的话题，而进入寻常百姓家了，成为与他们对话以至聊天的伙伴。于光远写给普通读者的这些文字，于亲切平实中“表现自己”，宣传了自己所要宣传的。

尤其是一些怀人记事的篇章，不仅诉诸理性，而且有作者喜怒哀乐的感情在，这足以消弭作者与读者间的距离。任何作者和读者之间都有一个由出身、经历、教养、性情、趣味即社会背景和文化背景不同所造成的距离，任何作者也都各有自己的局限，然而一个作者只要放下架子，对读者不是居高临下，不好为人师，不自以为唯我正确，不矫情，不造作，他就可能得到读者的接纳。另一位老人巴金说的“把心交给读者”，就是这个意思。可惜这个看似浅显的道理并不是所有从事宣传、文化这一行的人都懂得的。

话说远了。请读正文。是为序。

（本文写于1996年6月3日）

长功夫、大功夫、硬功夫和苦功夫

——于光远与自然辩证法

孙小礼

敬爱的于光远同志于 2013 年 9 月 26 日与世长辞，虽然已是 98 岁高寿，我还是为他未能活到百岁而感到遗憾。但仔细想想，从于老一生的贡献看，他的工作年龄和学术年龄实际上早已超过了百岁，甚至超过了 200 岁、300 岁！

于老一生有很多创造性贡献，创建中国的自然辩证法事业就是其中之一。1996 年，在庆祝于光远从事学术工作 60 周年的时候，我得知他在自然辩证法方面的文章经初步汇集就有 228 篇！这个数字即使是专业自然辩证法工作者也是一辈子难以企及的！

我曾请于老为北大科学与社会研究中心题字，他写道："科学与社会的高度结合是人类进步的大事，对这一件事的研究要下长功夫、大功夫、硬功夫和苦功夫。"我深感这句话正是他切身的经验之谈。

于光远对于自然辩证法，从青年到老年，从学习到研究，从开设课程到培养学生，从创建学科到形成学派，他所作的种种研究、种种工作，都呈现出长功夫、大功夫、硬功夫和苦功夫。不但他本人下功夫，而且率领一批批年轻人共同下功夫，一步步地推进我国的自然辩证法事业。

从自然科学到社会科学、哲学

于光远自幼酷爱读书，兴趣十分广泛。中学时代他喜爱数学，喜爱哲学，还是化学实验的能手，后来想成为物理学家。1932 年他考入上海大同大学物理系，1934 年转到清华大学物理系，在周培源教授指导下，于 1936 年写成广义相对论方面的毕业论文《坐标系在动力场中的运动》。周培源曾把这篇论文送给爱因斯坦看过，想按照爱因斯坦提的意见，同于光远一起修改论文，作进一步的研究。

当时，于光远有能力也有机会在物理学方面继续深造，但是，抗日战争爆发，他满怀激情地投身到抗日救亡运动中，1937 年加入了中国共产党。大学毕业后，他在广州岭南大学担任物理学助教，以此身份掩护革命工作。他放弃了成为物理学家的梦想，毅然走上职业革命家的道路。

出于革命实践的需要，于光远从事了社会科学和哲学的研究，成为我国著名的经济学家和哲学家，1955 年当选为中国科学院哲学社会科学学部的学部委员。然而他的求学经历使他终身都保持着对自然科学的兴趣。他在青年时代受过的严格科学训练、所积累的科学知识，使他在学术研究中善于把自然科学的科学精神与社会科学的价值观念有机地结合起来。自然辩证法兼跨哲学、自然科学和社会科学，成为他一生关注和研究的学术领域。

学习和研究自然辩证法的先驱

于光远在清华大学学习期间，选修过张申府教授的“形而上学”课，在课程所列的参考书目中，有恩格斯的《反杜林论》和列宁的《唯物主义和经验批判主义》。他从头至尾阅读了这两部书的英译本，正是书中对自然科学哲学问题的讨论，引发他对马克思主义的浓厚兴趣。

1936 年夏，他在上海参加过艾思奇、章汉夫等人发起的自然科学研究会，讨论过苏联人果林斯坦的《自然科学新论》和米丁的《新哲学大纲》。这些讨论进一步引导他学习和研究马克思主义哲学，特别是其中的自然辩证法。

1939 年于光远到延安以后，主要从事党的青年工作，并给干部讲授马克思主义，成为延安新哲学会的会员。他利用在延安的有利条件，特别是在延安大学工作期间，系统地学习和研究马克思主义著作，着重研读了恩格斯的《自然辩证法》，恩格斯关于自然科学中的哲学、物质的运动形式、数学和各门自然科学中的辩证法等问题的论述引起了他的高度兴趣。

于光远不但自己学习和钻研自然辩证法，而且积极组织和推动延安地区的人们学习和研究自然辩证法。1940 年 2 月，他参与筹建的陕甘宁边区自然科学研究会在延安成立，会员有 300 多人，他是驻会干事之一。研究会设立了一个自然辩证法研究小组，由延安自然科学院院长徐特立指导，于光远主持。那时他正兼任延安中山图书馆的主任，就在图书馆里召开过多次自然辩证法座谈会。他们既结合学习《反杜林论》《自然辩证法》研讨自然科学中的哲学问题、自然界的辩证法问题，也结合实际研讨如何组织和发展自然科学工作为人民服务、为边区的建设服务。1940 年 11 月 10 日延安《新中华报》就有一则报道："自然科学研究会组织之自然辩证法研究小组……召开第三次座谈会，讨论工业农业中科学的应用。"

翻译恩格斯的《自然辩证法》

恩格斯《自然辩证法》一书的翻译和出版，是我国自然辩证法事业的一项奠基性工作。

在延安推动学习和研究自然辩证法时，恩格斯的《自然辩证法》一书虽已有 1932 年的第一个中译本（杜畏之译），但译文很不完善。于光远就根据 1935 年苏联出版的《马克思恩格斯全集》德文版中的《自然辩证法》重新翻译，译出了《自然辩证法》的大部分内容，译文曾在延安的报刊上发表。

新中国成立以后，为配合全国性的马克思主义启蒙学习，1949 年创刊的《新华月报》曾连载于光远所译的《自然辩证法》中的若干篇章，其中《自然辩证法导言》和《劳动在从猿到人转变过程中的作用》两文还出版了单行本。后者早在延安就出版过名为《从猿到人》的单行本，1949 年以后又大量重印。此文成为《自然辩证法》的一篇流行最广、影响最大的文章。

新中国成立初期，为适应读者的要求，于光远曾将《自然辩证法》中的一些札记编辑出版了一个小册子，书名为《辩证法与自然科学》。

1953 年，苏联出版了《自然辩证法》的俄译本，于光远就请曹葆华、谢宁将他原译的《自然辩证法》按照这个俄译本补充译完，又请何成钧对照德文本进行校阅，还参考过 1939 年 Clemems Dutt 的英译本。当年他审阅中译稿时，曾征询金岳霖等专家的意见，并让中宣部科学处的孟庆哲、何祚庥、龚育之等人仔细阅读，提出修改建议。1955 年，这个《自然辩证法》的中译本由人民出版社正式出版。这个比较完善的中译本对广大读者学习和研究自然辩证法起了非常重要的作用，许多自然辩证法工作者正是读这本书而入门的。

“文革”中，于光远作为“阎王殿”里的“判官”被打倒，挨批判，到干校劳动，1972 年获得“解放”。于光远趁尚未重新安排工作之机，在 1973—1974 年间，花费很大功夫，根据 1962 年德国狄茨出版社出版的《马克思恩格斯全集》德文版第 20 卷中的《自然辩证法》，将 1955 年出版的中译本，从头至尾认真校译了一遍，每一页都有不少改动。

1977 年他请范岱年、陈步把他的校改稿对照德文本和英译本，再仔细地校了一遍。经过这样两遍校改，译文有了很大改进。

在书的内容编排方面，他请查汝强负责，按照恩格斯的计划草案的原意，对原来的编排作了改动。全书增加了两个附录，一是马克思恩格斯关于写作《自然辩证法》的通信；一是恩格斯其他著作序言中关于写作《自然辩证法》的论述。还采纳了潘吉星的意见，增加了恩格斯为写作《自然辩证法》而阅读某些著作时写的三个摘录。在改编过程中，他从荷兰阿姆斯特丹国际社会研究所获得恩格斯这部手稿的微缩胶卷，对这些手稿进行了查阅。

在书的注释方面，他请中国社会科学院哲学研究所自然辩证法研究室查汝强等十人参加工作，增写和改写了许多条目。由于一百多年中自然科学有了突飞猛进的发展，因此在一些条目中作了必要的说明。在索引方面，他请梁成瑞等人完成了五项索引：人名索引、著作索引、期刊

索引、地名国名索引、名目与论点索引。

于光远还请许良英撰写了一篇《恩格斯〈自然辩证法〉的准备、写作和出版的过程》，收入书中。

恩格斯《自然辩证法》的这个新的更加完善的中文本，由人民出版社于1984年出版，署名为：于光远等译编。

这部书的翻译，从30年代到80年代，历时近半个世纪。然而于光远对这部重新精心译编的《自然辩证法》，仍然视为一个试编本，准备听取意见修改以后再出定本。

自1974年起，于光远还率领郑惠等人编辑《马克思恩格斯论自然辩证法与自然科学》，由科学出版社于1975—1978年相继印出了五册试编本，约四十万字。对于这部资料书，于光远确定的编辑方针是“求全”。1985年，他提出要增补列宁的论述，增补马、恩、列关于科学技术与社会经济发展的相互关系的论述，以体现科学、技术、经济、社会的统一。北京大学的孙小礼和八位研究生查阅了《马克思恩格斯全集》第1卷至第50卷和《列宁全集》《列宁文稿》，将试编本增补至八十多万字，1988年由科学出版社出版了《马克思恩格斯列宁论自然辩证法与科学技术》一书。

研究自然发展史，从天然的自然到社会的自然

1944年，延安大学开设了全校性的共同课，内容包括三个部分：一是自然发展史，二是社会发展史，三是与当前现实结合的理论问题。第一部分是由于光远讲授的。现在还保存着一份延安大学行政学院1945年6月油印的《自然与自然发展史》（草稿，有116页），其目录为：

第一章　天体和天体的发展

甲、天体概述

乙、天体的发展

第二章　物质，它的构造和它的各种运动形态、地壳的形成、地球上生命的起源

甲、分子原子电子的发现

乙、地壳的形成

丙、生命的各种形态和它的本质

丁、地球上生命的起源

第三章　生物的进化

甲、进化的铁证

乙、生物进化的历程

丙、生物进化的原因

第四章　从猿到人（未编写）

第五章　结束语（未编写）

在延安大学讲授“自然和自然发展史”这一创举可谓是在我国大学中讲授自然辩证法课的开端。

先讲自然发展史，再讲社会发展史，“劳动在从猿到人的转变过程中的作用”这一内容既是自然发展史的最后一章，又是社会发展史的开头一章。在延安大学的这样一种讲授，使学员收到很好的学习效果，于是很快推广到党的干部教育系统乃至高等学校中。1949 年于光远曾到协和医学院讲过这样的课。

1955 年，经于光远倡议，在北京大学哲学系开设了“自然和自然发展史”课程，内容包括四个部分：绪论、物理世界、生物世界和人。于光远讲绪论，周培源、王竹溪、黄昆、徐光宪、乐森玥、沈同等人分段讲授后三部分。

1960 年 8 月，于光远建议，并与李昌（哈尔滨工业大学校长）、潘梓年（中国科学院哲学研究所所长）共同主持，在哈尔滨召开了第一次全国性的自然辩证法座谈会。这次座谈会的一大特点是越出了 1956 年原来规划中的研究范围，不但对自然科学的哲学问题进行研究，而且开展了有关技术发展的辩证法、生产过程的辩证法的研究。通过这次座谈会，不但为自然辩证法开拓出新的领域，而且吸引了许多工程技术人员结合实际地学习和研究自然辩证法，从而大大扩展了自然辩证法的队伍。正是受这次会议的启发，于光远逐渐形成了这样的看法：自然辩证法不仅要研究天然的自然，还要研究人工的自然。

在1963年制订的哲学社会科学十年著作规划中，有一个项目就是编写多卷本的巨著：《自然界的辩证发展》，由于光远担任主编。这时根据他对自然包括天然的自然和人工的自然的理解，将全书分为七卷，即在天体史、地球史、生物史、人类史四卷之外，加上了工业史、农业史和医药卫生史。从1965年到1966年上半年，他亲自在大连、沈阳、上海、杭州等地主持召开编写研讨会，准备一卷一卷地部署编写工作，同时部署外国有关资料的编译工作。然而"文革"爆发，这项编写计划被迫流产。

在1977年中国自然辩证法研究会筹委会成立的会上、1981年中国自然辩证法研究会正式成立的大会上，以及其他一些会议上，于光远都反复强调中国的自然辩证法既重视对天然的自然的研究，也重视对社会的自然的研究。这应该成为中国自然辩证法研究的指导思想，乃至主导思想。

1983年，作为《自然辩证法百科全书》的主编，于光远在编辑工作会议上，比较展开地讲述了他对"自然"这个概念的认识，并承诺亲自撰写"自然"这个长条目。1991年于光远所写的这个条目的长篇释文在《自然辩证法研究》发表，他从各种层面，特别从人与自然的各种关系对天然的自然、人、人工的自然和社会的自然等概念做了详尽的探讨，确认"社会的自然"的存在和重要，人工的自然包含在更宽阔的社会的自然中。他指出整个自然界包括天然的自然界和社会的自然界，社会的自然以天然的自然为基础，又具有特别重要的地位。

对科学政策及其理论基础的研究

1954年于光远任中宣部科学处处长。科学处作为党中央与科学界相联系的一个部门，也是参与研究和制定科学政策的一个机构。他推动处里的同志学习自然辩证法，并把自然辩证法的研究同党的科学政策及其理论基础的研究结合起来。

为了研究党的科学政策，于光远让科学处的同志们经常到科学院和各大学去了解情况，听取意见。为了给科学政策的制定提供理论基础，他在科学处内和处外聚集了一批人，研究科学的对象和特点、科学的哲学和历史、科学发展的规律和战略。约在1955年，于光远曾设想通过系统的研究和讨论，最后集体完成一部著作《论科学》。当时他让龚育之草拟了一份《论科学》的研究和讨论提纲，概述了研究方法和研究步骤，开列了一系列研究项目。本来准备对一个一个专题进行讨论，然而这项工作只开了个头，由于肃反、反右等政治运动的干扰而未能坚持下去。这项工作虽然没有做成，然而在于光远的思想引领下，科学处已成为一个自觉地调研科学工作情况、对其中的重大思想性理论性问题不断探讨和研究的群体。

1956年9月于光远在党的第八次全国代表大会上发言，总结了新中国成立以来党领导科学工作的主要经验。他首先强调"希望各方面进一步重视科学工作"，"重视不重视科学工作是有没有远见的问题，我们共产党人是应该有远见的。"接着提出"我们要努力学习，使自己成为领导科学工作的内行"，要"依靠科学家"，要"掌握科学工作的规律"。这个发言以《进一步加强党对科学工作的领导》为题，发表在1956年9月27日的《人民日报》。

1958年，于光远在《学术月刊》第6期发表《开展自然辩证法的研究工作》一文，提出："科学，作为一种社会现象，它的发生发展规律，可以成为一门学科的研究对象。"可称之为"历史唯物主义论科学"。在此文的影响下，当年的自然辩证法工作者更加重视对自然科学发展规律的研究，并且掀起过对科学与生产、科学与群众、科学与政治、科学与哲学，所谓"四大关系"的研讨热潮。这些既是研究科学政策的重要课题，也是研究自然辩证法的重要课题。

创建科学与哲学之间的自然辩证法

1956年，中共中央召开知识分子问题会议，发出了"向科学进军"的号召，部署编制十二年（1956—1967年）科学发展远景规划。先是在李富春副总理领导下成立了十人规划小组，于光远任副组长，后来成立陈毅副总理领导的国务院科学规划委员会，于光远任副秘书长。本来只准备制定自然科学发展远景规划，于光远认为这不全面，他向周恩来总理提出：编制科学发展远景规划应该包括两个部分，一是自然科学方面的，另外还应该有哲学社会科学方面的。周总理对这个建议立即表示同意，并让于光远负责同时抓哲学社会科学的发展规划，并指示把这件工作列入国务院科学规划委员会的管辖范围。

在制定哲学社会科学发展规划时，本来自然辩证法只是哲学中的一个小分支，分量不大，位置不重要。于光远经过一番考虑提出了一个创造性的建议：把处于哲学和科学之间的自然辩证法独立出来，制定一个专门的发展远景规划。这个建议得到了哲学方面潘梓年的赞同，也得到了正在领导自然科学规划的张劲夫、范长江、杜润生等人的支持。

在于光远亲自主持下，动员了50多位自然科学家和一些自然辩证法工作者一起讨论，拟定了《自然辩证法（数学和自然科学中的哲学问题）十二年（1956—1967）研究规划草案》，提出了要研究的九大类题目：一、数学和自然科学的基本概念与辩证唯物主义的范畴；二、科学方法论；三、自然界各种运动形态与科学分类问题；四、数学和自然科学思想的发展；五、对于唯心主义在数学和自然科学中的歪曲的批判；六、数学中的哲学问题；七、物理学、化学、天文学、地学中的哲学问题；八、生物学、心理学中的哲学问题；九、作为社会现象的自然科学。每类题目又列出若干子题目，并对每个题目及其子题目都写出了详细的说明书。

关于自然辩证法这门科学的名称，当年曾有不同意见。有人主张就用恩格斯的书名命名，有人主张沿用苏联的“自然科学中的哲学问题”，有人提出把“中”字去掉，叫“自然科学的哲学问题”，有人认为“数学和自然科学中的哲学问题”比较确切。于光远拍板说：这门科学就称为“自然辩证法”吧！

在规划草案的说明中指出：“在哲学和自然科学之间是存在着这样一门科学，正像在哲学和社会科学之间存在着一门历史唯物主义一样。这门科学，我们暂定名为‘自然辩证法’，因为它是直接继承着恩格斯在《自然辩证法》一书中曾进行过的研究。”还着重指出：“开展这门科学的研究工作关键在于哲学家和自然科学家的密切合作。”“在我国，过去这方面的研究工作几乎是空白，……我们不要缩手缩脚，应该为建立和发展这门新科学，充分发挥积极性和创造性，发挥独立思考。”

为保证规划的施行，有两项具体措施立即得到了落实：

一是中国科学院哲学研究所于 1956 年 6 月成立了自然辩证法研究组，由于光远亲自兼任组长。

二是《自然辩证法研究通讯》于 1956 年 10 月创刊，由自然辩证法研究组主办，于光远担任主编。

北京大学哲学系于 1956 年招收了五名自然辩证法研究生，由于光远、冯定、汪子嵩任哲学导师，周培源、王竹溪、徐光宪、沈同任自然科学导师。可是培养计划因反右运动的冲击而中断。

1958 年，在于光远、艾思奇的倡议下，北京大学党委书记陆平给中央党校校长杨献珍写信，建议在党校举办自然辩证法研究班，为高等学校培养既懂马克思主义哲学也懂自然科学的人才，准备开设自然辩证法课程。

1962 年，北京大学哲学系和哲学研究所联合招收四年制的自然辩证法研究生，于光远领衔当导师。后来继续在哲学所招生，为自然辩证法研究培养骨干力量。

1962 年、1963 年间，为加强基本学术资料的建设，以哲学所自然辩证法组为主，开始系统地翻译外国著名自然科学家的哲学著作，制订了翻译出版工作计划。计划因“文革”而中止，然而在于光远的关心和促进下，《爱因斯坦文集》等书籍的翻译仍得以进行，后来由商务印书馆出版。

一门以“自然辩证法”命名的科学就这样在中国应运而生。其标志是：建立了专门的研究机构，制定了十二年（1956—1967 年）研究规划，创办了专业刊物，开始了专业研究生的培养，开始了基本学术资料的建设。学界公认于光远是自然辩证法这门科学的创建人。

坚持不懈地贯彻百家争鸣方针

“百花齐放、百家争鸣”作为中国共产党在艺术和科学工作中的一项基本方针，是 1956 年 4 月提出的。提出这个方针的背景，从自然科学方面来说，就是鉴于苏联在自然科学理论方面进行粗暴批判而阻碍了科学发展的教训，以及中国学习苏联、照搬这些粗暴批判的教训。自然科学方面的一些背景材料正是由中宣部科学处提供的。当年为了总结经验教训，于光远领导科学处的同志们搜集和研究苏联的和国内的批判情况，特别是苏联无理批判摩尔根遗传学的历史情况。

1956 年 5 月中宣部部长陆定一代表党中央向科学界、文艺界做了题为《百花齐放　百家争鸣》的报告，报告中明确指出："自然科学包括医学在内是没有阶级性的。"给自然科学学说贴阶级标签，"例如，说什么'中医是封建医，西医是资本主义医'，'巴甫洛夫的学说是社会主义的'，'米丘林的学说是社会主义的'，'孟德尔—摩尔根的遗传学是资本主义的'之类，是错误的。我们切勿相信。"这个报告于 1956 年 6 月 13 日在《人民日报》全文发表，受到全国人民，特别是科学界、文艺界的热烈欢迎。

于光远希望在自然辩证法的研究中彻底地贯彻双百方针，在《自然辩证法规划》的说明中写道："我们认为，'百家争鸣'的方针，应该在我们这项研究工作中彻底地贯彻。我们应当欢迎任何的一得之见，应该使各种有创见的思想都能畅所欲言，能不受阻碍地及时地相互交流，并且要使学术争论活跃起来。"

按照陆定一的建议，1956 年 8 月中国科学院和高等教育部联合在青岛召开遗传学问题座谈会，以便以遗传学问题为典型，在自然科学领域贯彻百家争鸣方针，纠正过去照搬苏联粗暴批判的错误。有关学科的百余位学者参加了会议，持不同观点的科学家可以自由平等地进行讨论。中宣部科学处的同志为会议准备了系统的文献调研资料：《1935—1956 年苏联生物界的三次论争》。于光远作为中宣部科学处处长参与主持了这次会议，他在会上作了两次重要讲话，在会间有多次插话，会下还与一些科学家自由交谈。他根据实际经验展开地论述了在自然科学工作中如何贯彻百家争鸣方针，认为即使是唯心论也有争鸣的自由，他指出："'开放唯心论'的主要作用是使得大家敢于独立思考，有创造性。这样做，对反对教条主义，发展唯物论是很有利的。"他还从多方面论述了如何正确把握哲学同自然科学的关系，强调“哲学应该更多地向自然科学学习，不应该站在自然科学之上向自然科学发号施令。哲学家一定要向自然科学家学习。哲学只有向科学学习才能指导科学，如果把哲学与科学或把科学与哲学分割开来，则科学不能很好地发展，哲学也不能发展”。与会的科学家们从于光远的讲话中感受到党中央坚决贯彻百家争鸣方针的气魄和决心，无不欢欣鼓舞，心情舒畅。他们把于光远的讲话誉为这次青岛会议的灵魂。

1957 年春，在以正确处理人民内部矛盾为主题的整风运动中，于光远率领科学处的几个同志到北京大学蹲点，分别参加北大教师的大小座谈会。当时专门整理了傅鹰教授的两次发言，全文刊登在《宣教动态》上。后来科学处还整理了一份综合材料，把他们在各种鸣放会上所听到的意见，从各种公开报刊和各种内部资料中看到的意见，综合在一起加以归类和整理。这个材料在于光远指导下，科学处同志进行多次讨论和分析，用整理者的语言，分头执笔写成，比较如实地反映了当时科学界鸣放提意见的情况，反映了科学处对这些意见的看法和分析，反映了科学处想通过整风、听取批评和建议改进工作的愿望。这个《当前科学工作的几个问题》的材料登在 1957 年 5 月 28 日的《宣教动态》上。一个星期之后，6 月 8 日，反右派斗争凶猛掀起，许多善意的批评被打成“右派进攻”。在中宣部的反右运动中，于光远也因这个材料受到批评：科学处反映那么多科学家的意见，就是代表科学家，代表资产阶级知识分子，甚至做了右派的传声筒。

1957 年以后，那种苏联式的对自然科学学术观点的粗暴批判又在我国重新上演。科学处曾几次通过《宣教动态》向中央反映这种动向。

为了阐发和贯彻百家争鸣方针，防止历史错误再演。1961 年，于光远又一次领导科学处的同志们认真总结历史的经验教训。由于错误发生在中国，根子在苏联，所以他们从研究苏联遗传学争论的历史，扩大范围到整个自然科学领域，并着重调研了苏联在处理科学与哲学、科学与政治关系方面的历史，搜集和编译成《苏联自然科学领域思想斗争的若干历史材料》（共九辑），并依据这些材料写了一个综合研究报告《苏联自然科学领域思想斗争的历史情况》，刊登在 1962 年 1 月 18 日的

《宣教动态》上。

1983年，于光远对“文革”结束后百家争鸣方针仍然没能得到贯彻的局面，很不满意，很感纠结。他提议把1956年青岛遗传学会议的发言编成一本公开出版的书，以宣传“双百”方针和推动“双百”方针的贯彻。原中宣部科学处的李佩珊、孟庆哲、黄青禾、黄舜娥编成《百家争鸣——发展科学的必由之路（1956年8月青岛遗传学座谈会纪实）》，经于光远审定后，1985年由商务印书馆出版。

1986年8月，中国自然辩证法研究会和中国遗传学会联合召开“青岛遗传学座谈会暨‘双百’方针提出30周年纪念会”，由于光远主持会议，他在发言中从对青岛遗传学会议的回顾，谈到这个会议在国内和国际的影响，进而指出要探讨政治和学术的关系问题。他说：苏联用政治干涉学术，是政治问题；我们希望不要用政治干涉学术，不也是政治问题吗？会上就此问题讨论，李佩珊说，过去总是强调要划清政治问题和学术问题的界限，实际上是很难划清的。贯彻“双百”方针，不是划清界限问题，而是应该保护各种不同观点的自由讨论。与会者龚育之等人都认为，学术讨论本身不是政治生活，但是允许不允许学术上的自由讨论，则属于政治范围，属于政治上民主不民主的问题。只有政治民主才能有学术民主，才能保障百家争鸣方针的贯彻。

“文革”之后，大力推动自然辩证法的发展

“文革”结束，迎来了科学的春天，也迎来了自然辩证法的春天。于光远以极大的热情和魄力推动中国的自然辩证法事业，使停顿了十年的自然辩证法工作以空前的规模、空前的速度大踏步前进。

这里仅略提几件大事：

1977年3月，于光远建议由中国科学院理论组、中国科学技术协会理论组和哲学所自然辩证法研究室联合召开自然辩证法座谈会，针对“四人帮”的谬论，在理论上拨乱反正，研究如何开展新时期的自然辩证法工作。座谈会向教育部建议：组织编写高等学校的自然辩证法教材。教育部接受建议，随即组织编写工作，1979年出版《自然辩证法

讲义》，并将自然辩证法定为高校理、工、农、医科研究生的必修课。

1977年底，在全国科学技术规划会议期间，于光远建议并主持召开了全国自然辩证法规划会议。作为全国科学技术规划的一个组成部分，在他的指导下，制定了《1978—1985年自然辩证法规划纲要（草案）》，编写自然辩证法教材列为规划的重要项目。

1978年于光远邀周培源、钱三强联名向中央写报告，建议成立中国自然辩证法研究会，创办《自然辩证法通讯》杂志，这个报告得到了邓小平的重视和批准。

1978年夏，于光远建议，由中国自然辩证法研究会筹备委员会在北京举办自然辩证法讲习会，请23位各方面学者在会上作了专题报告，全国各地有1500多人前来参加，极大地带动起各地的自然辩证法研究。

为加强学术信息交流，活跃思想，于光远建议创办了《自然辩证法通讯》报。

1981年中国自然辩证法研究会正式成立。于光远连续当选为研究会的第一、第二两届理事长以及以后各届的名誉理事长，并任《自然辩证法通讯》刊物的主编、名誉主编。

1982年，于光远倡议编写《自然辩证法百科全书》，他亲自担任主编，由自然辩证法界、自然科学界和哲学界47位学者组成编委会，设立了16个编辑组，成员近百人。这项工作全面地推动了自然辩证法各分支的学术研究，壮大了自然辩证法的理论队伍，加强了自然科学与哲学、社会科学的联盟。1995年1月，这部220万字的巨著《自然辩证法百科全书》由中国大百科全书出版社正式出版，标志着自然辩证法的理论日趋成熟。百科全书意味着对已有研究成果的总结，同时又提供新的研究起点，为自然辩证法研究开辟了更为宽阔的道路。

中国自然辩证法学派

1996年，于光远出版了一部专著《一个哲学学派正在中国兴起》。这个哲学学派依托于中国自然辩证法研究会，实际名称就是：中国自然辩证法学派。

作为中国自然辩证法学派的创建者、领导者和研究者，于光远在这部书中系统地回顾了中国自然辩证法发展的历史，特别阐述了重视对社会的自然的研究的这一指导思想的具体形成过程，阐述了这个学派的性质、内容和特色，展现了他在半个多世纪中对自然辩证法的研究对象——“自然”的不断探索，对中国自然辩证法研究领域的不断开拓。

于光远一再强调，中国自然辩证法学派在继续重视以天然的自然为对象的哲学问题进行研究的同时，还应特别重视社会的自然的哲学研究，并用自己的研究成果从各方面帮助现代化的社会建设。

中国自然辩证法学派是开放的、不设边界的，有着巨大的包容性。几十年来，一个个新颖的专题研究领域在中国自然辩证法的园地里破土而出，蓬勃成长。事实上这个学派已发展成为内容广阔、丰富多彩的交叉科学群。

作为思想家，于光远常给我们提出新的思想、新的思路。他在1996年中国自然辩证法全国代表大会上作了题为“地球之小和地球之大——有关21世纪建设的大思路”的讲话，既要强调“地球之小”，即地球的资源是有限的；又要认识“地球之大”，即地球的资源还有许多没有开发利用。到21世纪应该按照这样的大思路对地球既要保护，又要开发，“科学技术是第一生产力”会更加显示出它的意义和作用。他将这篇讲话作为《一个哲学学派正在中国兴起》的代序，就是要引领自然辩证法工作者不但要关心中国的建设，还应当关心地球资源的开发和人类生活的进步。

现在，于老虽然离去了，他的思想还在，他仍然是我们学界的精神领袖。对于老开创和建设的中国自然辩证法事业，我们就应该像他所要求的那样：下长功夫、大功夫、硬功夫和苦功夫，把这个事业继续发展下去。

【本文主要文献依据】

1. 于光远学术自传。

2. 于光远：《忆哲学所自然辩证法组的创建》（1996年8月）。

3. 于光远主编：《自然辩证法百科全书》，中国大百科全书出版社1994年版。

4. 于光远著：《一个哲学学派正在中国兴起》，江西科学技术出版社 1996 年版。

5. 恩格斯著：《自然辩证法》，曹葆华、于光远、谢宁译，人民出版社 1955 年版。

6. 于光远等译编：《自然辩证法》，人民出版社 1984 年版。

7.《自然辩证法（自然科学中的哲学问题）研究通讯》创刊号，1956 年 10 月。

8. 李佩珊、孟庆哲、黄青禾、黄舜娥编：《百家争鸣——发展科学的必由之路（1956 年 8 月青岛遗传学座谈会纪实）》，商务印书馆 1985 年版。

9. 任元彪、曾健、周永平、蒋世和编：《遗传学与百家争鸣——1956 年青岛遗传学座谈会追踪研究》，北京大学出版社 1996 年版。

10. 龚育之著：《自然辩证法在中国》，北京大学出版社 2005 年版。

11. 龚育之、王志强著：《科学的力量》，河北人民出版社 2001 年版。

12. 龚育之：《祝于光远九十寿》等。

杂家于光远

韦君宜

老熟人于光远最近好像挺出风头，一会儿给这个报题字，一会儿给那个刊物取名。有人说他是马克思主义理论家，有人说他是经济学家，也有人说他是科学家。他到底是什么家啊？

一

我认识他的那会儿，他还是清华大学的学生，比我高两班，是民先队员。我只知道他是物理系的。他比我早毕业，抗战开始时他已经在广州中山大学当助教了。在名牌大学执教，按说这很令人羡慕，可是抗战的炮声一响，他就离开学校，直奔武汉——我们民先队员集中的中心，重新自称学生，跟着流亡的学生们一起活动开了。

在武汉，他当上了党的长江局青委，跟鲁明健一起办了个青年刊物叫《呼声》。后来湖北省青委搞了个“青年救国团”，刊物叫《战时青年》。《战时青年》集中了北平时代办刊物的能手，很得好评，上级决定《呼声》不再办了。老于依然以流亡学生的身份到处活动。

我是在延安中央青委又看见他的。他在这里不是中央青委委员，而被委派当了中山图书馆馆长，大约相当于一个科长吧。他干得很带劲，从来没见他流露过任何不满。好些书是他介绍我看的。他自己在这一时期大概也读了不少的书。

二

延安失守以后，我一度跟着青委的队伍到了晋察冀。他这时成了中宣部的干部，我们又在晋察冀边区的西柏坡会面。这一阵从北平、天津跑到晋察冀来的学生很多，他们是为追求真理来的。为着他们，边区就办了些训练班，开了些报告会。老于多次担任作报告的角色，常常讲得眉飞色舞的。有一次，有个学生在大操场上听完他的报告，说听他讲简直神了，他简直就是共产主义的化身。中宣部的王惠德听见了大笑："那就不用听光远讲了，看看他这人就行了，是共产主义化身了嘛！"

三

进了北京以后，于光远在中宣部当了科学处处长，又当理论宣传处处长，似乎什么都管。新中国成立初期我在《中国青年》杂志做主编，请他写文章。他那时大概还没有结婚，天天忙得很，对我们的约稿几乎有求必应。他写的大都是关于青年思想修养的文章。记得他经常应邀到我们杂志社办公室，熬夜赶写文章。我请编辑丁磐石和一个小文书给他当助手。没什么东西招待他，只是一桶饼干、一包花生、一瓶开水。他就这么喝着开水，就着饼干、花生写起来。小文书给他抄稿子，丁磐石在一旁照应着，天亮交卷，他也其乐陶陶。就这样，一篇篇关于青年思想修养的文章从他笔下流出。他写得可真不少啊，简直成了我们现在所称谓的"专栏作家"。当时《中国青年》杂志社的有些同志提倡走群众路线，请工农兵来写文章，我则老是请他写，一时间在杂志社传开了一句笑谈："办《中国青年》没有'群众'可以，没有光远兄可不行。"

四

于光远写文章有个特点，就是热情磅礴地讴歌己所是、无所畏惧地抨击己所非。人所共知的人体特异功能问题，他不顾个人毁誉，坚持己见，坚决反对所谓"耳朵识字""隔墙看物"之说。尽管有人说是亲眼所见，说是超过一般科学知识之上的高层科学，于光远仍坚持这不是什么高层低层科学之类，而是人们是否承认科学根本公理的问题，推翻了公理即无科学。多少拥护他的人在这个问题上为他惋惜，他也毫不为之所动，坚持撰文宣讲他的关于科学的思想和见解，这是说作为科学家的于光远。

有一次，我从上海出差回北京，碰巧他也在我乘坐的同一趟班机上。只见他居然在短短两三个小时的空中旅途中，还摆开摊子，在那块才半尺多宽的机座小桌板上写起来。更有意思的是，他一边写着，一边还在不停地指挥他的秘书为他查这查那，使同机的人看了实在惊诧。我上前招呼他，他一抬头见是我，马上递过一叠刚写好的稿子。我笑着说：“对不起，我可没有你那本事，在飞机上我干不了活儿。”原来他刚在上海参加完一次关于经济学的大讨论，这是在改他的经济学论文呢。这是说作为经济学家的于光远。

五

于光远越到晚年，似乎越开朗、越乐观。每次他来都是大笑而至，大笑而归，使你不由得和他一起开心。只记得唯一不同的一次是从干校刚回北京不久，我和杨述见到他。杨述议论被开除党籍的干部即将失去革命前途时，他脸色骤变，我们就没有再谈下去。

“文革”后，他离开中宣部到了社会科学院，领导马列所，总有一套与人不同的见解。此时他作为著名经济学家的名衔已到处可见。有一段时间，他的思想、文章不被接受，经常受到批评——有时甚至很严厉，但他仍谈笑风生，坦然自若。人家议论，他毫不在乎，还告诉大家：“我年轻时干革命不是为了做官，现在和年轻时一样。”1986 年以后我因患脑出血已不能走动，只是头脑还算清楚。他有时会打个电话向我问候，有时上门来看我，每次都会兴致勃勃地谈到他的新作。这已经成为他的生活趣味。

1993 年，他得了不治之症——癌症，仍然到处走，光是到我家就来了两三次。我问他：癌症是真是假？他说是真。我问为什么不住院治疗？他解释：“刀已经开过，但是这个病与别的病矛盾，不能做化疗，我早已经活够本了，多活一天就多赚一天，何必住在医院等死？”他回了家，仍到处做讲演，出差开会，写文章。最近又对散文感起兴趣，写开了头便一发而不可收，连续在《环球企业家》《羊城晚报》上刊登了好几篇长篇散文，一改经济学论文和随笔、杂文的文风。打电话给我时，他不无得意地对我说："哈哈，看我算不算个文坛新秀?"

他是个什么家啊?

我说，是杂家。

（本文写于 1994 年 4 月）

一位真诚的共产主义者

吴敬琏

我是光远同志的学生。光远同志去世以后，许多他生前的同志战友、朋友、同事和熟悉光远、仰慕光远的同志，从多角度回忆了他的贡献和影响，我就只讲讲我的心情和体会。

我认为，光远同志的学识和精神值得我们学习的地方很多，特别是以下三个方面：

第一，光远同志是一位真诚的共产主义者。

经过几十年的曲折反复，共产党内有些人丢掉了他们过去参加革命时的追求，被改造了，被扭曲了。但是我们也有一些老同志，虽然经历了人生的波折，依然保持了年轻时代的理想，坚持为建设一个独立、自由、民主、富强的中国不懈努力。人们称他们为"两头真"的共产党员，或者叫做"老派共产党员"。和他的友人孙冶方、薛暮桥、任仲夷、王元化等人一样，光远同志也是其中的一位杰出代表。他即使身处高位，还是认真反思过去的历程，坚持年轻时代的追求，对解放思想、推动思想启蒙作出了杰出的贡献。

作为一个后来者，我有幸认识了光远和光远同志的很多同道，深感他们对真理不懈追求的精神值得我们后来者学习和追随。

第二，光远同志对年轻人关爱、提携、教导，感人至深。

我 1954 年分配到中国科学院经济研究所。那个时候我们所里的青年人有一个读书会。光远同志当时不但是经济所的领导，也是整个科学界的领导，但是他经常参加我们的读书会活动，跟我们一块儿讨论问题。1956 年，经济研究所在"向科学进军中"的活动中，发生了一个青年制订进修计划却被说成走资本主义道路进行批判的事情。光远同志知道后，派郑必坚来我们所专门进行调查。前天我和乌家培在常州调研，我们还说到如果当年没有中宣部科学处光远同志、团中央项南等同志、中科院张劲夫等同志的保护，他和其他一些同志很可能就会被定为犯了路线错误而被批斗。

光远同志不但在政治上给我们做了很多保护、关爱和提携，在我们的研究工作上也是谆谆教导。20 世纪 60 年代，光远同志主持编写政治经济学教科书，我是编写组成员之一，有幸与光远同志一起编写、讨论四年多。他给我们编写组上的第一堂课，就是如数家珍地讲解培根的《新工具论》，要求我们形成良好的逻辑思维习惯。在这四年多里，光远同志对我们的教育非常深刻。他的教育不是训导式的，而是自由讨论和辩驳。在他面前，各种问题都可以讨论。他希望通过这种论辩来完善理论，为中国社会主义经济发展找到一条正确的道路。但在当时政治环境越来越恶劣的情况下，政治经济学社会主义部分始终无法完成。直到 1966 年编写组传达了毛泽东的“最高指示”，“听说你们在编政治经济学教科书，反正我是写不出来”，我们才得到解放。

“文化大革命”中，有一次就编书组的事批斗光远和其他同志。光远同志把所有的责任放在自己身上，说你们说的问题，全都由我来负责。

第三，光远同志总是保持豁达、乐观进取的人生态度。

光远同志的人生经历，可谓曲折坎坷。从延安整风到 1949 年以后的历次运动，几乎大部分都找到他。但他始终保持乐观的态度。

他常谈起，抗日战争爆发以后，奉命带着民先队①主要干部名单从北平撤退到武汉。走到京西就碰到了日本军队，差点被日本人杀掉。他说，那以后的生命都是赚来的。（李成勋：走到田村，日本坦克车过来，他赶紧趴在地上，坦克车的两个履带从他身边过去，差点被轧着。）

“文化大革命”的时候，有一次在中宣部开批斗会。批斗的人追问光远：你为什么说我们现在的理论文章是盖浇饭，一碗白饭上面盖一点

① 指中华民族解放先锋队。

马克思主义的汁？他笑嘻嘻地说，事情不就是这样的么？批斗的人怒斥他：这么严重的反党、反马克思主义问题，你还嬉皮笑脸?！这样的事情还有很多。有人因此说他是玩世不恭的老顽童。其实这完全不对。据我观察，光远同志的整个人生态度绝不是游戏人生，而是积极进取，竭尽努力来推动社会进步。他写了无数的文章，用了许多的笔名，其中有两个笔名——“夏绩祺”（谐音“瞎积极”）和“甄若辛”（谐音“真热心”），最能体现他的人生态度和写文章时的心情。即使在身处逆境的时候，他也不悲观泄气，因为他对于自己追求的信念、目标充满信心，所以才不管遇到什么样的事情，总是非常的乐观。

光远可说可写的事情很多，我建议，大家都来写回忆录，把光远同志的事迹记录下来，流传下去。这对我们是非常宝贵的。

（根据作者在 2013 年 10 月 19 日中国民生研究院、中国市场经济研究会共同主办的“于光远同志追思会暨于光远经济理论研讨会”上的主持发言整理。）

怀念于光远同志

张友仁

北京市刚解放的时候，于光远同志就应北京大学图书馆专修科主任王重民教授之聘，来北大讲课。这是因为他有在延安时期图书馆工作的背景。后来我们聘请他作为兼职教授到北京大学经济学系来讲学。

那时，他在中共中央宣传部任理论处副处长和科学处副处长等职，曾经领导中国科学院等单位。我第一次见到他就是在中南海内他的办公室。

他对北大经济学的科研工作有很好的指导作用。1977 年举行的三次按劳分配理论讨论会和 1978 年举行的第四次按劳分配理论讨论会都深入地揭发批判了“四人帮”，拨乱反正地指出按劳分配是客观规律，物质利益原则也是客观的原则，从而给按劳分配恢复名誉，也给物质利益原则恢复名誉。我那时写了《论物质利益》一书，得到于光远同志的肯定。那时，我写文指出“资产阶级法权”一词纯属误译，正确的译文应是“资产阶级权利”。此说得到于光远同志在按劳分配理论讨论会上的肯定和表扬。

1980 年 10 月，于光远同志组织召开全国社会主义生产目的问题讨论会，我在此会上作了《必须从理论上明确社会主义生产目的》的发言，后来收集在《论社会主义生产目的》一书中（吉林大学出版社 1981 年版）。

我至今还记得 20 世纪 60 年代初他曾经在北京厂桥中央直属招待所，指导我们编写《政治经济学教科书》和《中国社会主义经济问题》等书的情景。他的女儿于小东就是那时候出生的，现在已经是北京大学经济学院教授了。

“文化大革命”中，他多次被批斗。有一次于光远同志在中关村大操场被批斗时，我见到他还是笑嘻嘻的。

多年来于光远同志每年年终都要给我写一封长信，说明这一年里的工作状况。他长年住在北京史家胡同东口一处古旧的平房里。我在抗战爆发前在史家胡同56号住，是他不同年代的邻居。

2013年9月26日于光远同志病故于北京医院。

2013年9月30日，在北京医院告别大厅，我和儿子张伟明、中国人民大学经济学院胡迺武教授、张丽娜女士一起向于光远同志的遗体告别。

2013年10月19日，在北京阜外大街国宾酒店经济学界召开了于光远同志追思会，他的许多生前友好都意重情长地发了言。

（2013年10月29日写于北京大学经济学院）

一代宗师于光远经济学贡献举要

张卓元

我怀着非常尊敬的心情追思光远同志对中国经济学的卓越贡献，只能举其要者。

第一，20 世纪 50 年代末，光远同志对社会主义商品生产和价值规律等就有很多研究和著述，他是商品生产和交换的宽派代表。1959 年第 7 期《经济研究》发表了一篇文章，这篇文章是光远同志关于商品生产宽派代表最主要的作品，文章提出凡是加交换的产品都是要遵循等价交换的原则，社会主义经济中存在着各种交换关系都是商品交换关系，所以光远同志认为社会主义经济是商品经济，应该说是社会主义商品经济理论最早的倡导者，这跟他后来倡导坚持社会主义市场经济理论，是一脉相承的。

第二，1959 年我和陈吉元有幸作为他的助手，参加到对“大跃进”引发的经济问题总结的讨论这项工作中来，我当时是为讨论作记录、写报道，讨论的主要问题是经济建设的比例关系、经济核算、经济效果等，这些问题的讨论经常在中国社会科学院的二楼会议室，光远同志为此还专门写了关于经济效果等问题的论著，应该说在全国范围内起到了主导作用。这是光远同志的重要贡献。

第三，他是政治经济学社会主义部分积极的探索者，出了七本书，涉及很多方面的问题，为社会主义政治经济学的研究发展起到了奠基铺路的作用。

第四，1977 年十一届三中全会以前，他最早组织对“四人帮”极左理论的拨乱反正，是六次会议的组织者、主持人也是倡导者，这在当时应该说对整个社会解放思想起了先驱的作用。

第五，他是关于社会主义初级阶段理论的倡导者和系统的论述者。

第六，光远同志发起筹建了一系列新的经济学科，最后我还想说，光远同志还是《经济研究》杂志的发起人、倡导者，也是我们基金会的发起者、倡导人。光远同志的贡献影响很大。

应该说，光远同志是新中国成立以后一直到20世纪末对中国经济学最有影响的伟大的经济学家之一，也是影响最长时间的经济学的宗师，是我们敬爱的师长。我们会一直怀念他。

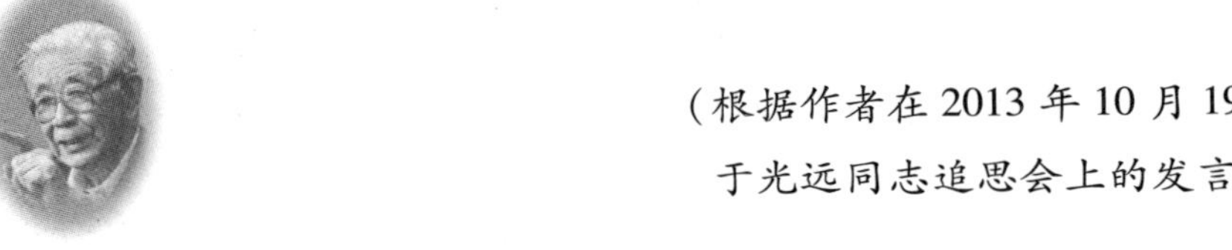

（根据作者在2013年10月19日经济学界于光远同志追思会上的发言整理）

光远同志与人大劳动人事学院

赵履宽

老子说："死而不亡者寿"，就是说，死后被人们肯定和怀念，才称得上"寿"。于光远不仅是生理学意义上的高寿者，更是伦理学意义上的高寿者。

1975—1979年期间，我在于光远领导下从事研究工作，耳濡目染，受益匪浅。我在《八旬杂忆》中说："于光远是我一生中遇到的一位贵人。"于光远在我心目中的形象有两大特质：第一，他是中共党内与时俱进的改革者；第二，他是全面实现"立德、立言、立功"的现代君子。

下面讲讲于光远与中国人民大学劳动人事学院的关系。我在人大教了60年书，至今每年还招收1—2名劳动经济学专业的博士研究生。这与于光远有很大的关系。在此之前，为了组织按劳分配讨论会，在于光远的倡导下，粉碎"四人帮"之后成立的第一个群众性学习团体就是中国劳动工资研究会。1978年，以于光远为首的"国务院工资理论研究小组"解散时，他语重心长地对我说："你不要中断对劳动工资问题的研究"，争取把"劳动工资研究会"（他推荐我担任总干事）挂靠在人大。借助他的影响，我在人大创建了"劳动经济研究室"，并在此基础上，1983年创建了"劳动人事学院"。今天，进入"而立"之年的劳动人事学院，已成长为享誉国内外的包括劳动经济学、劳动关系学、人力资源管理学、社会保障学四大专业的教学科研基地。如果不是他这么鼓励我，可能就没有中国人民大学劳动人事学院，这跟光远同志的功劳有很大关系，这几个专业在中

国原来是没有的，现在很有名。于光远，中国人民大学劳动人事学院永远感谢你！

（本文根据作者在 2013 年 10 月 19 日经济学界于光远同志追思会上的发言整理）

跨学科探索的宗师于光远

赵人伟

于光远的人生是极其丰富多彩的。他既是学者型的官员，又是带有官衔的学者。不过，尽管他常常带有官衔，但毫无官气；在我看来，他从根本上来说是一位具有独立思考和探索精神的学者。应该说，在既定的体制背景下能保持这样一种精神是难能可贵的。

作为学者，他不仅长期担任学术界的领导人，推动整个科学事业的发展，而且自身也一直从事学术研究工作。在学术研究领域，一个可贵之处是他的研究具有跨学科的特色。在学术研究的分工愈益细化的当今世界，人们愈来愈提倡跨学科的交流。一些著名的大学往往设有高等学术研究机构，汇集各学科的著名学者。这些学者在各自从事本学科的研究以外，还常常进行横向的交流与碰撞；这种跨学科的交流和碰撞对于学术的发展具有重要的意义。于光远不仅提倡跨学科的交流，而且自身还从事跨学科的研究。他是清华大学物理系毕业的。在社会科学界，他的自然科学基础和素养是非常突出的。在社会科学领域，他耕耘最多的是政治经济学；他从事的自然辩证法研究，可以说是横跨自然科学和社会科学两大领域的哲学研究。

在于光远追思会的邀请函里，中国民生研究院和中国市场经济研究会对于光远冠以理论家、经济学家、哲学家、教育家等头衔或称号。对于老来说，这些头衔是当之无愧的；从他的博学来看，我们甚至还可以加上更多的头衔。不过，他的主要头衔或称号应该是什么呢？我认为，我们不妨参照德国人对马克思的定位来对于老作一定位。记得 20 世纪 90 年代我在德国做访问学者时曾到位于特里尔的马克思故居去瞻仰，见到德国人编的一本《德国概况》中对马克思是如此介绍的：我们这里“在19世纪出现了一位伟大的哲学家和政治经济学批判家卡尔·马克思”。我们似乎可以参考德国人对马克思的定位，给于光远送上如下的称号：我们这里“在20世纪和21世纪出现了一位杰出的哲学家和政治经济学探索家于光远”。于光远在1955年被选为中国科学院哲学社会科学部的学部委员；2006年又被中国社会科学院授予荣誉学部委员（属经济学部）的称号。显然，这些称号同他的主要学术贡献是完全符合的。

马克思的主要著作是对资本主义进行批判；于光远的主要著作是对社会主义进行探索。马克思的著作，包括《政治经济学批判》和《资本论》，都是批判资本主义的。于光远早在1958年就出版了《政治经济学社会主义探索》一书；1980年以后，他系统地写作并出版多卷本的《政治经济学社会主义部分探索》，到2001年共出版了7卷。可见，在经济学领域，将马克思定位为资本主义经济的批判家和将于光远定位为社会主义经济的探索家是符合实际的。

半个多世纪以来，于光远作为社会主义政治经济学的探索者有两个可贵之处：一是勇往直前，从不后退。这种风格，同那些进一步、退两步，甚至开倒车的人相比，就显得高明得多了。二是不当风派，不管刮什么风，他都保持独立研究的精神。这种精神，对于一个真正的学者来说，是必要的，也是可贵的。

于光远对经济学的探索和贡献是多方面的。在这篇短文里，我只想集中地谈一谈他在组织和推动经济学界三大问题讨论上的贡献。众所周知，20世纪50年代末和60年代初，由于大跃进的错误造成了三年经济困难。为了克服经济困难，中央提出了“调整、巩固、充实、提高”的八字方针。那么，经济学界应该如何做呢？当时，经济学界的三巨头于光远、薛暮桥和孙冶方组织和倡导了三大问题的讨论，即社会主义制度下的商品生产和价值规律问题、经济核算和经济效果问题以及社会主义再生产问题。参加讨论的不仅有北京的经济学家，而且有全国各地的经济学家；不仅有经济理论工作者，而且有广大的经济工作者。我认为，这三大问题的讨论具有如下三层意义：

第一，总结大跃进的教训，配合中央八字方针的贯彻，促进国民经济的迅速好转。从经济实践来看，这三大问题都是切中时弊的。在大跃进的实践中，由于否定了商品生产、价值规律和等价交换原则，许多产品都实行了无偿调拨，大大地挫伤了广大城乡劳动者的积极性。由于过度地强调以钢为纲，造成国民经济比例关系的严重失调，特别是两大部类之间比例关系，农业、轻工业和重工业之间比例关系的严重失调。由于只强调产值的翻番，无法计算投入和产出之间的关系，使得企业经济核算混乱，整个国民经济无法计算经济效果。可见，这三大问题讨论的时代背景是非常清楚的。当时摆在于光远等经济学家面前的两难问题是：既要克服大跃进所造成的经济困难，又不能正面批评大跃进本身。可见，在当时的体制背景下，发起和推动这三大问题的讨论确实是一种智慧之举。事实证明，经济学界这三大问题的讨论，紧密地配合了八字方针的贯彻，在不太长的时间里就促进了国民经济的好转。在这些问题的讨论中，于光远不仅是组织者和推动者，而且还就商品生产和经济效果等问题写了大量的文章和书稿。

第二，这些问题的讨论和研究，在一定程度上触动了传统计划经济的弊病。应该说，大跃进的错误是传统计划经济弊病的一种极端的表现。因此，在矫正这些错误的同时，自觉地或不自觉地会触动传统计划经济体制的弊病本身。这种触动，不仅有上述纠正大跃进错误的现实意义，而且有总结计划经济体制是否可行的理论意义。这种计划经济的一大特征是资源的实物配置，换言之，就是否定商品生产、价值规律或市场机制的作用；具体来说，就是价格的高低，对于一个生产单位生产与否、生产什么、生产多少都没有作用，一切均由长官意志决定。这种计划经济还有其他一些特征，诸如供求失衡（供不应求），比例失调（两大部类关系失调、积累和消费失调），重数量、轻质量等。应该说，在当年三大问题的讨论中，已经在不同程度上涉及这些问题。而这些问题，当年的东欧改革派经济学家也已经在研究和讨论。只是当年我们同东欧学者没有交流，直到 20 世纪 80 年代初以后才有这种交流。通过交流，我们发现，彼此遇到的是类似的问题，只不过常常用不同的术语和方式来表达而已。在有关商品生产和价值规律的讨论中，于光远是商品宽派（有交换就有商品），孙冶方是价值宽派（价值是费用和效用的比较、千规律万规律价值规律第一条）。因此，他们两位常常被人们称之为商品万岁派和价值万岁派。孙冶方还主张生产价格，实际上是要寻求价格形成的客观基础，来取代价格形成中的行政方法；东欧改革派则往往把计划经济中价格形成的行政方法批评为货币只起消极的作用，或货币只是消极的货币（布鲁斯），即支付货币的多少不构成选择（买不买或买多少）的基础。我们常常把计划经济下供求失衡称之为供不应求；东欧改革派则将这种情况概括为短缺经济（科尔奈）。孙冶方在《从总产值谈起》中批评了重数量、轻质量的倾向；东欧改革派则把这种倾向概括为数量驱动（科尔奈）。对于积累和消费失衡以及过度投资，我们在再生产问题的讨论中则往往概括为正确处理简单再生产和扩大再生产的关系，提倡先生产后基建；东欧改革派则概括为投资饥渴症（科尔奈）。可见，当年无论是中国的讨论还是东欧的讨论，实际上已经触及了计划经济的根基。

第三，在一定程度上为20世纪80年代以来市场取向的经济体制改革打下了基础。一说到十一届三中全会以来的改革开放，人们往往会联想到此前的十年动乱——“文化大革命”。诚然，改革开放是对“文革”的拨乱反正。但是，拨乱反正并不是简单地恢复到过去。我记得，在20世纪80年代初，有的中国人在向外宾介绍改革开放时往往要说到中国的黄金时代是50年代。于是，有的外宾就不客气地问道：既然如此，你们回到50年代就可以了，何必搞改革开放呢？可见，改革开放不仅要对“文化大革命”造成的乱象进行拨乱反正，而且是要往前探索一条新路。当年推动和倡导三大问题讨论的领军人物于光远和薛暮桥，在80年代以来市场取向的经济改革中也同样成为领军人物。当年参加三大问题讨论的中生代经济学人，很多也成为改革开放的排头兵。虽然80年代和60年代相差20年，但从这些经济学人的表现中，不难发现他们20年间在学理上的连续性和继承性。

最后，我想谈一谈于光远在研究方法上给我们的启示。学术研究的方法应该定性分析和定量分析相结合、实证分析和规范分析相结合，这似乎已经成为研究人员的共识。不过，说起来容易做起来并不简单。在这里，我想就于光远和其他两位学者合写的一篇文章来谈一谈。这篇文章的题目是《论半社会主义的农业生产合作社的产品分配》，发表在《经济研究》1955年第2期上。令人刮目相看的是，这篇文章对半社会主义性质农业生产合作社的劳动报酬和土地报酬及其相互关系作了一定程度的实证分析和定量分析。在当年的社会背景下能写出这样的文章确实是难能可贵的。年纪大一点的经济学人都还记得，当时正是斯大林经济学盛行的年代。斯大林经济学的特点一是重结论、缺证据；二是重表述、缺分析。因此，斯大林经济学在后来被人们称之为“口号经济学”。在那个年代，许多经济学人的文章只能充斥着经典作家和领袖们的语录，或者复述既定的政策。于光远和孙冶方等有独立见解的经济学家都强调学者的研究应该有自己的见解，孙冶方明确地提出，经济研究所的研究不应该搞政策汇编。我曾亲自听到于光远在许多场合反对在文章中搞语录排队。遗憾的是，尽管于光远早在20世纪50年代中期就对分配问题做了一定程度的计量分析和实证分析，但这种分析方法长时期内未能得到发展；特别是1958年发表了张春桥破除资产阶级法权的文章以后，分配问题的研究一直在姓资姓社中兜圈子，耗费了大约20年的时间。直到粉碎“四人帮”以后，于光远不得不在20世纪70年代末发起按劳分配问题的讨论，在分配领域掀起了拨乱反正的高潮。我们作为晚辈，只能在拨乱反正的基础上才能将分配问题的研究逐步引入定性分析和定量分析相结合、实证分析和规范分析相结合的轨道。可见，在分配问题的研究方法上，于光远是我们的开路人。

于光远作为有很好自然科学基础的经济学家，在研究方法上的思路是值得钦佩的。早在20世纪五六十年代，在研究经济效果问题时，他和孙冶方都写过《最小—最大》（是《用最小的劳动消耗取得最大的使用价值》的简写）的文章。到了改革开放初期，他意识到当年他和孙冶方的研究都没有量化。有一次，他对我们说，要把《最小—最大》加以量化，必须改一个思路，那就是：“在产出为既定的情况下，投入最小；在投入为既定的情况下，产出最大。”当然，我们不能要

求他在达到高龄以后亲自去做计量工作，但是，他的思路却一直在启发着后来人。

（本文为作者在 2013 年 10 月 19 日经济学界于光远同志追思会上的发言，2013 年 10 月 28 日整理成稿）

我与光远同志的相识、相交与相知

郑必坚

我们今天在这里追思于光远同志，心情非常沉重、悲痛；回忆与他相识、相交、相知的过程又倍感亲切。

2013 年 9 月 26 日凌晨，勤奋一生、探索一生、学习一生、思考一生、笔耕一生的于光远同志与世长辞。这位百科全书式的大学者留下了近百部著作，约两千余万字。这是一座内容丰富的学术思想宝库，广泛的学术兴趣和丰富的人生阅历使他的学术思想内容十分丰富。于光远同志的一生就是一部展开的百科全书。他兼革命者与学者于一身，他的学术研究与中国革命和社会主义建设，特别是改革开放事业紧密联系在一起。于光远在清华大学物理系读书时期，参加了"一二·九"学生爱国救亡运动，1937 年加入中国共产党，在北平、广州、太原、武汉、粤北等国民党统治区从事党的地下工作。1939 年调往延安。作为清华大学物理系的毕业生，他是抱着为革命事业学习的志向来研究社会科学的。他曾讲过，因为革命需要社会科学，我对社会科学才产生了强烈的兴趣。我也相信，在革命中学习社会科学，才能学到对革命有重大意义的社会科学真理。

我与于光远同志相识于 1955 年。我刚从中国人民大学马列主义研究班毕业留校，他去人大选人，就把我选到他领导的中宣部科学处工作。当时在科学处工作的都是他选来的毕业不久的青年学生和青年教师，学自然科学的居多，有龚育之、罗劲柏、李佩珊、何祚庥等。他认为，从事党的理论政策研究的人，一定要把握好政治方向，加强马克思主义理论素养，还要具有一门自然科学或社会科学的专业知识。当时，中宣部科学处既联系自然科学部门，又联系社会科学部门，光远同志受

过良好严格的自然科学训练，又有广博的社会科学知识，对工作充满热情，加上他开朗的性格和平易近人的工作作风，他在联系自然科学和社会科学界的过程中，真是如鱼得水，游刃有余。相当多的著名专家和学者都成了他推心置腹的挚友。1956 年，在中央领导同志主持下，光远同志具体组织领导了一大批著名科学家和学者编制《全国十二年（1956—1967）科学技术发展远景规划纲要》，还提议并主持指导了哲学社会科学规划的编制。1957 年光远同志又组织召开了青岛遗传学会议，摆脱了苏联的影响，纠正了在遗传学领域只允许研究米丘林学派，压制和批判摩尔根学派的错误倾向，对认真贯彻党的百家争鸣方针政策起了重要的推动作用。

光远同志是科学处的领导，更是当时我们这些青年的良师益友。他与胡绳、王惠德、廖沫沙等人在 50 年代初合著出版的《中国革命读本》《社会科学基础知识讲座》《政治经济学讲座》和《政治常识读本》等著作对广大干部、知识界和青年学生学习马克思主义理论起过重要作用，产生了良好广泛的社会影响。光远同志又是中国科学院第一批学部委员。但他这个大学者和领导特别平易近人，对我们当时处里的年轻人十分热情，耐心指导。年轻人在他面前可以提出各种不同意见，他鼓励年轻人与他争论，他倡导“独立思考，只服从真理”。他强调要用科学的态度对待工作，要把党的路线、方针、政策与社会实践结合起来，作为科学深入地研究。他强调个人的业务学习要与党的工作需要结合起来，在干中学。他放手并创造条件让我们年轻人参加很重要的工作，开阔视野，增长才干，得到学习和提高。记得当时毛主席提倡读《政治经济学教科书》，他带着我去参加中宣部部长陆定一和张子意的学习组。他还带我参加薄一波副总理主持的学习政治经济学的会议，为我们提供接触一些重大活动的机会。他勤奋工作、严谨治学、思想活跃、视野开阔的治学精神，对我们当时的这些年轻人，堪称楷模。他一天到晚无时无刻地思考问题，一有心得马上就记下来，在他的床头也总是放着铅笔和纸。

20 世纪 60 年代初，中央曾委托光远同志主持编写政治经济学教科书，资本主义部分很快编写并出版了，成为当时大学的教材；社会主义部分，他从1961年至1965年组织了一批经济学家，刚刚完成了《社会主义经济问题》的初稿，由于“文化大革命”就被迫中止了工作。“文革”中，光远同志坦然面对对他的各种形式的批斗会，他甚至还能与批斗他的“红卫兵”开玩笑，始终保持着革命的乐观主义精神。在“五七”干校劳动时期，光远同志在劳动之余，仍手不释卷，研读马恩全集。

1975年光远同志恢复工作，任邓小平同志直接领导下的国务院研究室的负责人之一，积极投入同“四人帮”的斗争中。当时，我也被调入这个研究室工作。粉碎“四人帮”后，在思想理论上拨乱反正、正本清源的工作方面，光远同志做出很多贡献。他组织学术界对许多经济学和哲学的重大问题展开了一系列理论研讨，这些研讨打破了长期形成的思想禁锢，推动了思想解放，有利于学术繁荣。他曾经主持并参与了邓小平同志在中共十一届三中全会前中央工作会议讲话“解放思想、实事求是、团结一致向前看”的起草，并列席了十一届三中全会。他曾任中国社科院副院长、国家计委经济研究所第一任所长、第十二、十三届中央顾问委员会委员。他是我国改革开放重大历史决策的重要亲历者、参与者和见证人。我国经济建设和改革开放中的许多重大理论问题，都是他率先进行探索或较早提出的，他是较早提出社会主义初级阶段问题的学者之一，他也是较早主张中国实行社会主义市场经济体制的学者之一。2008年在纪念中国改革开放30周年之际，他被评选为“中国改革开放30年30名杰出人物”之一，“改革开放30年30名经济人物”之一。

光远同志不仅在学术思想上勇于创新，而且在学术事业上热心开拓。他不仅在哲学和经济学方面作出了重要贡献，而且对我国诸多交叉学科的建立和发展也作出了重要贡献。为了凝聚研究力量，培养人才，促进新学科的发展，他发起、倡导或组织成立了中国自然辩证法（科学技术哲学）研究会、生产力经济学、技术经济与数量经济学、科学学与科技政策、未来学、休闲学等研究会。当时他在史家胡同的电话号码后四位是8787，人们昵称为“发起发起”。

我们虽然再也不能亲见光远同志的音容笑貌，但他留下了卷帙浩繁

的著作，人们可以从中汲取智慧。光远同志的宽阔视野、深邃的洞察力、深切的现实关怀、学术志趣、创新能力和开拓精神将启发和引领我们深入关切中国改革开放中出现的重大理论难题和实践经验，并激励我们为解决这些难题总结实践经验，努力探索并作出应有的学术贡献。

（本文根据作者在2013年10月19日经济学界于光远同志追思会上发言整理）

回忆光远伯伯

郑仲兵

2013 年 9 月 26 日中午，天色阴沉下来，但觉头脑昏昏沉沉。突然，我的老朋友、于光远的秘书胡冀燕打来电话：于老今晨 3 点 42 分过世。十几天前还很平稳，中秋节那天因食管倒流呛后出现吸入性肺炎，发起烧来退不下去，今晨就过世了。

享年 98 岁，算是喜丧；且两年来一直卧床，各器官逐渐衰竭，近几个月更是一直处于昏睡状态，他的离世，本是预料中事。但想到这样一个为中国经济体制改革作出理论奠基的伟大学者，竟在如此寂寞中死去，想到他几十年来对我的厚爱和教益，仍觉得难以接受这个事实，仍有如丧考妣的心痛。

在我人生中，有过三次因失去可敬可爱的亦师亦友而有弥久的伤痛。一次是 2002 年 1 月王若水的去世，接着秦川、李慎之、吴祖光、林子力、林涧青也先后离世。一次是 2010 年朱厚泽的去世，接着童大林、李朴、李昌、黄宗江、理夫、胡绩伟先后离世。再就是这次于光远的去世，八天前，他的学生、我的同辈好友张显扬过世；之后是女作家梅娘去世。为此我倍感寂寞和悲凉。有感于此，我写了首《哭光远伯伯》的悼诗：

相识相知一甲子，亦师亦友最伤情。
东风未暖西风劲，知己纷纷作古人。
泰斗宗师何所用，金钱权势最光灵。
横眉怒目应向谁？十里长歌哭先生。

相识相知一甲子

所谓“相识相知一甲子”，是指20世纪50年代初，我就认识了他。那时，我正在北京灯市口的育英中学读初中，课余有时会到位于外交部街东口的《学习》杂志社打乒乓球。那是我父亲郑公盾工作的单位。在乒乓球室里，我第一次见到于光远。我父亲向他介绍说“这是我的儿子”，并要我叫他光远伯伯。光远伯伯问我几岁了，念几年级了，有什么课余爱好等等。他中等身材、皮肤白皙、微胖、连鬓胡子，毛发浓重，头发蓬乱，穿一件有几个窟窿的破背心，给人一副不修边幅的印象。他球技虽不很高超，但和人对打，总能赢别人。我和他交过几次手，也总是输给他。他唯独打不过王惠德，王惠德是中南海乒乓球赛冠军，号称“海内冠军”。父亲告诉我，光远伯伯是《学习》杂志总编辑，“学问渊博，才华横溢，风声谈笑，雷迅文章”。几次打球的接触，给我留下最深的印象是他的笑。他不仅总是面带笑容，而且常常开怀哈哈大笑，笑声很大，甚至会笑得不能自已。即便是打球，他也是不停地说说笑笑，操一口略带上海腔的普通话，时不时地会冒出一句令人捧腹的俏皮话，当然，有时别人还没笑，他自己先笑出来……从那时起，六十年来我都叫他“光远伯伯”。

50年代中，我随母亲陈璋住到沙滩乙二号中宣部大院宇字楼宿舍，光远伯伯就住在大院图书馆楼后边的一幢小四合院里，进进出出有时还能见到他。每次见面，他都会冲我笑笑，但很少说话。那时，于光远名气已经很大，中宣部大院里的孩子也都知道他，还传说着有关他的轶闻趣事。

一是说他聪明绝顶，记忆力非凡：一次他在家里会见慕名来看望他的人，足有二三十人。来者中有人称赞他记忆力好。他听后很得意，说“今天不妨就考验一下我”。于是，由来者一一道出自己姓名，在分别时，于光远和他们一一握手，并说出他们的姓名，结果一个不差，令在场的人大为惊奇，并传为美谈。当时中宣部子弟多是中小学生，最看重记忆力好的聪明人，于光远自然便成为孩子们崇拜的对象。

一是说他出书和发表文章最多，是中宣部的稿费大户；因为稿费多，所以是中宣部的首富，但他又最不把钱当回事。他除了将大把的稿费捐作党费外，时不时地还给中宣部幼儿园、食堂捐钱。后来中宣部在院内的“北大红楼”西北边修了一座游泳池，也是由于光远和中宣部另一稿费大户曹葆华捐资修建的。游泳池的最大得益者，当属大院的孩子们，所以我们对他都有好感。于光远究竟有多少钱？当时不仅别人说不清楚，连他自己也说不清楚。只知道几乎每天都有邮局送来他的稿费单，由他的勤务员到邮局领取。他的勤务员还负责为他家打扫卫生、帮他给上海的母亲寄钱等勤杂事务。后来这个勤务员在北京市附近的农村家里，添置了高档家具以及收音机、自行车等当时的时髦货，其暴富行径引起乡邻惊疑，引来公安局介入调查，查明该勤务员是个窃贼，并把他拘捕。主要是偷盗于光远的钱财，而作为经济学家的于光远竟毫无察觉。

50年代中，我由初中升入高中，《社会科学基本知识讲座》是高中阶段政治课的教材。也许因为这部书是光远伯伯和胡绳、王惠德编的，而他们都是我熟悉的父辈，所以这门课我学得特别用心，成绩也特别优秀。

1956年，中共中央提出“双百”方针，一时间，颇有百家争鸣、百花齐放的气象。当时中宣部也在图书馆小礼堂举办了系列学术讲座。开讲的就有光远伯伯（当时他是科学处处长）和许立群、秦川、林默涵、王惠德等名人，他们都是中宣部正副处长。当年中宣部，不用说正副部长，就是各处的正副处长也都是既有革命资历，又有学术声望的专家学者。当时我对这些讲座极感兴趣，又因病休在家，所以经常混进去和中宣部的青年干部以及学部的青年学者一起听讲。光远伯伯讲的两个专题，分别是经济理论和科学问题。我最爱听的是于光远和秦川的讲演。前者概念明确、逻辑性强、富有理性、发人深省；后者通俗、生动、深入浅出、实事求是，有特殊的感染力。他们俩讲演的风格迥异，但都有自己独到见解。听讲后，我还分别到过他们家请教问题。也许两位父辈看当时的我幼稚浅薄，没有表现出什么特别的兴趣。但是到了“文革”以后，他们却都成了我的忘年至交。

反右前后，我就很少见到光远伯伯。反右运动中，小礼堂的学术讲座停止了，代之以接二连三的批斗会，小楼不断传出声嘶力竭的批斗声和口号声。

1958 年我上大学，政治经济学是一门必修课，所用课本又是于光远与王惠德合著的《政治经济学讲座》。当年我还为民族学与社会学问题，为商品和市场问题，分别找过光远伯伯和林涧青叔叔（科学处副处长）当面请教。

1959 年，中宣部提拔许立群、姚臻、林默涵三人为副部长。当时，我听父母和一些中宣部叔叔阿姨的议论其实最应该提的是于光远。他们都为于光远感到不平。后来听说，1964 年，因聂荣臻元帅的器重，光远伯伯才被任命为国家科委副主任。

1966 年“文化大革命”爆发，毛泽东说中宣部是阎王殿，中宣部所有部、处级干部都被当作“阎王”和“判官”遭揪斗整肃，光远伯伯自不能幸免，成为第一批被“革命”者。先是到车公庄的北京市委党校集中关牛棚接受批斗。当时我母亲也被集中到市委党校，但每周可以回一趟家。她说了一些于光远挨斗的情况。如说“革命群众”要他交代为什么说粪是臭的？（因为毛主席说过粪是香的）他竟列出粪的分子结构来，证明粪是臭的。结果引起“革命群众”的极大愤怒。还说，有从学校来的红卫兵批斗他，讲出一些道理，他觉得可以说得通，甚至会表扬人家。弄得“革命群众”哭笑不得。

后来光远伯伯和我的母亲都被赶到宁夏自治区贺兰县的干校。我母亲和光远伯伯又同在养猪班，他们在共患难中建立了深厚的友谊。当年我的哥哥郑伯农和他的女友、妹妹郑立中、我最小的舅舅陈家庚（比我小两岁）到宁夏干校看我妈，都把还在挨批斗的光远伯伯当作自己的亲人，有好吃的就会请他及家人一起吃，和他聊天、听他讲故事，陪他去赶集或上银川逛街，带他的两个小女儿小东、小庆出去玩耍等等。现在还留存着好几张当年的合影。那两三年，我被打成“现行反革命”，先是蹲监狱，后来长期被关押在干校的土牢中，因而不能和他们一起去宁夏干校探亲，也无缘和光远伯伯见面。

1975 年，邓小平复出，光远伯伯被召任国务院政治研究室七成员之一，从干校回到北京，住在史家胡同8号。但“批邓反击右倾翻案风”中，又遭整肃。我从湖北干校回京后曾与哥哥、妹妹、舅舅去看望他。他非常关心我在干校挨整的情况，同时也问清明节前后天安门学生悼念周恩来总理的情况。

“四人帮”垮台后，我常和李春光（音乐学院青年教师，因写过指向江青的大字报而闻名）一起去看他，当时他正忙于负责和林子力等人合写一本批判“四人帮”批唯生产力论的书，虽然很忙，但总愿意抽空和我们接触。加上我父亲从秦城监狱放出来后，原住房已被人占用，后来也入住史家胡同8号西院，和光远伯伯成了邻居。所以每次我去看我父亲，也都会跑到光远伯伯家坐坐。有时我父亲也会和我一起去，但他并不多说话，主要是听我和光远伯伯攀谈。

1978年，胡耀邦任中组部部长期间给我平了反，三中全会不久，我被调中宣部理论局工作。之后，和光远伯伯之间的交往更加频繁。除了世交关系、工作联系外，主要是我们观念和情感的相投，逐步建立了深厚的亦师亦友的关系，而且这种关系在30多年中，日益加深。这是因为：

一是我看到他在“批邓反击右倾翻案风”中，骨骾最硬；

二是他在真理标准讨论中坚决和耀邦站在一起，成为实践派领军人物之一；

三是他在中央工作会议和三中全会上，批评“凡是派”，为天安门事件平反，为确立党的新的思想路线——“解放思想、开动脑筋、实事求是、团结一致向前看”，开辟改革、开放新时期做出特殊贡献；

四是理论务虚会前后，他作为思想解放运动中胡耀邦的重要顾问和助手，在拨乱反正，批判以阶级斗争为纲、无产阶级专政下继续革命“理论”，批判“四人帮”对唯生产力论的批判，提出社会主义生产目的问题，明确社会主义初级阶段，提倡现代市场经济，以及引进世界文明、创建新的学科做出卓越贡献；

五是他确有真才实学，堪称博大精深，兼容自然科学和社会科学，精通哲学和经济学，特别是他的创造性理论思维能力、科学思维能力，恰是其他理论工作者、经济学家所不能与之同日而语的，他是中国经济体制改革——从计划经济体制向市场经济体制转换的重要理论奠基人；

六是在我人生几个重要阶段——在中宣部、在《新观察》杂志、在负责中西部发展研究中心工作和主编《精品》杂志、在中华文学基金会，以至在我退休后负责文衡文化发展中心工作和编撰《往事》民间传媒等等，长达30余年中，他对我持续的关爱、支持和教诲，吸引我参加他领导和组织的各种学术和社会活动（如经团联、国土经济学会、自然辩证法研究会、《方法》杂志、市场经济双周座谈会等活动和聚会），介绍我认识了杜润生、任仲夷、李慎之等一批中国卓越的思想家。我与他思想观念相投，政治态度一致，在我诸多忘年交当中，他和朱厚泽都是对我影响至深的人。

值得一提的几件事

一、胡耀邦主政中宣部期间，为引导思想解放运动，除了定期召集办公会即部务会外，还经常组织例会——召集单位负责人联席会和务虚会——高层次的专题研讨会。光远伯伯是跨两个会的重要角色。我作为工作人员，总能在会上和他见面。非常有趣的是，在会上，我注意到，他除了在发言外，总是趴在桌子上不停地写东西。但是有时在别人发言时，也会突然放下笔，插上一段话，而且接得非常得体、非常有道理。大家都知道，他写（或改）东西不影响他听讲，他听讲也不影响他写作，他有一心二用甚至三用的本事。以前就听我父亲说过，当年在《学习》杂志时，正值开编前会，要把重要稿件交给总编辑于光远审改。光远伯伯既要主持会，又要听别人发表意见，不时还要插话表态。但是令人惊奇的是，会开完了，他稿子也改完了，而且删改得很厉害，有的段落甚至改写过。

二、20世纪80年代初，“特异功能”假“人体科学”的名义蜂起，一次由国防科工委科技委主任张震寰组织的特异功能表演会，请中宣部派干部并代邀社会科学界著名专家学者参加观察，还特别提到最好请于光远同志参加。部领导让我参与其事。我对特异功能虽持否定态度，但抱好奇心，想看个究竟。我知道张震寰是“一二·九”运动民先队成员，早年也到过延安，应与光远伯伯熟悉。所以见到光远伯伯时就和他说了。不料他竟勃然大怒，涨红着脸，大声反问我：“我为什么要参加?!”我惊呆了，不知所措。这时他的秘书胡冀燕把我拉到一边，笑着对我说：“你真是哪壶不开提哪壶！他最反对特异功能了，不能在他面前提特异功能。”几天后，我又见到光远伯伯，我不敢再提特异功能的事。但他并没有忘记，倒是笑着对我说：“变魔术你能看出破绽吗？你如果能看出，人家还能表演吗？你去参加特异功能表演会，你能观察出什么？以后你还怎么表态？不要上他们的当!”接着他还告诉我：在特异功能问题上，邓小平不表态，胡耀邦持否定态度，但主张“不争论”。我跟他说：前几天我听说，几个特异功能大师搞“意念转移”没搞成，便解释说，因为隔壁房子有于光远，他的气场太强了。他听后，不禁哈哈大笑起来。

三、我每次应约到他家里，他总是在写东西。进入他的书房，他会抬头冲你笑笑，然后接着写他的东西。接下来就是孟阿姨（他的夫人）来倒茶和我或我们寒暄。非得待到他写完一个段落才跟我（或我们）谈话。谈话时他也非常投入，每次见面他都有新的话题，从不重复上次说过的。我真佩服他的大脑功能，怎么会有那么多感触，又有那么多的认识，而且都具理论化。他即便在和我们谈话，还是没有停止他的写作，只是把“重点”放在谈话上。有时谈话到兴头上，他上洗手间，也会唤你进去，说：“进来吧，没关系!”他就坐在马桶上和你继续谈话。好在他家的洗手间很大，还放着一两把椅子。他真是把时间利用到极致了。有次，我在报纸上看到报道他从北京到上海，在飞机上写了两篇文章。我问他可有此事？他问答说：“略有差误，不是两篇，而是三篇。”说完他自己先笑起来。

四、有一次我和他一起到某大酒店去参加一场研讨会，会间，他上洗手间，因为他是从主席台上走的，所以我没有陪他。但我注意到他好半天没有回来，便到厕所去找他，没有见到。我有些慌了，便和胡冀燕在酒店各处找，还是没找到。还是冀燕有经验，说这里还有几个会，我们到各个会场去找找看。终于在一个全国性研讨会的会场主席台上找到了他。原来他如厕后走错了会场，该会议主持人见是于光远，喜不自胜，说："没走错，没走错！"便把他迎到主席台中央。冀燕跟我苦笑道："以前也出过类似的事，就是到酒楼参加酒会，也是走错了大厅，结果被拉到别的宴会上吃了起来，他也不着急。"光远伯伯是中国大名人、大学者，认识他的人又多。别人请他还请不着，他走错门儿了，对别人来说是"正中下怀"。有趣的是，他自己也还心安理得，认为无所谓走错门了。

五、1991年底，光远伯伯被查出患乳腺癌住院手术。他在电话中告诉我：男人患乳腺癌是非常罕见的，差不多20万人中才有一个人得这个病，"非常荣幸，我就是这二十万分之一"。说完他竟哈哈大笑起来。人们常把癌症称作绝症，当时我正在为他担惊受怕呢，而他仿佛在说课题的数据，仿佛在说一件新奇的故事。后来，他因输血又感染上丙型（或是戊型）肝炎，不得不停止化疗，住进解放军302医院调治。我去看过他三次，他一点没有表现出对病的担忧，而仍像在自家书房一样，不断地看书、写作。一位护士对我们说：于老的乐观、于老的勤奋，都是我们从来没有见过的。住院期间，他还写了40多篇有关市场经济的文章，完成了20多万字的《社会主义市场经济主体论（札记）》一书；在这期间，他还溜出医院，偷偷地参加过两三次老朋友们的聚会（吃饭、聊天）。到了1993年，肝病指标刚刚稳定下来，他又外出跑了许多地方去考察，那一年跑了香港、上海、浙江、天津、广东、海南等地。他跟我们说："学问有的是坐出来的，有的是跑出来的。"

六、1992—1993年，光远伯伯多次跟我提到他喜欢邵燕祥写的文章，既有思想又有文采，说他要向燕祥学习。他还自我调侃道："我的文章就是稍逊风骚。"不久，他提出一个响亮的口号："要做21世纪文坛新秀"。当时他已经88岁，我也只把他的话当作"老顽童"的豪言壮语看待。没想到，不到21世纪，他的一部又一部的散文随笔集都出来了。其中有《碎思录》（他的老朋友、著名物理学家戈革还为他的每篇短文都配了篆刻）《古稀手记》《"文革"中的我》《我的编年故事》《酒啦集》《窗外的石榴花》《细雨闲花》等等。其中《细雨闲花》的书名是我提议的。1996年他将1977年以来写的散论随笔一类的文章编撰成一个集子，他问我：你说取什么书名好？我想到唐诗中刘长卿的诗句：“细雨湿衣看不见，闲花落地听无声”。我说历史发展的河流，基本上都是在“看不见”“听无声”中流淌的。您写的这些散文、随笔，也正是二十年间这种“看不见”“听无声”历史流淌的记录，书名可否叫《细雨闲花》？光远伯伯听后表示认可。

七、1994 年冬天，光远伯伯约我和作家牧惠、广东著名女记者方小宁一起去看望夏衍老人。当年光远伯伯 79 岁，夏老 94 岁，比夏老小 15 岁。我们在夏府客厅中等候，半个小时后夏老才由他的女儿沈宁扶着出来。夏公似乎更瘦了，和往日见面时和蔼可亲谈笑风生不同，今天是闷闷不乐、少言寡语。看得出他生病了。平常我常见到人们对于光远这个老人家的尊重和爱戴，今天却看到他这个老人家对夏衍老人家的尊重和爱戴。他为了让夏老开心，说了很多趣事，还用川音唱了一首四川抗日民歌，显得格外的年轻活泼——这是我从未看到的。因为考虑到夏老的身体，我们谈话没有多久，便让他回房休息。沈宁后来打电话告诉我：老人家最近身体一直不适，你们来时他正在厕所，便秘弄得他很难受。我和光远伯伯说了，他感叹道：“夏公是非常顾全体面和尊严的人，不愿意让人们看到他难受。”几天后夏老住院了，一直就没有出来，两三个月后这位中国现代文学艺术的泰斗、卓越的思想家便与世长辞了。所幸的是，那天方小宁给我和夏老一起照了相；那天，光远伯伯的举动，也特别让我心动，我看到他是真正认识到了夏衍的伟大价值。

“你们要爱护光远啊！”

1996 年，学术界的朋友为他举办“于光远从事学术活动 60 周年研讨会”，分别开了他的经济思想、教育思想、哲学思想三个研讨会，之后还决定开一场他的文化思想研讨会，并推举我来主持。他本人建议，会议可就文化作为社会协调和社会发展功能问题作些讨论。这个会 12 月 10 日在友谊宾馆科学会堂举行，200 多名新闻、出版、社科、文学、艺术、翻译等方面的专家学者参会。朱厚泽、李锐、马惠娣、邵燕祥、蔡德诚、张扬、黄宗江、秦川、戴煌、胡绩伟、曾彦修、童大林、吴象、曹思源、李辉、陈思益等人相继在会上发言。大家都充分肯定60年来，特别是20年来，光远伯伯对中国文化发展做出的特殊贡献。

光远伯伯在会议的头尾说了两段话。他说自己在许多方面，对许多问题都只能算是“一知半解”（恩格斯有这样的自谦，他最尊崇恩格斯）。但“我的优点是比较老实，不会装腔作势”。他说：“我最讨厌的人是，装腔作势，借以吓人，伺机整人。”

我在开场白中突出提道：于光远“从青年时代开始，作为一位革命家，又是一位学者、文化人，后来又长期担任文化机构高层领导人，但是他真正的凝聚力，始终是深邃的思想，渊博的学识，是知识的力量，智慧的力量，文化的力量，而不是他的权力。他积极乐观，尊重科学，追求真理，不为条条框框陈规陋习所束缚，有真正学者风范。他不倚仗权势，没有霸道，没有阀气，有很强的宏观性、开放性、包容性，有继往开来之精神。他的双重身份，没有形成他的双重人格。这是非常难能可贵的”。

1996年春，我陪同光远伯伯到上海。光远伯伯是上海市的顾问，他每次到上海，上海市的党政领导都会去看他。那次先后去看他的有前市委书记汪道涵、市长徐匡迪、中央统战部副部长刘延东以及市里有关经济部门的负责人。光远伯伯当时腿脚已经不灵，为了照顾他，我和他住在一个大套间的卧室里。他白天要忙着接待客人、参观、考察、开研讨会、讲演，晚上还要写作、看书，到十一二点，他才躺到床上，继续靠在床头看书，一直到凌晨一两点钟。我真奇怪，白天马不停蹄地劳顿，怎么到晚上还有那么旺盛的精力？因为我到午夜12点钟以后，都觉得难以支撑了，但我还有“照顾”他老人家的任务呢！刚到宾馆的那天晚上，为了使老人家睡得安稳，我把窗户关上，又把窗帘拉上。不料他竟不予赞许，还让我重新把它们开启。他说：“为什么要关上窗户呢，这样就不通风了；为什么要拉上窗帘呢，这样我就无法知道是不是天亮了。一切要尽可能顺其自然！”他告诉我，从小他就有这个习惯。

在上海的一天，他拉着我和胡冀燕到华山医院去看望病中的周谷城老人。刚见面时，周谷老有些木然，坐在病床上发呆，当时有个女护工在照看他。当年他已 97 岁。我们和他说了许多话，他都没多少反应，即便是答复我们的问话，也是前言不搭后语。大概过了五分钟左右，他突然认出了于光远，激动地抓住光远伯伯的手："哎呀，光远啊，光远啊！"霎时间，思维也变得敏捷，言语也变得清晰而富于逻辑性。他一再说，光远是他病中最想的人，是他一生见到的最有学问、最有才干的人。

于光远向他汇报了中国太平洋学会理事会议和新选出的一届领导成员，以及公选他为名誉会长等情况。周谷老高兴地连连称好，说："我做不成事了，太平洋学会交给你（周谷老是前任会长，后推荐于光远继任），我就放心了。"他们俩亲密得像谈家常一样说了很多话，我记得是：

光远问：周扬也是益阳人，你们是不是一个宗族的？

周谷老回答：周扬和我虽然都是益阳周姓，但不是一个宗族，周扬和周立波同宗。

光远还问：你和郭沫若应该有较多接触？

周谷老说：是啊，但我对他的许多做法不敢苟同。

他们俩越谈越近乎，周谷老还说，报纸、广播说我们一切都好，越来越好，但从民间听到的，我自己看到的并不是那么回事。从他的言谈话语中可以看出，他对党和国家情况十分了解，信息十分灵通，对局势是十分忧虑。光远伯伯也谈了自己对党和国家的问题的看法，周谷老都表示赞同。

考虑到周谷老需要休息，我们只好告辞了。周谷老站起来和光远伯伯动情地握手道别，他说："也许我还能活半年，没有机会再见面了！"接着又跟我和胡冀燕握手，并对我们说道："你们要爱护光远啊，你们要爱护光远啊！"声调恳切，形同哀求。我注意到他眼里含着泪水。我知道，他这话并不是冲我们说的，他哪里是冲我们说的呢？……半年后的 11 月 10 日，他离开了人世。

光远伯伯也走了，回想和他几十年交往的点点滴滴，让我想了很多很多……

我和于老的情缘

鲍寿柏

我其实早在 1981 年就认识于光远先生了，但那只是作为一个与会者听过他的演讲；1983 年参加在安徽合肥召开的全国小城镇改革讨论会时，我还曾与他合影留念，但始终没有近距离交流接触的机会。只能算是我认识他，他不认识我罢了。

真正结识于光远先生并与他结交是 1985 年春天。经北京大学经济系陈德华老师介绍，邀请于光远先生来马鞍山参加由我负责具体筹办的经济发展战略讨论会，那天我带车到扬州去接他，在扬州宾馆与他第一次正式会见。那年的于老年届 70 岁，但谈吐与举止十分敏捷，身着西装领带，看起来比实际年龄要年轻得多，大家也没有人称他于老，而是直呼其名“光远”或“光远同志”。那天在扬州吃午饭时我好奇地获知他从小不吃鱼，原因是怕鱼刺，嫌麻烦，秘书胡冀燕特地关照凡他用餐时不要上鱼。饭后我一路陪同他由扬州来马鞍山。途经南京时，于老望着车窗外的古城墙，不禁有感而发，吟起了唐代刘禹锡的名诗《西塞山怀古》：

王濬楼船下益州，金陵王气黯然收。
千寻铁锁沉江底，一片降幡出石头。
人世几回伤往事，山形依旧枕寒流。
今逢四海为家日，故垒萧萧芦荻秋。

在诵完诗后，他双目久久远凝金陵古城，触动了对几多往事的深深感怀。

这次会议，同被邀请参会的还有《世界经济导报》总编辑钦本立老先生等。当时马鞍山围绕经济发展战略有一句很时髦的口号，叫作“全市保马钢，马钢带全市”，是1978年底十一届三中全会前夕从辽宁鞍山学来的，这句口号，反映了传统计划体制下资源型城市的经济特征。随着改革开放的兴起，围绕这个口号纷争迭起，一些人认为要强调“保”，另一些人则强调要“带”，这一争议在1984年10月反映到总理那里，总理作了裁决：“先保后带嘛！”但保与带之争并未因此而停息。于老一来马鞍山，市委书记徐卿就再次把这个问题提到他的面前，向他请教。想不到于老语出惊人，把手一挥道：“我对口号不感兴趣。用口号领导经济工作的时代已经结束。”于老此言看似漫不经心，但却反映了他对传统体制下经济领导方式的深刻反思，以及作为一个经济学家对经济改革的高瞻远瞩和广阔视野。此言一出，也给这座城市绵延了多年的口号之争画上了一个句号。在改革开放之春的那次发展战略讨论会，轰轰烈烈地开了一周，所有的观点都随着浮华烟云而渐渐地淡忘了，只有于老“用口号领导经济工作的时代已经结束”这一警言言犹在耳，成为那次会议的重要标志。

自那次会议之后，我与于老的交往日渐增多。东单史家胡同8号也成了我赴京必去之地。我那时仅是个初出茅庐的年轻人，与于老年龄相差几十岁，但可能是性情相投的缘故，老人家也似乎非常乐意接纳我这个学生和忘年交。1985年秋天，我记得曾协助他出了一本《于光远著作目录》。他常邀我参加一些他牵头倡导的学术活动。1986年，在北京华侨饭店召开的全国旅游学术讨论会上，于老发表的关于旅游方面的一系列独特见解，以及在此前后他所写的许多短文，在当时都具有开创性，令我茅塞顿开。但是，在80年代的所有交往中，印象最深的莫过于那次在马鞍山市召开的中国全面改革理论讨论会了。

于1986年秋天召开的全面改革理论讨论会，是由于光远和中国政治经济学研究会发起的，作为承办方，我任大会秘书长，负责日常事务工作。那次会议云集了改革开放以来的一大批风云人物，就理论界而言，可能是80年代具有标志性影响的重要会议之一。但既然把全面改革列为主题，难免触及政治体制改革的一些敏感话题。于光远先生作为泰斗人物，在会上发表了几次讲话，讲话中批了一些“左”的思潮，还批了时下风靡全国的人体特异功能。作为学术会议，我当时感到没有什么异常，属于正常讨论。但之后不久胡耀邦下台，该会被打成黑会，遭到查处。

于老是位名副其实的大杂家、大学问家、大思想家。他的大量著作，我真正精读过的，其实只有《政治经济学教科书（资本主义部分）》《经济社会发展战略》等少数几本，由于专业、职业等因素使然，反映于老思想精髓的诸如科学社会主义、哲学、经济学、自然辩证法等大部分著作我并未真正静下心来系统地研读，最多只能算是浏览与涉猎而已。但于老的博学，思维之敏锐，洞察力之深邃，对新事物追求之热情，对信念与真理坚持之执着，使他在我的人生经历中始终保持着一种巨大的魅力和影响力。在我的记忆中，他是改革开放以来我国经济发展战略和区域发展战略研究最早也是最重要的创导者和开拓者，因此，他对我从事这方面的工作与研究影响很大。于老的记忆力超群，他的回忆录《1978：我亲历的那次历史大转折》是迄今为止关于党的十一届三中全会最完整也是最重要的实录。

于老喜欢调研，在他 90 岁以前，几乎每年都要到全国各地走几趟，会会朋友，叙叙旧情，发发议论，而每次只要到长三角一带来走动，我都会赶过去陪他老人家。有一次陪他从苏南到南京，应江苏省政协副主席胡福明邀请住在中心大酒店，晚上他执意要我陪他到邻城马鞍山市去走一趟，因时间紧，在那儿只逗留了两个多小时，我们用轮椅推着他沿雨山湖漫步观赏了城市的夜景，并在多年前开过两次会的雨山湖饭店喝了会儿茶，便匆匆返回南京居住。事隔多年后，也就是去年 5 月 13 日，我去北京寓所看望于老，于老竟见面就说，我那次晚上去马鞍山竟未能在那儿住上一晚，给我留下了很大的遗憾，我一直想再到马鞍山住上一晚。我听后吃了一惊，事后静思，不禁使人想起了 25 年前那个以全面改革为主旨的“马鞍山会议”。那次遭遇坎坷的会议其实是于老的一个永远的情结。

与于老在一起，他那孩童般的天真随处可见，常常使人感到生活在另一番意境。有一次友人邀他在梅地亚酒店小住，正好我去看他，他跟我海阔天空谈了一下午，从延安时代一直谈到改革开放新时期，其中还有不少与他人的交往、对白、诗词往来等实录，我惊讶他的记忆力，但自己无法来得及将那些珍贵的史料记下来。谈到六点钟，他要请我吃饭，并告诉我，这两天住在该酒店可以签单请客。说完，露出孩童般天真的得意表情。看来，老人家对此类权限很少用过。我至今记得他的那个表情，虽然我们用那个权限只享用了两菜一汤。

还有一次，于老在海南博鳌参加一个麻将方面的学术会议，我正好在广州参加中组部办的一个班。于老让我过去，我就在博鳌他的大套间里的秘书卧室住了三天，给老人家当了三天“秘书”。那次会其实是一个很有意思的会议，参加会议的还有他的几个老部下龚育之、孙小礼夫妇和马惠娣、王治国夫妇等。我不懂麻将，讨论的内容我其实不十分了解，但会议触及了中华文化内涵方面的一些深邃的话题。与会前一段日子，我身体不怎么好，因在官场处于逆境，心中郁闷，但从未向于老提及，也没有向与会任何人透露过内心的不顺畅。大家在一起嘻嘻哈哈，痛痛快快，到会议结束前夜，于老亲笔为我题了一幅字“我信奉喜‘喜’哲学”。我看了不禁一愣，于老的题词仿佛是专为我身处宦海心中郁结的不愉快而写的，它像一剂良药，使我内心一下子充满了温暖与感动。眼下这个永远似孩童般快乐的善良的老人，其实是个洞察人心极其细微并把关爱送进别人心灵深处的人。

于光远对于我来说是一个永远的谜。他是哲学家、科学家、经济学家、社会学家、大改革家，但又是一个革命家，一个坚信马克思至今不悔的马克思主义者；他 80 岁以后学会了用电脑写作，对新潮和时尚有着永无止境的渴求，但又是一个固执己见的人，他是人体特异功能论者和一切伪科学的天敌；他是一个大玩家，一个专事研究玩学的人，又是一个专克病魔、屡创奇迹、无往不胜的乐观主义者，还自称是“21 世纪中国的文坛新秀”；他在传统官场中永远地败北，他对权术与阴谋近于无知，但却永远地站在突兀的山巅，小人望而生畏，拿他无奈；他永远是一个老顽童，他的心地之纯洁似乎永远不会超过十岁。

1970 年庐山会议上毛泽东大批特批“天才论”，我那时开始说服自己：听老人家的话，世界上没有天才。但到了 80 年代，尤其是与于光远交上朋友之后，我才确信这个世界上天才其实是有的，于光远就是一个。

去年初夏，我去看望于老，因不久要去南美访问，提前祝贺他即将到来的95岁喜庆华诞。老人家显得非常兴奋，用写字小黑板不停地问这问那（因为近些年他听力已很弱，靠笔谈与人交流），还一连题签送了我四本他的著作。临分别时执意要坐着轮椅乘电梯把我送下楼。到了小区大院外，在灿烂的阳光下合影留念。此时，老人家像孩童般天真地举起手来，手指做“V”字状以示胜利。我临上车时，老人家又不断地摆动右手，连说：“来来往往！”胡冀燕说，于老送客还不忘表达他的哲学思想呢！我举起相机，拍下了这一有趣而珍贵的镜头。

（写于2011年7月5日前夕，根据2010年5月13日日记改写。谨以此文庆贺于老96岁生日。本文作者为中共马鞍山市委原副书记、经济学教授、研究员）

以科学的态度研究马克思主义

——记于光远关于研究马克思主义的一段谈话

蔡德诚

2001年8月，我曾经写了一篇题为《马克思何以被评为千年第一学人》的文章，全文约1.1万字。文章最初由中国改革研究会主办的《改革内参》于2001年第21期和2002年第1期分两次详摘刊出。不久，广东省政协主办的《同舟共进》杂志2002年第3期全文刊出。同年7月11日，上海社会科学院主办的《社会科学报》在头版头条用大黑字标题《马克思：千年第一思想家》刊出了文章的主要部分约5000字。随即，光明日报社主办的《文摘报》于7月28日以同一题目摘登了千余字。文章在社会上引起了广泛的关注。

此文初写成时，我曾先后寄给两位“忘年交”，一位是许乃炯许老，一位是于光远于老。他们都认为文章值得进一步讨论。不料，许老在2002年4月20日心脏病突发，不幸去世。后来，在于老亲自电话联系、组织下，由我的论文引发的“现实马克思主义问题”小型研讨会，8月1日终于在于光远几十年的老宅史家胡同8号召开了。参加聚会的，除于老外，还有原驻丹麦、冰岛大使陈鲁直及其夫人、北京大学教授王永江、中国改革研究会副会长石小敏、中共中央党校教授韩钢、于老的秘书胡冀燕以及作为文章作者的我。研讨会的规模虽小，时间也不长，但讨论却率真、热烈。最后于光远同志关于如何认识马克思主义、用什么态度对待马克思主义的一番议论，尤为精彩，发人深省。

于老在发言中说：我在看了蔡德诚的文章后打电话给蔡，告诉他文章我仔细看了。蔡问我有何意见，我只说了四个字“一言难尽”，这是涉及到根本性的大问题，确实是一言难尽的。正因为一言难尽，所以我

一直要开个会，而且开一个能畅所欲言的很小的会，大家议论一番。今天这个会上大家说的许多看法，都包含在我的“一言难尽”的范围之内。

光远同志风趣地说道：大家知道，我一直宣称自己是一个“死不悔改的马克思主义者”，后来大家说，“死”这个字不好听，我就改称自己是“不悔的马克思主义者”。但我要特别声明，我虽是“不悔的马克思主义者”，但我却不信仰马克思主义。我曾经说过三句话：“宗教之为宗教，是要求人们对之信仰；法律之为法律，是要求人们对之服从；科学之为科学，是要求人们对之研究。”按照这个道理，我要说，马克思主义是科学，它要求我们去研究它。恩格斯在批评有人把马克思主义当作教条时说过这样的一句话：“科学和宗教是截然不同的。马克思主义拒绝对自己的信仰。”

光远同志强调马克思的格言是“怀疑一切”。“怀疑一切”就是对任何人讲的话，都不是首先接受，而应该怀疑。当然怀疑不是目的，不是终点，它是研究的起点。科学之为科学不就是要求人们对之研究吗？怀疑了，提出了问题，就要严格地按照科学的要求进行研究。在经过研究得出了结论之后，就能建立起科学的信念。科学信念与信仰一字之差，本质截然相反。宗教要求人们对之信仰，是不允许怀疑的。而科学信念是建立在怀疑的基础之上的。

光远同志还进一步说道，就是自己建立起来的科学信念也不是不允许怀疑、不允许批判，怀疑和批判是对自己经过研究建立起来的科学信念的一种考验。经过再怀疑、再批判如果还站得住，岂不更说明原先建立起来的信念的科学性？如果没有能站住，那改就是了。我一直申明，我于光远说出口的话，我就把它置于可以怀疑、批判的地位。我不能让自己的这些劳动成果异化为统治我自己的东西。我把它们置于可怀疑、可批判的位置，即我要继续当它们的主人，这样，我的进步就会更快。

于老还说，蔡德诚这篇文章，我之所以重视它、认真看待它，就是因为他提出了要讨论马克思、讨论马克思主义这个大问题。而当今在我们中国存在这样一种现象：不是对马克思和马克思主义十分冷淡，就是口头上把马克思和马克思主义当作祖宗牌位立在那里，而它究竟是什么，那只有天晓得了。如果不讨论、不研究，我们大家都有可能头脑不清楚。我认为谁都不要吹牛，还是老老实实地下一番功夫来研究和思考吧。

于老最后说，在提出这个问题上，蔡德诚的这篇文章是立了功劳的。今天大家发表了意见和观点，有的同志还带来了文章，对开展这方面的研究也立了功。我认为这个工作现在也许只能说刚刚开始，需要有许多人来研究、来讨论，需要把世界上当前的和历史上的关于这方面的文献介绍给研究者，需要有远见有眼光的传媒，包括报纸、刊物、网站为这个工作提供园地。我等待有更多的人来建立更大的功勋。

（原载《同舟共进》2003 年第 1 期）

感念恩师于光远

曹思源

9月26日一早，惊悉98岁高龄的于光远先生驾鹤西去，悲痛至极。仰望西天，眼前重现了与恩师三十多年接触的朝朝暮暮。其中尤为突出的有三幕——

一、对付极左有神交

“文化大革命”后期，我在中共景德镇市委党校教书，与北京的于光远老先生本无交往，没想到当时思想理论界的黑白颠倒、是非混淆却促成了我们之间的神交。

那是1975年初，伟大领袖通过第3期《红旗》杂志发表了一段“最高指示”，说什么：“现在还实行八级工资制，按劳分配，货币交换，这些跟旧社会没有多少差别”。“这只能在无产阶级专政下加以限制”。

全国上下顿时刮起了一股批判和限制按劳分配之风。而我由于在党校课堂上曾经大讲按劳分配，也受到大批判。

我采取的对策是，搬出了一本当时发行量很大的于光远先生编著的《政治经济学教科书》，其中专门论述了社会主义社会实行按劳分配制度的必要性和合理性。于光远这部著作还真堵住了一些批判者的嘴巴。在未曾跟于光远谋面的情况下，我便与他建立了一种“神交”，共同与经济学中的极左思潮对抗。

二、不拘一格育人才

“文革”刚刚结束，全国恢复高考。1979 年于光远招收研究生，我报了名。当时研究生招生的一般程序是：报名者取得准考证，能否录取就看考试成绩如何了。而于光远先生增加了一项十分苛刻的条件——报名的同时就要提交一篇论文，论文不合格者得不到准考证，连考试资格都没有。

据统计，报考于光远先生研究生的两百多人中，只有一百人提交的论文合格并取得了准考证。

我提交了一篇三万字的论文《“左”倾领导路线剖析》。当时是华国锋主政时代，批判“左”倾领导路线仍然有杀头之罪。我的论文用挂号信寄给于光远办公室之后，幸好没有发生意外。

于光远先生招生也要考试外语，但是有一点灵活性。他规定：“如果考生专业成绩特别优异，仅仅外语准备不足，可以申请免试外语。”正是靠着这种不拘一格的灵活性，我在百名考生中成为两名被录取者之一，做了唯一的没有外语成绩的研究生。

三、师生辩论乐趣多

研究生毕业后，我经常到于光远老师家中去串门聊天。1986 年底我告诉于老师：全国人大常委会通过了我在国务院研究中心工作时牵头起草的《企业破产法》。于老师笑了笑，他既没有表扬，也没有批评我，而是说了一句“你这人爱折腾”。

后来，我们许多人奋斗了 16 年，极力推动“保护公民私有财产入宪”的提案，在 2004 年 3 月 14 日终于载入第十届全国人民代表大会第二次会议通过的宪法修正案。于光远老师闻之，还是那句话：“你这人爱折腾”。

我与恩师也常发生争论，最激烈的是 1990 年 6 月那一次。我因故有一年没有见过老师了，那天特意到他家去看望，以解思念之苦。却没想到，竟然“吵”了起来。

起因是于光远老师谈道：“一些假马克思主义者经常歪曲、篡改马克思的理论。”我接了一句：“歪曲者固然有其责任，但是马克思的理论能够被那么多人轻而易举地歪曲、篡改，能够在各国混淆视听、造成恶果，说明马克思的理论本身也有不严密、不准确之处，毕竟是有空子可钻嘛。”

老师闻言大怒道：“决不能把板子打到马克思身上！”

我也毫不相让：“原教旨主义并非天衣无缝！”

我们俩都面红耳赤，在座的同学赶紧“劝架”，我们又都哈哈大笑起来。

于老师就是这样，喜欢学生跟他平等辩论。

仰望西天，我泪如泉涌，何时还能与恩师促膝畅谈啊！

（本文写于 2013 年 9 月 28 日凌晨）

因编辑出版于老著作而与他结缘

陈　敬

2013年9月30日，于光远告别仪式在北京举行，我从长沙赶到现场，和于老作最后一次告别。这是我一生中最悲伤的日子，心里止不住阵阵痛楚。

近30年来，每次去北京，我都要探望于老，和于老促膝聊天，了解他近期思考的问题。他惊人的记忆力、诙谐的谈吐、睿智的思想、平和的心态和平易近人的作风，让我无拘无束，如沐春风，窗外的世态炎凉都远离而去。老旧的史家胡同8号院，斑驳的油漆，堆积如山的书籍资料，院落里栽植的菜蔬花卉，以及陪伴于老多年的那张破损的藤椅，在我心里留下难以磨灭的印象。但今后，我再也见不到于老了。一位当代杰出的思想家、为中国革命和改革开放竭诚奉献一生的老人，从此与我们天人永隔。想到这里，不由得仰天长叹，涕泪双流。

我和于老的交往，始于1984年。当时湖南人民出版社组建经济读物编辑室，我调去后做的第一件事，便是在吴辛老师的带领下，编辑出版于光远先生的《论我国的经济体制改革》。这部28万字的书稿于1985年1月24日发稿，2月4日便印制出首批精装书21000册，总共只用11天，不但创下了铅字排印的全国最快纪录，而且是中共十二届三中全会《关于经济体制改革的决定》出台后率先问世的相关专著。这样的效率，即使是放到现在数字化出版的时代，也堪称奇迹。于老拿到书后非常高兴，不但写文章专门讲这件事，还在不久后的一次全国经济学界会议上郑重提出：希望出版业成为湖南的王牌产业。

这以后，我长期追随于老，从深圳、广州、珠三角，到上海、武汉和海南岛等地，参加经济体制改革研讨会，进行实地考察。于老在北京发起的每月一周的学术活动，我都要去参加，广泛结识了国内最活跃的一些学者专家，得到许多教益。这以后，我和于老不再仅仅是编辑和作者的关系。去北京帮他整理文稿，充当他的助手，是我经常做的事，以至于被一些人视为于老的“弟子”。于老的夫人孟阿姨和他们的女儿都把我看作家里的一员。我的儿子出生后，从小就经常随我去北京，成了于老家的常客。他对于老特别有感情，2012 年 6 月从美国回来，专程去北京医院探望了病床上的于老。

20 世纪 80 年代，于老旗下的很多经济学家成为风云人物，且都被冠以各种绰号，如力主股份制改革的厉以宁被称为“厉股份”，力主实行市场经济的吴敬琏被称为“吴市场”，全力推进《破产法》的曹思源被称为“曹破产”。我曾和于老开玩笑，问他：“您应该授予什么称号？”于老笑着说：“我不是经济学家，但我家电话号码里有‘8787’，读起来像‘发起发起’，就叫我‘于发起’吧！”

确实，整个 80 年代，于老在解放思想、突破旧的樊篱方面，都是举大旗的人物。很多重大的理论问题都是他首次提出，并发起理论界的大讨论，最终得到高层的首肯，成为社会的共识。

印象最深的，有这么几次：

1979 年 10 月，于老首次倡导“社会主义生产目的”大讨论。他认为，由于不顾社会主义的基本经济规律，我们已经受到了不小的惩罚，而且还在继续。他说：“对于过去许多年发展起来的‘为生产而生产’，有人认为是错误的，必须纠正；但也有人不以为然。”为此他提出一个重要问题：是否应该把改善人民生活的指标作为整个国民经济发展计划的一部分。现在看来，这是人所共知的常识，但在当时却遇到不小阻力。我清晰地记得，于老不辞劳苦四处奔波，宣讲他的观点，但一些地方官员很难理解，甚至有抵触情绪。

1981 年，于老提出“经济社会发展战略”问题，主张摸清、摸准中国的国情，以实事求是的态度制订经济社会发展战略。这个观点具有很强的前瞻性，为以后一系列理论的推出做了铺垫。

1981 年，在起草《中共中央关于建国以来党的若干历史问题的决议》的过程中，于老提出“社会主义初级阶段”的概念，最终在文件得到体现。1982 年 8 月，胡耀邦对十二大所作的报告中，第一次明确提出“我国的社会主义社会还处在初级发展阶段”。这个论断的推出，为今后的改革、开放奠定了理论基础，其意义非同小可。1987 年，在于老的倡议和组织下，在湖南省新闻出版局的大力支持下，湖南人民出版社策划了“社会主义初级阶段理论探索丛书”，第一辑十本于 1988 年 10 月出版，于老的《再认识 · 时代的课题》成为“领头羊”，为丛书确定了基调。可惜的是，因为不可预知的原因，这套丛书没有继续出版。

1981 年，于老率先提出“应该对环境进行计量”。他认为：“食物、房屋、燃料、药物等和新鲜的空气、清洁的天然水，都是生存资料。”据于老说，提出这个观点是多年来思考的结果。现在看来，于老很早就发现了环境问题的严重性，是新时期关注环保的先行者。

1981 年 8 月，针对媒体关于耳朵识字的报道，以及愈演愈烈的特异功能报道，于老旗帜鲜明地呼吁停止这种反科学的宣传。在当时伪科学潮流下，发出这种声音既需要勇气，也需要底气。这以后，于老作为反伪科学的斗士，为社会广大民众所熟知。1988 年，为纪念五四运动七十周年，我策划了一套宣扬科学精神的“德先生茶馆丛书”。这套书得到于老的全力支持，从开本、字数到选题，他都提出了具体建议，还为丛书组织了一批作者。丛书出版以后，于老不顾年老体弱，应邀出席了在长沙举办的首发式。

1984 年 6 月，于老提出要“明确有房地产这个行业”。在相关文章里，他着重谈到城市土地的租赁、城市住房的商品化，认为“我国不少城市在土地上还是有潜力的”。在严格实行的计划经济的大环境里，住房由政府相关部门建设、管理，于老的这个观点可谓石破天惊。到 90 年代初，住房商品化才开始启动，房地产业兴起，极大地促进了城市化进程。

1986 年，他提出“富民战略”，认为“人民富得越快越好，越多越好，越普遍越好”，甚至明确表示“绝不能把国富置于民富之上”，而是要“把民富放在首要位置”。这种观点，一反很多人心中固守的“国富民穷”的做法，产生很大的冲击力。

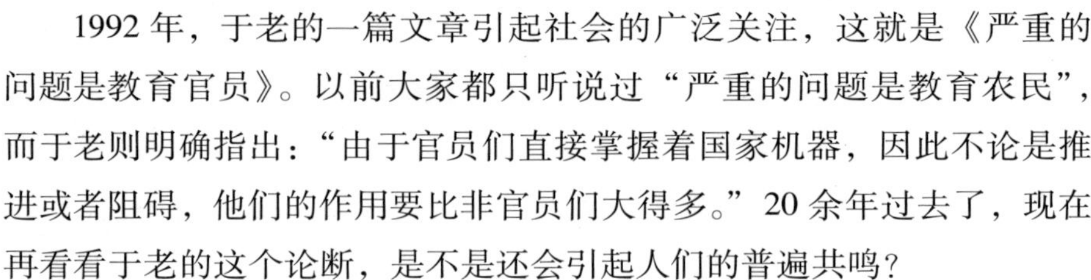

1992年，于老的一篇文章引起社会的广泛关注，这就是《严重的问题是教育官员》。以前大家都只听说过“严重的问题是教育农民”，而于老则明确指出：“由于官员们直接掌握着国家机器，因此不论是推进或者阻碍，他们的作用要比非官员们大得多。”20余年过去了，现在再看看于老的这个论断，是不是还会引起人们的普遍共鸣？

90年代末，于老渐渐从公众视野中隐退，但他从未停止过对“时代课题”的思考，从未放下手中的笔。这些年他出版了很多书，其中有两本影响最大：

一是《我亲历的那次历史转折》，回忆了党的十一届三中全会的会议过程，谈到在胡耀邦领导下讨论、撰写邓小平发言稿的经过，是国内第一本全面回顾这次历史性会议的著作，具有重要的史料价值。

二是《“新民主主义社会论”的历史命运——读史笔记》。作为特约编辑，我拿到书稿后想出一个主意：以于老的著述为基础，再加上龚育之点评，韩刚诠释，配一些历史图片。龚育之和韩刚都是国内著名的党史学者，但龚育之生病住院，未能参与，这本书便成为“于光远著述，韩刚诠释”。在资深编辑刘硕良的热情支持下，该书终于在2005年12月由长江文艺出版社出版。于老在送给我的书中题词：“这本书能够出版，你做了很大的贡献，特别感谢。”

于老是历史的亲历者。以往大家都熟知“新民主主义革命”，却忽略“新民主主义社会”，而于老从延安时代就特别关注这个问题，积累了大量史料。他在书中清晰地梳理了“新民主主义社会论”的产生、形成、演变到最终被放弃的历史脉络。有人说，这本书是于老最重要的研究成果之一。

20多年来，我编辑出版过于老10多部著作。这一直是我倍感荣幸的事。或许，今天我们告别的不但是一位老人，也是一个时代。不管怎样，哲人虽去，但思想长存。永远的于老，我们不会忘记你！

（作者为原湖南人民出版社编审）

于光远对我这个小人物的关心和帮助

陈景元

昨天在书房整理材料的时候，看到了一张于光远 1995 年 6 月 27 日赠给我的彩色照片，立即使我回想起 30 多年以来很多难忘的事情，正想打个电话给他的秘书胡冀燕问问，最近于老的身体怎么样了。却不料，今日突然从“新浪网”和“凤凰网”上传来噩讯，说是原中顾委委员于光远在今晨去世了，对于我来说这是一个晴天霹雳，而眼泪也就不知不觉地流淌了出来，不用说我真是已经悲痛到极点了。这时候，抬起头看着书桌上方于光远早年给我的题词，看着沙发上方挂着于光远早年和我一起的合影，看着书柜里于光远早年曾经为我立的“个人小传”，看着书桌内于光远早年代替我给一家杂志写的学术论文的手稿原件，这些过去鲜为人知的感人故事，一一都涌上了心头，于是我敲起键盘，默默地写了下面这篇纪念文章。

我是一个名不见经传的小人物，为什么会与于光远这个顶级的学术权威直接联系上，并且一直保持着密切的来往，这是有个戏剧性发展演变过程的。原来在 1978 年以前，我在工业设计部门工作，看到在工业建设和城市发展过程中，乱占、滥用耕地的现象非常严重，我们国家的农田，正以每隔 15—20 年翻一番的速率急剧减少，于是写了一本《土地争夺》的书稿寄给出版社，但没有人敢接受这部书稿。后来我给于光远写了两年的信，1981 年 5 月他看到了这部书稿，于是就特别邀请我到北京，在国土经济学研究会举办的研讨会上发了一个言，引起中央许多部门对土地问题的重视，还将我的书稿交给贵州人民出版社，并为该书出版写了“序”。后来于老告诉我，自已 1956 年以前也研究过土地问题，没想到是陈景元将他放弃的题目继承了下来。

后来，我又写了一本《建设与土地》一书，书中强调土地失控将对人类生存造成严重的威胁，提出一系列既能满足建设需求，又能保证耕地不再减少的具体措施，于光远看到书稿非常高兴，为此特别为书题了词，强调此书对经济发展的极端重要性。原国家土地管理局局长王先进批示，说“此书的出版对中华民族是巨大的贡献”。1996 年 5 月 17 日，在北京首钢召开一次会议的间隙，于光远拖着病弱的身体，走到代表们中间，很多代表都站起来迎接他，他却走到东、走到西，最后在一个角落中找到了我，说是要和我讨论一下有关“土地定义”方面的问题。为了引起媒体对土地问题的重视，于光远还特意邀请《人民日报》《经济日报》的权威记者去史家胡同他的家里，让我全面、系统地介绍研究土地问题过程中的坎坷经历。

在研究土地问题的同时，我对城市发展的前景作了预测，对未来城市扩大的弊病进行了别开生面的探索，尤其对高层建筑、地下建筑、填海工程、坡地利用提出了各种建设性意见。于光远对新鲜事物总是给予满腔热情支持的。为此，在他去贵州、江西、江苏等地考察国土利用活动中，都要请我一起去，让我在各种会议中，发表对土地问题的各种见解，也安排我到许多工业企业参与很多规划和设计的工作，积极支持我给地方解决实际的问题，要求我把研究的成果在实践中得到应用，强调理论必须和实践结合，所有这些对我来说，都具有特别重要的意义。有一次他来南京，知道我一直在研究世界各国山城建设史，于是将我介绍给江苏出版界的朋友说：陈景元是我们国家土地问题研究的专业户，你们要多出他这方面的书才对。

于光远是著名的经济学家、社会活动家，著述丰富，堪称学术巨匠。他这一生出版过的著作有百余部，字数有 3000 万左右，但有谁知道他对小人物的帮助和支持，可以说是非常慷慨和无私的。有一次，我从长春参加一个会议后，路过北京去看他，不巧他要到人民日报社办事，就说：“你既然来了，有事在我的车上说。”我说关于城市用地有很多新的设想，车上三言两语恐怕说不清楚，于老听了，哈哈一笑，叫开车的司机大季，找一找有没有白纸，找了一会儿，大季找到一小片纸头。结果就在小车一路向前开，一路颠簸起伏的状态下，于老硬是用圆珠笔写了一封歪歪扭扭的“介绍信”，要我拿着它，到建设部去找薛葆鼎同志。于老告诉我说：薛葆鼎在建设部就负责这方面的工作，你的设想跟他去谈，他一定会十分感兴趣的。

于光远的研究领域很广泛，我的兴趣爱好也五花八门，这也是我俩谈得来的一个原因。我从小就爱制作立体的建筑小模型，在大学模型厂还当过厂长。1959 年写过题为《建筑模型》的专著，一直到现在手抄的模型资料有上千万字。在过去几十年中，只要和于光远在一起，建筑模型也是交谈的主题之一。有一年夏天，气候炎热，于光远坐在书房里，突然想起我制作建筑模型的事情，结果兴致一起，拿起笔来就迅疾地写了一篇 4000 多字的文章，在文章的标题下写上作者的名字。出乎我意料的是，他写的作者竟然是“陈景元”3 个字。第二天，于光远还给我写了一封信，说：“昨天晚上我替你写了一篇文章，里面的内容都是你以前告诉我的，我觉得应该让更多人知道这些想法。”3 个月之后，这篇“陈景元”的文章，真的在上海《方法》杂志上发表了。

于光远对于我的支持和帮助，还表现在对秦俑问题的“逆向”研究上。从 1974 年开始，出于“四人帮”诡秘政治的需要，在没有任何考古论证的情况下，江青等人在北京就给秦俑“定了性、定了名”，并以官方名义向全世界宣布秦俑的主人就是秦始皇。我从建筑学角度研究了秦始皇陵和秦俑坑，提出不同见解，引起争议。于光远知道此事后表示，不同学术观点，应该通过交流争鸣的方式解决。1984 年陈景元观点受到围攻时，于光远又发表了“学术研究不能搞少数服从多数，更不能搞民主集中制”的观点。陈景元书稿《秦俑真相》和《秦俑风波》完成后，病中的他又亲自关心，并支持将它们发表。几十年出版不了的书后来终于问世了。

中国的土地问题多么重要，有了于光远的呼号奔走，才使中央更加重视和关心土地问题，才使陈景元土地问题研究有了出头之日，中国国土经济学研究会得以成立。后来，于光远无职无权了，陈景元也从工作岗位上退了下来，从此再也没有人为节约用地奋不顾身地敲响警钟，各地政府都以卖地、圈地、囤地赚大钱去了，地都被糟蹋没了，房价能不涨吗？粮价菜价能不高吗？今后若指望进口粮食，生命线可就掌握在别

人手里了。秦俑问题，是一个学术争论问题，并不牵涉时政，为什么至今都不敢打开争鸣之门？这些问题至今仍未解决不能不说是个遗憾。

（来源：http://blog.sina.com.cn/s/blog_ 49f20db70101p1s5.html)

独留巧思传千古

——深切怀念恩师于光远

陈益升

2013年9月26日午后，惊悉恩师于光远仙逝，心情十分悲痛，9月30日上午举行遗体告别，我尽管仍住在中医医院，但还是由夫人和友人陪同早早赶往北京医院，和导师见最后一面，以寄托我的哀思。

恩师于光远一生追求革命和科学。他既是一位历经风雨磨难、富有良知的革命者，又是一位思想敏锐、学识渊博、才华横溢、勤奋多产的科学大师；他的学术兴趣兼跨自然科学和社会科学两大领域，广泛涉猎人类知识的诸多学科研究，被学界誉为“百科全书式的学者”。

自然辩证法和科学学是20世纪兴起的新兴学科。从20世纪50年代开始，恩师于光远就在中国积极倡导和开创这方面的研究。60年代初期，他和龚育之先生首次联名招收四年制自然辩证法专业研究生。经过严格考试，我有幸成为两位导师的首批“入门弟子”之一。

四年研究生学习期间，我亲历了导师的辛勤培育和教诲。导师严谨治学、独立思考的学风和谦逊、宽厚、富有生活情趣的人格魅力，深深地熏陶和感染着我，成为我人生旅途中难以忘怀的美好记忆。

入学考试

1962年8月初，北京大学哲学系和中国科学院哲学研究所联合招收自然辩证法专业四年制研究生，导师为于光远和龚育之两位教授。我在大学本科时就对自然辩证法感兴趣，因此就报了名，参加了考试。

考试分为笔试和口试（面试）两部分。其中：

笔试：8 月 9—10 日在北大一教举行，60 余人参加（未包括上海、武汉两地报考者）。先考哲学，后考自然科学。哲学试题包括：解释概念（对立统一、归纳与演绎、逻辑的与历史的），用自然科学事实证明物质第一性、意识第二性原理，以下推理（“凡金属都导电，某物能导电，所以某物是金属”）是否正确？为什么？论述客观真理、相对真理与绝对真理的相互关系，哲学与自然科学的相互关系等等。

自然科学试题包括：解释自然数、实数、虚数、有理数、无理数等概念，基本粒子种类及其特征，以事实证明地球的自转和公转，门德列耶夫元素周期律的现代发展，生命活动的基本特征，反射活动及其种类，以数学证明芝诺关于阿基里斯追赶不上乌龟观点的错误，以牛顿运动定律解释人在地球卫星上失重现象，解数学方阵，达尔文进化论基本内容，酶的作用等等。

上述笔试试题，内容庞博，富有时代特征。它们既彰显了 20 世纪 60 年代我国哲学和自然科学的教学内容和特点，同时也反映了两位导师对应试者已经掌握知识的广度和深度的测试和要求。

口试：8 月 13 日在北大哲学楼举行。经过笔试选拔和淘汰，参加者 20 余人，分两组同时进行，于光远和龚育之两位老师亲临现场，各主持一组。我被分配在于光远老师主持的那一组。

早在中学和大学时，我就读过于光远老师发表的一些文章，并且听人说过他的思想非常活跃，学识极其渊博。口试那天上午，风和日丽，校园鲜花盛开，哲学楼里也很安静，可我一想到马上要见这位享有盛名的大学者，心里十分激动；一想到马上就要面对他的提问，情绪又很紧张。我进入教室，看见于老师慈祥地坐在课桌旁，和蔼地让我坐到他的对面，开始问我高中在哪念的？为什么要报考自然辩证法专业研究生？平时对哪门自然科学最感兴趣？我一一禀告了之后，紧张的心情才慢慢地平静下来。

口试很快进入正题。于老师提问，我随之禀答。他提的问题，海阔天空，妙趣横生，内容广涉哲学和自然科学各个领域。例如：客观规律能否被人消灭，为什么？《资本论》中所用的抽象法是什么，为什么说它是《资本论》的主要方法？什么叫“无限”，宇宙无限与物质分割无限有何区别？广义相对论和狭义相对论的主要内容及其事实根据？地球是椭圆形，如何证明？对生命起源的看法，目前关于生命起源问题的主要理论，奥巴林之前有哪些观点，奥巴林观点的来源？赫克尔《生命之谜》的主要内容？生物分类，最高和最低的动、植物？何谓微生物？等等。

这里，有些问题虽是我事前根本无法猜想和准备的，但我也得应对。不管我回答得如何，于老师总是沉静地听着，让我把话讲完。即使我的回答不尽如人意，于老师还是耐心亲切地加以启发和点拨，让我继续思考、再答，似乎是在进行课堂讨论。例如，他问我关于客观规律能否消灭时，我先按流行观点回答说，人不能消灭客观规律，但可限制客观规律的作用和范围；接着我又说我对这种说法有些疑义。于老师听了颇为注意，笑着说“有自己的看法就好”，鼓励我进一步思考。

笔试、口试之后，还有一次书面询问。一天下午，北大哲学系通知我们赶到哲学楼教室，程为昭老师（北大哲学系自然辩证法教研组副组长）说导师想了解一下考生的个人情况，他把导师提出诘询的问题写在黑板上，要我们写出书面应答。导师所提问题大多属于个人经历、生活、阅读、写作和兴趣、爱好方面的内容，例如：你是哪里人？中学在哪？课外读过哪些名著？写过什么文章？学过哪些外语？为什么要报考自然辩证法专业研究生？读过自然辩证法与科学史方面的哪些书？有何感想和评价？有哪些个人兴趣和爱好？等等。

8 月下旬，正式接到被录取为北大自然辩证法专业四年制研究生的通知。长期梦寐以求的夙愿终于实现，心里别提多高兴了。记得以前有两件事难以忘怀：第一件事是 1957 年刚入北大时，听说有自然辩证法这门课，我就对它存有期待，直到大学五年级时才有幸听到孙小礼等老师讲授自然辩证法课。第二件事是 1960 年秋，在北大图书馆看到《自然辩证法研究通讯》杂志，欣喜若狂，急忙赶到邮局去订阅，说是停刊了。我只好骑着借来的自行车赶往位于朝内大街的科学出版社买了几期剩余杂志，又到东安市场旧书摊去找到几期零散杂志，尽管期数不全，但我却如获至宝，爱不释手。上述课堂笔记和杂志，一直成为我细心珍藏的宝贵资料。

基础课学习

国家高等教育主管部门规定，研究生学制一般为 3 年，少数专业为 4 年。作为首届自然辩证法专业研究生，按培养计划定为 4 年：头两年在北大，学习自然科学和哲学的基础课；后两年到中国科学院哲学研究所，参加科学研究、资料翻译、期刊编辑工作的实践，并完成毕业论文。

首届四年制自然辩证法专业研究生共有 8 人，其中包括来自北京大学各系的陆容安、严永鑫、朱西昆、朱相远、殷登祥、陈益升 6 人，来自中国人民大学的李惠国，来自武汉大学的余谋昌。我们 8 人被编成一个研究生小班，我和陆容安担任正副班长。

在北大的两年（1962—1964 年），导师特别强调科学基础训练，要求我们扎扎实实地打好自然科学和哲学的基础。凡是原来学自然科学的都要到哲学系学两年基础课；凡是原来学哲学的都要到理科一个系学两年自然科学基础课。刚开学时，原来学哲学的 4 人，都集中在物理系上课。由于座位紧张，有时与本科生发生“抢位子”的矛盾。于老师知道这种情况后，要我们写一份书面材料给他，转给周培源副校长。几天后，北大研究生办公室通知我和陆容安去周培源副校长家，周副校长亲切地问了我们的学习和生活情况之后，告诉我们：物理系已经帮助解决了座位问题，不必再为此事犯愁了。周培源副校长是于光远老师在清华念书时的老师。导师和导师的老师对研究生这点小事如此关心备至，倒让我心里感到很不好意思。

后来，由于首届研究生培养计划调整，导师要求我们结合未来专业工作需要选定具体研究方向。因此，原来集中在物理系听课的 4 人，除留一人在物理系外，其他 3 人又分散到化学系、地质系和地理系。这样，首届 8 名自然辩证法专业研究生的具体研究方向就开始涉及到数、理、化、天、地、生等诸多学科领域。

按照导师的要求，分到理科不同系的几个人，除了要认真听课，还要做习题、做实验，并且要参加所有课程的考试和考查。为了把自己培养成为导师所期望的自然辩证法专业工作者，为奠定坚实的自然科学和哲学的基础，那两年在北大，我们比其他专业的研究生付出了更多的艰辛。

这期间，有的研究生对学习基础课不太安心，急于想发表文章。于光远老师在接见研究生面谈时，多次反复强调打基础的重要性。记得有一次他还专门对我说：请转告同学们，头两年学习是打基础，后两年实习也是打基础，做点研究工作还是打基础；其实，研究生四年只是为将来工作打下一个初步基础；研究生期间，要扎扎实实把基础打好，不要急于写文章，发表文章；社会上有些人早先发表不少文章，由于基础不扎实，后来渐渐发表文章少了。你们要引以为戒。

除了打基础，导师还经常召集我们开读书会或专题讨论会。记得1962年冬日的一天晚饭后，两位导师突然造访我们居住的29斋。龚老师解释说，光远同志和他下午到西郊办事，回城途经北大，光远同志想利用今晚时间开个读书会，大家谈谈学习心得。当导师听说在哲学系上课的4人正在学习恩格斯的《费尔巴哈论》时，便要我们围绕该书的时代背景、基本内容、历史价值和现实意义等问题进行座谈。导师时而插话或提问，时而发表自己的看法，讨论气氛非常热烈。最后，于老师强调指出：学习经典著作，要领会经典作家思考问题、分析问题的方法，要学会运用这些方法来分析现实问题。读书会结束时，已近深夜，我们目送导师离去的车影，内心久久难以平静。

头两年，导师几乎每个月都约我们见面，有时在北大，有时到友谊宾馆，有时到导师家中书房。我们都非常喜欢跟导师见面，听他讲解。说到与导师见面，还有一件趣事：当时布票有限，北大校工会置办一批用降落伞布制作的衬衫，让教职员工和研究生选购。我们八个研究生每人一套。在面见导师时，大家都清一色地穿上，戏称“接见礼服”。导师初见时感到奇怪，问清缘由后不禁开怀大笑，顿时接见、面谈、讨论的气氛变得十分轻松融洽。

两位导师都有渊博的知识和崇高的品德，但他们的个性和风格不尽相同：于老师开朗豪爽，耿直敢言；龚老师严肃深沉，谦逊谨慎。每当约见我们时，于老师往往海阔天空、野马奔腾似的讲解一番，最后总是笑着对龚老师说，帮助“系统化”“条理化”一下吧。龚老师即刻就把于老师讲解的意思经过“逻辑处理”，归纳成几条清晰而明确的观点。两位导师个性风格的差异和互补，使我们这些研究生受益匪浅。

导师经常通过交办一些相关工作来锻炼我们。例如，63 届自然辩证法专业研究生入学考试后，导师要我们帮助审阅试卷。我们高兴地接受了委托，分工合作，把阅卷工作分成三步：先各自分头审阅，按预定标准打分；然后两两对换审阅，再度打分；最后集中讨论，就一些不同判分取得一致意见。当我们把阅卷情况以及按分数高低排序的考生名单交给龚老师审定时，他非常满意，曾两次在于老师面前夸奖我们，说这次阅卷工作做得非常认真细致。

与我们 62 届不同，63 届录取的王鼎昌、柳树滋两名研究生没到北大学基础课，而是在哲学所自然辩证法组边工作边学习，学制 3 年。64 届录取的童天湘、严家其、金吾伦 3 名研究生也是如此。龚老师解释说，光远同志决定采取这两种不同的办法，就是想比较一下，看看哪一种培养研究生的办法更好。为了培养人才，导师可谓用心良苦。

实习实践

按照培养计划，62 届研究生学制 4 年，前两年在北大，后两年在哲学所。然而，由于参加“四清”等社会运动影响，我们在北大多待了一年，到 1965 年 8 月初，才遵照导师的安排和要求，离开北大到哲学所自然辩证法组、《自然辩证法研究通讯》编辑部，参加研究、资料、编辑工作的实习实践。

中国科学院哲学研究所自然辩证法研究组和《自然辩证法研究通讯》杂志，是于光远老师在 1956 年编制“十二年科学规划”期间倡导成立和创办的，于老师担任这个研究组的组长和杂志的主编。1962 年于老师要龚育之老师兼研究组的副组长，1964 年调来查汝强先生专职主持研究组的工作。

我们到哲学所不久，查汝强先生便对我说，1965 年第 3 期《自然辩证法研究通讯》发表北大化学系徐光宪教授写的《现代分子结构理论的三大流派及其发展中的某些方法论问题》一文，在化学家和物理学家中引起一些争议。光远老师和龚老师商量，准备请北京市科协组织一次讨论会，对我说，你过去在北大化学系上课，要你也去参加会议筹办工作。我接受任务后就去北京市科协联系，他们正在按领导要求开始筹办此事，准备以北京化学会和自然辩证法学会筹委会名义联合举办，由北京自然辩证法学会筹委会主任张子高教授主持。市科协要我先去走访一下徐光宪和张子高两位教授，征求他俩的意见。张子高教授是龚老师的老师，时任清华大学副校长。行前，龚老师专门对我交代说，张老先生威望高但年纪大了，可请他推荐两位化学家帮助主持会议。我将龚老师此意转告张老先生，他很高兴地推荐了北京化学会理事长王序教授、副理事长严仁荫教授。

为了保证会议开好，这期间，我认真阅读了徐光宪教授的文章，围绕现代分子结构理论的三大流派及其发展中的方法论问题查阅了有关文献资料，因而增加不少这方面的知识。1965 年 9 月 10 日座谈会在北京科学会堂举行，参加会议的专家、学者 20 余人，会议讨论主要集中在分子结构理论研究的方法论、现代分子结构理论评价及其发展前景、共振论的评价等问题。会后，我将写成的“会议报道”送给龚老师审阅。他很快就退回给我，说光远同志也看了，很好！可交给杂志发表。这是我到哲学所干的第一件事，总算顺利地完成了导师的托付，尝到了科学组织工作的滋味，心里感到非常新鲜和高兴。

在哲学所实习期间，我们 62 届研究生和 63 届、64 届研究生师弟们一起，积极参加丰富多彩的工作实践学习，并将其与完成自然辩证法专业研究生学业紧紧结合在一起。我们参加的工作实践包括：工业农业生产组织管理工作中方法论问题调研，国外自然科学哲学问题文献资料翻译，《自然辩证法研究通讯》和《自然辩证法动态》选题调研和组稿编辑工作，结合观看“泥石流”等影片讨论科学普及问题，特别是大部头著作《自然界的辩证发展》多卷本的资料准备，徐辛庄“滚泥巴”亦农亦研试验点的劳动和建设，等等。通过上述实习实践活动，我们扩大了科学知识的视野，感受了实际工作的艰辛，锻炼了理论思维能力，增强了理论与实际相结合的才干。

1966年春夏之交，我国正处于“文革”风雨来临前夕。5月3日下午，于老师风尘仆仆地来到哲学所小会议室，与研究组同仁和研究生们见面。这次没有见到龚老师同来，于老师还只身当了主讲人。在这次谈话中，于老师特别强调了搞“大部头”“滚泥巴”的重要意义，说它们是两项大实验，要求“这两项大实验都要做，都要成功”。他还谈到杂志出增刊发表批判文章、编辑工农兵自然辩证法文集等问题，并希望没有下乡“滚泥巴”，仍留在编辑部工作的同志也应该选择工厂搞“亦工亦研”。

耐人寻味的是，这次见面，心胸坦荡的于老师又做起自我批评来，他自责道，“过去给人抬过轿子，当过代言人”；他还倡导要写“思想日记”，经常“算算账”，清除“思想里的灰尘”。我们由此不难感受到于老师当时的沉重心境。

没有想到的是，和于老师的这次会见，居然成为我们四年研究生学习、生活的终结。

永远的导师

20世纪70年代中期，于老师从干校回京，等待重新恢复工作。在此期间，我们专程去于老师家，师生重逢，感慨万分。尽管我们早已研究生毕业，走上各自工作岗位，但我们仍将于老师视为永远的导师。

此后，我们经常参加于老师组织的各种学术会议，参与他主持的相关课题研究，完成他交办的一些学术工作，也常请他为书稿作序或题词题字。

每年每逢春节和生日，我们都会去拜见他。师母说他知道我们要到家里看他，总是非常兴奋。师母还说他对我们这届研究生花费的时间和精力最多，感情很深。

记得2007年2月16日，我们去北京医院探望他，当时他的精神很好，我说“你能活百岁”，他高兴地说：“争取吧”！2011年7月1日我们去于老师家提前为他庆祝生日，他非常高兴。我们临走时已在他家室内握手道别，可当我们上电梯后，不知何故电梯下行又上行重新回到他家的楼层，当电梯门打开时，却见坐在轮椅上的于老师居然等在电梯门口，对我们笑着招手，顿时大家都乐了，我们不得不下电梯再次与他握手道别。2012 年 7 月 5 日，我们去北京医院，向他祝贺 97 岁生日。后来他身体一直欠佳，师母担心外来感染，2013 年的春节和生日，我们也就不便去面见，只能在心里祝愿他早日康复。想不到于老师 97 岁那次生日会见，竟然成为我们和于老师的诀别！

光阴似箭催人老，日月如梭趱少年。转眼间，我们考读于老师研究生已经 50 余年，研究生毕业也将近半个世纪。现今，于老师虽然已离我们而去，但他崇高的思想、学识、语言、品格、风貌、情操，却是“独留巧思传千古，长与蒲津作胜游”（唐 · 李商隐），永远启示着我们。

（2013 年 10 月 8 日于北京知春里，本文作者陈益升研究员原系中国科学院科技政策与管理科学研究所科学学研究室主任、《科学学研究》和《科学学译丛》两刊主编、中国科学学与科技政策研究会副理事长）

一位反伪科学的领军人

——哀悼于光远同志

陈祖甲

当我接到电话，得知于光远同志今天早上驾鹤西去的噩耗，不禁热泪盈眶，不知如何表达我的哀思。国家失去了一位学识深厚、智慧充盈的反伪科学领军人。我又失去一位尊敬的前辈、一位亲近的师长。

我与光远同志在等级上距离比较大，他是高官，我曾经是一名小记者。但我们关系是亲密的、人格是平等的，故而我一直称他为光远同志，即便当面也是如此。在反伪科学问题上，我们站在一条战线上，为了国家的科学发展，弘扬科学精神、科学知识、科学思想和科学方法，让公众有更高的分辨能力，他领着我们毫不留情地对伪科学进行揭露和批评。

在读大学时，我只知道光远同志在经济学方面造诣很深，有建树，有名气。但我不知道他曾担任中宣部科学处处长。20 世纪 80 年代初，他作为恩格斯《自然辩证法》一书的最早翻译者、国家科委副主任、中国自然辩证法研究会的理事长，亲自出马，带领一些同志反对伪科学。在这个时期，我才认识光远同志。那时伪科学泛滥，我听过光远同志的几次报告，并作了报道，我才知道他受五四运动的影响，在 20 世纪 30 年代时就反对科学界混杂“灵学”，1949 年时已经得知国外有“超感知觉”（ESP）和“心灵制动”（PK），也就是 20 世纪 70 年代末在我国出现的“人体特异功能”。我从报告中得知他对这些问题有较深的研究，批评有理有据。

从光远同志批评伪科学的实践中，可以看到他具有较深的科学精神。那个特异功能倡导者曾以“眼见为实”为理由，向他挑战，要他观看“特异功能人”的表演。他坚决不去。他明白科学试验是不靠看表演的，并明确地说：“我是一个唯物主义者，要对你们的一切表演做一番科学检验，在众目睽睽之下进行这种验证，但不愿以一个魔术观众的身份被你们利用。”当然，在几位香港友人的邀请下，他盛情难却，决定向当时红极一时的特异功能“大师”张宝胜挑战，并作了充分的科学准备。张宝胜听说他要到场，吓得不敢出场，同香港朋友失约。由此，光远同志被诬为有“佛眼通”。我也有同样的经历。因为我戳穿“特异功能人”的骗术，使他们失败，被那些人诬称我有“特异功能”。那种倒打一耙的逻辑叫我特别反感。

光远同志作为高层领导，但生活简朴，待人平和，没有架子。他多年一直住在北京东城的一处平房里，光线并不好，陈设简单，饮食也简单。有一次，他作报告，我作报道，但是，我的住处离报告会场比较远，而离光远同志的住地还近些。我请求搭他的专车去，他同意了。那天早上 7 点不到，我就赶到他家里，他刚起床。洗漱完后，我看他吃早餐，仅一杯牛奶、一个鸡蛋、两片面包而已。他匆匆忙忙吃完后，抹抹嘴，我们就出发了。到了会场，我看他没有带秘书，并拄着拐杖，想去搀扶一下这位近 80 岁的老人，他却伸手把我推开。

光远同志学术造诣深厚，写作勤快，著作等身。我的书柜里收藏着他近 20 本涉及经济学、自然哲学、文学方面的著作，大多是他送我的。在他 90 岁时，为了表示敬仰，我涂了几句算不上诗的话，专门用毛笔写了送给他：“光照万里明世情，远非于公目邃深。长传聪学作孺牛，寿山福海唯求真。”2009 年，我得知他搬到阳光较充足的新居，便去探访。新居里的摆设并不奢华。有人为他新塑的雕像引起了我的兴趣，去拍了照片。那时他因已经失去了话语的能力，听力也下降，我只得用小黑板写字，同他进行交流。他的话音由夫人老孟翻译。那一次我离开时，他让助手推着轮椅，送我到电梯门口。谁想这次竟是最后一次见面。虽然他住院时，我多次想去探望，都未如愿。光远同志，您一路走好！

（本文原载于 2013 年 10 月 8 日《新民晚报》）

我与于光远的“邂逅”

程继尧

第一次见到于光远的名字，还是在“文革”中。一本红卫兵编的《毛泽东思想万岁》中说，毛主席看了坂田昌一的文章，把于光远、周培源找到自己卧室，讨论物质无限可分的问题。我想，于光远一定是位深受毛主席器重的大学问家。

1980 年，我见到了于光远本人。那时的我，刚从工厂调进上海社科院。在挤得满满的大礼堂里，我坐在最后一排，听从北京来的于光远作报告，其中有一个问题是上海城市发展。有几句话，到现在还记得很清楚。他说：“上海不要在浦西越摊越大，应当到浦东去建设一个新上海、东上海。人气不足怎么办？把市政府搬到浦东，人就会跟过去。”后来的事实证明，于光远看得很准、很远。那时，于光远是国家科委副主任、中国社科院副院长兼马列主义毛泽东思想研究所所长，还是《中国大百科全书》总编委会副主任。我不过是个还没摸到社科门的研究实习员。对这位大学问家，我怀着极大的尊敬，绝对仰视！

没想到，1982 年底，我竟然与于光远有了一次文字上的“邂逅”。事情是这样的：那一年 11 月 26 日，第五届全国人民代表大会第五次会议在北京召开。这次会议的一个重大议题就是修改 1978 年宪法。

2012 年 12 月 6 日，习近平总书记在纪念现行宪法实行 30 周年大会上发表重要讲话，纪念的就是那次全国人代会通过的八二宪法。

五届全国人大五次会议第一天，宪法修改委员会副主任委员彭真受叶剑英主任委员委托，代表宪法修改委员会作《关于修改中华人民共和国一九七八年宪法的报告》。报告中有这样一段，是论述社会主义分配制度的：“社会主义公有制的确立，消灭了人剥削人的制度，各尽所能、按劳分配成为社会主义经济的一项基本制度。宪法修改草案再一次把它肯定下来。”当时，在一些老同志的带领下，我正参与社会主义分配问题的研究，并且刚刚完成一篇题为《各尽所能与按劳分配》的论文。11 月 27 日是个星期六，早晨，中央台播送了关于彭真报告的前两部分，我听得很仔细。报纸来了，我又认真读了摘要，对报告肯定“各尽所能、按劳分配”是“社会主义经济的基本分配制度”的提法产生一些想法。当天晚上，我提笔给人大主席团成员的于光远同志写了一封 2000 多字的信。信中，主要表述了这样几点意见：

一、“各尽所能”不能成为社会主义分配制度中的一条原则、一个内容，也不能成为分配尺度，也不是按劳分配的前提，不应写进对社会主义制度下一切劳动者都适用的分配制度中去。从物质利益上鼓励劳动者尽其所能地为社会劳动，应当通过“多劳多得，少劳少得，不劳不得”的按劳分配制度来实现。如果把“各尽所能”写进基本分配制度，容易造成一种误解，似乎劳动者是否尽力也是一个分配尺度。

二、是马克思首先把“各尽所能，按需分配”这八个字作为理想社会的标志写在共产主义阶段的社会旗帜上。后来，斯大林参考马克思这个提法，多次说“各尽所能，按劳分配”是“社会主义原则”“社会主义公式”，但一次也没有说过这是“社会主义分配原则”。“社会主义原则”比“社会主义分配原则”范畴更大。承认“各尽所能”与“按劳分配”的联系，并不意味要把“各尽所能”发展到社会主义分配原则中去。

三、过去，我国宪法上写的是“国家实行不劳动者不得食、各尽所能、按劳分配的社会主义原则”，没有说过这是分配原则；党的十二大通过的新党章在总纲中说“资本主义社会必然被改造为生产资料公有、消灭剥削、各尽所能、按劳分配的社会主义社会”，是在社会主义社会的基本要求这一范畴内把“各尽所能”与“按劳分配”联系在一起的。胡耀邦同志在十二大报告中谈到分配制度时说：在现阶段，我们必须在经济和社会生活中实行按劳分配制度和其他各项社会主义制度，也没有把“各尽所能”概括到分配制度中去。因此我建议，新宪法在表述社会主义经济的基本分配制度时，明确肯定是“按劳分配”，不要把“各尽所能”当作分配制度的内容。

与这封信一起，我还把自己写的文章《各尽所能与按劳分配——谈坚持社会主义分配制度与提倡共产主义劳动态度的一个问题》寄给了于光远同志。文章中有一节的标题就是：把“各尽所能”当作“按劳分配”的前提，势必改变按劳分配制度的内容。文中，我还特别引用了于光远同志关于“社会主义的国家和集体应当保障劳动者的劳动权利”观点，强调除了应当要求劳动者尽其所能地为社会提供劳动外，必须重视“社会应当努力为劳动者发挥和发展才能创造条件这又一重要的社会主义原则”。

尽管现在看来，30 年前的这封信和文章非常粗糙，尤其是基本论述都是在当时的理论框架中进行的。当时，同事听说我居然对彭真同志作的修改宪法报告提意见，都认为不可能得到回应。

我也没有想到，11 月 28 日寄出，12 月 3 日就收到了一封来自北京的信。打开一看，竟然是于光远同志给我的：

继尧同志：

来信及文稿收到。我同意你的观点，并已向人大负责宣传工作的同志转达了你的意见。电台已经广播，但全文尚未发表，这句话还有可能改正。请注意报纸上发表的文件。至于宪法草案本身，本来就没有这个问题。

你能注意广播中的问题，并及时反映意见，我想是应该得到感谢的。

此致

敬礼

于光远

这封信用的是中国社会科学院马克思列宁主义毛泽东思想研究所的信笺打印的。我想一定是人大主席团的工作十分繁忙，于光远在百忙之中回的信。像他这样我们国家的顶级专家，能在百忙之中细看一个名不见经传的小小研究实习员的来信，明确答复“我同意你的观点”并且

立刻转达，及时回复，一直让我感动不已。

12 月 6 日，彭真所作的《关于修改中华人民共和国一九七八年宪法的报告》全文正式发表。我赶紧对照，原报告中的“各尽所能、按劳分配是社会主义基本分配制度。宪法修改草案再一次把它肯定下来”。已经修改为“社会主义公有制的确立，消灭了人剥削人的制度，各尽所能、按劳分配成为社会主义经济的一项基本制度”。尽管作为一个研究人员，我想表述的意思还有很多，觉得需要从理论上进一步探讨的问题还有很多，但对于国家最高权力机构来说，1982 年的全国人代会和大会主席团，起草、修订如此重要的文献，能够吸收一个现在通常被称为“草民”的普通公民的建议，并作出修改，反应如此之快，工作效率如此之高，的确让我足够兴奋。

为此，上海社科院科研组织处发了《程继尧同志对宪法修改草案报告的一条建议被采纳》的情况反映。学术部门领导还告诉我：在之后召开的大百科全书科学社会主义卷编辑工作会议上，于光远特意提到了上海马列所一位研究实习员写的一封信，说社会科学工作者就要在这种时候起作用。

收到于光远同志的信后，我对研讨社会主义分配问题有了更大的兴趣，陆续就“商品经济条件下的按劳分配”“现阶段个人消费品分配中的非劳因素”“不劳动者不得食与按劳分配”“各尽所能的社会条件与就业”等等问题发表了多篇论文，在公开刊物或内参上发表。经修改后的《各尽所能与按劳分配》被《新华文摘》转载。我还参与了关于“各尽所能”与“按劳分配”关系的不同意见争鸣。

大概是 1984 年初，我终于有机会面见于光远同志。他作为中国社会科学院马列主义毛泽东思想研究所所长到上海谈课题，并看望上海马列所的同志。和我握手时，上海马列所的负责人戴朋介绍说，这就是给你写过信的程继尧同志。已经握着我的手的于光远又把我的手捏了捏，说：很好！我觉得他的手很暖很软，他的笑特别亲切。后来，我又有两次机会在北京的会议上见到他，因为看到不少人争着和他握手，我没有上前，只是远远地、尊敬地注视着这位思想界的领军人物。

后来，就听说他挨了整，还差点丢了党籍。再后来，听说 90 高龄

的于老还能用电脑写文章，倍感宽慰。

2013 年 9 月 26 日，于光远同志与世长辞了。消息传来，我禁不住在已经发黄了的一堆故纸中找出 30 年前收到的那封信，思绪万千。

经济学中国化的重要开拓者

邓聿文

于光远是以一个经济学家身份出现在中国思想界的大学问家。他学识渊博，学贯“自然科学和社会科学”。他是中国当代思想解放运动和改革开放的重要参与者和见证人。他不仅重视将马克思主义著作中已阐明的原理运用于现代经济生活，而且还十分重视如何将马克思主义运用于中国改革实践的经济理论发展。在中国的学术界中，于光远是以思想敏锐、学识渊博、勤奋多产而著称的。

前不久去世的中共中央党校副校长龚育之曾对于光远有过这样的评价：学识渊博，学贯“两科”，即将自然科学和社会科学有机地融为一体；在整个学术生涯中，他开拓了许多新的学科领域，尤其在促进中国的自然科学与社会科学联盟方面、在自然辩证法哲学学派的创立与发展方面、在反伪科学方面等等，他是勇敢的开拓者、辛勤的耕耘者。

可以说，这一评价基本概括了于光远为中国学术、思想以及改革所作的贡献。

经济改革开放的重要参与者和见证人

于光远原姓郁，1915 年出生于上海一个受到西方民主思想影响和近代科学技术教育的知识分子家庭。1932 年考入上海大同大学，1934 年转到清华大学物理系三年级。面对日本帝国主义对中国的蹂躏，于光远放弃了成为一个大物理学家的梦想，参加了 1935 年底爆发的“一二·九”学生运动，继而在共产党的影响下，投身到抗日救亡的事业中，1937 年 3 月加入了中国共产党。从此，在中国革命和建设的社会

实践中开始了社会科学研究。

如今，作为一位资深学者，于光远在社会科学领域已经探索半个多世纪了。从早年感应时代的召唤，投身于民族解放战争的洪流中，到新时期的改革开放，除了“文革”几年下放干校劳动外，他一直活跃在思想理论战线上。

于光远不仅仅是一个勤于思考的学者，许多经济建设和经济体制改革中的重大理论问题都是由他率先或较早提出的；他还是一个长于行动的学者，参与了许多重要的决策。

1978 年召开的十一届三中全会掀开了中国历史的新篇章。于光远作为列席代表参加了这次著名的会议及之前的中央工作会议。而在中央工作会议上，邓小平作了那篇后来被认为是三中全会主题报告的著名讲话《解放思想，实事求是，团结一致向前看》。于光远参与了这篇讲话的起草工作。邓小平为这篇讲话写的手写提纲就一直保存在于光远那儿。

从 1981 年起，他又利用参与讨论中央文件的机会，多次主张将社会主义初级阶段的概念和基本特征写入中央文件。他的意见，发挥了一定的作用。可以说，于光远是中国当代思想解放运动和改革开放的重要参与者和见证人。

20 世纪 50 年代，于光远曾较长时间在中宣部工作，担任中宣部科学处处长，1977—1982 年间，任国家科委副主任、中国社会科学院副院长兼马列所所长。他是中共十二大、十三大的中央顾问委员会委员。2012 年，又荣膺中国社会科学院荣誉学部委员，还担任许多大学和研究机构的教授、名誉会长或顾问。他也是 1955 年评出的中国科学院哲学学部委员中仅存的四位院士之一，且年龄最轻。

兼具深切社会与学术关怀的经济学大家

于光远一生著作等身，代表性著作有：《哲学论文演讲和笔记》、《一个哲学学派正在中国兴起》、《政治经济学社会主义部分探索》1—7卷、《中国社会主义初级阶段的经济》、《经济社会发展战略》、《于氏简明社会主义所有制结构辞典》、《社会主义市场经济主体论札记》、《我的市场经济观》、《我亲历的那次历史转折——十一届三中全会的台前幕后》、《文明的亚洲和亚洲的文明》和《评所谓人体特异功能》等。

当然，作为中国思想界的一个大学问家，他首先是以一个经济学家的身份出现的。2005 年，在首届中国经济学奖候选人资料中，推荐人对于光远的评语是：他是一个兼有着深切的社会关怀和深切的学术关怀的经济学家，在他的学术活动中，总是试图寻找二者间的支点，来确定自己的学术研究方向。广泛的学术兴趣和丰富的人生经历，使得他的学术思想内容十分丰富。

回溯历史，我们会发现，早在 20 世纪 50 年代，于光远就倡导对社会主义经济的政治经济学研究，并将这一学科定名为政治经济学社会主义部分，有别于苏联提出的“社会主义政治经济学”。在这一领域，他至今已进行了 40 余年的研究，出版了《政治经济学社会主义部分探索》1—7 卷。

1979 年以来，于光远在经济学的许多方面进行了开拓性的研究。在理论经济学方面，他倡议并推动了关于社会主义生产目的和社会主义按劳分配等重大问题的讨论与研究，廓清了在这些重大问题上的理论认识。同时，他大力提倡并率先进行了一些新学科的研究，比如消费经济学、教育经济学、环境经济学、旅游经济学、发展战略学、国土经济学、经济效益学等等。他不断地组织各种形式的经济活动，推动了各种经济研究和学术活动组织的建立。

于光远还是一位敢于坚持马克思主义真理的经济学家。他对中国经济体制改革中几乎所有重大的问题都有所涉及，并在很多方面作出了开创性的理论贡献。

比如，关于经济效果，他提出要以个人使用价值（或个人需要的满足）作为社会经济效果的基础，这一观点与当时流行的将政府目标等同于全社会目标的观念有着根本不同的理论基础。他正是从这一深层的价值理念上逐步认识到中国改革是必要的。

关于所有制形式结构，他认为社会主义所有制结构是中国经济体制改革的核心，在 1997 年发表的《于氏简明社会主义所有制结构辞典》

中，以条目的形式系统阐述了他的社会主义所有制改革的观点。

特别是他一直高度重视唯生产力论问题，很早就提出了生产力标准。他指出，衡量一种生产关系优越与否的唯一标准，只能是看生产力发展的情况。他特别强调，能否促进生产力发展是衡量一切是非的最高标准、最高原则，其他任何原则，都不能和这个原则并列。

致力于发展中国特色经济学理论

于光远不仅重视将马克思主义著作中已阐明的原理运用于现代经济生活，而且十分重视如何将马克思主义运用于中国改革实践的经济理论发展。

1983 年，在首都纪念马克思逝世 100 周年学术讨论会上，他提出了“发展作为社会主义建设的科学的马克思主义”的要求，在理论界产生了深刻的影响。

1978 年访问南斯拉夫以后，他开始比较系统和深入地思考和研究中国经济体制改革问题。他指出，实现社会主义经济体制改革应该被看作是继社会主义改造后的又一次生产关系方面的伟大变革，中国当前所进行的这场经济体制改革是一个跨世纪的任务。他并强调说，中国经济体制改革的总的指导思想是马克思主义的普遍原理与本国的具体实践相结合。

关于改革的基本原则，他认为应当把商品生产问题放在首位。这是因为，发展商品生产在各国的经济体制改革中具有突出的重要地位。社会主义经济建设的实践证明，商品生产在社会主义阶段中的存在和发展不是偶然的，而是社会主义经济制度的本质特征。他在改革的实践中，不仅注意实践中出现的新事物，注意总结改革的成功经验，而且十分注意改革所遇到的和可能遇到的问题。

关于改革和经营的关系，就是他提出来并反复强调以期引起人们高度重视的问题之一。他指出，改革应当为经营排除障碍、创造条件，因为经济效益只能通过经营来取得。搞好经营不仅对于巩固改革成果十分重要，而且积极从事经营能使人们有更强的改革要求。他的这一思想，为后来实行承包制改革以完善经营机制的改革措施在理论上作了准备。

他还比较早地研究了社会主义初级阶段的经济理论，著有《中国社会主义初级阶段的经济》（1988 年）一书。此书被经济学家评为“影响新中国经济的十本经济学著作”之一。

1995 年，于光远又提出了著名的“三个 30 年”观点。他认为，中国的现代化可分为“三个 30 年”。第一个 30 年是从 1919 年五四运动到 1948 年新中国成立前夕，这是从思想发动经过三次革命战争取得全国胜利的 30 年；第二个 30 年是从 1949 年全国解放到 1978 年十一届三中全会召开，这是我们取得政权后在建设社会主义道路上曲折前进的 30 年，在这 30 年后期，我们觉悟到要进行经济体制改革，并在邓小平理论的指导下，开始了又一新的伟大革命；从 1979 年起，中国进入第三个 30 年，在这个 30 年末，即 2008 年，中国经济改革可以说基本完成，并建立了一个比较完善的社会主义市场经济体制。

一个不弃理想的社会主义者

丁学良

我跟于先生的交往始于1981年，当时我正在复旦大学做硕士论文，首次来北京查资料。我是皖南农村背景的学生，对北京学术界的气氛无比向往。那是一个激动人心的时代，思想学术界处于千花齐放的春天。当时物质生活上海是第一世界，北京是第三世界；但在思想学术上，恰好相反。

马列主义也须是科学研究的对象

当时教育部有个文件，据说是从邓小平那里要来的一个特权：经过“文革”，全国高校教师青黄不接，名牌大学培养的前三届研究生（当时只有硕士生，没有博士生），本校有优先的留校权，任何部委都不能抢人。这可是个特许，那时还是计划经济，当时最著名的大学，如北大、复旦，都有此特权。1982年我毕业，复旦把我留校。在当时绝大部分同学眼中，这是全国最好的分配。上海人不愿意离开上海，几百万下乡的上海人正千方百计要回来。

虽然我从麻雀变成了凤凰，但还是向往北京，想到中国社会科学院马列所工作。我一听自己留校了反倒急了，知道中央特许的分配政策的权威性，于是主动跟马列所联系，请求把我调去。

马列所是当时的中国社科院“第一所”，马列主义具指导地位，改革开放前却没有这个所。于光远是推动建所最给力的一个人。建所目的很清楚，他说：马列主义是一切工作的指导方针，这在中国无异议；但“四人帮”把马列主义变成了教条和迷信，我们要把马、恩、列、斯、毛的理论变成科学研究的对象。他没有明讲的是：马列主义不应该是崇拜的对象，而是一种“社会科学”，要随着时代而发展，其中隐含了跟科学必须一致的研究和评价标准。

刚开始听说由中央政治局委员、中国社科院院长胡乔木当马列所所长，于光远当第一副所长。这规格是最高的了。但胡乔木最重要的工作不是当院长、所长，而是全党主管意识形态的领导。他跟于光远说：你代劳吧，当首任所长。

于光远也忙得一塌糊涂。胡乔木、于光远、邓力群，还有资深经济学家薛暮桥是邓小平最重要的四个理论工作者助手。薛暮桥年纪很大了，活跃程度比不上前三位。于光远让毛泽东当年称为“四个红色教授”之一的经济学家苏绍智当第一副所长，是从人民日报社调过来的。

我 1981 年春赴京收集论文资料，拜访了马列所，只是在走廊里跟于光远打个招呼，他太忙。马列所位于北京市委党校，借用的，社科院的大楼还在盖。

他出面找到光明日报社总编辑杨西光。杨西光在 1954 年担任过复旦大学党委书记，调到北京前是上海市委管高教的书记，他组织了《实践是检验真理的唯一标准》这篇大文章。通过他再给上海市打电话，这才把我从复旦大学调到北京。我要求不留校时，学校管分配的干部说了句狠话：我们留一个人很慎重，不知道有多少人想留留不下来，不要不识好歹，否则你哪里来哪里去。

我当时是破釜沉舟，因为很快要开始博士研究生招生了，如果我被退回安徽，就下决心考博士进京。幸好，于光远、苏绍智几个电话一打，复旦大学把我的名额让给了中国社科院。1982 年 9 月 29 日我进京报到，只买到站票，连硬座都没有，站了一天一夜。

“最重要的，是思想要兴旺起来”

就这样到了北京工作。在复旦时，我们对单位的领导要称头衔，叫苏校长、金书记。但到社科院第一天上班，见到这些在全国学术界如雷贯耳的人，除了称胡乔木为乔木同志（也不喊院长，他笑笑就走过去了），其他的都是称老师。对我们这些刚毕业的人来说，太亲切了。于光远有一大堆头衔，叫他“光远老师”的，我开始还以为都是他的研究生，其实所有年轻人都这样喊他。

每周二全所成员都要来，我到他办公室，说是来感谢您的。他说：“感谢什么？都是为了工作嘛。你是做理论研究的，我们讲粉碎‘四人帮’后，中国百废俱兴。最重要的，是思想要兴旺起来。脑子不活跃，什么都活不起来。”

我们的工作生活条件特差，单位食堂周末也不开，幸好那时周末只有一天，到外面买东西吃。也没什么好买，也没钱，路边摊买点油饼咸菜，糊弄过去。

改革开放前没有中国社科院，只是中国科学院下设的一个部，我们都没有房子住。本地人还可以骑车回家，我是外地人，只好睡办公室。最想当床用的是光远老师的办公桌，因为他级别最高，办公桌又长又宽，睡在上面最舒服。他不是每天都来上班，什么时候来不知道，我也不敢对他造成任何干扰。我每天在小研究室里看书写作，深夜没人了，才敢把卷起的铺盖打开。如果他的办公室没锁，就睡在他桌子上。第二天清早，收拾得干干净净。

那时北京很小，到了魏公村就是郊区，以下都是土路，朝阳区党校就是农村，驴子和马都能见到。我们单位还有在八宝山、首钢附近租农民房的同事，他们挤公车，来回 3 个小时。我 24 小时，连睡觉都在办公室，时间利用率特高，文章发表得特多，被表扬时，我说：“还得感谢光远老师。”他很奇怪，问：“为什么要感谢我？”“因为我常睡在你办公桌上。”他大吃一惊：“啊，难怪我有时觉得办公室有点异味！”

因为啥？我周末孤独，偶尔喝点二锅头。那时的二锅头很差，一股洗锅水的味道，几毛钱就能买一斤散装酒，我买的还是一块多瓶装的。他周二来的时候，有时还是闻到有点酒味。

官样文章，绝不可以拿出去

那时大家对于光远的评价五花八门。他资格老，清华大学物理系高材生，后来跑到延安去闹革命。他有几件在当时引起争议的事情，最主要的是说他“到处下蛋不孵鸡”。他到处提思路出主意，说这个问题要研究，那个学科分支要设立，要办一个学术刊物，要建一个学术团体。他地位高，发了话，下面的人就要办。但他讲得太多，别人要给他代管得太多。了解他的人说，那时中国刚恢复“双百”方针，真需要这样一个人，提出新观念、开辟新方向。没有他到处下蛋，别的人功力不够，信息不够，权力也不够，下不出那样的蛋。下了，别人也不愿代管。

他的思想新颖异常。“文革”后他讲，现在中国最高的自然科学刊物叫《中国科学》，有中文版，最好的文章要译成英文，按国际学术刊物的通例，审稿发稿，索引完备。他说，也要办一个《中国社会科学》，代表中国社会科学人文学科的最高成果。否则怎么把新时期中国的社会科学人文学科成果让全世界了解？

他提出来后，很多人兴奋不已。但也有人问，自然科学只有一个标准，“四人帮”时讲马列主义的宇宙学、物理学、生物学，已经是笑话了。社会科学与人文学科有啥统一标准？于光远坚持说，不对，也有。就该按照科学的逻辑、研究方法、验证程序，实事求是地探索社会人文的问题。

有人追问，那也包括马列主义吗？他说：当然啦！

1981—1982年，这种思想很了不起。果然就办起了《中国社会科学》。他说要办成全国最好的，绝不可以滥竽充数。宣传品、抄文件的官样文章，不可以拿去推销，英文版要符合国际学术界通则。

我的硕士论文是讨论人道主义，当时很新颖，争议也大。我把论文稍修订后按程序投稿，寄给《中国社会科学》，那时的主编是后来的人大副校长谢韬。我从文艺复兴一直讲到马克思及其批评者，文章三万多字。当时匿名审稿，来回修改几次，全文发表。随后全国社会科学人文学科第一次评青年奖，我获得一等奖。

《中国社会科学》是光远老师主张办的，我又是他和苏绍智老师亲自调过来的。年轻人发表长篇论文得奖，他很高兴，在走廊里对我讲：“看来花了那么多力气把你调来，也还没调错。”那时在《中国社会科

学》上发表一篇长篇论文，可以破格提为副教授或副研究员，全国的正教授正研究员也就一两百个。

那时马列所里一身兼多职的老资格有几位，副所长王惠德是中宣部副部长，还有冯兰瑞，延安整风时的直接上司是薄一波，还有其他延安时代的。一发生重要的事情，光远老师他们就会来通通气，消息非常灵通。

推动改革：内部辩论与前沿研究

光远老师还是中国经济学研究团体联合会（简称经团联）的最重要推动者。他认为全国的社会科学要互通信息，有些重大的敏感问题，暂不能拿出来说，就在内部进行大辩论。辩论得比较成熟了，再拿出来。

经团联的主要办公地点就设在马列所。这个机构有极丰富的国际视野，是中国经济改革最先进观念的来源地。我们在复旦使用图书馆时，享受教师的同等待遇，也有敏感的内部刊物，有学生阅览不到的灰皮书、白皮书、黄皮书。而我从复旦大学分配来马列所看资料，却觉得是开天辟地的新鲜！

这个所有好几种参考资料，信息量大得令人难以相信。当时有个《大参考》，上午一份下午一份，大八开，有时厚达几十页。阅览者要签字，只能在资料室读。《大参考》上，国外对中国绝大多数敏感问题和现实麻烦的报道分析，基本都有，高级干部才能看。我们很幸运地分配到这个单位，得以了解国外最新的信息。

但《大参考》上，思想深理论强的文章很少。光远老师说，应该搞学术研究性强的参考资料，于是就编辑了《经济研究参考资料》《社会主义研究参考资料》《马克思主义研究参考资料》等。不定期，只要来了好东西，马上组织突击翻译。那时没有商业性的翻译，都是学术水平高的学者做翻译。国外大量关于社会主义的困境、苏联东欧的改革与危机、中国跟越南的关系、古巴问题等等，都是前沿的学术理论探讨。有时一期 100 多页，就是一本书。

这就是社会科学研究者的"原矿""富矿"，我这样的年轻学者太幸福了！白天读，我还没看完，别人就催，也不允许随便复印，成本高，又要保密。因为睡在办公室里，我就有了几倍多的阅读时间。这些参考资料，对推动中国的社会科学研究和经济改革、政治改革、社会变革，是通风的巨大窗口。从外面吹进来的各种新观念，由此迅速传到全国。

弄清社会主义的生产目的，至关重要

有两个理论问题，我永远忘不了。

光远老师性格急，很多事情比别人先看到好几步。他提出的观念，被别人批评走得太快，说他这个级别要是走得太快，别人难以跟上。

胡耀邦当总书记时，他是最重要的助手之一。此前，他为邓小平起草了开创全局的《解放思想，实事求是，团结一致向前看》。胡耀邦与光远老师不约而同地发动并组织了一个社会主义生产目的的大讨论。整个宏观经济的思路要深刻反省：几十年来，一不怕死二不怕苦，付出了那么高比例的投资，为什么老百姓的生活改善得那么少？有些方面竟然停滞不前，严重时甚至大面积的饥荒和倒退？这类问题必须根本扭转过来！首先要弄清楚，社会主义生产的目的是为了改善普通人民的生活，而不是为了生产而生产、为积累而积累、为投资而投资、为高速度而高速度。制定宏观经济计划的目标，要转到提升人民的生活水平，把民富作为终极目的，而不是先生产、后生活。

这个讨论即使在今天看起来仍很有意义。中国多年的 GDP 里，基础设施投资占到 50%，居民消费才 30%多，这依然是当今经济改革的重大问题。20 世纪 80 年代初的时候，光远老师协助胡耀邦，就抓住了这个根本问题。

社会主义经济体制下最容易忽视的问题就是这个。建立强大的社会主义国家，四个现代化是手段，不是目的，目的是人民的富足和幸福。这个观念到现在都很有意义，民本嘛！光远老师跟胡耀邦商量的是，政治思想领域以真理标准讨论开辟道路，在经济领域，就是以这个开辟

道路。

一政一经，是很完整的改革思路。可惜马上就遭到了反对，这个讨论，没来得及像真理标准的讨论那样产生广泛的影响，便戛然而止。如果能延续下去，对中国的高投入低产出、高积累低消费、高投资低回报，有根本的纠偏作用。政府会更注重消费品生产，更注重提高人民的福利，会使中国的经济转型提前 20 年。吴敬琏现在还在呼吁尽快改变中国经济的增长模式。他说，实际上从改革初期到现在，我们都是这个模式难转的见证者。

共产主义对进步人士的最大吸引力

光远老师的第二个想法更了不起。十一届三中全会前后，他向邓小平建议，说在极左政策主导的前几十年里，无限制提倡加强革命专政，张春桥更力主建立“全面专政”——社会和个人生活的一切方面，经济、文化、科技、家庭、文艺，更别说政治，对所有领域都要实行专政。这与马克思提出的共产主义最终目的是完全背道而驰的。马克思说，共产主义要打碎一切枷锁，只是要短期的专政；无产阶级执政后，要大力创造条件，让人民自主治理、自我管理。这才是共产主义理论中最重要的目标。我们要认真汲取“文革”的教训，在理论上真正弄懂马恩的共产主义价值。马恩最看重的是，共产主义要超越国家政权，实现一切人的平等、天下大同。

他跟邓小平慎重提出：在理论上，共产主义要对全世界进步人士有吸引力，虽然现在条件不够，但目标不能忘记，让人民自我管理，减少人民群众被管理的环节和机构，为“国家的消亡”这个马克思主义的终极目标创造条件。

这也是光远老师那一代人，在中国最好的大学念书，却抛弃了触手可及的富贵，冒着生命危险跑到延安去的两个原因之一（另一个跟抗战有关）。

光远老师在中国社科院里虽然新点子太多，回过头来看，他在很多领域都非常超前。而且，他心中一直保持着青少年时期的理想，从未被地位和权力所腐蚀。

那时他还赞成一个口号：只有向钱看，才能向前看。当时老经济学家孙冶方说，“千规律，万规律，经济规律第一条”。很多人说他在鼓吹资本主义挂帅，我竭力为之解释。毛泽东说，贪污和浪费是最大的犯罪。我说：浪费比贪污还坏，有些人贪污就是改变所有权，假如拿去投资，可能比浪费稍好。光远老师批评我，这话不能乱说！那个时代，在最好的学术机构和大学里，是千花齐放、百家争论。包括人道主义，他也很赞同，但也教训我：不要走得太远，因为胡乔木说，阶级斗争还存在，不能以人权取代阶级的权利。

我多次被评为优秀共青团员，被光远老师、苏老师推荐去国外留学。我 1984 年夏季去哈佛，1993 年回亚洲，次年夏天回北京，第一个拜访的长辈就是光远老师。他见到我很高兴，他那时已经做了化疗，因为得了乳腺癌。别人很奇怪，他说，你们这些人都是科盲，男人也有退化的乳房。

他的老部下要在香港把他的超短文出本书，我建议出线装的。书出版后我请他签字，他很高兴。

他很坦诚，很开放，在这两点上很了不起。他写过专门的文章，大意是：对我这样一个早年冒着危险追求马克思主义的人来讲，相信马克思主义、共产主义，是我的偏好。但是，不要把偏好变成偏见，不要把你所偏好之外的其他理论思想观念都完全否定，看作是你死我活、不可对话的。我们不要把自己的偏好变成偏见。要抱着多元的学习借鉴态度，坚持前瞻的、开拓的、与时俱进的、永不放弃追求真理的精神。他一直是这个开放的态度。

2004 年末我最后一次在北京见到他时，他完全不能动了，坐着轮椅出来。他说：我又多过了一个元旦。我问他，你还认识我吗？他想了一下：“噢……”我提醒他：“我就是睡您办公桌的小丁！元旦来给您老人家拜年的。”我在他的轮椅前跪下去，磕头拜年。大家很惊讶，这是晚辈对长辈的传统大礼。只有在场的原来跟我同一研究室的小邵、林春她们才知道，为什么我对光远老师如此感激。

2011 年，我的《中国模式》一书在国内外出版发行，前言里我用

大字标明：此书是敬献给深刻影响了我的五位前辈理想主义者的，头一位便是于光远。

（作者为香港科技大学教授，深圳大学顾问。丁学良口述，戴志勇整理，原载 2013 年 11 月 7 日《南方周末》）

“人类还是童年”

——学习于光远老师的学术思想

高伟梧

敬爱的于光远老师仙逝了，虽将满一百的高寿，但大众还是甚为痛惜，对于可说是入室弟子的我，更感悲伤，多么盼望得到更多的教诲啊。今后唯有更努力学习于老的学术思想和意志品格，继承他开拓的事业。

一

20 世纪 90 年代初，于光远老师在广州提议成立南方现代市场经济研究院，得到省委原第一书记任仲夷和当时省委宣传部长于幼军、广州市委书记高杞仁、市长黎子流的支持，于 1995 年 1 月 10 日在广州市成立，为自筹资金的事业单位，于老和任老、原中宣部部长朱厚泽为名誉院长，原广州市委常委、宣传部长黄崧华为院长，我当秘书长。自始，我们经常一起下市、县、企业和乡村去调研，参加学术研讨会，召开改革座谈，有时也被邀度假。即使休闲吃饭散步时，大家还是经常谈论国内国际大事，总是关心着人民大众。

多年的观察，我觉得任老政治智慧特高，分析问题非常透彻，说话幽默，有启发性，不说套话空话，一语中的。一次在聊天时，他说现时政治形势又不好了。我问他，您怎样判断政治形势好不好呢？他说：先看舆论，放宽就好，收紧就坏。言论自由是社会政治寒暑表，毛泽东曾说要让人家说话，天不会塌下来。话都不让说，还讲其他？但这个“让”字就是专制，后来他不让，大家不能说了。其实说话是人身权利，宪法规定的。

朱厚泽部长也很有政治经验，处理事情很合分寸。他的视野广阔，眼光锐利，思维敏捷，出口成章，且富有文采，更善于根据世界历史，比对分析，特别深刻。2004 年我们在东莞大朗讨论政改，任老说和平崛起，首先要和平改革，不能产生暴乱，他提倡改良主义，大家赞成（他的谈话发表在《炎黄春秋》2006 年第 11 期）。我将任老的谈话记录整理成文后，请朱部长修改，他看后说可以。我问他："为什么暴力革命不行?"他说："要打倒原来暴力的武装集团，将形成更强大的暴力武装集团，长期战争，革命者军事化，不利于社会改革。法国是暴力革命的源头，就经历多次皇朝复辟，后来德国、俄罗斯、中国东方诸国承继这个传统，后果并不很好。而英国的'光荣革命'是另一个社会革命的源头，第二种社会改革模式，是社会民主党所走的道路。还有一种改良主义、和平主义，就是甘地发起的、后来南非曼德拉和缅甸昂山素季继承的这个传统，走了这条道路。从前革命者骂甘地为统治者帮凶，最危险的敌人，现在来看，这破坏最小，更有利于文明进步。"我说："要是执政者血腥镇压，革命者只有也拿起刀来，好像抗日胜利后蒋介石就要战争，中国失去了一个和平推进实现民主的机会。"朱部长说："这是双方的，革命者要把执政者看成绝对反动、死敌，只有彻底消灭，绝不可以阶级调和，也坐不到一起。当时共产党人包括我这个新党员，也是坚信只有革命战争才能干净彻底解决问题。夺取政权可以靠一次战争，而社会改革必须是逐步的、和平的，改革者必须有耐心，有韧劲，等待时机，创造机会，也要让步和妥协。于老说人类还是童年，此是观察社会问题的一个基点，说这是'最后的斗争'，结果贪快过急，就会走回头路。"我听了很是信服。

于老另有自己的特色。他除了同任老、朱部长一样极大关注当前中国的社会改革，特别是政治改革，他兴趣更为广泛，思想极为活跃，自然科学、社会科学，乃至社会民众的日常活动，如打麻将等等，都研究，都思虑。任老说他"脚不停走，脑不停想，嘴不停说，手不停写，是个知识渊博的百科全书式学者"。

于老是我国社会经济学的一位带头人，成果丰硕，还有很多创新，

乐于开辟新的社会科学领域，如生产力经济学、教育经济学、灾害学、休闲学、消费学、聪明学、生态学、方法论等等。我跟踪学习后，觉得他很多是对人类生存共同面对的重大问题进行分析研究，寻找答案，其成果当然适用于不同历史阶段、不同社会制度、不同民族、不同国家。可以说以社会一般，以人类整体作为研究对象，进行顶层科学抽象思考，大时空视野。因为广泛，很快就从这个领域跳跃到另一个领域，虽未能不断深化，但开个好头，打开思路，有开创性，是创新大师。

记得“六四”风波后他受到巨大的政治压力，曾悄悄溜来广州散心，我陪着聊天。为了开心，我们说起大跃进的傻事。我当时是个青年教师，为了压倒兄弟学校，竟照报上的鼓动，把中学小农场十几亩禾苗拔起来全插到校门前一块大田上，禾苗很快发黄了，就到铁器社借只大鼓风机来吹风，结果还是全部烘死了。禾苗密不透气，田里粪便沼气高热怎能长作物？完全违反科学常识，当时却干劲冲天，乐此不疲。我又说，于老连你们高干、科学家也在胡闹。他听了说：人类还是童年，免不了犯幼稚病。我说：那我们的英明领袖就是孩子王了。他笑而不答。

2003 年秋，原广东省委书记吴南生提议于老和朱部长到汕头地区考察，胡冀燕秘书有事回北京去了，又是我陪行。三人到了汕头市，参观了汕大之后，就去看些旅游景点。市接待办的同志带我们到一座妈祖大新庙。香火鼎盛，善男信女陆续不断。我发感慨：国人越来越迷信了，到处建大庙，造巨型观音菩萨，灰色产业大发展。朱部长说：宗教不等于迷信，信仰问题很复杂，不好轻易下结论迷信、邪教。于老说：“人类还是童年，还得靠神来安慰心灵。”朱部长就敏锐地记住于老的这句话，认为此是观察社会的一个根本观点。可惜，我未能同这两位大师继续深入讨论，得到更大的教益。

二

人类还在童年，这是对人类社会文明进程的正确概括。经过几百万年的从猿到人，尤其是几十万年智人的进化，在人体结构上，在生理上，已经定型，应该说已经趋于成熟。然而，人类有文字的文明史不足一万年，而步入现代文明的阶梯更仅仅只有几个世纪，是不可能成熟起来的。人类到底能生存多久，天也不知道，不用说将来能飞去别的星系重新落地安家，就是同地球一起被太阳火化，还有 40 亿年；像恐龙，在被小行星撞击地球引发巨灾而绝迹前，也曾经统治地球两亿多年；就是科学家提出人类当前的第一个生存目标是 100 万年，未来的道路还是很长很长。

自从牛顿、爱迪生之后，尤其二战之后，科学技术突飞猛进，上天入海，网络视频，机器人，造人体器官，改造基因，3D 技术，短时间有如此巨大的成就，是很了不起的。但是人类对自然、对社会、对自身的认知还是很初步的，还普遍存在着原始人群对自然的恐惧与魔幻，蒙昧迷信，神鬼禁锢着头脑，人类还是很脆弱的，就是地震、冰雪、洪水灾害的预报，防治能力很薄弱，对疾病、对瘟疫常是束手无策。社会制度上大量保持着原始人族群组织方式，无论是特权专制、等级、暴力威慑，还是武力与金钱的统治，社会公平和民主政治尚是很初步的。特别是在人的社会心理上，依然普遍存在着兽性的思维，动物的自私贪婪，好斗凶残，暴力恐怖，恃强凌弱，武力征服，血腥淘汰，依旧丛林法则，血酬定律。人类正处在从兽性人向人性人的转变过程中。

三

科学地认识人类社会文明的进程是非常重要的，否则不可能正确把握我们所处的时代和社会大潮流。

人类史也是格斗史、战争史，人类内部的残杀，其惨烈凶残在所有动物之上。从家族、氏族、山寨、土司不断武力兼并，一路杀过来。形成了国家之后，组成了专业军队更是不停地战争，直到出了恐怖武器——原子弹，结束了第二次世界大战，人类才开始觉醒。现在有愈来愈多有识之士，认识到只有一个地球，人类必须共同利用和应对大自然环境，开始了各国的联合和合作，寻求非暴力解决相互事端的途径，和平共处，争取双赢。然而，局部战争不断，还有恐怖主义，把社会民众作为报复泄恨的对象，人类现代文明的进程很不顺利，有时停滞甚至倒退。

从人类文明的进程来认识，今后一个相当长的历史阶段是从民族国家走向大联合，实现全球一体化，建立人类共同体，总体上说我们已处在整体推进人类文明的时代。当然，目前还是推进各国的合作共赢，实现各洲的经济一体化。而一切抗拒破坏这一和平进程的行为都是反人类文明的，都是反世界大潮流的。

朱部长认为，真正人类文明是从农耕开始。人类古代文明的进程先是地区带动方式，古希腊文明、古埃及文明、古中国文明，还未具有世界性；近现代海上贸易的繁荣，促进近现代工商业的发展，特别是通讯信息科技的利用，全球的交通和经济密切联系起来，人类的文明进程，便是一个文明中心向周边世界的扩散，从荷兰商贸中心到日不落英国，再到超级大国美国。文明中心的国家，是在实现霸权和掠夺中向世界扩散和推进先进的文化和文明，新文明国家的兴起，要成为世界新的文明中心，就要霸权转移，非经过一场打斗不可，大国的文明中心的取代必然伴随战争。

21世纪人类文明进入了新的征程。不可能也不应当再走通过战争实现文明中心的转移。事实上，全球仅有一个文明中心的状况正在转变，一个国家再不可能充当全世界的霸主。美国当今还处于世界文明的领先地位，但事实上已经不再是唯一的文明中心。美国的先进科技和文明，是通过精英移民集聚了世界的尖子，这种文化和文明就具有世界性，它只是世界先进文化和文明的一个集散平台，同时西欧、俄罗斯、中国、日本、印度等国家与地区也正在赶上去，现今世界文明正走向多样化，由多中心共同促进整体文明的进化。所以，今后大国的崛起，不可能也不必要完全取代别的大国地位，一个大国要维持唯我独尊的霸主权益也是不合历史的趋势，阻挠压杀进步，损害人类文明的发展，也不利于本国的文明进步。

习近平主席多次提到人类只有一个地球，全世界必须和平合作，谋求共赢，此是合乎世界大潮流新思维，因而得到包括日美在内的有识之士的响应，中国的立场也就是地球的立场、文明人类的立场，必定得到越来越多国家和民族的拥护和支持。我国也还有狭隘民族主义者，认为

振兴中华就是要独领风骚，成为唯一的世界文明中心，甚至谋求取代美国成为全球霸主，这是错误的，并不是我国思想主流。我们要推进世界文明的多样化，促进人类整体文明的进程，必须全世界尤其是站在前头的国家和民族共同努力。

四

文明人类的出现时间尚短，较之人类今后的生存发展来说，现代文明更是始初阶段。习近平主席说得好，我们的改革建设只有进行时，没有完成时。设想通过一次暴力大革命，就消灭地球上所有的罪恶，扫除一切害人虫，建立起绝对公平和完善的终极社会，完全是少年的幻想。夸大自身力量，提出过高要求，想把子子孙孙的事都做了，是心急浮躁思想认识上的根源。承认人类尚是童年，才能正确估计社会的智慧和力量。地球未来将是怎样的自然环境，愈来愈精明的人类又有什么创造发明，社会生产方式、生活方式将会起怎样的变迁，谁又能预计？先进的政党，社会组织和领袖人物，也只能是站在时代的潮头，不可能跨阶段超前进入历史。有点成就就骄傲，较为顺利就得意忘形，说掌握了绝对真理，达到了理论顶峰，此正是童子的无知和天真，我们要谨慎和稳重，不要随便说我国创立了人类社会最好的发展模式。我们国家经济政治社会正在急剧转型，已经固定成为一种模式了吗？人类要走的路还很漫长，中国的农耕文明走在世界前头，持续了近3000年，成就是辉煌的，但在人类发展的时间长河中也不过是一个小小的波段，就是再像当今在世界上独领风骚两三个世纪的美国一样，也只是一时之雄。今后百万年、千万年、亿万年，能持续领先吗？应当把心胸放大一点，眼光放远一点，争取为国人和推进人类的整体文明做得更实在一点、更有成效一点。

人类社会是在不断的发展，正在愈来愈加快发展的步伐，什么是最佳的社会制度模式？就是能保证长久持续发展。希特勒的德国、东条的日本、斯大林的苏联，在工业尤其是军事工业上曾走在世界前头，可是不能长久，因为社会制度不能适应人类的文明进程。军国主义、国家经济政治文化垄断，可以最大集中财力物力人力，可是不能长期持续发挥出人的最大智慧和积极性。战争时期需要高度集中，可以适应和平发展阶段，就得变革，不变革就只有垮台。

五

人类社会怎样才能持续发展？首先是安全。生存受到威胁，社会持续不下去，谈不到发展。生存威胁：一是自然生态，一是社会生态。社会内在群体关系，就是要建立这样的社会制度：能善待自然，建立良好的生态环境；能协调社会内在矛盾，发挥所有成员的积极性，推进人类文明。

推进人类文明，就是减少兽性、增长人性，人类文明的核心是人权平等、自由博爱，而首要是公平。野生动物界有自由也有爱，但始终是王权霸道，等级差序。只有人类才必须而可能实现社会公平，并在此基础上实现人权自由和民主法治。所以说当今人类的文明还是幼稚而不成熟的，还需要各自的努力，而非整体推进。先进的发达的国家和地区，凭着优秀的科技和生产获得先发优势，占用了更多的资源和市场，依靠超额和垄断的利润，推进本土的社会公平，但却制造了世界的不平等和对立。第三世界落后国家和地区的崛起，供给发达国家廉价商品、劳务，有利降低物价，控制通胀，但分散了资源和市场，减少了收入，建立在大片国土贫困基础上的高福利和消费主义的制度就难以为继。市场不景气，失业陡增，财政紧缩，增加国内新的不公平，激起民愤，导致社会动荡。经济危机引发社会和政治危机，深层次是文化和文明的危机：唯我独尊，唯我优越，维持老大霸权的思维受到了冲击，只顾自己的社会公平而制造国际不公平的旧文明受到冲击。“长江后浪推前浪，前浪冲到沙滩上”，是全球化中对偏离整体文明的进程的修正。亚非落后国家和地区的崛起，打破原有的不平等的国际秩序，推进人类文明新秩序建立，参与国际分工，取得市场更大的份额，大大增加收入，提高了身份地位，争得国家间的平等。然而为此作出奉献的国家劳动者却得不到应有的公平，贫富悬殊，通货膨胀，民众不满，社会不安，大发展反而造成经济危机，同样引起社会和政治危机，这又是为什么呢？深层次同样是社会文化问题，也可以说是另一种文明危机。

就我们国家来说，30 多年的高速发展，提高了国际地位，争取国家间的平等，促进了人类整体的文明，但这个过程主要是靠开放，对外对内开放市场，然而我们的改革跟不上，经济体制尤其是政治体制，并未能随市场开放而进行改造，转换职能机制，可以说国内的市场依然存在于旧的社会结构大框架之中，不是改变原制度适应市场的发展，而是使市场的发展适应原制度。上层建筑落后于经济基础，存在着任老所说的“市场经济与计划政治的矛盾”，产生国家权力对市场的非法干扰和扭曲，未能取得推进国际平等的同时同步推进国内公民个体之间的公平。为什么呢？到底是旧文化障碍。长久的辉煌的农耕文明，形成了牢固的特权等级，宗派和帮派的观念，人治的依赖，迷信权威。还有几十年阶级斗争、阶级专政，形成了新的党治文化，通过组织对个人的管控，集体压倒个人，民众而至知识精英却形成了顺从品性，思想解放跟不上时代前进的步伐。社会文化和官员素质、公民素质赶不上新的社会文明要求，特别是依靠政府操纵经济文化的建设，国家管控社会，实现工业化，并未能相应实现工业文明的平等、自由民主法治、智能经济和文明、社会多元化和个性化。充分发挥每个公民的智慧和创造力，政府更需开放和包容，必须克服天官赐福的思维，把立足点转到民众中来。人类文明要全人类共同创造，一国的文明也要全社会公民的共同努力。传统文化和老文明是通过政治力量来维护自己，和抵制新文化和新文明的冲击。改造国家的结构，转变职能，建设一个服务型的政府，建设一个新文化新文明的政府在当前最为关键。但要有社会的民主监督，才能纠正政府单为国家的偏好而偏离改善民众生活的目标，防止官员侵夺民众的福利，才能不断推进社会公平即人类文明。

六

人类还是童年，幼稚，天真，幻想，任性，情绪化，智能低，成长过程中不断地犯傻出错，是自然的事。重要的是不要重复犯大的失误，犯了就认真反思改正，增长见识，成长起来。躲躲闪闪，诡辩推诿，掩饰美化，正是童子心态，幼稚病，不成熟的表现。德国人对历史负责，深刻反省，和宿敌法国合作推进欧洲一体化，自己国家也突飞猛进，显示德意志民族的成长和成熟。而日本，未能正确看待历史，至今仍摆不正自己的国际地位，未能抛开东条的帝国噩梦，同邻国的关系依然紧张，未能合作共赢，推进亚洲的一体化，显得愚昧弱智，没有与时俱进，成长起来。

而我们中国人又如何？中华民族很早就显出聪明和智慧，可说较为早熟和老成，但就算是神童也还是童，也不可能超越成长的过程和阶段，农耕文明成就辉煌，而现代文明，却因自满封闭而落后了。为了赶上去，就不顾一切，大跃进的无知，“文革”的癫狂，能说我们已经成长成大人了吗？回想起来幼稚可笑，令人汗颜。我们同样要进行历史的反省，吸取教训，加快成长。

国人曾经全民学哲学、唯物论，辩证法常挂在口头，但实际上干起来却不顾条件、不计成本、不讲代价，常得不偿失，很多事情不是两点论而还是一点论，连老祖宗的一利就一弊的话也丢开了。水库修筑起来有利于蓄水灌溉，可河流沙积干涸，水运不通了；城市人只生一个孩子，农村城市人口失衡，加速人口老化；现代工业发展起来，成了制造业大国，生态环境却全面受污染，不断出现灾害瘟疫。现时为了扩大内需，提高经济总量，大搞城市化，而城市化特别是大城市化又会产生什么毛病呢？有科学家说城市毁灭地球，我们是不是也应考虑考虑呢？任老说：“发展是硬道理，硬发展就无道理。科学发展观是正确的，但要贯彻到实践中，不仅看当前还必须顾及未来，是不是有利于持续健康发展。”我们还是童年时代，应该小心一点，实在一点，少干点荒唐事。相信以习近平为总书记的共产党会不断总结历史教训，实事求是进行反思，增长智慧和经验，加快中华民族的成长。

（本文写于 2013 年 9 月 28 日）

定格的微笑

——忆同于老的交往

韩　钢

于老走了。无论他生前还是身后，只要想起他，我脑海里总是浮现他微笑的样子。那种微笑，透着安详、率真和睿智，丝毫没有距离感。从认识他开始，那种神情就深深刻在了我的印象中。

我认识于老较晚，听说他却很早。说“很早”，其实也是20世纪70年代末。20世纪50年代初开始，于光远就大名鼎鼎。我是1958年出生，却是在1978年上了大学才知道他的。大学里有一门《政治经济学》的课程，用两本教科书，一本是徐禾主编的，还有一本是于光远和苏星主编的，于、苏这本是“资本主义部分”上册。课程开了一年，都要结束了，又给我们补发了于、苏主编的那本下册。当时的书不兴印作者简介，所以我只知道他的名字，更多的情况则一无所知。年长的同学对我的孤陋寡闻有些不屑：“于光远你都不知道？经济学家、哲学家！”他们是“老三届”，恐怕“文革”前就知道于光远。我是在“文革”中读的小学、中学，那个时候于老已经被打倒，他的书也被当作“封资修”禁闭了，我上哪儿去听说于光远！

很快就不只是从教科书上知道于光远，还从报刊上读到他的文章。20世纪七八十年代之交，思想解放运动兴起，知识界、理论界空前活跃。那个年代的大学生，颇有些理想主义情怀，不像现在追歌星、影星、球星，关注的是思想界的先锋人物。于光远是思想解放的代表人物之一，观点和看法独到而尖锐，令人瞩目，也不时引发“风波”，又因为“风波”，更加被人关注。

1988年12月，在长沙蓉园参加“刘少奇研究学术讨论会”，第一次见到了于老。当然，他坐在主宾席，我只是坐在台下的一名与会者，只是远远望见而已。于老在会上作了一个题为《“新民主主义社会论”的历史命运》的发言，提出一个观点：新民主主义理论包含密不可分的两个组成部分，一个是新民主主义革命论，一个是新民主主义社会论。“新民主主义社会论”是关于新民主主义革命胜利后中国将要经历一个独立的民主主义社会——即新民主主义社会的学说。

十三大开过才一年，理论界、学术界正热火朝天地讨论十三大阐述的“社会主义初级阶段”理论。于老认为，“新民主主义社会论”是“社会主义初级阶段”理论的一个重要来源，在研究“社会主义初级阶段”理论时，有必要花一点时间去研究“新民主主义社会论”提出以后几十年间的历史经验和教训。他还告诉与会者，他正在写一篇《从“新民主主义社会论”到“社会主义初级阶段论”》的长文，大约有五六万字。发言和尚未发表的文章都关涉历史，这是我第一次知道作为经济学家、哲学家的于老，还在研究历史。我是研究党史的，这样的观点从未听说，所以格外有兴趣。想不到，10 多年后我会认识他，而且就以这个题目与他有一次“合作”。此乃后话。

1996 年是中共八大召开 40 周年，我当时所在的单位——中央党史研究室举行纪念活动，其中一项是约请亲历者写回忆和纪念文章。于老是八大代表，还在大会上作过发言，单位派我和另一位同志登门拜访，请他赐稿。

这是我第三次去于老家。第一次是 1993 年夏天。我的一位大学同学当时要筹办公司，不知通过什么关系联系上了于老，要去拜访，一来听听经济学家的高见，二来也想寻求这位大家的支持。大概嫌“形单影只”，同学邀我随行，我当然非常乐意。那天于老没说几句办公司的事，却兴致勃勃地谈起了一种植物——籽粒苋，什么生长习性呀，土壤气候呀，经济价值呀，娓娓道来，如数家珍。太令我惊讶了，一位经济学家竟对植物也这么了解，这么有兴趣！同于老相识后才知道，他研究和关注的问题实在广泛，难怪有“百科全书式的学者”的美誉。后来只要一听到别人称他“百科全书式的学者”，我就想起这次“籽粒苋谈话”。

这是我第一次近距离见于老。于老是大家，经济学、哲学、社会学、教育学诸多领域都有建树，是中国科学院首批学部委员；于老又是“大官”，有过一长串官衔：中宣部科学处处长、国务院科学规划委员会委员兼副秘书长、中央科学小组成员、国家科委副主任、国务院政研室负责人、中国社科院副院长、国务院学位委员会委员、中央顾问委员会委员，但他毫无某些大家或官员的派头和架子。一个多小时的谈话，他的脸上一直带着微笑，亲切随和。那次见面，于老对我不会有什么印象，甚至不会知道我的名字。但是在我，于老的微笑从此成了抹不去的印象。不久以后，我又陪同学去过一次。记得好像是中秋，我们去贺节，没待多久。

1996 年这次见他，我不是“陪同”了。我们向于老说明来意，勾起了他的记忆。于老谈了不少情况：从知识分子问题会议到知识分子问题指示的起草，从青岛遗传学座谈会到八大发言，从刘少奇的报告到中央委员会的选举。有些细节，不是当事人是不会知道的。写纪念文章的事，于老爽快答应。为了准确回忆，他还来电话嘱咐我提供一些文献。很快，于老就写出了稿子，发表在党史研究室的刊物《中共党史研究》上。

1997 年，党史学会创办《百年潮》杂志。退到二线的郑惠同志是学会副会长，担任了杂志社社长。我也在杂志社兼职。由于常常向于老约稿，我同他有了更多联系。有两件事特别值得一提。

1997 年 2 月，邓小平逝世，《百年潮》组织纪念文章，郑惠同志偕我去于老家约稿。郑惠和于老在中宣部和国务院政研室两度共事，非常熟悉。政研室是邓小平 1975 年主持国务院工作时组建的一个机构，由邓小平直接领导，是邓小平领导整顿的“秀才班子”。于老当时是这个机构的负责人之一，了解很多情况，谈话间，于老说起他存有一件邓小平的手稿，是邓小平在 1978 年中央工作会议闭幕会上讲话的提纲。这篇讲话，就是被称作“新时期宣言书”的《解放思想，实事求是，团结一致向前看》。真是一个重要“发现”！关于讲话稿的起草经过，海内外有过一些不同说法，但是从来不曾听说邓小平自己亲拟过提纲。于老告诉我们这个手稿的来历和讲话稿起草的经过，对我们来说，确是意外收获。我们写了一篇稿子刊登在《百年潮》上，报刊纷纷转载，一些电视台还来采访或录像。倒不是稿子写得多好，而是于老提供的文献和记忆太有价值了！

1998 年，纪念十一届三中全会召开 20 周年，《百年潮》又向于老约稿。于老参加了三中全会前的中央工作会议，又列席了三中全会，是这个历史事件的亲历者。作为当事人，他不仅参加了会议，而且经历了其他与会者不曾经历的一些事情，比如，前述起草邓小平的讲话稿，致信叶剑英对他的讲话稿起草提出建议。我随郑惠同志再次去了于老家。盛夏酷暑，于老伏案两月，写出了洋洋 10 万字的长篇回忆文章。《百年潮》分两期选载，又在组织编辑的《改变中国命运的四十一天》书里收录全文。当年回忆三中全会的文章，属这篇最详尽，篇幅也最长。在这个稿子的基础上，于老写出了一部 25 万余字的著作《我亲历的那次历史转折——十一届三中全会的台前幕后》，也在当年出版，是迄今为止有关这次全会最系统的回忆录。2008 年该书再版，还在香港出版了中文繁体字版，并且被美国学者译成英文在美国出版，引起广泛反响。

几年里，于老给《百年潮》写了不少稿子，回顾往事（天安门事件平反、中宣部科学处与中科院、《学习》杂志错误事件、国务院政研室），追忆人物（彭真、聂荣臻、邓小平、胡耀邦），几乎每篇都引起反响，为杂志增色不少。《百年潮》编过一套精品系列丛书，九卷十二册，于老的文章大多收录入书。说“大多”，是因为也有个别篇目因受到粗暴指责未被收录。作为曾经在《百年潮》工作的编辑，我和编辑部的同事多少有些愧疚，尽管这是我们并不情愿而又无能为力的。

渐渐地，我同于老的交往，已经不限于采访、约稿。自“一二·九”运动起，于老经历了从近代到当代六七十年的共产革命历史，“或投身历史的潮流，或厕身‘历史的漩涡’，有时还置身‘漩涡’之中”（龚育之语）。为更多地了解历史，我常常登门请教于老，知道了大量文献、档案里没有记载也无法记载的细节。他的分析和看法，给了我许多启迪。于老也开始让我帮助他整理自己保存的历史资料。

于老很注意保存史料，倡导发表和利用个人手中保存的史料进行研究。他给《炎黄春秋》杂志写过一封信，建议开辟“故纸堆”的栏目，

专门发表当事人保存的各式各样的史料。他让夫人孟苏老师和我把他多年积累的资料翻腾出来，一摞摞、一捆捆、一袋袋、一本本，有些已经由秘书胡冀燕作了归类，有些则还无暇整理。其中不少有珍贵价值，有的都可以算作文物了，前述邓小平手稿就是一件，还有毛泽东关于家庭问题社论修改手稿（复制件，原件于老已经送给中国革命博物馆），毛泽东签名的图书，胡耀邦写给他的诗词手迹等等。至于毛泽东、刘少奇、邓小平、胡耀邦等人的谈话记录，各种会议记录，文件起草的过程稿，报告讲话的记录稿，来往信函，更是难以尽数。我真有些眼花缭乱，异常兴奋。

我很乐意做这件事。因为还有本职工作，我只能利用业余时间来做，差不多每个星期去一次。于老家在东城，我居海淀，一东一西，单程就要一个多小时，去一次就是一天。我的工作，就是将资料分门别类，编目装袋。多少有些辛苦，我却乐此不疲。整理中，我被未曾见过的史料吸引，也为一些“要素”不全的史料疑惑（时间、人物乃至字迹等等），常常忍不住向埋头写作的于老讨教。他总是带着微笑，停下笔来，述说往事，释疑解惑。阅读原始文献，聆听老人谈话，我仿佛随老人一起回到当年，流连忘返，不忍打断。断断续续，花了几年的工夫，终于整理完工。

晚年的于老，关注和研究的领域、问题仍然十分广泛，而党史是他特别关注并且作了大量研究的一个新领域。我写过一篇文章《于光远与中共历史研究》，发表在《党史研究与教学》杂志上，比较全面地梳理了于老对党史的研究。如果把他 1988 年的那篇发言算作他研究党史的开端的话，25 年里，于老先后写出了《从“新民主主义社会论”到“社会主义初级阶段论”》《“文革”中的我》《我亲历的那次历史转折——十一届三中全会的台前幕后》《我忆邓小平》《“新民主主义社会论”的历史命运》等好几部回顾或研究性的著作。再加上他对人物、事件以及个人经历的回忆集子，如《朋友和朋友们的书》《周扬和我》《我眼中的他们》《我的编年故事》《我的故事》《于光远自述》等等，就更多了。粗略算来，于老发表的研究党史的文字有 300 万字。

前面提到，在研究党史方面，我同于老有过一次“合作”。“合作”

二字打引号，是因为研究成果是于老的，我只是做了一点辅助工作，并不是严格意义上的合作。

2004 年，湖南人民出版社编辑陈敬来京，向于老约稿。于老前两年曾经修订了他的一部旧作，即《从“新民主主义社会论”到“社会主义初级阶段论”》。那本书就是于老 1988 年提到的正在写作的长篇文章，1996 年由人民出版社出版，约 6 万字，是一个小册子。这些年，相关文献有新的披露，当事人的回忆录也陆续出版。于老根据新披露的文献和相关回忆录透露的史料，补充、修改了那个小册子，扩展成一部 10 多万字的书稿。2001 年我调到中央党校党史部，部里安排我讲授“毛泽东新民主主义理论”的专题课，我便借来这部书稿作参考。陈敬从我手里拿走书稿，很感兴趣，打算出版。陈敬是资深编辑，经验丰富，脑子灵活，她出了个新鲜主意，用一种特别的形式来出这本书：于光远著述、龚育之点评、韩钢注释，再配发一些历史图片。主意是真好，可于、龚两位是大家，我哪有水平与他们合作？但于老非常赞同这个主意，胡冀燕也给我“壮胆”，我诚惶诚恐地领受了任务。龚育之同志当时因病住院，没能参与，这不能不是一个遗憾。

在修订的书稿里，于老依据大量原始文献，结合自己的亲身经历，详尽梳理新民主主义社会论从提出到最后被放弃的历史，考察这个理论产生的历史背景和被放弃的历史缘由，特别是深入分析了毛泽东的思路变化和这个变化中毛泽东与刘少奇、周恩来、张闻天等人之间的认识分歧，又从理论上探讨列宁的过渡时期理论与毛泽东的思想异同，并且研究了“新民主主义社会论”与“社会主义初级阶段论”的内在关系。比起原来的小册子，书稿不仅补充了大量文献史料，而且分析更深入和细致了。与一般的历史著作或理论著作不同，书稿将历史与理论熔于一炉，叙议结合，相得益彰。至于我所做的注释工作，无非是说明一些具体历史事件的史实和背景，交代书中涉及的一些重要文献，展开书中某些简略表述的观点，说不上多少研究。

2005 年底，这部书由长江文艺出版社出版后，一些媒体作了报道，我也接到不少朋友或同行的来信或电话，或给予好评，或提出商榷，并嘱咐转告于老。一部学术著作产生这样的反响，本身已经说明它的价

值了。

同于老熟悉之后，我常常拜访于老。几乎每次去他家，都见他在写作，他有永远写不完的题目，每年都要出版好几部书。2000 年，他 85 岁寿辰，孩子们送他一件礼物——电脑。说实话，起初我多少有点怀疑：85 岁高龄的老人，要改变一生的书写方式，能行吗？可是，就从那时起，于老“换笔”了，伏案变成了观屏，“爬格子”改成了敲键盘，还建立了“于光远网站”。于老曾告诉我，当年在晋绥参加土改，他一个手指受伤感染，落下残疾，不能弯曲，只能用另一只手的食指敲键，笑称“一指禅”。他说已经不习惯用笔了，哪怕写封信也要用电脑打。

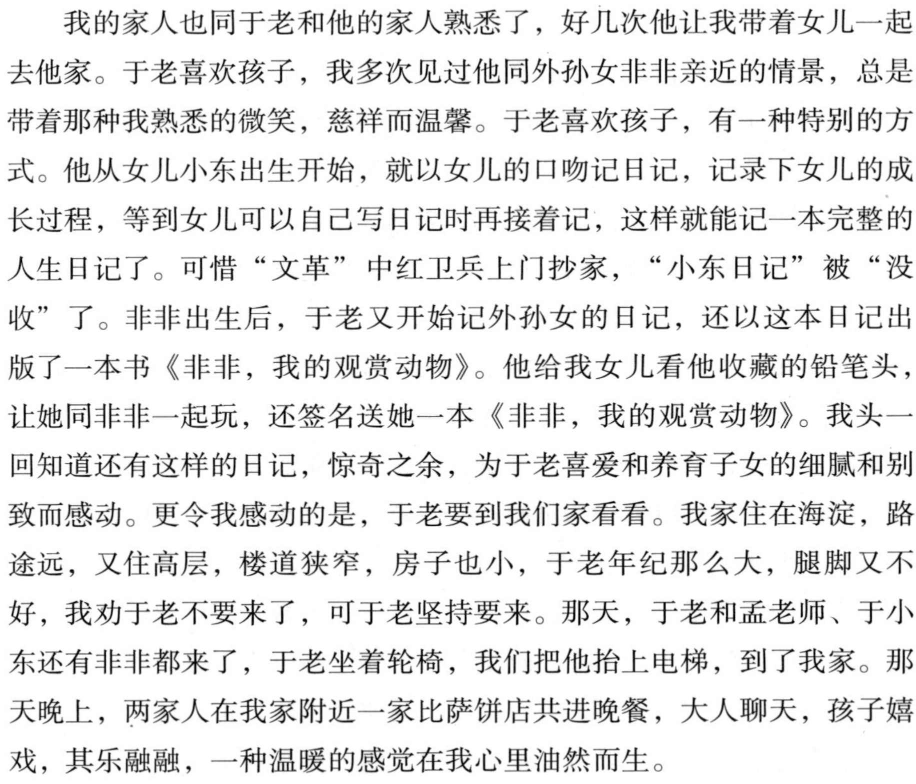

我的家人也同于老和他的家人熟悉了，好几次他让我带着女儿一起去他家。于老喜欢孩子，我多次见过他同外孙女非非亲近的情景，总是带着那种我熟悉的微笑，慈祥而温馨。于老喜欢孩子，有一种特别的方式。他从女儿小东出生开始，就以女儿的口吻记日记，记录下女儿的成长过程，等到女儿可以自己写日记时再接着记，这样就能记一本完整的人生日记了。可惜“文革”中红卫兵上门抄家，“小东日记”被“没收”了。非非出生后，于老又开始记外孙女的日记，还以这本日记出版了一本书《非非，我的观赏动物》。他给我女儿看他收藏的铅笔头，让她同非非一起玩，还签名送她一本《非非，我的观赏动物》。我头一回知道还有这样的日记，惊奇之余，为于老喜爱和养育子女的细腻和别致而感动。更令我感动的是，于老要到我们家看看。我家住在海淀，路途远，又住高层，楼道狭窄，房子也小，于老年纪那么大，腿脚又不好，我劝于老不要来了，可于老坚持要来。那天，于老和孟老师、于小东还有非非都来了，于老坐着轮椅，我们把他抬上电梯，到了我家。那天晚上，两家人在我家附近一家比萨饼店共进晚餐，大人聊天，孩子嬉戏，其乐融融，一种温暖的感觉在我心里油然而生。

2008 年 7 月，我调到华东师大工作。京沪遥隔，见于老的次数少了许多。不过，每逢寒暑假回京我必去看他。2010 年 7 月 5 日，于老 95 岁寿辰，胡冀燕很早就通知我参加祝寿活动，我也做好了打算。无奈届时学校还未放假，我的课程没有结束，没能参加。此后再去看望于老，地点就多在医院了。病床上的于老虽然精神不错，语言表达却已不大顺畅，听力也更差了。我用写字板同他交流，聊我的近况和各种见闻、消息，他常以微笑作答。

2013 年寒假，我带学生去河北饶阳查阅档案，随后又去海南开会，接着过春节回乡省亲，没能去向于老拜年。暑期放假，我一回北京就去医院看望他。他的身体没有大变化，而且精神不错，只是仍不大能说话，我还是用写字板同他交流。万万想不到，这是最后一次见他。9 月 25 日晚，我在上海接到胡冀燕的电话，得知于老病危。胡冀燕告诉我，医院正全力抢救，希望能发生奇迹，但社科院已经让秘书、家属起草生平稿，稿子会发给我，嘱我提出意见并修改。我的心一下子紧了起来，非常难过。改生平稿到 26 日凌晨 3 点我才休息，凌晨 6 点，迷迷糊糊之中听到了手机信息提示音，看到胡冀燕发来的噩耗：于老已于今晨去世。我顿感时间停顿，悲从中来。当天下午，我飞回北京。第二天一早赶到于老家，进门看到挂在墙上的于老遗像，我再也抑制不住哀伤，失声痛哭。30 日在北京医院举行完告别仪式，于老遗体被送往八宝山火化。我倚在告别大厅的一角暗自落泪，没有送于老最后一程。我不敢想象更不愿意看到那一幕，害怕他那微笑的神情也会灰飞烟灭。

于老走了，但他的微笑留在了我心中，成为永久的定格。

（本文写于 2015 年 1 月 8 日凌晨）

于光远自然辩证法研究让我难以忘怀的几件事

韩增禄

2013年9月26日，中国自然辩证法界的领军学者于光远同志因病逝世。于光远同志的逝世，让我们失去了一位可亲可敬的良师益友。

我是1956年在北京师范学院（今首都师范大学）物理系读书期间，从阅读于光远同志在同一年创办的《自然辩证法研究通讯》杂志开始，学习自然辩证法并走上自然辩证法研究和教学工作岗位的。多年来的自然辩证法研究和教学工作，使我开阔了学术视野、拓展了专业领域，特别是直接间接地认识了许多德高望重的学者，并从他们身上学到了许多做人、做事、做学问的人格、学风和方法。其中，给我印象最深的老一辈学者，首推于光远同志。

于光远同志，是中国自然辩证法事业的奠基人和中国自然辩证法研究会的发起人。仅就个人通过会议上和于光远同志的接触来说，让我难以忘怀的有以下几件事：

（1）于光远同志从国外买回了恩格斯《自然辩证法手稿》的微缩胶卷。

恩格斯关于“自然辩证法”的手稿，是我们研究自然辩证法的基础和依据。20世纪80年代初，于光远同志从荷兰首都阿姆斯特丹国际社会史研究所带回了恩格斯《自然辩证法手稿》的微缩胶卷。这件事，使我对恩格斯的《自然辩证法》原著有了更加深入的理解。1981年，中国自然辩证法研究会筹委会，曾将恩格斯《自然辩证法手稿》的微缩胶卷洗印了几份影印件。一份保存在中国自然辩证法研究会，其他几份保管在几位学者和科学出版社的梁成瑞同志处。

当时，应中国自然辩证法研究会筹委会领导钟林同志的要求，我于1981年3月14日，从北京师范学院调到中国自然辩证法研究会筹委会工作。随后，被派往中国自然辩证法研究会筹委会和中国共产党中央党校合办的“文化大革命”后“第一届自然辩证法研究班”（与1958年中共中央党校与北京大学联合举办的自然辩证法研究班相比，又称之为“第二届自然辩证法研究班”），兼任学员和负责人。该研究班于1981年3月开始招生，1981年4月1日在中央党校第一教室举行开学典礼，到1982年7月2日举行了毕业典礼。在此期间，我撰写的论文题目是“关于恩格斯《自然辩证法》一书的若干问题”。所以，听到于光远同志从国外带回了恩格斯《自然辩证法手稿》微缩胶卷的消息后，格外兴奋。很想对照其原文手稿，澄清一些多年来的疑问。于是，便从梁成瑞同志那里借来了恩格斯《自然辩证法手稿》微缩胶卷的影印件。之后，又买来了《德汉词典》和俄文版的恩格斯《自然辩证法》等书籍，并参照英文版的恩格斯《自然辩证法》，以及1932年以来4个中文版的恩格斯《自然辩证法》译本，进行了学习和研究。由于恩格斯《自然辩证法手稿》的原文，主要是用古德文来撰写的（其中还有英文及英文缩写字），所以对有些关键词还请教了萧三夫人叶华女士（犹太人，年轻时在德国学的就是古德文）。通过多年来对恩格斯《自然辩证法手稿》微缩胶卷影印件的初步解读，发现了直接从俄文版恩格斯《自然辩证法》翻译过来的中译本中，存在着许多问题。其中，除了对札记和片断的编辑顺序有误等问题之外，主要是苏联学者加上去的一些注释问题。此外，在1955年、1971年出版的两个中译本的版权页上，《自然辩证法》的德文书名，都缺一个字母（将DIALEKTIK DER NATUR印成了DIALETIK DER NATUR）。

建议中国自然辩证法研究会的历届领导和工作人员，都应把于光远同志从国外带回的恩格斯《自然辩证法手稿》的微缩胶卷及其影印件，作为我们中国自然辩证法研究会的镇会之宝，予以好好保存。

（2）于光远等译编的恩格斯《自然辩证法》第五个中译本。

1985年3月28日下午，于光远同志在劳动人民文化宫电影厅前谈此书修改和定本的出版问题的会上说，在当年8月5日纪念恩格斯逝世

90周年时，要召开一个会议，听取大家对这个试编本的意见。会后，于光远同志签名赠送给我一本已由人民出版社出版、由于光远等译编的恩格斯《自然辩证法》第五个中译本。1985年6月4日，中国社会科学院马列主义毛泽东思想研究所和中国自然辩证法研究会来信，要求大家为这个会早做准备，并把自己的意见早日寄来。

我在认真拜读了恩格斯《自然辩证法》第五个中译本后，便把几年来研读恩格斯《自然辩证法手稿》缩微胶卷影印件的成果和对该译本中存在问题的意见，缩写成了一万多字的稿子。写完之后，忽然觉得对自己十分尊敬的于光远同志主持译编的经典著作，竟然提出这么多的意见，心里油然而生的是一种大不敬的感觉。所以，对于是否要把稿子寄出去的问题，想了好久都犹豫不决。这时，我想起了于光远同志在一次会议上那振聋发聩的声音："宗教是让人信仰的，法律是让人服从的，科学是让人研究的。"况且，于光远同志还多次提倡，中国自然辩证法研究会要开展学术讨论，还特别强调说要指名道姓地进行学术讨论。最后，坚定了自己的信念，即我所认识的于光远同志，是一位学者，是一位真正的学者，他绝不会因此而怪罪的。再加上我个人是一个办事认真和崇尚诚信的人。人家几次来信，让大家提意见。理应知无不言，言无不尽。于是，便把这份稿子寄了出去。不仅如此，1985年8月6日，在政协礼堂召开的"由于光远等译编恩格斯《自然辩证法》新译本征求意见会"的头一天晚上，我又对恩格斯《自然辩证法》新译本的德文翻译问题，写了4000多字的意见。

1985年8月6日，在政协礼堂召开的研讨《自然辩证法》最新译本的会议上，我印象极深的是，在我发言之后，于光远同志向大家说："韩增禄同志写了一个很好的意见。"这时，我暗自庆幸：我没认错光远同志。接着，于光远同志又感叹地说："看来，一个人不管是资格有多老，学问有多大，对某个问题一旦不再研究了，就没有发言权了。"并建议说："韩增禄同志写的这个意见，可以发表。"这几句话，使我对于光远同志的人格和学风肃然起敬。后来，我的这个稿子虽然没发表，但更重要的是于光远同志已经看到了，我心已足矣。此外，我关于本书德文翻译问题的意见稿，发言之后也被会务组有关同志借去了。在这次研讨会上，于光远同志还说：“不使用我自己没有批判过的语言，是我的格言。真理属于对具体问题做了具体分析的人。科学研究入门的‘门’，就是具体分析。中国需要有科学技术，但更需要科学态度!”这些话，始终萦绕在我的耳边，并引导着我的学术工作。

（3）于光远同志对环境经济学、企业文化学和中华易学等领域研究的倡导。

于光远同志在关心国家发展，注重求实创新，开阔研究视野方面，都为我们作出了榜样。于光远同志在大学是学物理的，我在大学也是学物理的，记得物理学界的一位老前辈，德国物理学家 M. 普朗克（Max Karl Ernst Ludwig Planck，1858—1947）曾经说过：“科学是内在的整体。它被分解为单独的部分不是取决于事物的本质，而是取决于人类认识能力的局限性。”于光远同志思路敏捷、视野开阔、高瞻远瞩，他早已突破了原有学科划分的局限性，大力提倡并率先进行了许多新学科领域的科学研究。其中，给人印象最深的有国土经济学、环境经济学，以及企业文化学等方面的理论研究。于光远同志还一直关心《周易》研究的方向问题，并“希望《周易》研究者能够坚持科学态度，把《周易》和自然科学的关系处理好，向自然科学界和哲学界提供出尽可能多的启发性的成果来”。我正是在这种思路的引导下，开始对环境经济学、企业文化学和易学、管理学等相关学科进行研究的，并在最近 30 年来开辟了《中国建筑易学——易学与科学视野中的风水与建筑》这门新学科的研究领域。

（4）聆听于光远同志从生绿豆芽的方法到儿童玩具的高谈阔论。

记得 20 世纪 80 年代初，在江苏省常州市召开的《自然辩证法百科全书》编委会会议期间，有一天在晚饭后休息的时间，我和几位在高校从事自然辩证法教学工作的朋友，坐在会议所在宾馆大堂的长沙发上正在聊天。这时候，看到于光远同志从门外进来了，大家连忙站起来，请于光远同志坐下。没想到，于光远同志不仅没有坐下，反而一直是站在我们面前，和大家聊起了家常。其内容所及，从怎样生绿豆芽到幼儿教育等问题，讲得绘声绘色、声情并茂、十分生动，令人难忘。我印象最深的一句话是：“父母是孩子的第一位教师，游戏是孩子的第一门课

程，玩具是孩子的第一部教材。”从这些高谈阔论中，我们看到了生活中的于光远同志，不像是一位鼎鼎大名的学者，而是一位既富有爱心、童心和热心，又朴实厚道、平易近人、和蔼可亲的长者和朋友，甚至是一位可敬可爱的、既严肃又活泼的老顽童。所以，大家平时对他的称呼都是直呼其名的“于光远同志”“光远同志”等等，而且，私下还有个更亲切的称呼是“老于头”。

综上所述，我一直是把恩格斯和以于光远为代表的我国老一辈学者为榜样，把学习、传承、应用、传播、发展自然辩证法看作是自己的社会历史责任，把人格、学风和方法当作自己的座右铭。

现在，于光远同志走了，但他平易近人、和蔼可亲、一身正气的人格魅力，坚守正道、独立思考、严谨治学的科学精神，都永远活在我们的心中。我深信，在于光远精神的激励下，我们的自然辩证法事业，今后不管遇到什么困难，都一定会与时俱进、后继有人、发扬光大的。

（作者单位：北京建筑大学
本文的部分内容，刊登在中国自然辩证法研究会的《工作通讯——纪念中国共产党建党90周年专期》2011年第12期）

与于老最后告别的那些日子

胡冀燕

死神总是在人们无法预知的时候悄悄来临。

2013 年 9 月 9 日是我在医院值班。于老的身体状况平稳，仪器显示在呼吸机的帮助下于老的氧饱和在 99—100 之间，心率 76—78，血压不高，体温 36 度多。但是听护工小张说，最近一次化验结果显示于老近来肾功能又有所衰竭，肌酐上升到 200 多，尿量也减少了，腹水增加，下半身浮肿。

4 月时于老肌酐曾一度从 170 突然上升为 280—300，为此医院曾找单位和家属来谈病情，请家属有一定的思想准备。医院采取适当的措施后，到 5 月下旬，于老的肌酐下降到 180，尿量也有所增加，肾功能奇迹般地有所恢复，腹水减少，浮肿有所消退。这让我们不禁为已经 98 岁的于老顽强的生命力而感到佩服和莫大安慰。这之后，于老肾功能虽有起伏，但总的来说没有再恶化。

这次于老肾衰的情况，我仍乐观地认为，不过是又一次起伏，过不久还会好起来。总觉得于老活到 100 岁不成问题。

9 月 19 日是中秋节。我和几位朋友正在俄罗斯伏尔加河上乘游轮畅游。我给于老的女儿小东发短信，祝贺他们全家中秋节快乐，顺便问问于老身体状况。小东回复我：“我爸前两天还算稳定，今天下午翻身时吐了一下，又引起肺炎。现在发烧 37.9℃，氧饱和也有所下降。大夫给了消炎药，也增加了氧浓度，再观察一下。”因为于老住院的这几年里（于老最后一次住进北京医院是 2011 年 11 月），这种患吸入式肺炎的情况时有发生，一般输液几天，最多一周，就可以恢复。因此小东的短信并未引起我的不安。

9月23日，星期一，轮到我值班。早上7点飞机降落首都机场。于老的司机杨晓峰已在我家等我，我把行李放下，立刻就和他一起赶往北京医院。路上，晓峰一直心情沉重，他告诉我，于老恐怕很难闯过这一关了。一进病房，就感到气氛很紧张。躺在病床上的于老与我十几天前看到的判若两人：原先气色很好的脸，此刻变得灰暗了，而且脸也似乎明显地缩小了。原先面罩式的呼吸机也改为把管子直接插到气管里辅助呼吸。即使这样，也能感到于老的呼吸有些急促吃力。这让我的心一下子揪了起来。

小东和小庆都在病房里。小庆在世界银行工作，那几天正在越南出差，原计划直接返回美国，听说爸爸突然病重，临时改变计划直接回到北京。这几天，她们姐儿俩一直守候在爸爸身边。

*　　*　　*

小东告诉我前几天的具体情况：

9月20日一早，大夫找家属去谈话，于老老伴孟阿姨和小东、小庆接到电话后就往医院赶。那天乔宽元和诸华敏正好从上海到北京来看望于老，他们也一同去了。大夫给家属看了片子，说这次感染来势汹汹，从过去几个小时的情况来看，感染的面积还在扩大，氧饱和降得也很明显，现在是插管子的较好时机，可以减缓呼吸方面的压力，争取时间来对抗炎症，否则会有生命危险。在那种情况下，似乎也别无选择。家属表示同意之后，医院早就把一切都准备好了，几分钟的工夫大夫出来对在外面客厅焦急等待的家人说，管子下得很顺利，氧饱和的状况立即就有了比较明显的改善，现在就看药物作用效果如何，以及于老自身抵抗炎症的能力是否发挥得出来。看到这种情况，大家稍微松了一口气，希望能像前几次那样发生奇迹，同时对过些天拔去管子心存一线希望。

插管子之后，情况有了明显的好转，氧饱和连续几天都维持在100以上，呼吸也较之前平稳，尿量尚可。于老的女婿吴忠在中央党校学习，利用课余时间到医院陪护，一天中午听传达室说医院撤销了病重通知，这个消息让大家多少松了点心。由于病情相对稳定，家里甚至考虑是否应该让小庆先回美国，再看之后具体情况。小庆说观察几天再说，并不时地向小红等通报病情的状况。总体来讲，那几天大家都还抱有希望，但同时也开始有发生最坏情况的心理准备。

9 月 21 日，于老的学生刘世定从深圳回京。这学期他在深圳研究生院有课，前一周孟阿姨曾给他打电话，希望他能够利用周末的时间来家里谈谈为于老编写纪念册的事情。由于情况临时有变，小东打电话约他到医院来谈，他们还在病房外屋客厅中商量了病情的可能发展。

9 月 22 日，大夫再次通知家属和社科院过去谈话，主要是就一旦出现紧急情况，是否要采取心脏复苏按压和气管切开征求家属意见。下午小东从单位赶过去，小庆则陪妈妈从家里赶往医院。在路上，孟阿姨的心脏病犯了，赶到医院在一楼大厅吃了速效救心丸。等小东赶到时，她感觉缓过来些，大家一起到医生办公室。过了一会儿，社科院的秘书长高翔、施主任及办公室的小胥也到了。大夫讲了于老的病史以及目前的情况，主要是炎症没有完全消除，尿量也在减少，说明肾功能在减退，因此下了病重通知，并希望听取家属在一旦病情出现急转直下的情况时，对最后抢救的意见。听完病情介绍，孟阿姨讲了几句话，大体意思是，过去这几年，在医院的努力和于老本人的积极配合之下，他的身体状况虽然时有起伏，但都挺了过来，家里对医院表示感谢。希望医院继续全力抢救，争取转危为安。同时，家里对他的病情也有一定的思想准备，希望他最后能够平静、较少痛苦地离开。小东说："虽然没有明说，我们理解妈妈的意思实际上是放弃了最后心脏复苏按压等无意义的有创抢救，以免给他造成过大的痛苦。"大夫表示知道家属的意思了。

9 月 23 日上午，我接到北京医院办公室电话，问于老的病情报告发到社科院哪个部门，地址、电话。下午 5 点多我接到办公厅施主任的电话。他告诉我已收到北京医院发来的病情报告。施主任把病情报告的内容简要告诉了我。报告最后说道："目前（于老）病情危重，神志不清，虽经积极治疗，但病情随时有可能进一步恶化而危及生命。"施主任让我先代单位起草一个于老生平。这一天，家里人一直在医院陪护着。小东抓紧在编于老的纪念册，让刘世定帮忙看了一下，并通过他联系了社科文献出版社，出版社领导很支持，表示会尽量抓紧做，一旦需要会尽快赶出来。具体交给了刘德顺同志负责。

9月24日，小庆去医院值班，我在家起草于老的生平。下午我先到社科院拿了一份于老病情报告复印件，准备交给家属看，然后到医院值班。王丹丹大夫来查房时，我问了一下于老病情。她告诉我："于老病情越来越严重，可以说是急转直下，随时都有生命危险。"她说："主要是尿量太少，只有不到400。排不出尿，肚子越来越大，压迫肺和心脏。肺部已使用最大支撑了，目前氧饱和度还维持在90以上，如果再低，就没有办法了。"我问王大夫为什么不能采取透析的办法？王大夫说："因为于老消化道出血，所以无法透析。"听完王大夫的话，我心情感到特别沉重，只能默默期望于老能像以前一样命大、有惊无险，闯过眼前这一关。

9月25日，小东告诉我，早上7点她接到了小张的电话，说她爸爸早晨忽然有一会儿测不出脉搏，但几分钟之后又恢复了正常。她当时已经离开家，又匆忙折回，往医院赶，小庆也从家里赶了过去。上午我在家继续起草于老的生平。下午3点左右接到社科院值班室主任王建京的电话。他告诉我，北京医院值班室刚才通知社科院：于老病危！并让我马上与办公厅施主任联系。我拨通了施主任的电话，他让我向医院具体了解于老的病情，并说院领导一会儿要到医院去看望于老。

放下电话，我立即打车赶到医院。小张告诉我：于老今天的尿量更少了。昨天24小时尿量还有240毫升，今天一上午只有十几毫升。于老双眼紧闭，呼吸急促。王大夫说，利尿剂已用到最大量了，于老的尿量骤减，说明肾衰的情况突然加剧了。于老的血压也不稳了，在使用了12微克升压药的情况下，下午4点多时还维持在140/90。王大夫说，升压药最多只能用到20微克，如果血压还往下降，就没有办法了。

卫计委中央保健局两位女同志到病房来看望于老。不一会儿，社科院赵院长、高秘书长和施主任也来到病房看望于老。北京医院两位副院长向社科院领导介绍了于老目前的危重病情。

看望的人走后，大约5点半时，于老突然睁开了眼睛，小东、小庆和我立即围到于老身边。只见于老的嘴大张着、嘴唇上下动着，好像急于说什么。小东、小庆大声地喊着"爸爸、爸爸"。于老眼睛直直地看着她们。这突如其来的状况，让我们不知所措，我立即冲出去喊医生。

王大夫立即赶来，此时于老已恢复了平静。王大夫对于老检查后告诉我们：于老目前的神智还清楚。他应该不会有疼痛的感觉，但呼吸困难会让他感到不舒服。她说，于老的电解质还平衡，应该不会马上……这让我们稍稍放下了心。

快 6 点时，正在中央党校学习的于老的女婿吴忠也赶来病房。我们问大夫今晚是否需要留下家属陪护，大夫说：暂时不用，你们家离得不远，有情况会及时通知家属。她还说关键看是否能够坚持过夜里 3 点，因为这个时刻是人体机能最不活跃的时间，对药物的作用反映也不敏感。快 7 点时，我们几人离开病房。临走前我看了一眼仪器，上面显示于老的血压已下降到 82/42。我告诉小张赶紧跟大夫说一下。心里有一种强烈的不祥的预感。

我们几人一起回到于老家。我把起草好的于老生平放到小东的电脑里，让家里人和韩钢、刘世定看看，修改一下。晚上接到院人事局郭宏的电话，她让我明天一早把起草的于老生平发给她。我说还要征求家属意见，明天中午给你吧，她答应了。当天夜里小东和吴忠、小庆连夜修改生平，并发给在外地出差的韩钢和刘世定，他们也连夜仔细斟酌修改，特别是在如何恰当准确地对于老作出评价、如何更精炼地概括于老的一生上下了很大功夫。

* * *

9 月 26 日凌晨 3 点 50 分，我的手机铃声突然响起来，我猛地抓起手机。是北京医院办公室的同志打来的，他告诉我，于老已于凌晨 3 点 42 分去世了。

当我赶到 716 病房时，看到原先摆放在于老床边的仪器都已撤掉，原先插在于老身上的各种管子也已拔掉。躺在病床上的于老紧闭双眼、表情平静安详。孟阿姨、小东、小庆、吴忠及护工小张和两位护士都默默地围在于老的床边。孟阿姨喃喃地对于老说：“你也受了不少苦了，我们都来送你了。”我的眼泪止不住流了下来。

小东告诉我：“昨晚，家里几个人一直在讨论如何修改爸爸的生平，妈妈也不愿意先去休息，直到凌晨 1 点半左右才各自上床，刚躺下一个小时左右，忽然我的手机铃声骤然响起，把我惊醒了，看一下手表，凌晨2点40分，想起下午王丹丹大夫说看能否坚持过3点的话，心中立即有了不祥之感。电话那头传来小张的声音‘大姐，你们过来吧’。我和吴忠立刻从床上跳起来，叫上我妈和小庆，穿好衣服开车便往医院赶。夜晚路上很安静，大家一路无语，心都揪得紧紧的。

“到了病房，我下意识地向几个月来天天看的监测仪望过去，常见的血氧数字没有显示，心率好像非常低，再向父亲本人看去，他躺在那里没有任何异样。我妈妈根本顾不得看这些，眼睛紧紧地盯着他，拉着他的手不放，体温真真切切地还在。几个护士站在旁边一句话也不说。就这样一动不动，时间好像停止了。过了一会儿，大夫过来说，从两点多一点，父亲的血压开始下降，情况急转直下，医生采取了措施（好像是说打了一个什么针，类似强心剂之类的），但他对此反应不明显。

“我仔细看着爸爸，发现他似乎还有浅浅的呼吸，护士在旁边悄悄地说，那已经不是自主呼吸，而是呼吸机的作用了。这时再看，心率已经完全没有了。此时我妈还站在那里，紧紧握着爸爸的手，好像还不相信他已经走了，而我则意识到，纵使千般不愿，也拦不住他离开的脚步了。大夫过来，看了一下手表，那一刻的时间是凌晨3点42分。她们让我们到走廊对面的休息室休息，护士则整理房间，帮他擦洗身体。等在休息室时，大家心里都特别难过，什么话也说不出来，甚至连安慰我妈的话都不敢说。

“待到护士通知我们再次进入病房时，父亲身上的管子都已经拔下去了，整个身体都被一块白布包裹着。脸上的神情很安详，就像没有生病住院之前一样。我们几个都站在了床边，跟他说最后的几句话。那时候，他的手已经被放进单子中。拉不到他的手，我只能用手去碰他的脸，他的体温依然还在，我拥抱了他一下，眼泪禁不住掉了下来。即使到了那一刻，内心中竟然还觉得他没有真的走。”

家属一起把于老送到太平间之后，我和小东陪孟阿姨到医生办公室去办一些手续。大夫征求家属意见是否可以给于老做遗体解剖，说这样做对于老似乎已没有什么意义，但对研究老年病、对社会还是有很大意义的，并且可以使我们能够更准确地了解于老最后离开的病因。孟阿姨考虑再三，答应了医院的请求，在征求意见书上签了名。在当时那样的情况下，孟阿姨能顾全大局果断地作出这样的决定，令我们从心里佩服。事后，从社科院秘书处胥处长那里得知，医院的大夫护士反映，于老的家人特别通情达理，在对于老治疗期间一直很配合医院的工作。

我们离开医院时，天已经亮了。

*　　　*　　　*

回到于老家，我开始按照之前就准备好的名单，一一打电话、发短信，把这个不幸的消息告诉大家。

于老的大幅彩色照片披上了黑纱，悬挂在客厅正面的墙上。下面摆放了几个于老的小朋友辛军、吕雁等第一时间送来的素色庄重的花篮。

小东对爸爸的生平做了反复斟酌和修改。最后大家一致同意用这样几句话来评价于老的一生："抗日救亡运动的青年先锋、追求社会进步的革命者、新中国建设中自然科学和社会科学工作的积极组织者、当代中国体制改革中思想理论界的重要代表人物、著名的经济学家哲学家。"在我起草的稿子中，对于老的评价本来用了"马克思主义理论家"一词，但有人提出"马克思主义理论家"这个称谓比较笼统，自称是马克思主义者的人中，有些人是像于老这样坚持马克思主义并将之作为科学深入研究的真正的马克思主义者，有些人则完全不然，大众很难加以区分。况且，"马克思主义者"似乎变成了一种评价，曾经发生过有的领导人去世时，上面无论如何不同意写"伟大的马克思主义者"的情况，所以干脆不写，最终去掉了。中午我将综合了大家意见的于老生平草拟稿发给了社科院人事局的郭宏同志。

很快，我的电话响个不停，短信一个接着一个。在上午召开的一个研讨会上，社科院的一位副院长把于老去世的消息透露了出去，腾讯网等网络用最快的速度发布了于老去世的消息。来自北京和外地，以及国外的于老的老朋友、学生、部下等纷纷来电，向于老家人表示慰问。

上午，社科院李培林副院长和办公厅主任施鹤安、秘书处处长胥锦成代表社科院领导来于老家看望，并与家属商量有关于老的后事。家人决定在北京医院告别厅为于老举办告别仪式，那里环境肃穆温馨，服务也很有经验，周总理等一些老领导人也是从这里走的。考虑到国庆节有7天假期，治丧活动不好安排，社科院与家属最后商定将告别仪式安排

在节前9月30日上午举行。这样，所有的准备工作都要在3天的时间里做完，包括于老的生平要尽快报中组部批准；《于光远》小册子要尽快校对、印出来；还有与北京医院告别室、八宝山的联系等等。大家带着悲伤，立即分工协作、全力以赴地投入到紧张的告别筹备工作中。孟阿姨身心俱疲，我们多次劝她去休息，她看着我们紧张地工作，也和我们一起忙、不去休息。我们都暗暗为她的身体担心。

下午，我和小庆与胥处长去北京医院联系告别室的时间、布置、停车场等问题。幸亏胥处长很有经验，所以各方面问题考虑得很周到，很快把有关的事情商定了。小东在家赶纪念册的事，吴忠负责布置灵堂和招待前来吊唁的客人。很快，于老大幅照片下就摆满了亲友们送来的花圈。

9月27日一早我就来到于老家。当天最早赶到于老家来吊唁的是周惠同志的老伴儿范博阿姨。她已经快90岁了，拄着拐杖前来与于老告别。她虽然行动迟缓，但精神矍铄。她说，周惠和光远是最老的老朋友，1938年时他们就在一起工作。去南昌时，有一天光远拿着两张电影票去找周惠，约他一起去看电影，周惠有事没有去，光远去了，因有人告密，光远当场被捕了。周惠幸运躲过了这次被捕，后来去了延安。她说，每次周惠讲到这件事就哈哈大笑。她的这个小故事把大家也逗笑了，让本来沉重的气氛轻松了不少。

送走范博阿姨就接到了习仲勋同志的夫人齐心阿姨秘书的电话，说齐心同志让送悼念花篮来。不一会儿，他们就来了，送来一个将近两米高的巨大的花篮，上面写着："沉痛悼念于光远同志　齐心敬挽"。齐心阿姨的关怀和慰问，让于老的家人和我们这些工作人员既意外又深受感动。

紧接着来于老家看望的是于老的老朋友李锐同志和夫人张阿姨。于老生前他们就多次到医院看望，于老的住房问题迟迟得不到解决，他们也主动帮助反映。李老已经96岁高龄了，还第一时间赶来送别于老，令我们深深感动。

杜导正同志率《炎黄春秋》的杨继绳、徐庆全等几位同志也来悼念于老。临走时，他还嘱咐于老家人，有关生平的事，小的问题可以让步，原则问题一定要坚持。

杜导正同志一行刚走，我就接到了社科院人事局小孔的电话。她说，院领导审阅了我们起草的于老生平后改动了两处：一是“著名的社会科学家、哲学家、经济学家”，去掉了“著名的”3个字；二是去掉了起草稿中原有的“改革开放中思想理论界重要的代表人物”的评价。这样的改动令我们很不理解。孟苏同志让我告诉社科院：“著名的”3个字不能去掉，因为这是客观事实，并不是什么溢美之词。在于老家人的坚持下，总算又恢复了“著名的”三个字。

吴象同志在女儿吴阿丽的搀扶下也来向于老告别。吴象同志已92岁高龄，几次重病后身体已很虚弱，我们也好久没有见到他了。阿丽告诉我们，她爸爸已好多年不写东西了，昨天听到于老去世的消息，心情很悲痛，竟然一口气写出了一篇千把字的纪念文章，今天一大早又工工整整地亲自誊抄了一遍。吴象同志把这篇文章郑重地送给了孟苏阿姨。这场面，令在场的人唏嘘不已。

于老的忘年交韩钢教授急匆匆地从外地赶回来了。一进门，他就忍不住在于老遗像前失声痛哭。多年来，韩钢帮助于老整理了许多有关党史的资料，协助于老写作有关回忆党史的文章和著作，做了大量细致的工作。于老对他非常欣赏、信任和感谢。在于老重病期间，他是于老常常提出想见的人之一，他也多次在百忙中从中央党校赶来北京医院看望于老。

中国自然辩证法研究会的前任秘书长丘亮辉和王国政也来了。丘亮辉在于老遗像前跪地磕了三个响头，以这样的方式回报于老的知遇之恩、向恩师做最后的告别。

《人民日报》文艺部的著名作家李辉满头大汗、捧着一个巨大的花篮，从双井桥一直走到于老家。李辉也是于老的忘年交，他是第一个发现于老也有“文学天赋”的人，鼓励于老多写些散文，热心地帮助于老出散文集，使于老在晚年成为“21世纪的文坛新秀”，为世人留下不少精彩的文学作品。李辉敬献的花篮上写着一副挽联：“史家纵论天下事，余音犹在，于公难去心中忧，绝响谁听”。生动地刻画出于老生前在史家胡同的家中与来客畅谈天下事、忧国忧民的情景。

这一天，陆陆续续还来了不少同志，他们在于老遗像前默哀、鞠躬，向于老敬献花篮，与于老告别。

社科院胥处长来电话告诉我，院治丧办公室最早接到张高丽同志办公室打来的慰问电话。今天上午又接到江泽民、温家宝、乔石同志办公室打来的电话，表示慰问。孟建柱同志来电表示哀悼，说："于光远同志对我国改革开放和经济工作作出了很大贡献，我很怀念他"，并表示9月30日上午要亲自去北京医院向于老告别。他还专门给于老夫人打来电话慰问。

我的手机上也接到不少人打来的慰问电话：黄华同志的老伴何理良要求送花圈；任仲夷同志秘书潘东生代表任老夫人王玄同志从广州打来电话；吴敬琏同志从西安打电话来；于老的小朋友周牧之从日本打来电话；于老的学生王公义从美国打来电话；安顺地委书记周建琨从贵州打来电话；杜青海代表贵州老省长王朝文从贵阳打来电话；于老的老朋友鲍寿柏从马鞍山打来电话；于老的老战友何俊才同志的老伴儿从广州打来电话……

于老去世的当天和第二天，我的手机和小东、小庆、吴忠的手机上还收到无数于老的亲朋好友发来的慰问短信。发来短信和慰问电的有邓伟志、刘道玉、王治国、张万欣夫妇、吕日周、胡德华、郑仲兵、张海峰、解聘如、冒天启、李冰封、黎维新、郭小川同志的夫人杜惠、胡绩伟同志的女儿胡雪涛、林春、胡应南等上百位同志。国家发改委经济研究所、中国技术经济研究会、全国消费经济学会、广东民营经济研究会、张家港思维研究所、延安大学、河南新乡学院、加拿大麻将协会等单位也发来唁电。由于篇幅所限，无法把大家发来的唁电、短信、挽联、慰问电一一收录在这里。

中午，我的手机突然不响了。小庆说："胡姐姐，你的手机怎么突然安静了？"我说："大概大家想让我休息休息吧。"过了一会儿，手机仍无动静，才发觉是手机出了问题。关键时刻，手机罢工了，我只好请辛军帮忙，用他的手机把告别会的时间地点发给大家。吴忠的弟弟吴华趁我们忙着发通知时悄悄地把我的手机拿出去修理，发现是电池打爆了。他帮我买了块新电池，还给我买了一个新的诺基亚手机备用，这让我很感动。

在我和孟阿姨等忙着在家中接待前来吊唁的亲朋好友时，小东、吴忠和刘世定的几个学生到社科院文献出版社校对《于光远》小册子，几个人用一上午的时间将文稿核对了一遍，交给出版社准备付印。为了赶在 29 号印出来，出版社的同志这几天也加班加点地干，因为从排版、校对到印刷总共只有几天的时间。下午小庆和吴忠跟胥处长到八宝山去联系火化和骨灰存放等事情。韩钢和于老的学生宋光茂、郭克莎、赵士刚在于老家待了一整天，帮忙招呼前来与于老告别的客人，摆放花圈等，自觉做些力所能及的事。

晚上 9 点多我还没有离开于老家就接到社科院人事局郭宏的电话。她说中组部负责审批于光远生平的同志提出许多问题，需要提供有关的材料证明一下，例如：于光远参与起草了十一届三中全会上邓小平的讲话；于光远是我国改革开放中思想理论界的重要代表人物；于光远是中国自然辩证法研究的创始人和奠基者；于光远在中共八大大会上发言；等等。其他的都好办，有充足的证据和材料，“改革开放中思想理论界的重要代表人物”如何证明呢？我忽然想起 2008 年改革开放 30 周年时，于老曾被中国经济体制改革研究会评为“中国改革开放 30 年 30 名杰出人物”之一，奖杯还摆在家里的窗台上呢，这总能说明问题了吧。

韩钢一回到家就接到了我的电话，我把中组部的要求告诉他后，他说所需的证明材料他会连夜找出来，明天一早送到于老家里。关键时刻幸亏有他的帮助，我从心里感激。

9 月 28 日，韩钢一大早就抱着一堆材料从中央党校赶来。我们赶紧出去复印，然后赶到社科院给郭宏送去。这天是周末，人事局和秘书处的同志们为了办好于老的后事也在加班工作。

上午小庆去北京医院联系与告别仪式有关的事情，小东留在家里做些文字方面的事，因为她一直在父母身边生活，对父亲的思想最熟悉。

于老的打字员江南把大家发来的短信、挽联、唁电都输入了电脑。

小东和吴忠的北大同学和朋友王彦国、谷爱俊、杨炼、兰军等放下繁忙的工作，也赶来帮忙，他们帮助采买东西、布置告别厅，特别是定制了告别那天需要的大量鲜花花圈。

告别会的一切准备工作都在紧张有序地进行着。

晚上，我接到杜导正同志的电话。他在电话里对我说："我和李锐对于老的评价是：于光远是我国当代著名的思想家、政治家、理论家。他是十一届三中全会路线最坚定的执行者，是中国思想理论界重要的代表，他不愧为模范人物。邓小平、胡耀邦都很欣赏他。他思想先进、坚定、活跃，有理论基础，我们高度评价他。"

9 月 29 日上午，92 岁高龄的何方同志和老伴从顺义家中赶来；于老的老朋友 95 岁高龄的曾彦修同志坐着轮椅来了；于老的小朋友周牧之从日本赶来；沈晗耀从上海赶来；高伟梧从广州赶来；鲍寿柏从马鞍山赶来；杨干贤夫妇从上海赶来。于老侄子、侄女们也从上海匆匆赶来……前来于老家告别的还有河南新乡学院的领导、北京华夏管理学院的领导、北京民族大学的领导代表等。于老生前担任这三所院校的顾问，一直支持和关注这三所民办大学的成长发展。

下午，于老的女儿、女婿和社科院秘书处的同志们都到北京医院去做最后的准备工作，摆放花圈、花篮，布置告别厅等。小东和吴忠的同学也主动赶去帮忙。

事后小东给我讲述了那天下午他们在北京医院告别厅的情况：

"我和小庆、吴忠最早过去，主要是到地下室陪同工作人员给父亲整理遗容。那是最让人悲痛的时刻，他的身体已经冰冷，不再有体温，而且我终于意识到他真的就要永远离开我们了，心中的感情难以言表。当我们回到告别大厅时，花圈与花床已经摆放在那里，帮忙的朋友们也来了，大家分别往花圈上别挽联。王彦国等人帮忙定制的花圈是下午四五点的时候赶到的，放上后庄重肃穆的气氛一下子浓了不少。告别厅的正面放的是党和国家现任领导人和主要党政机构送的花圈，两侧则摆放了社会各界以及父亲的生前好友、学生等送的花圈，因为人数太多，一个花圈上往往要别上许多的挽联。挽联上的字是告别厅的工作人员写的，整个下午几乎就没有停下来过，他在那里工作了许多年，写得一笔漂亮字，为花圈增色不少。"

晚些时候，于老在国外的女儿于小红带着儿子赶到了，还有从上海赶来的于老的弟妹的孩子们和他们的家人，与社科院的工作人员一道在告别厅里帮忙布置；院办公厅的张翀同志下午要了一辆车到于老家里，把放在家里的几十个大大小小的花篮拉到北京医院；社科文献出版社赶印出的《于光远》纪念册傍晚时分送到了告别厅。

直到最后一刻，我的手机还接到不少要求送花圈、花篮的电话，我们都尽可能地满足大家的请求。吴忠和他的同学们一直忙碌到很晚才把告别厅布置完毕。

听说中组部负责于老生平最后定稿的副部长晚上 8 点半从外地乘飞机回到北京。去接站的司机带着生平稿，领导一下飞机就交给了他。待领导审定后回复社科院，负责印刷的同志直到 30 号凌晨才把于光远生平赶印出来。

在大家夜以继日的共同努力下，与于老做最后告别的准备工作终于就绪了。

* * *

9 月 30 日，与于老做最后告别的日子到了。早上 7 点半我们就来到北京医院。告别厅布置得庄严肃穆。黑色的横幅上写着“沉痛悼念于光远同志”。于老的大幅彩色照片披着黑纱，照片下方摆放着于老夫人孟苏敬献的花篮，条幅上写着：“风雨同舟相濡以沫永远怀念你”。孩子们敬献的花篮上写着：“爸爸是我们的骄傲，我们爱您”。于老照片的右侧是习近平、李克强、江泽民、胡锦涛、朱镕基、温家宝等几十位三代党和国家领导人敬献的花圈。左侧是中组部、中宣部、全国人大常委办公厅、中国社会科学院、中科院等中央和国家机关敬献的花圈。

说实话，这么隆重大大出乎了我们的意料。

于老身上覆盖着鲜红的党旗，面容平静安详。想到于老一生因坚持真理历经坎坷，曾险些被开除党籍，而在身后的生平中被组织上冠以“中国共产党的优秀党员”，我内心颇有感慨。

8 点整，孟建柱同志前来北京医院向于老深深三鞠躬告别，并向孟苏同志表示慰问。紧接着，于老的老朋友李锐同志、冯兰瑞同志、曾彦修同志、何方夫妇、陈鲁直夫妇、朱厚泽同志的夫人熊振群、龚育之同志的夫人孙小礼等一一前来向于老做最后的告别。

于老的老朋友、老同事、老部下，于老的学生和生前好友，于老的亲属都纷纷赶来，大家秩序井然地排着队来到于老的面前，把洁白的菊花放在于老床前，深深鞠躬、默默告别。许多人眼里满含着泪水。

事先我们只通知了100多人，可是闻讯赶来的竟有1000余人。许多人是坐火车、坐飞机从外地赶来的。

除小东、小庆外，于老的女儿小红、小康、小蓓都是昨天从美国、澳大利亚专程赶来向爸爸告别的。小红还带来了她的两个孩子，小康的大女儿也来了。

告别仪式结束后，灵车缓缓驶向八宝山。有100多人跟到八宝山，去送于老最后一程。

*　　*　　*

10月16日《人民日报》刊登了于光远去世的讣告。新华社原计划国庆节后即发讣告，按照规定新华社通稿只按中组部批准的任职经历来写，从这个概念来讲，于老所担任的最后一个职务是1978—1982年的中国社会科学院副院长。这样，从文字上来看，于老的工作简历就截止到1978年，之后于老所担任的职务和工作没有任何反映。而事实上，于老从领导岗位退下来之后的30多年，作为一个著名学者和理论工作者，仍然非常活跃，继续在改革开放的理论和实践中发挥着重要作用，有着广泛的社会影响。为此，吴忠把家里的意见和建议反馈给社科院和新华社。新华社的同志非常认真，他们专门查找翻阅了近两年来去世的所有老同志的通稿，认为于老的情况确实有特殊性。最终新华社的通稿中加上了“是多家学术团体的负责人，一生著作近百部”。

10月19日由厉以宁同志任院长的民生研究院和中国市场经济研究会主办召开了首都经济学界追思于光远先生的会。李锐、高尚全、冯兰瑞、张友仁、郑必坚、吴敬琏、张卓元、陈德华、赵人伟、杨培芳、李成勋、赵履宽、杜一、侯雨夫、冒天启、马立诚、刘伟、毛振华、曹思源、肖炼、郭克莎、王公义、李义平、郭爱先、周为民、李晓西、陈平、郝志奇、孙大午等许多同志都在会上发了言或提交了书面发言。于老的女儿于小红、于小东到会并发言。

10月20日中国自然辩证法研究会召开了哲学界追思于光远先生的会。朱训、吴启迪、孙小礼、范岱年、李惠国、陈益升、殷登祥、朱相远、王国政、申振钰、王玉平、王德伟、邱亮辉、林夏水、韩增禄、马惠娣、曾国屏、朱春艳、赵刚、吴彤、林世选、张占仓等同志都在会上发了言或提交了书面发言。于老的女儿于小红和于小东都在会上发言，回忆了父亲生前对她们的言传身教。

2014 年 1 月 7 日，经多方努力，于老的老伴孟苏和孩子们按照于老生前的愿望，将他保管了 30 多年的邓小平同志亲笔写成的三页纸提纲郑重捐给了中国国家博物馆。于老的夫人孟苏在捐赠发言中说："光远曾多次表示，这份手稿不属于个人所有，而是党和国家的重要文物，应该交给国家博物馆对外公开展示，让普通百姓能够目睹小平同志的珍贵手稿原件，感受和铭记中国改革开放的这一伟大历史转折。"

于老去世后，我陆陆续续收到了许多同志发来的回忆和纪念于老的文章。这些文章大都收进了这本纪念文集中。于老生前曾嘱我编一本《别人眼中的于光远》。我想，这本书正是于老想看到的吧。

*　　　*　　　*

最后，我想用自己在追思会上的发言作为这篇文章的结尾：

"我从 1977 年 5 月来到于老身边工作，至今已经 36 年了。到现在，我人生一多半的时间就做了一件事，就是给于老做秘书。我能有这样的机遇，是非常幸运的。我跟着于老亲身经历了我国从'文革'到改革开放这一惊心动魄的历史大转折，近距离地接触到各种事件和人物，结识了为推动我国改革开放事业呕心沥血、作出巨大贡献的许多前辈，如任仲夷、胡绩伟、李昌、李锐、杜润生、冯兰瑞、朱厚泽、龚育之、杜导正等。他们是真正为国家的振兴和人民的福祉而不惜牺牲个人利益，一生追求真理，不背初衷、与时俱进的可敬可亲的前辈。能和他们在一起、亲耳聆听他们的教诲，是我一生的荣幸！

我最要感谢的是于老，他一生所坚持的'独立思考、只服从真理'的精神；他的治学态度和方法；他面对挫折积极乐观的生活态度；他超乎常人的勤奋，以及他渊博的知识等，都使我终生获益。

尽管于老生前由于人所共知的原因受到许多不公正的待遇，但我相信，他对我国改革开放事业、对我国经济政治文化社会各项事业所作出

的贡献是不可磨灭的，历史会记住他、人民会记住他！他所留下的宝贵的思想和精神财富也一定会传承下去，并永远激励我们这些后辈和年轻一代！”

（本文写于2014年4月24日，修改于2014年7月1日）

于光远在特里尔

金海民

革命老前辈、我国著名马克思主义理论家于光远同志 1986 年访问联邦德国，曾专程访问马克思的故乡特里尔。其时，我在马克思故居研究所当访问学者并在特里尔大学攻读博士学位，有幸陪同光远同志在特里尔访问并聆听、参与翻译他在特里尔大学所作有关我国改革开放的报告。今惊悉光远同志去世，我不由得连夜找出他当时在马克思诞生的特里尔市布吕肯大街 10 号大门前拍的一张照片，看着这张照片，27 年前的情景，连同在这之前和之后所接触到的光远同志的形象就生动浮现在我的眼前。

在照片上，除光远同志和一同访德的《自然辩证法报》的主编周林教授外，还有特里尔马克思故居研究所所长汉斯·佩尔格博士（他是德国著名的马克思研究专家）和德中友协的陪同人员，我则站在光远同志的身边的位置。访德小组一行三人，还有一位就是这张照片的摄影者——社科院的研究员李惠国先生。

德国德中友好协会是一个民间团体，他们接待的能力自然有限，往往采取“接力”的办法：由甲地的分会将客人送到乙地，乙地的分会安排活动，而客人则分别住在当地积极分子的家中。我在特里尔多年，在 20 世纪 80 年代，接触过几十个我国访德的代表团，虽均是德方邀请，但东道主不是政府机构、公司企业，就是各种名目的基金会、大学等学术机构，代表团一到特里尔就会被安排住到各式酒店。像这样的完全由民间邀请的代表团我还真是第一次碰到。光远同志选择这样的形式访德，完全是有意而为之，是为了更深入了解德国。他自己就曾跟我说过，这样可在不多的时间里尽量多了解一些德国的国情。

光远同志在特里尔给我留下深刻印象的有两点：一点是在参观马克思故居博物馆时留下的，他与佩尔格先生交谈有关《资本论》的版本问题，对故居图书馆所拥有的马克思和恩格斯亲笔题词的《资本论》很感兴趣。这次参观既体现出他对马克思生平和学说了解的功力，又表现出他对更深入探索的热忱。另一点是他在特里尔大学作报告时给我留下的：他的报告重点是谈中国的改革开放。那时恰逢沈阳防爆器械厂宣布破产的时刻，外媒将此称为“中国改革的一项重大试验”，记得他的报告的一个重点就是有关我国第一部企业破产法的制定问题。作为邓小平在十一届三中全会上《解放思想，实事求是，团结一致向前看》讲话的起草者之一，在特里尔的报告无疑也反映出他对改革开放的深入思考。

光远同志自1978年起兼任社科院马列所所长，我有幸参加他主持的多次有关研究探讨会议，受益匪浅。特别要提到的一点是，我曾翻译了一篇德文的《“社会主义”一词的起源》（《人民日报》1978年12月4日）和《1890年〈柏林人民论坛报〉辩论“未来社会”中产品分配问题》的五篇文章，没有想到连这样的译文也引起他的注意，为此他还给我写了一封信，此信发表时还标上了《于光远同志致金海民同志的一封信》这样的标题。这不禁使我这个当时30多岁的小助教感到受宠若惊。当然，我觉得更重要的是它表明了光远同志平易近人、联系群众，与人平等磋商学术问题的气度。光远同志、于老，一路走好！

（作者为北大外国语学院教授

本文原载于2013年10月22日《今晚报》）

老境依然是"新秀"

李　辉

于光远先生自称为"文坛新秀"。见到我，他经常会说："我这个文坛新秀，还是你给逼出来的。"听他这样说，我颇感满足，虽然自知这是他的自谦，是对一个晚辈的厚爱。即便如此，作为最早催促他出版第一本散文集的人，作为一个有历史癖好的年轻作家，我还是挺看重自己 10 年来与他的文字之缘，为文坛多了一个他这样的"新秀"，为他特有的文学姿势而感到高兴。

对于光远真正产生兴趣并开始接触，是 20 世纪 90 年代初读了他发表在《随笔》上的一组短章之后。

他的短章，虽不是以文字优美精致取胜，但活泼，简洁，闪烁着思想的火花，体现着写作者心态的自由和精神的独立。在我看来，这恰恰是当时散文创作所需要的一种新鲜空气和别致风格。多年来，谈到散文，文学界所强调的常常是注重起承转合、讲究画龙点睛的所谓匠气、技巧和意境。但是，我却认为，散文的形式应是丰富多样的，过去的观念已大大束缚着散文的自由。以至于把杂文与散文截然分开，把日记、手记、人物特写、书评等与散文隔离开来的习惯，使散文变得窄小而单薄。

因此，1992 年，当华侨出版社找我约稿时，我建议出版一套散文丛书，但我更愿意用"随笔"这一名称来代替散文。这便是 1993 年问世的《金蔷薇随笔文丛》。

我至今仍记得第一次走进北京史家胡同于家客厅的情景，于光远让我领略了他的健谈，他的跳跃、流畅不息的思路。我谈了我编辑这套丛书的设想，计划安排的作者有汪曾祺、王蒙、林斤澜、冯骥才、刘心

武、王安忆等作家，有画家吴冠中，有政治学学者孙越生，同时也想请他出山。当听到我说要给他编一本散文集出版时，他瞪大了眼睛，头往后一仰，笑了起来。“我又不是作家，我哪能和他们排在一起？”我反复阐述我对这套丛书的构想和对随笔的看法，他最终被我说服了，同意编一本，这就是后来他的第一本散文集《古稀手记》。从此，他一发而不可收。

在我眼中，于光远先生一直是一个充满活力的人，一个似乎一刻也不让大脑休息的思考者。他的随笔，便是见证。在出版《古稀手记》时，我为他写了这样一段评点文字：“为送呈胡耀邦阅读，他整理出一段段‘手记’。他谦称不是文坛中人，风格简洁的文字，却呈现出随笔小品的另一类型。他在风雨中奋斗、欢呼、沉默、思考，他无意也无暇做一个作家，但丰富的人生体验和逻辑色彩，使他在随意写下的短章中，完善着他的理性，同时给随笔吹进一股清新的风。”

于光远历来强调精神的自由，他这种对精神自由的强调，也在写作中充分表现出来。读他的散文，你可以感受到他心态的自由。他没有通常散文写作中的起承转合，也没有什么渲染铺垫，技术性的因素对于他似乎是不必考虑的。他重视的是意识和思路的流动，一切顺其自然，把心中所思所想讲述出来即是。但是，由于他的思路十分活跃流畅，性情中也常有他人少有的顽皮、风趣，这便使得他的文章于顺其自然之中产生奇妙。他写孙女非非的成长记，他写自己的吃喝玩乐，他写经济现象的方方面面……在他那里，似乎没有什么不可以写的，也似乎没有什么不可以用漫不经心的笔调来写的。

10年前，我约于先生写过一本回忆录——《“文革”中的我》，其中对历史的沉重描述，常常是以一连串令人哭笑不得的“趣”来表现。这便是他的与众不同，这也是一个精神自由者心灵的写照。

（原载于2005年1月12日《中国青年报》）

无尽的思念

李惠国

2013 年 9 月 26 日凌晨，为追求革命的真理和科学的真理而学习、思考、探索、笔耕辛勤一世纪的光远恩师安详地长眠了。我们再也不能亲见他的音容笑貌了，但这位百科全书式的大学问家，为世人留下了卷帙浩繁的近百部著作，3000 万字。这是一座内容丰富的学术思想宝库，广泛的学术兴趣和丰富的人生阅历使他的学术思想内容十分丰富。光远老师的智慧结晶就蕴藏在这里。人们可以从中不断地汲取智慧。光远老师的宽阔视野、深邃的洞察力、深切的现实关怀、学术志趣、创新能力和开拓精神将启发和引领我们深入关切中国改革开放中出现的重大理论难题和实践困境，并激励我们为解决这些难题和走出困境，努力探索并作出应有的学术贡献。

我与光远老师相识于 1962 年，师生之谊已有半个世纪。当年，我考取了于光远和龚育之为导师的自然辩证法专业研究生，他要求研究自然辩证法，必须系统学习一门自然科学，按照我的志愿和分工，我就在北大物理系学习。4 年的研究生学习期间，光远老师平易近人的民主作风、热情奔放的性格、广博的学识、高远的预见力、追求真理的好奇心与探索精神、不知疲倦的工作态度，以及对我们的谆谆教导，言传身教，不仅一直影响着我的学术研究，而且激励我在漫漫人生路上奋然前行。

哲人已去，文运绵长，衔哀至诚，恩德不忘。在此，我仅讲几件我亲身经历的事，回顾他对我的教诲和他对自然辩证法学科和事业的贡献。

1964 年，在北京召开一个物理学会议，让我去做记录并写简报。

光远老师讲，不要小看这样的工作，这也是做研究工作很重要的基本功。姚依林去延安就是从做记录写简报做起的。完整地记录每个发言，把会议内容用千余字准确鲜明地反映出来，让看简报的人掌握会议真实情况，产生深刻印象，这是需要硬功夫的。从此我再也不轻视这样的工作了。我后来承担了很多重要的简报工作，从中得到锻炼和提高。

再讲一件让我十分感动的事。1990 年 4 月的一天，光远老师打电话让我去他家聊聊。他拿出已经写好的条幅送给我，说这是特意为你写的，互勉吧。你的性格还有点像我。看过后，令我十分感动。写的是："笑是智慧，笑是力量，笑是健康。这里所说的笑是看清事物的本质而发出的，是真理必胜信念的表现。给惠国。于光远　九〇年四月"。光远老师的笑是有强烈的感染力的，让我们承续光远老师真理必胜的坚定信念，笑对人生，"独立思考，只服从真理"，继承他的探求真理的永无止境的学术事业。

下面我谈谈我亲历的光远老师对自然辩证法学科和事业的贡献。他一直把自然辩证法研究作为他魂牵梦绕孜孜以求的事业，对我国自然辩证法学科的建立和发展作出了巨大贡献。他开创了这一学科，亲手培养了一批又一批人才，他的学术成就、严谨务实的学风、伟大的人格魅力，影响了一代又一代学人，铸就了自然辩证法学科和事业的传统。

1977 年秋，他把查汝强和我叫去谈如何筹备自然辩证法规划会议的事。1977 年 12 月至 1978 年 1 月，在全国科学技术规划会议期间，光远同志主持召开了自然辩证法规划会议，作为全国科学技术规划会议的一个组成部分。会上制定了《1978—1985 年自然辩证法发展规划纲要（草案）》，并把自然辩证法和科学技术史研究列入全国科学技术规划的第 13 个部分。

就在规划会议期间，光远同志提出创办《自然辩证法通讯》小报的建议，以推动全国自然辩证法工作的开展并加强学术信息交流。光远对如何办好小报提出具体意见，并亲自主持第一期的出版工作，只经过 10 天的筹备，1978 年元月初创刊号就出版了。

规划会议期间，光远同志提议将"文革"前由中国科学院哲学研究所自然辩证法组主办的《自然辩证法研究通讯》这一内部刊物，改为《自然辩证法通讯》正式出版发行，成立了《自然辩证法通讯》杂志社，并从上海调李宝恒同志来京主持杂志社工作。这一刊物 1979 年元月创刊，光远同志亲自担任主编。

规划会议期间，光远与周培源、钱三强同志一起倡议成立中国自然辩证法研究会，并成立了筹委会。光远同志建议从中华医学会调钟林同志具体负责筹委会的工作。

1978 年夏季，光远同志倡议，由中国自然辩证法研究会筹委会主办，在北京召开了自然辩证法讲习会。23 位专家做了自然辩证法和科学技术发展前沿的专题报告。来自全国各地的 1500 余人参加了会议。这一会议有力地推动了自然辩证法教学与研究工作在全国各地的展开，并使筹委会吸引和团结了一批批哲学工作者和科学技术工作者。会议期间还召开了关于实践是检验真理的唯一标准问题的座谈会。

为加强自然辩证法学科的基础理论建设，1982 年，光远提出组织编撰《自然辩证法百科全书》的倡议和具体设想。他担任编委会主任，组织了 200 多位自然辩证法专业工作者和自然科学家参加编撰工作。他提出编撰过程就是深入研究的过程，编撰必须以研究为基础，以编撰推动研究。在编撰过程中，召开了一系列的学术研讨会，促进了理论研究的深入发展。1994 年，《自然辩证法百科全书》由中国大百科全书出版社出版。

光远同志还积极倡导和支持与自然辩证法有紧密联系的新兴学科和跨学科研究工作。从 1979 年开始，科学学、未来学、信息论、系统科学等在我国的兴起，都受到光远同志的热情支持。

1986 年，我的德国友人托马斯 · 海培尔时任德中友协主席，邀请光远和我一起赴联邦德国访问和讲学。在法兰克福大学我们与哈贝马斯座谈，光远向哈贝马斯介绍中国自然辩证法研究情况。他讲，自然辩证法就是中国的马克思主义的科学技术哲学。它的研究对象和领域与西方的科学技术哲学和科学社会学基本相同。中国的自然辩证法研究有四大特点：

（一）它是马克思主义哲学的重要领域，我们是沿着恩格斯的著作《自然辩证法》开拓的方向进行研究的，因此我们把中国的科学技术哲

学称之为自然辩证法。（二）它是开放的体系，我们的研究领域不断变化和扩展，开始是自然观、科学方法论和各门科学的哲学问题，后来我们又认为人工自然，即人类实践活动创造的技术、工业、农业，也应成为自然辩证法研究的对象；我们还不断吸收西方科学哲学、技术哲学和科学社会学研究的成果，近年来，西方的科学哲学、德国的技术哲学也成为我们重要的研究领域。（三）我们强调哲学家要与自然科学家结成联盟，共同合作研究。中国自然辩证法研究会，就是我与物理学家周培源、钱三强联合发起成立起来的。一批很有成就的著名科学家都是我们研究会的成员。（四）我们强调理论与实践的紧密结合，我们研究自然辩证法的学者积极参与国家科学技术和经济社会发展重大问题的研究，我一贯主张自然辩证法要在社会实践中发挥作用。

哈贝马斯听了光远的介绍，深有感触地说，我很赞赏你们中国自然辩证法学派的工作，你们学派的第三和第四个特点，我们是不可能做到的。

哈贝马斯使用中国自然辩证法学派一词，显然他是把科学技术哲学作为一个学科概念，又认识到中国的科学技术哲学研究有自己独具的特点。

我想通常人们是这样理解学派一词的。科学学派，是具有相同的研究方向或相同的理论观点和方法的一群科学工作者，自发地聚集在开辟这一研究方向或建立这一理论和方法的权威科学家周围，共同从事科学研究活动而形成的有形的或无形的研究集体。

中国的自然辩证法研究作为世界科学技术哲学的一个重要组成部分，确有其鲜明的特色。中国的马克思主义的科学技术哲学——自然辩证法，它的形成和发展，与光远同志多年的勤奋工作是分不开的。20世纪80年代以来，一直有一些学者提出建议，把自然辩证法改为科学技术哲学，光远同志则一直坚持沿用历史形成的自然辩证法这一称谓，以保持它的马克思主义的方向和历史形成的特色。

1990年1月，光远著文《一个哲学学派正在中国兴起》。他写道："根据多年来形成的实际情况，我认为中国存在一个哲学学派。参加这个学派活动的哲学工作者是信奉马克思主义哲学的，并且他们愿意站在自然辩证法的旗帜下，活动的范围也是以研究自然界的问题为主。”

光远在这里谈到的这一学派与其他学派不同的两大特点。一是将自然界这个物质存在的整体，区分为天然的自然和社会的自然两个部分，这个学派从不轻视天然的自然的哲学研究，但它把对社会的自然的研究提高到了更重要的地位，而这种研究过去往往被哲学所忽视。二是强调自己的工作不应该限于一般的、抽象的思维，而且要去作特殊的具体的研究，向着实践的方向前进，在实践中显示出这种研究的重要意义。

光远也谈到了这个学派的不足，那就是还没有系统表述这个学派基本思想的工作纲领，还缺少在全国乃至世界范围内有影响的著作，没有提出一些引人瞩目的观点同世界上某些哲学观点进行挑战。这也是今后自然辩证法研究工作的方向和努力的目标。也正因为如此，光远著文的题目定为《一个哲学学派正在中国兴起》。

光远在这里阐述的两个特色，正是把自然辩证法与西方科学技术哲学进行比较而得出来的。光远所讲的不足，也是从国际学术交流的视角，对中国自然辩证法研究提出的更高的目标。

光远同志是学界公认的中国自然辩证法的主要奠基人，他 70 余年的学术活动很好地体现着中国自然辩证法研究的这些特色。他的率先垂范，他的学术风格，也影响着后辈。光远不是书斋学者，他是在祖国危难之时投身革命并经历战火洗礼的革命家，他的学术研究是革命事业的组成部分，他把学者和革命家的品格融于一身。他把不断探求马克思主义这一真理，视为自己的生命。他常常自称他是死不悔改的马克思主义者。70 余年来，他始终坚持沿着恩格斯《自然辩证法》开辟的方向进行这一领域的学术研究工作。

他强调自然辩证法是一个开放的体系。他本身就是一个非常勤奋好学的人，知识之渊博是学界无不钦佩的。他经历过清华大学物理系严格的自然科学训练，后来的学术活动是游刃于哲学和经济学之间。他有极敏锐的学术触角，善于发现和捕捉新学科的生长点；他积极倡导和热心扶植新学科的发展和跨学科研究；他不断提出新的课题和开拓新的研究领域。他说自然辩证法是在哲学、数学、自然科学、社会科学的边缘活动的。边缘地区容易形成“不管”的局面。他强调有一些边缘领域，

大家都要关心，与其做缩手派，不如做伸手派。如果一个领域大家都不去做，就空白起来，不如大家都去做，在那个领域中握手，携手前进，我看比大家都不伸手要好，要发挥更多的积极性。他强调我们的研究工作是发展的、变化的，研究的范围是会发生变化的，自然辩证法的性质决定了我们工作范围的开阔。

光远强调建立和加强哲学家和自然科学家的联盟。他本人就是这方面的典范。他为人谦和、虚怀若谷，特别善于团结各界的专家学者，许多中国著名的数学家和自然科学家都是光远亲密的朋友。光远以其高尚的人品和人格魅力吸引了一大批杰出的科学家参加到自然辩证法研究工作中来。1956 年制定自然辩证法规划，1977 年自然辩证法规划会议，以及后来的《自然辩证法百科全书》的编撰工作，都是光远亲自邀集了一大批最杰出的自然科学家与专业自然辩证法工作者共同完成的。

在理论研究与社会实践的紧密结合方面，光远也为我们作出了榜样。他强调我们自然辩证法工作者要运用我们的自然科学知识和哲学知识，来为建设社会主义的物质文明和精神文明服务。哲学、自然辩证法本身是学术，对于社会主义建设者来说，则可以看作工具，当作武器。这种工具就是通过它对自然科学和社会科学，通过基础科学和应用科学、应用技术的作用来对社会主义建设事业发挥作用。我们自然辩证法工作者要自觉地去发挥这种作用。他善于把工农业生产实践中的问题抽象上升为理论研究的课题，他善于从科学技术发展和经济社会发展的实践需求中发现学科发展的新的生长点，并进一步开拓新的研究领域乃至新学科。他始终保持深入实际深入生活的高度热情。90 岁以前，他仍坚持坐着轮椅走天下。每年要有一半以上的时间到各地去。

2012 年中国科学院大学人文学院成立 10 周年，编辑出版一套“国科大文丛”，因于光远老师在病中，就由我把光远老师的自然辩证法和哲学方面的文章，选编成两本书，名为《中国的科学技术哲学——自然辩证法》和《经济学问题的哲学探析》。未曾想到这竟成了光远老师在世时出版的最后两本书。在编辑此书的一年时间里，我翻阅了光远老师的大量著作，真为他文章的博学宏词、卓历风发、证据古今、横论中外、旁征博引、磅礴透迤、缜密严谨的文风和气势所震撼。文如其人，光远真是一个稀世的奇伟之人。谨赋小诗，以述衷肠：

吾爱于光远，才思天下闻。
学贯两大界，谦恭不独尊。
矢志不能移，玉壶藏冰心。
精理通谈笑，思泉涌古今。
学业醇儒富，德风堪称谨。
高山安可仰，徒此揖清芬。

（本文为作者在中国自然辩证法（科学技术哲学）研究会召开的《于光远同志追思会》上的发言，写于2013年10月20日）

于光远先生的一件小事

李南央

我只是在随父亲参加他们那帮老哥们儿的聚会上，见到过几次于光远先生。虽然有时就坐在他的近侧，并一起合影，但从未和他有过什么较深的接触和交谈。最可记忆的一次不过是他告诉我在河南出版的一本名叫《南腔北调》的杂志上看到了我写的《我有这样一个母亲》一文。我告诉他不知道有这么一本杂志，也不知道他们转载了我的那篇文章。他立即说："我找来送你一本。"过了不几天，父亲交给我一本《南腔北调》，说："光远送来给你的。"这令我十分感动。这种感动和26年前我经历过的另一件与于光远先生有关的事情很类似。

那是件关乎杨小凯命运的事。我保存了于光远先生写在1980年6月30日的一封信，是给我父亲李锐和我的。英年的杨小凯是以知名经济学家于2004年辞世的，而1980年的他，还是被困在湖南邵阳新华印刷二厂的一名校对工。

杨小凯的大妹杨晖在纪念他的哥哥去世一周年的文章里有这样一段话："在新印二厂时，哥哥仍不放弃继续深入学习和研究他在监狱中开始钻研的经济学理论，准备参加中国社科院的研究生考试。谁知仍不发给准考证。这时在父亲挚友、老干部李锐的帮助下，请著名改革派学者于光远过问了小凯的处境。1980年于光远筹建'技术经济研究会'时把小凯借调到了北京，并参加了数量经济研究所的实习研究员考试，结果以较好的专业成绩而被录取。"这段叙述不太准确。杨小凯是投考过社会科学院经济研究所的研究生的，但是没有被录取。杨小凯到我家来谈，说是他的专业考卷被打了零分。考官的批语是："看不懂。"他走后，父亲问我："你对杨小凯印象如何？这个人到底怎样？"我说，我不是很了解他。他给我的“数理经济”的论文，我完全看不懂。但是一个人能够在监狱里自学大学课程，且有了这样高深的研究成果，一定是个很了不得的人。以“看不懂”为理由打零分，无论如何是太霸道了。父亲说：“你给于光远写一封信，将情况说明，我帮你批转给光远。”我说：“我写？行吗？于光远知道我是谁呀？”父亲说：“你写就是了，我给你附上几个字转去。”于是，我这个以工代干的小技术员，老老实实地给大人物于光远写了一封信，将杨小凯的“滑铁卢”如实相告，请他帮助。于光远竟然很快认真地回了信，信是这样写的：

李锐、李南央同志：

我准备让杨小凯到我创设成立的技术经济研究会或管理现代化研究会工作。到明年研究生招考时候，我将根据其一年的工作推荐他考中国社会科学院的研究生。但有两点需你们帮助解决：一、我们可以用全国科协名义发函到杨所在单位借调，但能否借调出来，我们恐无能为力。第二他来北京后住宿问题很难解决，他能否到什么人家里借住一年？

他六七年写的文章已丢失，他本人能否把此文中心意思告诉我们一下？这一点虽不重要，但我们了解了，也比较好。

如何？即复。

于光远　六月卅日

显然，我信里谈的那些杨小凯的“反总理问题”，他的牢狱之灾，他的“零分”考卷，在于光远先生那里根本不成为问题。那篇曾被康生亲自点名的“反动透顶”的《中国向何处去》，在他看来是“不重要”的，只需“了解”一下。他迅速决定了如何帮助杨小凯的途径，还要我父亲即复。这样肯担待的肩膀，这样不拘一格地录用人才，这样干脆利落的办事风格，不要说在浩劫刚刚过去，秋风依然瑟瑟的 1980 年，就是在改革开放了 20 多年的今天，又有哪个大人物会给一个“政治犯”，一个“零分”考生打开进取的大门呢？

是金子总要发光。没有于光远先生的帮助，杨小凯的道路可能会曲

折些，但他终归是要成功的。只是世间是没有假设的。发生过的事实是，于光远先生在杨小凯趴在岩壁上向上艰难攀爬，脚下无处蹬踩时拉了他一把。这一来自“上边”大人物的有力之手，助杨小凯早早摆脱了那个死死缠住他“反总理”罪行不放的地方的禁锢，到了开风气之先的北京和全无条条框框的于光远的麾下，得到步入人生坦途的契机。

于光远先生的这件小事因此有了更多令人的感动和更富足的精神价值，我愿以此短文留下一页记忆。

（本文原载于2006年第6期《随笔》，
写于2006年5月31日）

听于光远先生谈"童道主义"

李慎西

刚从网上得知，于光远先生今天去世了。

以 98 周岁高龄去世，按中国人的说法，应该是"喜丧"。但我还是很怅然。

现在许多年轻人可能不知道"于光远"这个名字。他曾参加"一二·九"运动，1936 年毕业于清华大学物理系，延安时期便担任过中山图书馆的主任，后来成了著名的经济学家。特别值得一提的是，在中国改革开放初期，他参与了一系列重要文献的草拟，邓小平在十一届三中全会上的讲话，就是于光远先生参与起草的。对于社会主义初级阶段的理论，他也有着重要的建树。

可以这样说，于光远先生代表了中国共产党内追求科学与民主，要求改革与开放的进步力量。所以长期以来，也受到极左分子的攻击与谩骂。20 世纪 80 年代的所谓"人体特异功能"的争议中，于光远与钱学森——一个是大学问家，一个是大科学家针锋相对。

我有幸在 14 年前的 1999 年见到过于光远先生，后来连续几年都收到他每年写给亲友们的统一的信，信的内容都是告知他过去一年所做过的事，还有他的身体状况。我出版拙著《走进心灵——民主教育手记》时，曾请他题词。先生写道：

"进步的思想最好从娃娃做起。民主和科学辉煌的时代，要靠从小就培养出来的有充分的民主精神的，有自然的民主习惯，善于与其他社会成员民主地相处的，在社会总人口中占到绝对优势的人来创造。当前的困难不小，但我相信只要持之以恒地实干，这一天总是会到来的。基于这样的认识，我祝贺大作《走进心灵——民主教育手记》的问世。

于光远一九九九年十月二十日”。

最近几年没有和他联系了，但一直惦记着他。今天得知他去世的消息，我很难过。只好在这里遥祝于光远先生天堂快乐！

下面，是1999年我见了于光远先生后写的一篇短文，以此怀念先生。

听于光远先生谈“童道主义”

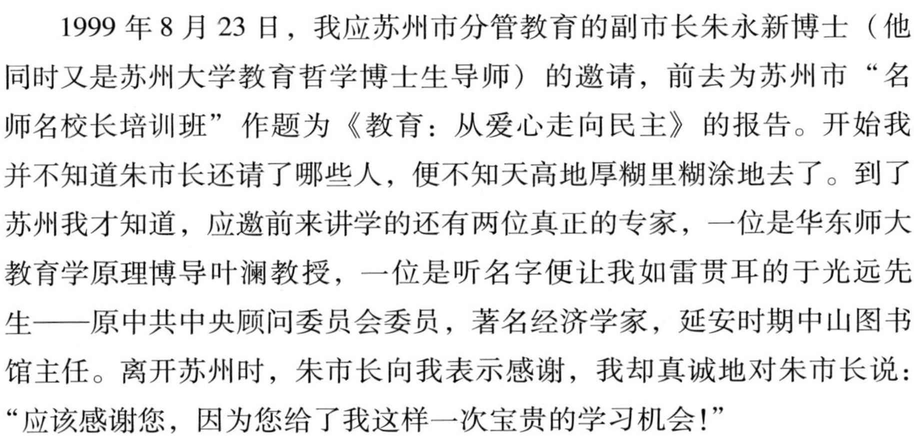

1999年8月23日，我应苏州市分管教育的副市长朱永新博士（他同时又是苏州大学教育哲学博士生导师）的邀请，前去为苏州市“名师名校长培训班”作题为《教育：从爱心走向民主》的报告。开始我并不知道朱市长还请了哪些人，便不知天高地厚糊里糊涂地去了。到了苏州我才知道，应邀前来讲学的还有两位真正的专家，一位是华东师大教育学原理博导叶澜教授，一位是听名字便让我如雷贯耳的于光远先生——原中共中央顾问委员会委员，著名经济学家，延安时期中山图书馆主任。离开苏州时，朱市长向我表示感谢，我却真诚地对朱市长说：“应该感谢您，因为您给了我这样一次宝贵的学习机会！”

我说的是心里话。无论从哪方面讲，我都是没资格去对“名师名校长培训班”作什么“报告”的，但我却不后悔这次苏州之行。因为在苏州3天，我亲耳聆听了朱永新教授（从某种意义上说，我更愿意称他为“教授”而不是“市长”）、叶澜教授和于光远先生的教诲，的确受益匪浅。其中最难忘的教诲之一，便是我在饭桌上听于光远先生谈“童道主义”。

于光远先生并没有听我的所谓“报告”，因为他是在24日才到达苏州的。我和他的第一次见面，是在朱教授安排的午宴上。大概是朱教授对他说了我的报告如何如何，所以，在共进午餐前，他一见我就说：“你很年轻嘛！听说你的报告反映不错，祝贺你！是啊，教育就是离不开爱心和民主嘛！”

“谢谢于老的鼓励！”我说，同时拿出《爱心与教育》一书双手递给他，“请于老指正！”

他接过书，一看书名就说："《爱心与教育》，很好，这个书名取得好！"接着，他便饶有兴趣地翻看了起来……

开始进餐了。我坐在于老身边，边吃边聊。

于老看见我女儿在满座的大人中间有些拘束，便笑眯眯地说："小姑娘别客气啊！"他又问我女儿："你叫什么名字啊？"我女儿小声答道："李晴雁。""什么？"于老没有听清楚。我女儿便提高了声音说："李晴雁。'晴天'的'晴'，'大雁'的'雁'。"于老听后笑了起来："嗬！不是小燕子，是大雁，而且是晴天的大雁。这个名字好啊——志存高远！"

满座的人都笑了起来。于老的秘书胡冀燕老师解释说："于老特别喜欢孩子！"

我说："于老，长期以来，我一直很喜欢读您的文章。您说真话的勇气令人敬佩！"

他谦虚地摇摇头："没什么值得'敬佩'的。人本来就应该说真话嘛！"他的思路好像一直还在教育上，他接着又说："你在书的一开头说教育要充满人道主义，这很好；但我要说，现在的教育，不但要讲人道主义，而且要讲'tóng道主义'！"

"'tóng道主义'？哪个'tóng'？"我不解地问于老。

"'tóng'就是'儿童'的'童'啊——'童道主义'！"他对我解释道："现在一些教师根本没有你书中所提倡的'童心'，不把儿童当作儿童，怎么搞得好教育呢？"

于老接着讲了这么一件事："有一个还没上幼儿园的孩子，有一天偶然经过一个幼儿园，她好奇地往教室里面探头探脑地看。结果，阿姨走过来严厉地叫她走开，还说如果在这儿捣蛋就要打她。孩子吓得扭头便跑，从此她一听爸爸妈妈说'幼儿园'就很怕，到了上幼儿园的年龄，她说什么也不去幼儿园了。"说到这里，于老叹了口气："唉，你们看，像这样的阿姨，这样的教师，能让孩子爱吗？这样搞教育，怎么行呢？"

他又说："现在，大家都很关心教育，这是好事啊。但还要研究教育，研究现在的教育存在哪些问题。我看，目前教育中最大的问题，就是缺乏对孩子的尊重，缺乏‘童道主义’！”

我感慨万千地说：“想不到于老这么关心教育啊！我们当教师的，就更应该把教育搞好！”

于老接过我的话说：“我最近多次在各种场合说过，过去别人都叫我‘经济学家’，现在，我更乐意别人叫我‘教育学家’。我真是想在有生之年，多思考思考教育，多为教育呼吁呼吁！”

从于老的一席肺腑之言中，我感受到了他对教育深深的关注之情，也感受到了他的一颗对孩子的爱心和童心。

吃饭结束时，于老请秘书把他写的一份自我介绍分送给在座的每一个人，他特别指着我女儿对秘书吩咐道：“别忘了小晴雁啊！也要送一份给她！”他还特意拉着我女儿的手说：“与爷爷一起合个影，好吗？”于是，我拿出相机，把镜头对准了用手亲切扶着我女儿肩膀的慈祥的于老……

我从于老这些自然而然的细节中，深切地领悟到了他所说的“童道主义”的含义——真诚地尊重孩子，真心地爱孩子！

（本文写于1999年8月26日）

于光远，一个传奇

李向前

光远老走了，98 岁。这个年纪和这个人，都应该成为当代中国的传奇。

说年纪是传奇，是因它接近百岁。在中共党内的元老中，这样高龄而去者，并不多见。如果考虑到于老坎坷的人生历程，以及他在党内思想意识形态领域的卓越建树、著作等身而又影响深远，那就更是罕见了。更匪夷所思的是，光远老在 80 多岁时，还曾因医疗事故，在输血中染上乙肝。但他泰然处之，不为病毒所击倒。后来，他又原发癌症，同病魔抗衡达十数年之久，在病中留下数百万字煌煌著作后，以近百岁而薨，这难道不传奇吗？

我以为，即使是对“80 后”“90 后”来说，传奇也一定要不同凡响。它要同大时代相遇，它必须同历史碰撞，从而在时代风云中留下色彩，那才配得上传奇。

于老算得上是一个历史传奇。他留下的光彩，无一不同当代中国历史最紧要处密切相连。我同他接触不多，仅仅是一个下午的聊天。但那次聊天却使我坚信，这位老人身上的故事的确不凡，几乎每一个历史的关节点，都留下他堪称绝唱式的传奇。

2003 年，我奉命为中央电视台大型文献纪录片《彭真》撰稿。经韩钢兄引荐，我和总编导来到于老的寓所。我们向他提出的问题，是“七七事变”后作为中共北方局的负责人之一，彭真是如何领导北平的党团员投入抗日战争的。于老笑对问题，给我们讲了他在“七七事变”中的一段传奇：“七七事变”前，于老在“民先”全国总队部工作。此时，他已是中共党员。“七七事变”不久，北平将为日军所占，“民先”

在北平难以继续工作，党组织决定派于老等到保定建立民先临时总队部，发动河北的游击战争。大约在北平沦陷的那一天，于老同一些同志打点行装，徒步向保定出发。没多远，大约在北平西郊的田村，他们就遇上了日军的一支坦克部队。于老回忆，日军坦克看到他们这群人，即向他们冲过来。大家四散奔逃。不知为什么，一辆坦克别人不追，就单单盯住了于老。于老跑得再快，也赛不过坦克。于老记得，那是一块收获过的庄稼地，有很多田埂。他是顺着田埂跑的，但渐渐被日军坦克追上了。他没办法，只能扑倒在田埂之间的低洼处。坦克就从他身上隆隆地开了过去。这时，在远处看到这一幕的同志们不由惊呼起来，以为这回于光远一定要被碾成肉饼了。可坦克开过，在尘土之中，于光远又站起来，拍拍身上的土，没事人一个。

不知是于老精湛的物理知识救了他，还是日军的坦克手并没有真想把他碾死。总之，一场虚惊。于老说，他和同志们被赶到一个村子里，接受日军军官的询问。他们告诉鬼子，自己是中学老师，北平现在已经停学，没法上课，准备到上海找工作。鬼子也没有为难他们，还给了一顿饭吃，然后开路条，把他们放了。

过去，我们知道“七七事变”全民族抗战的宏大叙事，但很少有缘于老这样的惊险故事。那是一群共产党员撤离北平时的传奇。后来，于老到了保定，开始了民先队的工作。在保定，于老第一次见到了老魏同志。这个老魏，就是北方局的领导人彭真。民先队有个党团，归北方局领导。老魏见到于老这些年轻同志非常高兴。除交代任务外，还说了一句让于老一直记得的比喻。彭真说，你们这些年轻党员像兔子一样，是一窝一窝地成长的。

于老的传奇，几乎都同历史关节共生。其中，组织起草邓小平《解放思想，实事求是，团结一致向前看》的讲话稿，也堪称一次传奇。十一届三中全会前，邓小平曾频繁出访。11 月 14 日，邓小平才从东南亚四国访问归来。此时，中央工作会议已经开了 5 天。邓小平讲话原本已经起草了一个稿子，那是他出访日之前就着手进行的。但到 12 月初，因为正在进行的中央工作会议发生了重大变化，原来的稿子不合用了，邓小平于是决定另行起草讲话稿。他找到胡耀邦和于老，并拿出了他自己手写的“3 页共 500 多字”的提纲。这份邓小平手写的提纲，极为珍贵。此前所有的历史学家都不知道，邓小平还曾亲自动手，为自己的讲话稿写过这提纲挈领的 500 多字。而这份提纲，在使用过后，就保存在组织起草者于老的手上。于老说，他原本只是为了做个纪念，不想，这个纪念品成了中共历史上最重要的文献物证。

如果不是一次偶然的约稿，于老为邓小平起草讲话稿这件事，几乎就泯灭掉了。1997 年，《百年潮》杂志为邓小平逝世组织纪念文章。在约于老撰文时，他才忆起这件事，并找出了邓小平亲写的提纲。随后，他又从故纸堆里发现了邓小平几次与他们谈起草修改稿子的记录。这份历史文献的成稿思路和脉络，便被发掘复原了出来。

《解放思想，实事求是，团结一致向前看》的讲话，后来被称作“是在‘文化大革命’结束以后，中国面临向何处去的重大历史关头，冲破‘两个凡是’的禁锢，开辟新时期新道路、开创建设有中国特色社会主义新理论的宣言书”。这不仅是因为它讲到了“如果现在再不实行改革，我们的现代化事业和社会主义事业就会被葬送”，而且讲话重新确立了实事求是的思想路线，在此基础上，中国开始了对社会主义的再认识，实现了从“以阶级斗争为纲”到以经济建设为中心的历史性转变。

于老记得，邓小平同起草人一共谈了 4 次。每次都是邓小平仔细交代讲话思路，几乎将他通盘的考虑，都详细地阐述出来。因此，稿子的起草并没有太费周章。于老说：小平讲话的内容，可以说都是他自己的想法，不但思路是他自己的，而且给人留下深刻印象的语言也大都是他自己的。12 月 13 日，邓小平在中央工作会议闭幕会上发表了他的讲话。至此，一个划时代的声音，永久地回响在中国大地上。

对这样一件具有历史意义的事情，于老对自己的作为，记述得轻描淡写。他说：我想讲的，一是在邓小平家里布置起草讲话稿和改稿、定稿时，胡耀邦和我两个人一直在场，而且除了执笔人之外，再没有别人在场。二是我只做了这么一件事，即遵照邓小平和胡耀邦的意思，找到了执笔起草的人，向他们作了传达，商量了一下文章的框架，限定时间和拿出来交卷这样的事。我没有提出值得讲一讲的意见。我也没有动笔起草稿子。于老的这两点说明，前者是为历史做见证，不使其有所混淆。后者则表现了他实事求是、决不贪功的史家品格。但于老在起草这一重大历史文献过程中的贡献，无论如何是埋没不了的。

特别有意思的是，于老还为我们留下了这篇历史文献起草的现场场景。他回忆：我清楚地记得当时大家所坐的位置：邓小平坐在一张大书桌后面，胡耀邦坐在他右侧离他最近的靠背椅上。几次谈话大家都是这么坐的。邓小平的书桌上摆着一只电子钟。我因为是第一次见到，感到很新奇，而且有些纳闷：电子钟显示时间的一面不是面对主人，而是面对客人。

理论物理学出身的于老，与一般的历史学家不同。他对事物观察的特殊角度，总能呈现万花筒般的色泽。而这，更增加了他本人的传奇性。于老 1934 年从上海大同大学转学到清华大学物理系读书。据说，他本可走与老同学钱三强同样的治学道路，留学欧美，成为物理学家。但民族危亡，危在旦夕。他舍学问而投身革命，成为共产党员，迈出完全不同的脚步。对此，他一生无悔。特别是在遭遇曲折时，他充满智慧的大脑，从未悲观，从未停止思考，永远能发现别人难以发现的绝妙，想出旁人难以企及的故事。

在《“文革”中的我》这本书里，于老记述了一个故事，叫“当了一回‘胜利者’”。那是在 1967 年，光远老作为中宣部黑帮“大判官”，被揪到多个单位批斗。批斗要接送，押送的红卫兵其实也挺累，于是于老主动提出，以后别再押送，自己骑自行车到批斗会场。红卫兵觉着，这黑帮反正也跑不了，还落得清闲，就同意了。

后来的批斗会又一次在木樨地政法学院召开，于老骑车按时前往。守门的红卫兵不认识光远老，向于老收门票。于老说，不知道要票，也没人发给我票。守门者斩钉截铁地说：“没票不能进！”这时，光远老天生的幽默一下来了，对守门者说：“别人没票不能进，我没有票还是要进去。”“不行，就是不行！”守门人很横。于老仍然强调，我虽没票，但你一定要放我进去。守门的急了：“你这个人真不讲理，这个会没你，难道就开不成吗？”于老说：“你们这个会没我就开不成！”守门者有点发蒙。

这时，已经围了一堆看热闹的人。于老问："你们今天开的什么会?""批斗会。""批斗谁呀?""于光远!"光远老得意地说："我就是于光远。没我，这个会开得成吗?"围观的人哄地一下就"炸"了。原来这个死乞白赖要进去的人，就是斗争主角于光远！光远老回忆：于是，我就以"胜利者"的姿态，大摇大摆地走了进去。进去之后，便坐了"喷气式"。

这个"胜利者"的故事，实际充满了苦涩。这颇为典型的黑色幽默，使我们看见于老同历史碰撞时所产生的传奇。

他的故事太多，传奇太多！如果一定要用那首《传奇》的意象来表达，歌词中"宁愿用这一生等你发现，我一直在你身旁，从未走远"一句，庶可些许消除苦涩，保持怀念，将于老的传奇，赋以永恒的意义。

（作者系中共中央党史研究室研究员）

启蒙未竟人已去

——纪念于光远先生

梁小民

任何一次社会变革，都会以一场思想解放式的启蒙为先导。在不太严格的定义上说，启蒙就是打破传统的旧思想框架，给人以新观念、新思想。从 1978 年开始的改革开放以“实践是检验真理的唯一标准”为启蒙，没有这次思想解放，就没有以后 30 多年的伟大成就。

领导启蒙并成为中流砥柱的，也是旧传统培养出来的有文化的官员与学者，他们都是精通马克思主义的学者，但在旧体制中，这种人可分为三类。第一类是“真道学”，虔诚地信奉马克思主义，不允许有一丝一毫的改变，实际上未必真正掌握了马克思主义精髓，反对把实践作为检验真理唯一标准的正是他们。第二类是“假道学”，他们从未掌握马克思主义，甚至很少读马克思的书，他们是打着旗号实现自己的私利，“四人帮”中的所谓理论权威张春桥、姚文元及康生，就是这种假马克思主义的骗子。第三类是“活道学”，他们从整体上把握了马克思主义本质，不拘于马克思的只言片语，随着时代进步不断发展马克思主义，作为 1978 年后思想解放的核心，领导并参与启蒙的正是这些人。

这批人中有薛暮桥、马洪、李洪林、李锐、吴敬琏、李泽厚等。于光远先生也是这批人中的佼佼者。

于先生毕业于清华物理系，是周培源先生的入室弟子。本来的宏愿是科学救国，但日本入侵打破了他的美梦。1935 年他参加了“一二·九”运动，1937 年加入中共。20 世纪 40 年代初，在延安讲授社会科学课程，从此走上研究社会科学之路。在担任中共中央西北调查局研究员期间，开始研究土地问题和陕甘宁边区的减租、农村互助合作问题，并与柴树藩、彭平合作出版了《绥德、米脂土地问题初步研究》。在延安，他一方面努力学习经典著作，同时又深入调查研究，这构成他一生从现实出发解决实际问题的研究特色，也决定了他以后不受一种固定框架制约的思维方式，正是这些特点使他在1978年后成为新时代的启蒙者。

新中国成立后，于先生在中宣部任职。我第一次知道他的大名是在1962年，当年我考入北大经济系，第一学期第一门主课是"政治经济学"（资本主义部分），发的全国统一教材就是他和苏星先生主编的《政治经济学（资本主义部分）》。中学时我们并没学过政治经济学，但这本教材使我顺利进入经济学殿堂。这本书通俗易懂，把政治经济学的名词概念和基本理论介绍得一清二楚。当年我的理想是学历史，对政治经济学这门抽象的科学心怀恐惧，学完这门课之后，我爱上了经济学，于先生这本书是我从爱历史向爱经济学转型的关键。

后来我才知道，把政治经济学分为资本主义部分和社会主义部分其实是于先生的首创。按传统苏联人的说法，分为资本主义和社会主义政治经济学，但于先生认为，这两种政治经济学其实都是马克思主义者对资本主义和社会主义社会经济运行规律的分析，讲资本主义经济学不妥。所以，从20世纪50年代起他就建议用"资本主义和社会主义部分"来代替苏联人的说法。这不仅仅是说法不同，而是反映了于先生的独立思考精神。当年以苏为师，"真道学"们连苏联人的一句话都不敢动，也没有这类"离经叛道"的想法，但于先生不受苏联经验的约束，提出更为准确的说法。启蒙者总是这样一些不人云亦云、有个人见解的人。

编写教科书更多还是他被指定承担的一项工作。他的主要精力放在了对政治经济学社会主义部分的探索上。早在1955年，中宣部就确定由孙冶方、薛暮桥、于光远各组一套班子，各写一本政治经济学社会主义部分的教科书。三个人有各自的思路，但最后都没有成功。孙冶方先生试图按《资本论》的逻辑与框架写，不过贯穿全书的主线由剩余价值变为"以最小的社会劳动消耗，有计划地生产最多的、满足社会需要的产品"（简称"最小—最大理论"）。全书曾经多次写作修改，即使在"文革"中坐牢的7年，孙先生仍打了85遍腹稿，但可惜一直未写成。薛暮桥先生直到 1976 年写了 6 稿，但终究没有写成，于是他改弦更张，于 1979 年写出了《中国社会主义经济问题研究》。当年出版后，洛阳纸贵，共发行了 1000 多万册，至今还是中国经济学销量最多的书。以后，薛先生成了中国由计划经济转向市场经济的关键人物。

与孙冶方局限于《资本论》的架构、范畴内不同，于先生认为，学科的发展与时代的特点、时代的任务、时代的精神紧密相关。《资本论》是批判资本主义制度的，要说明社会主义产生的必然性，政治经济学社会主义部分是要以马克思主义为指导论述与社会主义经济建设相关的问题，如制度与个人积极性和创造性的发挥、制度与合作和竞争、制度与计划性等。与《资本论》要解决的问题不同，所研究的框架、逻辑与范畴就不同，这就决定了其写法必然不同于《资本论》，但于先生的“政治经济学社会主义部分”教科书经过 30 年的讨论、写书、修改，最后也未完成。于先生把他在组织编写这本书中的许多思考写成七卷本的《政治经济学社会主义部分探索》，由人民出版社在 1980 年到 2001 年间出版。

在这本书的编写过程中，吴敬琏先生感到：一方面，于光远骨子里倾向自由主义，他在编写组里培育自由讨论的气氛，几乎任何问题都能讨论；另一方面，他又是中宣部在科学方面的总管，需要贯彻党的政治意图。① 这说明作为一名有良知的经济学家，于先生是推崇独立思考、自由探索的老清华传统的。这是 1978 年后，他成为新时代启蒙者的思想基础，也是他一生的学术追求。

粉碎“四人帮”之后，于先生发起对“四人帮”在上海组织编写《社会主义政治经济学》的批判，并组织了关于社会主义生产目的和按劳分配的全国讨论会，同时以更加解放的思想研究社会主义经济问题，写了许多论文和著作，其中最重要的是 1988 年出版的《中国社会主义初级阶段的经济》，曾被评为“影响中国经济的十本经济学著作”之一。

---

① 柳红：《当代中国经济学家学术评传：吴敬琏》，陕西师范大学出版社 2002 年版，第 86 页。

于先生不仅仅是作为学者参与了经济学的启蒙，更重要的是作为改革参与者，亲自参加了政策制定。在十一届三中全会上，小平同志作了划时代的著名讲话《解放思想，实事求是，团结一致向前看》，于先生正是报告执笔人之一。从1981年起，他利用参与讨论中央文件的机会，多次主张将社会主义初级阶段概念和基本特征的论述写入文件，他早就主张社会主义应是商品经济。这些思想以后都成为改革的中心，并多次体现在中央文件中。当然起决定性作用的并不一定是他，但他的见解无疑有重要意义。于先生不仅是改革的启蒙者，而且也是推动者，这是他在启蒙中作为一名学者型官员与纯学者的不同之处。

在这篇文章中，不可能全面论述于先生的经济学思想，我只想就自己印象最深的观点做点介绍。

1978年后，在研究生学习期间对我影响最大的，是于先生组织的关于按劳分配和社会主义生产目的两场全国性大讨论。后一次讨论还被“真道学”们指责为“资产阶级自由化”在经济学中的反映。

“文革”中批判按劳分配，并取消各种贯彻按劳分配的分配形式。粉碎“四人帮”后，于先生组织经济学界批判“四人帮”宣传的“按劳分配是资产阶级法权”，会“产生新生的资产阶级”等谬论，是一次有意义的启蒙。于先生认为，社会主义仍需要对劳动者的激励，不仅要考虑劳动的支出，还要考虑在相同劳动条件下劳动的有效性，即劳动成果。

社会主义的生产目的是什么？其实这是马克思早就解决了的问题。马克思在《政治经济学批判导言》中分析了生产与消费的关系，指出生产的目的是消费，即提高广大人民的物质与文化生活水平。但“四人帮”宣扬“富则变修”的谬论，以反对“唯生产力论”，反对提高人民的生活水平。一些“真道学”也只谈生产，不谈消费，似乎生产本身就是目的。早在“文革”前，于先生就强调个人需求的满足是经济效果的基础，把消费作为生产的目的。“文革”后他又重申并进一步论述了这个观点，批驳了“四人帮”的一系列谬论。“真道学”们把消费等同于资产阶级生活方式，把于先生这些讨论指责为“资产阶级自由化”。但于先生并没有屈服，在以后他还主张建立休闲经济学，并写了许多关于吃、喝、玩的文章与专著，我的藏书中就有本于先生2001年出版的《吃·喝·玩——生活与经济》。

20世纪80年代初，于先生说过“既要向钱看，又要向前看”，“只有向钱看，才能向前看”。这句话当年争议就相当大，如今还有人认为这是今天物欲横流、道德败坏的源头。其实，于先生这句话是对当年不重视经济效益、以赚钱为卑劣思想的拨乱反正。小平同志说的“让一部分人先富起来”，也就是让一部分人先有钱，带动大家都有钱。这有什么错？钱本身无所谓好坏，是社会财富的代表，向钱看，追求财富的增加，才有社会的进步，才能让人们过好日子，这正是革命的目的。向钱看有什么不对？至于今天的各种社会风气败坏，与于先生的话毫无关系，于先生一言毕竟不能兴邦或丧邦。

在对经济学的研究中，我觉得最有意义的，是于先生对所有制的研究。于先生一直认为，经济改革的中心是所有制改革（即以后说的产权改革）。在所有制的研究中，他认为衡量所有制优劣的标准不是越大越公越好，而是生产力标准，即能否适应并促进生产力的发展。他通过对马克思著作德文版的研究指出，马克思说的社会主义所有制并不是公有制，而是社会所有制，把德文原意的社会所有制译为公有制是苏联人的误解。同时他指出国家所有制并不是全民所有，尤其是提出了“所有制实现论”，即所有制要在生产组织、交换、分配等经济过程的各个环节中实现，才是有意义的，否则只能是法律的想象。他的这种思想打破了传统观念公有制至高无上的观点，为我国实现多种所有制并存，并承认私有制的存在提供了理论基础。

于先生对经济学的另一种贡献是把外国经济学介绍到中国。改革前，我国对西方经济学是彻底批判，当年我考研究生时，专业的名称就叫“当代资产阶级经济学批判”。那时从事西方经济学研究的人也仅数十人，且年龄都在60岁以上。1979年，于先生是国务院财经委员会经济理论和方法组的负责人，他了解国外经济学的重要性，倡导并支持“国外经济学讲座”，组织43位专家讲了60讲。这是新中国成立后首次全面系统地介绍国外经济学，包括西方经济学与苏东改革经济学。这些讲座指引很多人进入现代经济学殿堂，其中不少人成为著名经济学家。

没有于先生这样的权威人物支持，这些讲座很难坚持下来。此外，当时于先生作为社科院副院长率团访问过南斯拉夫、匈牙利等东欧国家，回来后介绍他们的改革理论与实践，对改革初期向东欧学习也起了一定作用。

于先生对开拓经济学的新领域也有不可忽视的贡献。他认为，经济学作为致用之学，研究领域应该是十分广泛的，建设现代化国家极为需要有着多维度内容的经济学体系的支持。他倡导建立国土经济学、技术经济学、消费经济学、教育经济学、环境（或生态）经济学、旅游经济学等等。这些学科有些是国外已有的，但国内仍无，有些则是他独创的。他还重视数学方法在经济学中的运用，“文革”前就计划与华罗庚先生合作指导这方面的研究生，可惜“文革”使他的愿望没有实现。

纵观于先生的研究，他是一个百科全书式的学者，甚至对特异功能都有自己的见解，斥其为“伪科学”，不遗余力地反对。伯林曾把学者分为“狐狸型”与“刺猬型”。前者知识面极广，但并没有对某一学科有深入研究，后一类则并不一定通晓百科，但对某一学科有相当精深的研究。哈耶克把前一类学者称为“头脑清楚型”，后一类称为“头脑迷糊型”。按这种分法，于先生显然属于“狐狸型”或“头脑清楚型”的学者。这种学者知识面广，可称为通才。他们思维敏捷，经常冒出各种新想法，在启蒙中，这种学者的作用更为重要。当然随着启蒙的深入，更为需要“刺猬型”。社会同时需要这两类学者，但很难要求一个学者既“狐狸”又“刺猬”，通且精。

于先生早在20世纪90年代就患有癌症，2005年和2006年又两度脑血栓，但仍然活了98岁。据我所知，国内比他更长寿的经济学家也就是马寅初和薛暮桥先生，这与他乐观开放的心态是相关的。“文革”中他被戴高帽游街批斗，有人说在电视上看到批斗他的样子，他笑着说，真想看看自己的光辉形象。84岁他开始学电脑，86岁建自己的网站。想到这一点，真让我惭愧，仅仅年过70，就不敢问津电脑，连短信都不会发。他也不回避自己的错误，经常讲起1958年曾写文章鼓吹小麦高产的“走麦城”：“这些丢脸的事，我讲了一辈子，时常讲，讲给别人听，更是讲给自己听，时常警示自己。”我想，这就是“君子坦荡荡”吧！我认识他的两个女儿。一个叫于小东，我在北大时她曾听过我的课，我还领她们班到福建三明做过社会调查。另一个叫于小庆，也是北大学生，我在康奈尔大学进修时，她正攻读博士学位，对我恭敬有加，帮助颇多。两个女儿没有一点儿高干子弟的坏习气，好学而有教养。从她们身上，我看到了于先生高尚的人格。

中国思想界最活跃的是20世纪80年代，人们称之为“启蒙”时代。如果说鸦片战争后“睁开眼睛看世界”是“第一次启蒙”，“五四”是第二次启蒙，那么80年代后就是第三次启蒙。前两次都没有完成启蒙的任务，第三次启蒙在90年代后也基本结束了。未来中国还需要启蒙，只有不断思想解放才能完成改革，实现每个人心中的“中国梦”。80年代启蒙时的学者也都一个个离世了。于先生是离世较晚的，剩下的年岁已高也难以发挥更重要的作用了。启蒙未竟人已去是一件悲伤的事，但我相信，以后还会出现新一代的启蒙者来完成启蒙大业。

（本文原载于2013年10月14日《东方早报》）

永远想念我年轻时代父亲一般的长者

林　春

于光远伯伯走后，想起许多和他有关的往事。以下记述的只是些小而又小的个人故事，但以小见大，体会他是怎样一位难得的、与众不同的人。像他那样为官不官僚，有权不弄权，而又兴趣多样、才思汹涌、精神自由的人在党内实在不多，在领导者中就更稀少。

他又是极其慷慨、与人为善、挚爱孩子并且细心的人。读他记录外孙女儿非非的日记即可见一斑。记得小时候有次大人们在一个红色大瓦房里开会，进进出出；我们在前后院子里跑来跑去地玩儿，等散会。他是出来透气吧，看到我跑不快，是鞋带断了，就找了根很长的枯草蹲下来拉给我看。拉不断，说，你看这“鞋带”多结实，要我系上。再跑起来，我的草鞋带果然和真的一样好用。这小小一幕让我经久不忘，直到长大成年。尽管常常做不到，却懂得在生活中要学会想办法、事在人为的道理。尤其是无需追求表面光鲜，重在内涵和实际。在工作中和党内生活中，于光远坚持原则、一丝不苟；但同时在日常生活中又保持了他那特有的不拘一格的开放风度。他关心、涉猎和有所贡献的领域之广阔颇为罕见，正是他洋溢的想象力和创造精神的证明。

他对青年人一以贯之的培养和爱护，相信许多同辈的朋友都有感受。1977 年我在雁北党校工作，因为一篇文章被借调到《历史研究》。文章没改完，学校来催归队，黎澍和于光远两位几次设法与党校商量协调。当年的风气，即使地方上的教学单位，出勤纪律也是很严的。没有他们的帮助，我不可能完成那次写作，也不可能避免逾期未归的处分。1979 年他兼任新成立的中国社会科学院马列所所长。我于是动员李银河一起从国务院研究室请调到社科院，参加建所。一边老同志们筹划、指挥，一边我们一伙年轻的可以说志愿者们白手起家布置办公室、搬运书和文件，讨论课题，编书写文章。他还有一批新锐研究生，所内外大家有时一起争辩，知无不言，一派生机勃勃的焕发气象。我们尝试引介有关的思潮，编辑出版有新意的文集，组织大大小小的青年思想聚会，也都得到他的鼎力支持。节日联欢的时候最放松，胡冀燕拉着我一起唱“时刻挂在我们心上，是一个平凡的愿望：愿亲爱的家乡美好，愿祖国万年长……”她嗓子极好，能把我的噪音压下去。有次于小康也参加，是我第一次看到摇摆舞，其实很健康。于伯伯的办所方针正是团结紧张严肃活泼，既活跃思想，也快乐人生。那时工资低、供应少，都不是问题。

1981 年初决定结婚，未婚夫是个有争议的人。他的父亲解放前是中药铺的普通店员，解放后因为与商店支部书记争吵而给宋庆龄副主席写申诉信，被整，以反革命的罪名劳改，释放后死在劳改农场。他自己因宣扬人道主义的马克思主义，外加卷入一起挚友的政治冤案（见张思之律师的起诉书），自“文革”前就被打成反动学生，劳改、监禁十几年。我们去月坛办事处领证，被所里来人拦住，于伯伯紧急找我回去谈话，语重心长。他说，我看着你从小长大，你给我这个面子，让组织做个调查。当时虽然抵触，却知道他为我好，父母也不过如此吧。尽管后来的调查结果并不好（北大方面有“杀父之仇”的定性。但这样一个被认为对共产党有家仇的人其实对革命和新中国的历史功过有客观评判，是后话），于伯伯还是让我们过了关。看到我爱人尚未平反、没有工作，他又请这个闲人参与办报打击伪科学，能有些收入。不想后者死心眼，以为要办的是份官方报纸，而人体科学问题不妨争论，不肯接受。于伯伯虽然不快，但并未因此就排斥他，其后多年也平等待之。碰巧的是，我爱人的父亲劳改以前一直给孩子们先是订《学习》初级版，后来是大《学习》杂志，他是读于光远等人的马克思主义普及文章长大的。

有次于光远要去伊春林区考察。胡冀燕正好有别的任务不能去，就抓了我的差。像冀燕那样正直无私，又集思想水平和办事能力于一身的人很难找，也只有她才能胜任在一位自诩“十个手指头按十一个跳蚤”

的人身边工作。幸亏有国家科委的老刘同往，担起秘书的责任。我呢，就等于是沾光出去学习、见次世面。林区非常美，连带的生产和社会问题也多。听了一路的政策讨论，还写了篇挺长的工作游记，包括于伯伯的提问、意见、与地方干部、林场职工等的谈话等等。这篇游记现在找不到了，真可惜。来回火车上则主要是听他讲经历，遗憾我粗心大意没都记下来。印象最深的惊险片断是战争年代他有次遇到坦克迎面开来，急中生智躺在两条履带之间而逃生。还有一次他假装平民千难万险才经过日本人的封锁线，之后却想到前面再碰到封锁怎么办，就冒险回头去要个“良民证”。胆子真大啊！坐在他的软卧车厢里听故事，津津有味。看见列车员探头探脑，想到自己是普通票，是不是要回到硬座车厢？于伯伯说哪来那么多规矩，不许走。

1984 年准备出国读书，找于伯伯写推荐信。他说你学马克思主义，世界上哪个地方能找到比我更好的导师？这一问，他这位马克思主义理论家的堂堂自信与自豪溢于言表。他最反感假谦虚，或者在外国人面前低声下气的奴性。是啊，中国的马克思主义历经寻找民族和社会解放的真理，披荆斩棘、百折不回的实践经验比国外学院派的书本马克思主义不知丰富多少倍。中国的社会主义改革，更是前无古人的探索，有极大的发展马克思主义的潜力。于伯伯虽然不愿意我走，当然还是为我写了特别好的推荐信，并鼓励我追求中西贯通，像他一样，做一个“不悔的马克思主义者”。在国外，我的导师和我访谈过的马克思主义者都有着真实的信仰，因为他们虽未经过中国革命两代人在救国救民战火中的艰难险阻，却或者亲身参加过反法西斯的斗争，或者受过 1968 年学运造反和反越战的洗礼，对资本主义有切肤之痛。他们在迷茫中求索而找到马克思主义，与我这一代红旗下生长，不劳而获地“捡来”马克思主义不同。近几年资本主义金融危机之后“回到马克思”的世界潮流，又给了我们这辈没有什么历史深度的中国人一次反省的机会。

在思想方法上，从于伯伯那里受益良多。举两个小例子。他说有些东西不是非要经验证据才能证实证伪的。比如有个人说他在喜马拉雅顶峰上能抓着自己的头发飞起来，你能信吗？你不必真上到那山顶上去实

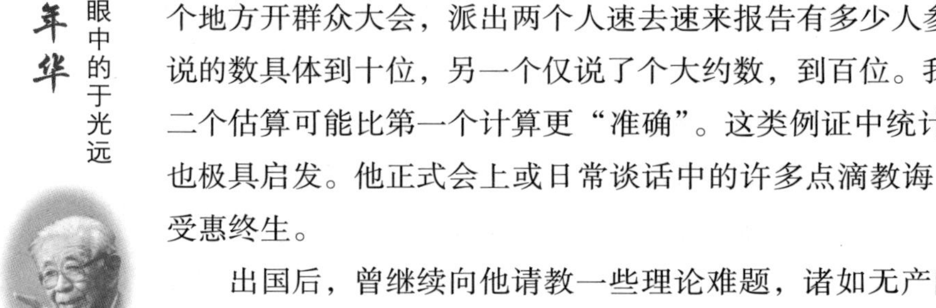

验，就知道此说之误，一定不可能。当然这个不相信本身已经有着过往经验科学的基础，成为常识性的知识。他这里反对庸俗经验主义的方法论是可以推而广之的。他还指出在特定情境中所谓精确的谬误。比方有个地方开群众大会，派出两个人速去速来报告有多少人参加。一个回来说的数具体到十位，另一个仅说了个大约数，到百位。我们知道其实第二个估算可能比第一个计算更“准确”。这类例证中统计和科学的道理也极具启发。他正式会上或日常谈话中的许多点滴教诲，都伴我思考，受惠终生。

出国后，曾继续向他请教一些理论难题，诸如无产阶级专政问题、唯物史观中的问题、社会主义市场经济历史辩论中的问题、苏东问题、必然与自由王国中的劳动与休闲及个体发展问题等等，每次都有宝贵的收获。1987 年反所谓的“资产阶级自由化”时，在研究室参加过对他的批评会，主要围绕他对马恩著作中“专政”思想的不同于流行标准的解读。我作为党委委员，在会上正式表态保留了个人意见，认为他的独立思考确有翔实的文本根据和理论实践意义，值得进一步辨析。即使今天来看，他当年的理解也有警示之功。在科学共产主义理论的大框架中研究马克思主义中相对薄弱的国家论说，也仍然是一项非常重要、远未完成的工作。

于光远被一些人定位为党内的“右派”，其实是谬误或错觉，完全不符合他本人的思想脉络和理论立场。作为一位坚定的马克思主义者，他反对的是左棍子，教条主义；是对马克思主义的利用和曲解，而不是马克思主义本身。澄清这一点对当前的思想斗争是有意义的。他的知识面众所周知非常广，不仅有不同门类的经济学，还有哲学、科学哲学、社会学、史学等等。但他最重要的著述还是集中在社会主义政治经济学和马克思主义哲学。他和冯兰瑞阿姨等组织的按劳分配和社会主义生产目的等讨论，至今仍有紧迫的现实性。他的主张都有其特定的历史语境和社会主义自我革新的大背景，不可断章取义。比如他致力于市场化改革，是当时的迫切需要。而一旦我们的市场经济走火入魔，变质为资本主义的生产关系，导致极度剥削、污染和严重的贫富分化时，他就持坚决的批判态度了（此意容后述）。再如他认为政治改革的实质是人民主权和公民权利，重建并走向自由人共同体的远大目标，而不限于形式上的选举。至于“自由派”的标签，马克思自己就是最彻底的自由派。显然，自由民主的大旗不是那些一面假装反对权贵，一面自己给大资本当股东、拿佣金；与利益集团保持千丝万缕的关系，却对工农大众的利益和诉求无动于衷的人所能扛起。他们实在不配。于光远正相反，终其一生都是真正的共产党人和理性的社会主义者，以“为人民事业生无所息”为座右铭。在《我的市场经济观》一书序言中，他曾写道：“我是一个马克思主义者，从 20 岁到现在快 80 岁了，这个科学信念我没有动摇过。当今马克思主义在世界和在中国都不行时，马克思主义的发展也的确不理想，就在这个时候我宣称自己是一个不悔的马克思主义者。”做这样一个宣布，于他并不轻松。但他在逆流中不改初衷，不曾后退，直至生命的终点。

于伯伯天性乐观。1996 年他送给我们一位美国朋友的生日礼物是一幅字：“愿寿长 80 万小时”（那一年科恩教授 73 岁）。80 万小时大约是 91 岁。只有像他那样有过人的聪明、精力和风趣性格的人才会这样写。也写出了他以时而非岁、月、乃至日而计量年华的心态。他工作行事真正是只争朝夕。他的信念和担当也在他喜欢的其他格言中表达出来。光是送给我们的就有以下几幅：“这是我的两句座右铭　赠　林春天予同志：独立思考，只服从真理（印章）”；“为人民事业生无所息（印章）1985/6/4，北京”；　“胜理行义，给小春，1990 年”；“笑：是智慧，是力量，是健康，96 年”。他的谈笑风生背后，尽管也会有多少为亲人、为孩子、为工作、为大家的忍辱负重，但直至晚年，他的喜怒哀乐都属于一位伟大的理想主义者，一位率真而生动的阳光老人。

于伯伯送过我一张户外他坐在藤椅上的照片，在背面他写道：“神情潇洒，手里拿着的不是什么文件而是一篇拙著《窗外的石榴花》，他正在自我欣赏。小春笑纳　于光远 1996. 9. 2”。绿色光影中他神态安详，一句随笔题记代表了他一辈子都保持着的本真性格。于光远为官多年，没有被革命后堕落的官场污染，多不容易！他不仅生活简朴、从来不讲究吃穿，而且因有极其丰富的精神生活而对物质、钱财不屑一顾。

他还特别勤奋，总是工作第一。有次和林葆姐姐在医院，没注意探视时间，就顺路去他的病房。他正在和孟阿姨干活，一个口述，一个笔录，床边堆满材料。打断了工作，于伯伯不怎么高兴，没和我们说几句话就打发走人，是别捣乱的意思。即使病卧在床，永远忙，永远不停顿思考和写作，是他不可更改的积习。最后一次去看他是在家里，他坐在轮椅上很得意地给我们显示他的电脑和个人网站，又给我们在新著上题字签名。写字已经比较困难了，越写越小，越挤越紧，以致后面的字叠在前面的字上。我难过地想，即使非凡的、精彩一生的于伯伯也会老去啊！

初到英国读书时，他有封信（摘录）：

小春天予，

谢谢你们对我的祝愿。战斗到二十一世纪，有此可能。问题是“战斗”，不仅是“活到”……

寄来的明信片（带有祝词的）收到了。因我去过剑桥，感到亲切。

要说的话很多，长篇大论，今天抽不出时间来写。干脆请小胡找几本书寄给你们吧！以书代信。

另外寄你两方圆章的印记。两方各九字，一方是“独立思考，只服从真理”；另方是“为人民事业生无所息”。另两方尚未刻出，一方是“服务万岁、创造万岁”一方是“服务为乐，创造为乐”。

……

你们何时回国，对此你们有何考虑？

致礼

于光远 1985/6/5

那时我到剑桥才半年多，刚答辩完硕士论文，还准备读博士，于伯伯已经在督促我回国了。此后“回国”的考虑可以说从未停息，忧扰我们寒来暑往几十年。滞留国外固然有很多偶然因素，也经常回国，做些力所能及的事情，但每每想到于伯伯（和其他长辈、朋友）当年的期待，都深深自责，问心有愧。永远想念这位我年轻时代父亲一般的长者。愿他的理想和精神永驻，愿他的事业后继有人。

（本文写于 2014 年 4 月 5 日）

光远先生杂忆

刘世定

2003 年 7 月 5 日，是于光远先生 88 寿辰。在一个小型的生日聚餐会上，我写了一联送给先生："相约食坊谈米事，再聚书斋论杂文"。在中国传统中，88 寿被称为米寿，因为"米"字由"八十八"三字组合而成。上联中的"米事"，便因着这个说法，同时也因应着餐厅聚会的场景。下联的"杂文"的"杂"字，我刻意写了简体字，因为简体"杂"字恰恰是"九十八"三字的组合。"杂文"一联既是祝先生高寿，也是实写他的学术风格。许多年前，经济学家董辅礽称光远先生是"百科全书式的学者"，此说迅速流传。韦君宜曾撰文《杂家于光远》，称先生是"杂家"，先生有时也打趣地如此自称。当我把这个对联给先生看时，先生哈哈一笑，并说，10 年后你再写一首"沁园春"。我曾经写过"沁园春"送给先生，这是他笑后那句话的由来。

10 年后的书斋再聚，先生住院，没有再来。在 98 寿辰两个多月后，先生驾鹤西归。然而，学问理义，并不以著者是否到场为界，我们和先生的思想与心灵交流仍将继续。

我跟随先生学习和工作的年代，正是中国开始产生巨大的社会变迁的年代。在这一变迁中，观念的改变起着重要的作用。而先生正是观念改变中的领军人物之一。观念的改变可能通过各种不同的途径，先生是以其对科学精神的坚持来推进观念的改变。他是一个将深切的社会关怀和深切的学术关怀集于一身的人。先生逝世后，有人问我，光远先生的主要贡献是什么？这是一个无法简单回答的问题。所谓贡献，必须放到特定的社会环境中去考察，而且要以一定的标准为前提。在本文中，我仅以观念改变为背景，回忆我所接触的先生的一些学术活动。这篇杂忆，既作为自己对先生的纪念，也写给那些愿意了解先生的人。

对按劳分配的研讨：思想解放的先声

我第一次参加，严格地说是旁听由光远先生组织并亲自主持的学术研讨会，是1977年召开的“按劳分配理论研讨会”。这是“四人帮”倒台后国内学术界第一次大型的以思想解放为特征的研讨会。

1977年4月、6月、10月，在北京连续召开了三次按劳分配理论讨论会。第一次有30多个单位的100多人参加，到第三次时，除了在京的135个单位的500多人外，还有来自23个省、市、自治区，130多个单位的300多人，其中有不少人是来听会的。

按劳分配这一相当具体的制度安排，之所以引起学术界和实际工作者如此高度的关注，是有特殊政治背景的。在“文化大革命”中，奉行一条“基本路线”，这就是在整个社会主义阶段都存在阶级和阶级斗争，因而要加强无产阶级专政。那么阶级分化从哪里来？按照“四人帮”制造的理论，按劳分配就是产生阶级分化的基础，所以，在“文化大革命”中，按劳分配成了政治禁区，不能实施。奖金、计件工资被明确取消了，计时工资也徒有其名。1976年10月“四人帮”倒台后的一段时间中，思想上的禁锢还没有从根本上打破，“文化大革命”中实施的“基本路线”还被当时中央的主要领导予以肯定，报刊上宣传的基本上还是这套理论。事实上，直到1977年8月党的十一大召开时，政治报告中仍肯定“无产阶级专政下继续革命”的理论，肯定“文革”中宣传的基本路线。这条“基本路线”已经严重束缚着中国当时的政治、经济和社会生活的发展。

光远先生提议和推动的按劳分配理论研讨会，正是在这样的背景下召开的。以他为代表的一批经济学家明确指出，把按劳分配作为阶级分化基础的理论是完全错误的，这在当时引起很大的震动。同时，他们对计件、计时、奖金等报酬形式、对劳动的计量等进行了比较深入的分析，明确主张应当在政治上为按劳分配、奖金、计件工资等正名，恢复其在经济实践中的正当性。他们还对与按劳分配相联系的平等、公平理念进行了深入的讨论。

按劳分配讨论和研究承受的政治压力可以从这样一件事情上得到反映。1978 年 5 月 5 日，即按劳分配的讨论开展一年多以后，《人民日报》上以特约评论员名义发表一篇为按劳分配正名的文章，这篇文章是国务院研究室写的，由经济学家冯兰瑞执笔。文章发表后还受到质问："是哪个中央批准发表的?!"

从一个具体的经济理论入手，撬动了对影响多年的基本路线的反思，这是按劳分配讨论在当时发挥的特殊作用。在具体的经济理论问题的讨论背后，是更为深刻的思想解放问题。经济学界率先的思想解放，开始向其他学科传导。那时曾流传一个说法："经济繁荣、哲学贫困"，反映出哲学界酝酿着思想上的突破。1978 年 5 月 11 日，《光明日报》发表了《实践是检验真理的唯一标准》的文章，以哲学思想为基础，把思想解放推向一个高潮。随即，不仅在学术界展开热烈的讨论，而且各省市负责人也纷纷表态响应。到 1978 年 11 月召开中央工作会议后，"两个凡是"的问题从思想路线和政治路线上给予解决，"文化大革命"实行的"基本路线"终于被放弃。

略去学术讨论所引发的政治思想浪潮看当时的讨论的学术结晶，我们仍可以发现光远先生的一些独到而有启发意义的学术思考。比如，他提出要区分经过纯化的理论概念和夹杂着许多"杂质"的统计概念。他提出的要对统计概念进行理论分析的主张，对社会科学研究有着长远的指导意义。

所有制改革：放弃"一大二公"标准

近年来，谈到中国的经济体制改革，不时听到人们谈到西方产权经济学家的影响如何如何。事实上，产权改革的主张，从 20 世纪 70 年代后期开始，就是一些中国经济学家的主张。光远先生就是持这种主张的有代表性的经济学家之一。只不过，当时中国老一辈经济学家们使用的中文话语是"所有制"或"财产制度"，而不是"产权"。

1978 年，光远先生在进行了一年多对"文化大革命"时的流行理论的批判性清理以后，把他的经济学研究重点放到对传统社会主义经济体制改革问题上。他的这一研究重点转移，是有思想基础的。在“文化大革命”当中，他就对“文革”产生的体制根源进行了思考。我曾问他，如果说，关于按劳分配的讨论主要具有“拨乱反正”的性质，那么，从“拨乱反正”是怎样转到改革上去的呢？他回答我说，事实上，积极投入“拨乱反正”工作的不少人已经具有了或多或少的改革意识，对他们来说，由“拨乱反正”走到改革，是很自然的，或者说具有思想自然深化的性质。

对于经济体制改革究竟要改到何种深度，特别是是否要改变所有制结构，在经济学界、在中国共产党内、在政府内部都有不同主张。在20世纪80年代中期以前，在政府的话语体系中是回避所有制改革的，那时更流行的想法和说法是进行“经济管理体制”的改革。光远先生是最早主张中国经济体制改革的核心是所有制结构改革的经济学家之一。他提出，如果要决心改革，那么在决心之后，首先必须明确的是，应该确立怎样的所有制形式和结构。

那么，以何种标准来选择所有制的形式和结构呢？光远先生面对的观念比“文化大革命”中流行的观念有更深的基础。那时，流行的是“一大二公”的标准，即以所有权主体规模“大”和性质“公”为标准来判别所有制优劣，具体而言就是国有制无条件地比集体所有制优越；集体所有制无条件地比私有制优越；在集体所有制范围内，公社所有无条件地比大队所有优越，大队所有无条件地比小队所有优越；在小队所有的范围内，不联系产量的工分制无条件比联系产量的责任制优越等。他认为，如果这样一张所有制优越性的序列表不破除，改革是很难展开的，也无法通过改革来促进生产力的发展。他在20世纪70年代末写的文章和政策建议中，明确主张放弃“一大二公”标准，而以生产力的发挥和发展为标准来确定所有制的选择政策。

所有制政策选择只是光远先生的所有制研究的一部分。事实上，他在学术上更重视所有制的基础理论。在基础理论方面，他的观点是“所有制实现论”。

根据这一理论，虽然国家在所有制确立中起着重要作用，但是有现实经济意义的所有制不是由国家强制力一次性安排下来的，而是伴随着生产组织、交换、分配等经济活动的一种过程，它在这一过程中得以实现，被塑造或改变。脱离了这一过程，所有制便只是法律的想象。当我们分析一个社会中的所有制形式结构的时候，不能仅仅关注其法律界定，而且要重视其实际的运行。

由于光远先生不是从法律名义来理解所有制，因此他对各种所有制形式的分析也就具有一些特殊之处。例如，他把国家所有制区分为两类，一类是直接的国家所有制，另一类是间接的国家所有制。所谓直接的国家所有制指的是，由国家直接支配资源的使用并确定和委派经营者的制度；而间接的国家所有制则是和国家力量向其他所有制形式的渗透联系在一起的。依据这一逻辑，他指出，比如在存在国家税收的场合，也意味着国家对计税资产拥有了某种所有权。对此，学界有不同的看法。不过，光远先生的上述论点涉及一个重要的视角，即财产权利与国家权力间的关系，财产权界定机制和国家权力结构的关系，无疑是值得重视的。

市场经济：主体论思想

以生产力的发挥和发展为标准来改革所有制形式和结构，必须要考虑所有制通过怎样的渠道影响生产力的发挥和发展。光远先生认为，影响渠道有两条：一是生产者和经营者的积极性；二是生产的组织（分工、协作等）。他对这两个渠道的基本作用机制做了进一步研究。他指出，在生产者和经营者的积极性和生产力之间存在这样的链条：生产者积极性→原有生产力的发挥状态→物质和精神产品的数量与质量→生产力的发展状态。生产组织和生产力之间也存在类似的链条，所不同的是，还同时涉及因组织而形成的集合生产力状态。因此，改变所有制形式和结构，必须要考虑把积极性和组织结合起来，这就联系着对市场经济的思考。光远先生是较早明确主张市场经济改革方向的经济学家之一。

从20世纪70年代后期开始，光远先生就发展商品经济或市场经济

（在他的用语体系中，这是同义语）发表了一系列文章和讲演。鉴于传统的认识中把市场经济排除在社会主义经济体系的基础架构之外，他主张要修改社会主义的“公式”，把市场经济加入进来。

1991年底，光远先生因患癌症住院治疗。这期间，他送给我一张照片做纪念，这大概是他面临生命中的不确定性的一种表示吧。在住院期间，他集中考虑的学术问题就是市场经济。他把病房变成了工作室。那时，我经常到医院去看望他，与他讨论学术问题，帮他查找和整理一些资料。他在与疾病的斗争中，写了一系列有关市场经济的文章，这些文章汇集成册，以《社会主义市场经济主体论（札记）》为题出版。

对于市场经济，光远先生不仅注重将之作为改革的方向性问题来讨论，而且注重讨论机制。在光远先生看来，向市场经济的转化过程，存在着两个重要的机制，一个被称为“商品承认”，一个被称为“商品化”。所谓“商品承认”指的是，对于过去没有作为商品进入交换过程的劳动产品，现在承认它们是商品，使它们进入流通；所谓“商品化”则是指，一些本身并非产品的物品，使它们作为商品进入交换。究竟哪些物品被“商品承认”和“商品化”，在怎样的规模上被“商品承认”和“商品化”，人们可以作出选择。然而一旦作出选择，其后果并不以选择者的意志为转移。作为某种选择的后果，经济可以得到较好的发展，人们可以取得较大的效益；而在另外的某些选择下，经济则不能得到较好的发展，人们只能得到较小的效益。人们可以比较和权衡不同选择和后果的关系。取得较大效益的动机，会促使人们去争取新的安排。从传统的调拨产品经济向市场经济的转变，正是对“商品承认”和“商品化”边界的重新安排。

那么，究竟是怎样一些因素促使人们作出“商品承认”和“商品化”边界的调整和变迁？光远先生在强调他一贯重视的经营者和劳动者的积极性的同时，还特别关注了经济活动的复杂性。当经济活动的复杂性达到一定的程度，如果再将它们纳入调拨产品经济框架，便会越来越困难，也越来越不经济。

在对市场经济的研究中，光远先生不仅重视市场，而且特别重视企业。他把企业看作市场经济的基本要素之一。光远先生提出的一个问题是：什么是企业？他不是像当代西方企业组织理论中那样仅仅把企业看作是对市场的替代性组织，而是从非市场经济和市场经济的比较中来把握企业的性质。他在比较不同类型的组织后，给企业概念作了这样一个界定：具有独立的商品—货币资金运动，进行独立经济核算的经济组织是企业。根据这样一个界定，他把现实中被人们称为“企业”的经济组织分为三类，即完全企业、不完全企业、虚假企业。所谓完全企业是有完全独立的资金运动，即完全自主经营、自负盈亏的经济组织；虚假企业在表面上有资金运动，也计算“成本”“利润”，但本身没有经营权，也不在经济利益上承担经营后果；不完全企业则处在完全企业和虚假企业之间，这类企业有或多或少的部分经营权，并部分承担着经营的后果。这个分类为从调拨产品经济向市场经济转变条件下的企业组织比较研究，提供了一个基础框架。

社会主义初级阶段：发展道路的调整

光远先生始终对长时段的社会历史演进、对大尺度的社会环境变化问题保持着研究兴趣，也常常从这样的角度来观察和分析一些相对短时段的具体问题。我曾问他，为什么对这种很难说得清楚的重大问题感兴趣？他回答说，经济学的研究和发展离不开时代的特征。经济学家从时代的特征汲取灵感，提出问题。经济学家可以研究很多问题，但什么问题重要，什么问题不那么重要，什么问题有意义，什么问题不那么有意义，很大程度上是时代的特征决定的。

从这样的角度来思考中国在改革前的体制选择和重大政策失误时，他意识到，这些失误和对社会历史演进的性质、对社会发展阶段的错误认识以及误判有密切关系。事实上，学术界还有其他一些人持有类似的看法。

我于20世纪70年代末和80年代初在进行研究生学习时知道，当时有的学界前辈因为在中国社会发展阶段问题上的反思性观点而承受着压力。而光远先生则认为，对我国社会发展所处的阶段进行研究和讨论非常有意义，认识到我国社会与马克思主义经典作家所说的生产力高度发展、消灭了商品生产的社会主义之间的差距是重要的。

基于这样的认识，光远先生在1981年参与起草《中共中央关于建国以来党的若干历史问题的决议》的过程中，提出要将我国仍处在“社会主义初级阶段”的判断写入文件，以便更深刻地认识走过的弯路。对此当时发生了争论。按光远先生的说法，争论的结果是达成了妥协。文件中写入了“社会主义初级阶段”的概念，但作出了不强调这个概念的措辞，“尽管我们的社会主义制度还是处于初级的阶段，但是毫无疑问，我国已经建立了社会主义制度”。这是“初级阶段”第一次见诸中央文件。

在党的十二大召开之前讨论政治报告时，光远先生又提出要将“初级阶段”写入报告，得到了中央领导的赞同。这样，在1982年召开的党的第十二次代表大会上，政治报告中又一次讲到“初级阶段”。此后，先生又参加了1986年9月十二届六中全会通过的《中共中央关于社会主义精神文明建设指导方针的决议》的起草工作。在这个文件中，第一次把“社会主义初级阶段”置于重要地位。该决议中写道：“我国还处在社会主义的初级阶段，不但必须实行按劳分配，发展社会主义的商品经济和竞争，而且在相当长历史时期内，还要在公有制为主体的前提下发展多种经济成分，在共同富裕的目标下鼓励一部分人先富裕起来。”这是对中国社会所处阶段认识的一个概括，也是一个全局性的指导思想。在接下来的党的十三大政治报告起草的讨论中，有不少人主张以“我国正处在社会主义初级阶段”作为报告的主线，展开进行论述，先生也是持这样的主张。1987年召开的党的十三大的政治报告就是以“社会主义初级阶段”作为主线，展开了关于经济发展战略、经济体制和政治体制改革、党的建设的论述。

在党的文件中对社会主义初级阶段特征的阐述，特别是对发展多种经济成分的阐述，在一定意义上，是在政策方针上对包括光远先生在内的经济学家们有关改革所有制形式和结构主张的肯定。

1986年底到1987年上半年，光远先生在党内生活中面临非常的压力。压力反而成了他决心把对社会主义初级阶段的研究写成专著的动力。我有幸作为助手参与了一些工作，也目睹了他顽强和勤奋的工作精

神。在这一年，他完成了专著《中国社会主义初级阶段的经济》。在这部著作中，他着力探讨了以往对社会主义认识的失误；探讨了中国社会主义初级阶段的社会生产力特征；探讨了现存生产关系对生产力的抑制或促进，以及可能的演变趋势。从研究方法的角度，在这部著作中可以看到他试图将由社会生产力所制约的大的历史演进阶段和在特殊的选择、特殊事件影响下形成的小的阶段如何有机地联系起来的思考和努力。

关于社会主义初级阶段的认识，我曾问先生，确认“我国正处在社会主义初级阶段”，是否意味着仍然认为原来所追求的那种没有市场经济、没有多种经济成分的社会主义是更高级的阶段呢？先生回答说，他不这样认为。20 世纪 50 年代的那种看法，并不是在对社会生产力和其他影响社会发展进程的主要因素进行了科学分析的基础上得出的。我们将进入的更高阶段是怎样一个阶段，必须以现实为基础，进行了科学分析后才能知道。

光远先生对大的历史背景的关注不仅体现在他关于社会主义初级阶段问题的思考上。在世纪之交，他还特别谈到他对当前时代的看法。对于 19 世纪，他进行这样一个概括：19 世纪时古典的资本主义在征服世界的道路上取得辉煌胜利，同时其内部矛盾日益显现出来，因而是社会主义学说和运动兴起的时代。到 19 世纪末，资本主义开始发生了很大的变化。他的概括是：从私人资本主义向社会资本主义转变。20 世纪可以分成两个时期。前半个世纪是战争与革命的时期，资本主义国家和社会主义国家并存。后半个世纪是世界性的大调整时期，资本主义国家在调整，社会主义国家在调整（改革），国与国之间的关系在调整。这种调整将会在进入 21 世纪后持续一段较长的时间。这是先生对当前时代特征的看法。

经济社会发展战略：推动战略思想转变

在光远先生的研究中，十分重视制度的作用，因而他把体制改革放到重要的位置上。同时，在他看来，对中国经济发展产生重要影响的，不仅有制度，而且还有政府的经济社会发展战略。他是率先发起中国经济社会发展战略问题研究的学者之一。

20 世纪 80 年代初，在中国的经济社会发展战略研究中，他批评了“为生产而生产”的战略思想，特别强调在经济上以“最终产品满足居民消费需要”的重要意义。同时，他认为，理想的经济社会发展目标不是纯经济的，应该更全面地反映居民社会生活质量。

值得注意的是，基于对中国政府体制的了解，光远先生在倡导经济社会战略研究之初，就充分预见到中央政府确立的目标一旦提出，所具有的重大动员力量以及伴随其实施可能带来的偏差，也预先估量了使用简单的价值形态指标，如工农业总产值、国民生产总值等指标的必要性和局限性。据此，他在 1981 年就对利用国民生产总值指标衡量经济发展水平的局限性进行了分析，这在国内学术界是比较早的。

20 世纪 80 年代初，中国经济刚刚出现迅速增长的势头，光远先生就提出警告：中国经济的高速增长可能造成对环境的巨大压力。基于对这一问题的关注，他写文章呼吁经济学家研究环境的计量问题，即计算因环境改善带来的收益和环境破坏带来的损失。今天，这项研究的意义已经充分凸显。

在 20 世纪 80 年代中、后期，我在先生领导下工作时，曾亲眼目睹他行走各地进行调查研究、联系实际进行学术思考，并在旅途中勤奋写作的情景。先生十分关注地方的发展。他认为，中国作为一个大国，不仅需要有全国性的经济社会发展战略，而且需要地区性的经济社会发展战略。中国在体制改革过程中对中央和地方关系的调整，使这方面的研究具有现实性。他不仅写了不少讨论经济社会发展战略的一般问题的论文，出版了文集《经济社会发展战略》，而且专门写了一系列研究地方经济发展战略的文章，出版了《战略学与地区战略》。在地区经济社会发展战略研究中，他强调，不能只就地方研究地方，从而提出地区经济社会发展战略研究中的两个维度，即全国战略中的地区战略和地区战略中的地区战略。他的这一思想，在学术界和各地方实际工作领域都产生了影响。

教学活动：社会关怀和科学精神培养

光远先生深切的社会关怀和学术关怀不仅体现在他的学术活动中，而且体现在他的教学活动中。在跟随先生学习的过程中，有两件事情至今印象深刻，一件是他对调查研究的重视，一件是他对论文讨论会的要求。

在成为光远先生的研究生之前，我和其他的同学都知道他是一个理论家。跟随先生学习，我预期将会在理论世界中受到系统训练。然而先生交给我做的第一件事却似乎不那么“理论”。

先生交给我的工作是和丁磐石老师、马戎同学一起帮助他改写一本名为《调查研究》的小册子。1948 年，中共中央驻在河北省平山县西柏坡的时候，有关部门曾决定要在初中开设调查研究课程。光远先生受托编写了教材，这部教材 1949 年在北京出版，这就是《调查研究》的由来。光远先生说，他自己做社会研究，就是从调查研究开始的，后来才进一步研究政治经济学的理论问题。至于这部教材，出版后曾经在一些学校中使用过，但很快就不再使用了，使用效果也没有总结。在 20 多年的时间中，不论中学还是大学，都不讲授有关调查研究的系统知识。他认为，在初中讲授这门课可能不太合适，但是，当时强调青年人要学习调查研究，通过系统的调查研究来认识社会的想法是很正确的。在重读了那本小册子之后，他感到，基本思想还可以，但是某些内容，特别是涉及社会现实的内容陈旧了，需要修改。他要求我们，根据我们对农村、城市社会生活的了解（我和马戎都有多年在农村插队、在工业企业中工作的经历），来改写那部书。我们按照他的要求完成了改写工作。

作为一本普及性的初级读物，不论从社会调查的理论、方法的角度来看，还是从所涉及的社会问题的角度来看，这本书都是很浅的。但是这件工作却促使我思考，怎样通过对社会事实的系统搜集和分析来研究社会科学问题，怎样在对现实的研究中培养科学精神。对自己的社会科学研究工作来说，这件工作促动的思考就像一种长期投资，逐渐展现出它的效力。这件事也使我对光远先生的社会关怀和理论思考之间的关系有了进一步的理解。

研究生毕业后，我在光远先生身边工作了 8 年。这 8 年时间，既是工作，也是再学习的过程。这期间，随先生到不少地方做过调查。我目睹并体验到调查研究在光远先生学术活动中的重要位置。大量的调查研究活动，是使先生能够站在中国改革前列、对改革进程发挥多方面影响的重要因素。

另一件事也是在入学后不久留下深刻印象的。我于 1979 年进入中国社会科学院研究生院，那正是思想解放运动迅速展开的年代，同学们的思想十分活跃，对各种社会问题发表着各种各样的见解。不同主张和社会改革方案的争论构成日常生活的一个部分。我们都知道，光远先生是思想解放的领军人物，光远先生领导的研究所是思想解放的重镇之一。我们预计，我们的思想将在这里得到丰富、升华和锤炼，我们的社会关怀热情将在这里发挥作用。

我们的预计是正确的。然而，当光远先生提出在研究生中定期召开论文讨论会并提出自己对讨论会的要求时，同学们都多少感到了某种和当时的热烈情绪有所不同的冷静。光远先生要求，定期由学生们轮流提交论文供大家讨论；在讨论中，只就论文的基本概念是否界定清楚，得出结论的根据何在，论证的逻辑是否存在错误，所依据的事实来源存在什么问题等方面提出问题，而不在不同的社会政策主张上争论。

光远先生的这种要求并不是反对学生就现实问题提出自己的主张。事实上，他很看重一个学生是否关心现实问题、是否对这些问题有自己的主张，很重视在各种主张中所表现出来的基本价值取向。然而他很清楚，主观的价值取向和科学研究是两回事。他之所以提出对讨论会的那样一些要求，是要培养学生们的科学精神，使学生们从自己的学术活动中理解什么叫作科学的思考，什么叫作科学研究。

当时，光远先生还在另外一些和青年人接触的场合谈到培养科学精神、倡导对社会问题进行科学研究。对先生的这种倡导，就我所知，在当时的年轻人中，是有褒有贬的。褒者不说。就不以为然者而言，主要是认为，中国的政治、经济中存在的问题已经十分明显，摆脱困境的出路也是清楚的，因此需要的是大声疾呼，是果敢的行动。而在这样的时候谈冷静的科学研究，是过于书生气了。我曾将这些不同的反响和先生谈过，先生说他知道这种情况。并且说，在一次讲演中，有的他认为很有思想的年轻人已经直接表达过这种不以为然态度。然后，他引述恩格斯的一句话说，愤怒出诗人，但不能出科学。

直到今天，光远先生所倡导的那种讨论方式仍在使我获益。现在，我在指导学生学习的时候，也采用这种方法。据我观察，这种方法对提高学生在从事社会研究中的科学思考能力，是很有帮助的。

光远先生离去了，他把精神和思想留给了世人，我们将努力传承。对先生的离去，我是有思想准备的，毕竟先生已经和疾病斗争了多年。今年夏初的一次书斋聚会，梳理先生的思想却不见先生身影，心中不禁惆怅。想起10年前先生和我笑谈提起再写一首“沁园春”的事，回家后提笔写就。但心中流出的作品，已经不是呈给先生读的，而是写给我自己和会心的朋友们的了。虽然如此，把它抄录在这里，也算了了一桩对先生的心愿。

沁园春

感念光远先生

夏日之初，聚会心者，共读先贤。
感天河碧落，星光邃远；松风竹雨，正气长安。
故国百年，救亡折转，健者肩头几危艰。
忆所作，以“功、德、言”论，一体三全。
明知行路多难，却时有开怀笑语欢。
许豁达天赐？原由不假；重节轻位，更是真言。
不废隙时，不争朝夕，理胜义通自若间。
遇疑处，记先生警句：批判究研。

蒙泽思教诲　承恩记博怀

刘在平

凡去过于光远先生家里的人，都会对他的书房兼客厅留下深刻印象。三面都摆满书架，各种书籍琳琅满目，还有隔板上堆放的一摞摞的资料、文稿。于老经常是坐在书桌后面与人交谈，俨然一位在思想和知识海洋中遨游的老船长。

那次我怀着惴惴不安的心情将写就的论文《论决策思维方式》交给于老，他乐呵呵地说："嗯，好，一定拜读！"我说："于老，耽误您的时间很不好意思，但很想得到您的指教和点拨！"于老笑着点点头。完全没想到的是，我竟然接到他的电话，说那篇文章有新意，紧接着就提出一些他的看法。我当时觉得，在于老的身上，除了对年轻人关心鼓励之外，还有一种只要进入思想学术探讨、只要看到有值得探讨的问题，就立即进行交流的热忱。这使我深受感染和启发。我在于老指导下认真作了修改，这篇文章以"岱凌"的笔名发表于《天津社会科学》1993 年第二期，后来被人大复印报刊资料刊发。

于老思维十分活跃，关注和研究的领域相当宽阔。1990—1998 年期间，我曾有幸多次到于老家里直接聆听教诲。

印象比较深的一次，是他给我提了一个问题："你知不知道关于'左'和'右'的划分，最早起源于什么？"我回答："好像模模糊糊地记得和法国大革命有关。"于老用他特有的微笑而沉思的表情，对我说：

这好像是一种说法。法国大革命，激进的雅各宾派在国会中坐在左边；保守的吉伦特派在右边。不过需要查一查，好像还有别的说法。这个问题搞清楚很有意义。因为，只是用激进和保守，来划分左和右，好像不太全面，也不太合适。除了共运、中国，国际政治中也讲左和右。到了今天中国搞改革，左和右的问题，还是激进和保守的问题吗？没那么简单。这个问题值得好好研究。

于老这段话，我这里之所以没有加上引号，是因为我只记得大意，不敢说是原话。但我相信我的记忆基本上是准确的。因为，当时我深受触动，觉得于老对问题的思考不满足于现成的、一般的说法，他喜欢追根探源、深入思考，思路十分开阔，跨度很大，同时又在关注现实。

和于老这次谈话，促使我对“左”的意识、“左”的思维和行为方式长时间地关注思考，并在头脑中形成“中国左文化”的概念。

于老认识的年轻人很多，学生、弟子无数。但于老的秘书胡冀燕女士对我说：你是不用事先预约就登门拜访的少数学生之一。这让我很受感动，但也提醒了我，拜访于老，事先预约一下。但没想到的是，于老再次主动给我打电话，关心我的工作问题。因为当时我是“无业游民”，于老曾经表示过这样的意思：要吃饭，就要做事情、有工作。但你啊，尽量做一点离搞学问不太远的工作，能不荒疏才好。（行文至此，想到于老对后学的关爱指教，流泪了！）

曾经在于光远先生家里听他亲口讲自己的故事：“文革”期间，在当时的政法干部学院礼堂召开批斗于光远大会，与会者都发了门票，唯有批斗对象于先生没有。他到学院门口，门卫不让进，他就调侃说：“不让我进，这会就开不成了。”十几分钟后造反派头头匆匆赶过来，催促于先生进门。于先生笑着对门卫说：“怎么样？我没说错吧？”讲到这里，于老风趣地说：“文革”当中我可没少挨批斗，算是悲剧情节；可这一次，是一次难得的喜剧情节！说完哈哈大笑。（后来我注意到，在于老所著的《“文革”中的我》一书中提到这件事。）每次，我都会觉得，于老对待年轻人，他自己就会忘了年龄，显得十分年轻。我常常怕耽误他宝贵的时间，而他自己却好像忘了时间，很热情很投入地和你谈话。

清楚记得于老提到“哲学就是聪明学”这个话题。他对于“聪明”问题，既有学理式的思考和研究，也有从生活中的感悟和体会。一次，他饶有兴趣地问我：“小刘啊，你知道我现在研究什么问题吗？竞赛的问题，博弈的问题。人与人也好，企业也好，国家也好，其实都有竞赛关系。而竞赛中就有智慧，有大智慧!”他还十分感叹地说：“年龄不饶人啊，长篇大论是阵地战、攻坚战，搞不了喽。不过，小打小闹还可以。值得我们思考的问题很多，思考的问题记录下来，还可以。”从于老关于聪明问题、竞赛问题的谈论中，我觉得深受启发，其中包涵许多不曾被专门论述过的精湛的思想。对于一位年近 80 的老人来说，孜孜不倦地探索和写作，这种精神本身就是对我极大的激励！我问于老：可不可以考虑作为思维科学方面的著作来结集出版？于老笑着说：谈不上思维科学，就叫聪明论、竞赛论就可以了。

我和《中国小百科全书》副主编和出资人之一的李红旗谈了这件事，李红旗立即联系出版社。国际文化出版公司决定出版这本书，定名为《漫谈聪明学，漫谈竞赛论》。李红旗告诉我，需要一篇《出版说明》，建议由我来写。我当时感觉就是：为于老的书写出版说明有点自不量力。很不自信地给于老打电话，却得到他热情鼓励。我立即写出初稿，送给于老审阅，并请他提出修改意见。于老说：“写得不错嘛，就这样，不用改了。”书出得很“聪明”——两本书并作一本书，正反面都是封面，一面是《漫谈聪明学》，另一面是《漫谈竞赛论》，前者是横排；后者是竖排。

1995 年 7 月，于老 80 华诞。会场很大，高朋满座。于老在讲话中，竟然提到我和李红旗，并对出书的事情表示感谢。当时我坐在离门口很近的地方，张显扬老师大老远走过来对我说：“在平，这件事做得好!”其实，这是一件非常小的事，可两位老师竟然如此看重，让我很受感动。如今，张显扬老师比于老早走 8 天。两位老师在同一个月驾鹤西去，令人唏嘘不已。

特别值得一提的，是于老对《中国小百科全书》编纂与出版的热情支持与悉心指导。90 年代初，小百科工作如火如荼地铺开，我作为副主编之一，第四、七两卷主编之一参加了这一项目。团结出版社社长张宏儒和副主编之一冯涛（华夏出版社资深编辑、书法家，已经于 4 年前英年早逝）就小百科的主编一事和我商量，我们一致认为于老是最佳人选。如果能请到于光远先生做主编，将极大地有利于使这一典籍工程的质量得到保障和提升。冯涛与于老也是相识的，但决定由我事先联系一下拜访于老的事宜。于老听了简短的汇报以后，爽快地应允面谈。张宏儒先生和小百科副主编、主要编委一行 8 人如约来到于老家里，于老先是和大家一一握手，然后谈笑风生地唠唠家常，营造出其乐融融的气氛。在他翻阅我们带来的材料时，我们坐在书房里安静地等待着，时间过得很慢，我认真观察着进入阅读状态的于老，再次联想到一位娴熟、沉稳、大气的老船长。

于老抬起头来，面带笑容，问了一连串的问题。当他了解到小百科的工作，虽然邀请到许多科研单位、著名高校的专家学者参与编写，但从一开始就没有要国家一分钱，是一种体制外或民间的行为，显得很高兴。他说：

“中国的百科全书事业相比而言是落后的，与我们这样一个文化大国的地位很不相称。法国的百科全书派、狄德罗那些人，贡献很大。他们的编修工作，实际上反映了当时世界上先进的思想，推动了启蒙运动，推动了科学的发展。对许多国家而言，一部或者多部百科全书，既代表这个国家的科学、思想水平，也是它的宝贵的精神财富。我是《中国大百科全书》的倡导者，也曾经很努力地推动大百科的工作进展。但部头太大，进展很慢，到现在也没有出齐，资金投入不少，时间拖得很长，后面的出来了，前面的都过时了，也该修订了。我们国家需要百科全书，需要不同档次和种类的百科全书。《中国小百科全书》，这个名字就不错，定位不错。民间出资、组织，民间立项，搞典籍，搞百科，是一件大好事！如果你们信任我，我愿意当这个主编！”

小百科从上马到展开，在当时难度很大，风险不小，而且遇到种种阻力和非议。于老的这番话，让我们受到深刻的鼓舞。用今天的话说，为我们注入了强大的“正能量”！

于老做主编是认真的。他多次与我们座谈研讨，甚至要求亲自写点词条。我们实在不忍心更多地打扰他，每次送少量的、有代表性的稿件让他审阅。有一次我单独向他汇报、请教，提出了两个自己比较困惑的问题：第一个问题，我所负责的第四卷（人类社会卷）、第七卷（思想学术卷），有不少词条莫衷一是，很难定论。第二个问题，小百科策划的体例要求，每个词条开头首先是定义，然后再展开阐述。这个难度很大，稿件中相当多没有这样做，或者定义陈旧、偏颇。于老对这两个问题的解答点拨真是得心应手。关于第一个问题，他说：这就需要编修者的功夫，但要多看参考书，抓住基本共识，并且捕捉到最新成果，甚至捕捉到趋势，有点“超前预测”。关于第二个问题，他说：概念是一种思维，可以叫作概念思维；定义是概念思维的表述，牵扯到语言的选择运用。既要抽象，又要系统；既要概括，又要抓住特点。就是说一个事物，你要抽象出它的本质；要概括得全面，不要漏掉基本要素；还要抓住它区别于其他事物的特殊性。（大意）

这真是让我有醍醐灌顶之感。在我后来的工作中，这两个“难点”逐渐变成了“兴趣点”。小百科的工作紧张而艰苦，但对我来说是一次很大的锻炼提高。而于老的教诲，让我受益匪浅。

回想起来，第一次见到于老，是 1989 年初，当时我是中国公安大学政治学教研室主任，受民间研究所的委托，联系并参与组织了在中国公安大学召开的“首都学者纪念改革开放十周年研讨会”。会议规模不小，会场很大，当于光远先生出现的时候，会场一阵小小的骚动，许多年长、年轻的学者纷纷和他打招呼，他很谦虚又很潇洒地向大家挥手致意。这时旁边的人小声议论“大家风范啊”！我不是于老的“嫡传弟子”，交往次数并不多、时间也不算长。但在我内心深处，他是我的恩师、良师！

“蒙泽思教诲，承恩记博怀！”

于光远老师，您走好！

我是于老的忘年交

柳忠勤

2013 年 9 月 26 日中午 12 时许，我正在天安门广场拍摄美丽、壮观的大花篮，突然，单位同事发来一条信息：于光远先生今晨逝世！我的心头一沉，即刻驱车赶赴先生家中，望着先生的遗像，拉着先生夫人孟苏阿姨的手失声痛哭！先生走了，我失去了一位相处 20 年的良师益友，呜呼哀哉！

应于光远先生秘书胡冀燕女士之约，现把发生在先生和我之间的故事整理发表，以缅怀可亲可敬的光远先生。

我是主张“大国土”的

“我是主张‘大国土’的!”这是 20 世纪 90 年代于光远先生多次对我说过的话。

1990 年 3 月，中国国土资源开发利用促进会在北京饭店宣告成立，我担任副秘书长兼秘书处处长。在 3 月 5 日的成立大会上，时任国家土地管理局局长、中国国土资源开发促进会会长王先进同志讲话说，“按照著名经济学家于光远先生的‘大国土’理论，国土资源上管天、下管地、中间管空气，因此，我们促进会的道路今后会越走越宽的”。

从那时起，于光远先生和于光远先生的“大国土”理论开始走进我的工作和生活。其后不久，王先进会长聘请于光远、杜润生担任国土资源开发促进会的高级顾问，先生经常应邀参加我们的活动，接触逐渐多了起来。

1994 年，中国国土资源开发利用促进会创办了《国土报》，我们为于光远先生开设了“国土与散文”栏目，每周都要发表先生关于国土经济方面的散文、随笔。

1997 年，应于光远、杜润生两位先生的邀请，我又兼任中国国土经济学研究会的秘书长，同时服务于两个组织。

由于我们在一起便有了更多的交流机会。为了从理论上明确学会的努力方向，同时，也使国人对“大国土”理论有个进一步的了解，我曾多次到光远先生家中，就“大国土”理论的内涵、外延，以及中国国土经济学研究会的发展等有关问题专门向他请教。

于光远对“国土”的话题兴趣浓烈，每次交流先生总是精神矍铄、笑声朗朗：“谈这方面的话题，我总是兴致勃勃的。我确实主张‘大国土’的观点，这一概念是我 80 年代初期在中国国土经济学研究会成立时提出来的。道理很简单，因为国土是立国之本、立国之基。我们所说的国土，是指受一国主权管辖的区域，广义包括陆地、河流、湖泊、内海、领海和它们的下层和上空，当然，深度和高度都有一定限制。还包括大陆架，同时，还不能忘记‘公土’——公海，以及世界公共部分如南极大陆等，它们虽然不在我们的主权管辖范围内，但它们也有我们的一份。”

“1981 年，我还就国土开发问题提出过 12 对关系、24 个方面：平原和山地，陆地和水面，大陆和海洋，大块和零星，地上和地下，已开发和未开发，易利用和难利用，南部和北部，东部和西部，乡村和城市，国土和公土，局部和整体。目的就是想让人们全面重视国土资源的开发。同时，我还提出了一些具体主张，比方对零星土地利用，我就提出了发展庭院经济的主张，《人民日报》发表后，引起了上上下下许多同志的注意。”

“因此，从经济的角度研究国土开发、利用、保护、治理是十分必要的，尤其是在新的历史时期，把国土经济学的研究放到一个重要位置，切实做到理论和实践相结合，对于推动人口、资源、环境的协调发展，推动经济社会的可持续发展都有着极其重要的作用。”

30 多年来，在于光远、杜润生、王先进、张怀西四任理事长领导下，经过四届理事会及全体工作人员的努力，我们组织了一大批从事国土经济研究与国土资源开发保护工作相关的专家学者、政府官员，按照“大国土”的理论对国土资源的集约、节约利用，国土空间的格局优化，国土经济的持续发展进行了深入研究。尤其是2001年以来，我们在全国范围内组织实施的全国中小城市生态环境建设实验区、全国低碳国土实验区、全国国土空间优化发展实验区共建工程，推动了科研成果向生产力的转化，提升了服务社会、服务基层的品位和质量，更使本会的工作迈入了科学发展的轨道。因此，应当说，我们是于光远“大国土”理论的主要受益者。

2009年9月，长期关注资源环境建设，为把节约资源列入基本国策作出重要贡献的第十届全国政协副主席张怀西被选为中国国土经济学会第四届理事会理事长。上任伊始，张怀西同志就提出，要坚持于光远先生的“大国土”理论，要“站在国家安全高度研究国土经济学”，要把国土安全、生态安全、资源安全放在一起，提升到国家安全的高度进行研究与实践。张怀西同志带领我们到过许多地方，广为宣传光远先生的“大国土”理论，领导我们把学会的事业推向了一个崭新的阶段。2011年，本会创建的低碳国土实验区列入国务院应对气候变化白皮书；2012年，本会的学术研究成果“优化国土空间开发格局”写进了党的十八大政治报告。于光远先生的“大国土”理论得到了进一步发扬光大。

怎么，你不愿做我的忘年交？

1997年秋天的一个下午，于老又一次和我谈起“大国土”问题，谈兴正浓时，先生突然说：“忠勤，咱们是忘年交啊！”我不敢相信自己的耳朵，这是真的么？我何德何能，先生德高望重，我怎么敢做他的忘年交呢？一时语塞。“怎么，你不愿做我的忘年交吗？”我腾的一下从椅子上站了起来，急忙解释，“哪里哪里，不是不愿意，是不敢啊”！“这有什么不敢呢，咱们就是忘年交嘛！”于是，我真的成了光远先生的忘年之交。

我和于光远先生的交往频繁而又随意，去看他也极少打电话预约。

对于我的到来和问候，于老往往报之点头致意，然后继续他的写作，直至思绪告一段落，才转过来和我交谈，但往往谈起来又没个结尾，尤其是涉及到国土方面的话题。好几次到了中午，夫人孟苏阿姨从里屋走出来说："你让人家忠勤走吧，要开饭了呢!""不行不行，我还没有说完呢!"于是，话题继续。谈者津津乐道，听者有滋有味。光远同志厚重的知识和丰富的阅历，使他谈话充满哲理和智慧。每回都感到受益匪浅，每次都后悔没带录音机来。

1999 年春节前的一天，学会小城镇专业委员会谢扬秘书长约我到万寿宾馆节前聚会，这是一个保留节目，每年都要组织，光远先生和杜润生、吴明瑜、朱厚泽、李锐、刘堪每年都会参加，我作为学会代表也常常获邀出席。那年，司机李师傅回家过春节，我没有车坐，加上那天下午我的心脏有些不舒服，于是就想搭于老的车赴万寿宾馆。到了光远先生家不一会儿，国家统计局局长来给先生拜年，同时向他请教"什么是有中国特色的社会主义?"话题拉开，一会儿就到了 4 点多。先生说："忠勤你看，我这里有客人，你代表我参加今晚上的聚会吧!"看着此情此景，先生确实不好走开，我说，"我去可以，但是怎么敢代表您呢?"先生一脸严肃："怎么不可以？咱们是忘年交啊!"我扑哧笑啦，心说这有关系吗！但也不好再说别的，于是道别先生，乘公交、换地铁、再步行参会，直到晚上 9 点多钟回家，浑身都爽快，心脏的不适早就不知哪里去了。事后我给好多位朋友谈起此事的体会：话疗可以治病，尤其是可以治心脏病。

小孟快来，忠勤要绑架我啦!

1996 年，是我们活动较为频繁的一年，5 月一个月内，就在人民大会堂组织了 4 次活动，其中影响最大的一次是"中国怎样养活养好中国人战略研讨会"。那是为了针对美国世界观察研究所所长莱斯特·布朗提出的"谁来养活中国?"而举办的高级别论坛。会议定在 5 月 30 日召开。会前，我来到于光远先生家，邀请他参加会议并发言。

按照老时间，我 3 点半准时来到他的书房兼客厅，只见先生已经在伏案写作，听见门响，先生抬头看了我一眼，继续伏案。差不多过了10来分钟，才又抬起头来，冲我歉然一笑：“忠勤，又有什么事儿?”我把请柬呈上，同时恳请他在会议上发言。

不巧的是，那几天先生要赶一本书稿，因此不太想参加我们的会议，于是问：“非常希望我参加么?”“非常希望!”“不参加不行么?”仗着先生和我的“忘年交情”，我又跟了一句：“不参加不行”!

“小孟快来，忠勤要绑架我啦!”没想到光远先生突然大叫一声。夫人孟苏阿姨一下从内室走出来：“怎么啦？怎么啦?”

看到夫人紧张的样子，先生和我都笑了起来。我赶忙说明情况，孟阿姨释然了，接着对先生说：“你不是经常参加小柳他们的活动吗，能去尽量去呗”!

结果，光远先生参加的那次会议开得非常成功。由于会议主题紧扣当时的舆论焦点，当天晚上中央电视台新闻联播节目用了一分半钟时长进行专题报道，《人民日报》、新华社等中央主流媒体报道都用了较长篇幅，中国财经出版社还出了论文集：权威人士论《中国怎样养活养好中国人》。看到媒体反映如此强烈，光远先生后来诙谐地对我说：“看来，你们那次会议我参加是对了哦”!

既然有目的而去，那就参加一下吧!

光远先生惜时如金。近20年间，我每次到他的办公室兼会客室兼书房，从未见他闲着。前些年，坐在办公桌前俯案写作，后些年，坐在电脑跟前录制文章，再后些年，他坐在电脑跟前，用筷子指着电脑，打字员江南帮助录制。

按照常人的观念来衡量，生活中的于光远先生确有点不食人间烟火的味道。记得在一次会议上有位朋友发言说：“我和于光远同志是青年时代的好朋友。反右期间，我被打成右派到山东工作20年，落实政策去看望于光远，一见面，光远同志就说，你先看材料，我正在写文章。写完放下笔就谈工作，连句寒暄的话都没有。”

笔者也曾见到过这种场面，某次在中国科技会堂开会，光远先生进门坐下就改文章。我所熟悉的于光远先生的一位老朋友热情地走过来打招呼："于光远同志你好！"连叫三声，不得回答。这位先生以为他没听见，走近又说一声，光远先生头也没抬："等下等下，我正在改文章"！弄得那位先生好不尴尬，去不是，留也不是。直到改完文章，光远同志才向那位先生打招呼，道歉。如上两件小事，乍听起来，似乎于光远先生的架子很大，不易接近，其实不然，就笔者所接触的不少大人物而言，于光远是相当平易近人的一位，只不过他不愿把更多的时间和精力放在人情世故上罢了。

谈起光远先生的工作效率，知情者都知道，那真是高得惊人。应邀出席各种会议对于他是常事，但仅仅陪会光远先生是从来不干的。不久前有家杂志举办创刊周年座谈会，邀请光远先生参加。当时对方的电话打来时，我正在座。开始，他基本上是婉拒了。后来，当他接完电话，我们一起谈到了与这个单位合作做某件事情的可能性时，光远先生便说，既然有目的而去，那就参加一下吧！他在会议上的发言也都是即席的。虽是即席讲话，但每每思路清晰，娓娓道来，闪烁着一朵朵智慧的火花。会后稍作整理，便是一篇好文章。对此，光远先生曾经不无幽默地对我说，年岁大了，搞调查研究不太方便了。因此，大部头的文章写不出了。但散碎的东西却写了不少，不过，这些散碎的文章有不少都是会议的"结晶"。

看来，座右铭只能作为一种追求！

2000 年 4 月 14 日上午，本会组织的"全国中小学生保护资源今日行动"在人民大会堂举行启动仪式，王光英、赵南起、曲格平、陈洲其、关牧村等领导同志、社会名流出席。那一天活动议程很多，光远先生作为专家代表讲话。由于事前没有做好安排，光远先生讲话时间较长，坐在先生一侧的王光英副委员长附耳光远先生说："可否少讲点，后面还有要讲的呢！"先生立刻大声回答："我讲的很重要！""别人讲的也很重要啊！"二人对话之后先生又讲了大约 10 分钟。

可能王光英感觉不爽，提前离席，我起身送行。王光英副委员长拉着我的手说："你看，这些专家很有水平也很有个性，你们一定要好好照顾他们，努力保证把会议开好。"

我回到会场，看看主席台上的光远先生，仍然脸有愠色。原来，由于路上不顺，先生来到会场时，刚刚照完大合影，我正在指挥大家有序进入会场时，先生一脸怒气地从电梯里走了出来，见了我就说："今日行动，我就动不了！"胡秘书告诉我说是警卫不让进。我赶忙扶光远先生进入会场，然后马上派人到大会堂西门了解情况，一问才知道，9点换岗，先生的车不能直接开进大会堂，因此警卫折腾了好一会儿才放行，搞得先生很不高兴。两件事情叠加，先生的心情当然好不了。

作为会议的组织者，我总是希望会议圆圆满满，让每一个参会者高高兴兴。但是，怎样才能让光远先生高兴起来呢？我环视了一下会场，会议在全国人大环资委主任委员曲格平的主持下有序进行，200多位来宾把安徽厅挤得满满的，其中有来自北京实验小学的50位小学生。我灵机一动，找到了带队的陈老师，问她同学们愿不愿意请于老签名照相。陈老师一听乐了："那当然好啦，同学们当然愿意了！""那好，陈老师，会议结束时听我指挥！"

"启动仪式到此结束！"曲格平主任话音刚落，我便拿起话筒，请于老、请同学们等一等，我说："应同学们的请求，下面于老为大家签名留念。"很快，50位穿着校服、扎着红领巾的小学生手持我们编发的《中国资源》书本在先生面前排成一长溜。看着这些朝气蓬勃的祖国花朵，光远先生心情大开，逐一为同学们签名、合影，直到12点多，我送先生上车，先生笑容满面，啧啧称赞"这些孩子们，太可爱了！"

时隔两天，我又来到光远先生家看望，先生正在写文章，见我进来，立刻用铅笔敲着桌子大声说："王光英有什么了不起，他为什么不让我讲话？"看着我诧异的样子，先生稍顿一下，扑哧笑了，招呼我坐下，指指玻璃板下，不无歉意地说："忠勤你看，我的座右铭是生气后悔不超过1个小时，两天过去了，我还在为一句话生气。可见，座右铭只能作为一种追求，要做到可不容易！"

我低头看玻璃板下，果然压着两张纸条，除了这一张外，还有一张：看到的不一定是真理！

看到的不一定是真理！

于光远被伪科学“大师们”评为中国“四大恶人”之首。

前些年，特异功能喧嚣一时，甚至国内许多知名人物都对特异功能持肯定态度，而作为反对派，于光远是挂头牌的。为了取得科学的论据，他把特异功能当成一门学问来研究，短短几年里，在国内外报刊上撰文数百篇，有理有据地对这种伪科学进行了猛烈抨击。

1995年10月12日，光远先生应邀出席由全国人大环资委委托我们组织的全国首次国土资源开发与保护理论研讨会闭幕式，会议结束后，应大家的要求，他就此问题与我们讨论了两个多小时。于光远说，我之所以反对特异功能，是因为我对所谓特异功能的一些问题作了专门的研究。就拿耳朵认字问题来说吧，人通过眼睛之所以能够看到外界的景物，首先，是因为位于眼眶前部的眼球是透光的。眼睛包括球壁和屈光系统两部分。屈光系统中的晶状体就是直径约10毫米、中心厚4毫米的弹性双凸透镜；其次，光线透过屈光系统照到眼球后壁上的网膜。网膜上有特殊的感光细胞。这种细胞的感光色素在接受光刺激后产生光化学的变化，释放出能量并激发细胞产生电变化；最后，经过连接到大脑的神经系统，把以能量为载体的信息，传到大脑皮质区枕叶处，引起视觉。只有让这样的物质过程正常地进行，才谈得上真正“看”到了什么东西。显而易见，耳朵认字根本不具备这样的条件，那又怎么可能认什么字呢？

一位朋友说，于老，我可是亲眼看到过特异功能表演的，接着举了很多例子。光远先生笑道：“你上当了，看到的不一定是真理！任何特异功能的表演，真正起作用的都不外乎心理、物理、生理三个因素加上魔术手法。所谓外气发功治病，实际上是心理暗示在起作用；名片砍筷子，只能砍断象牙、塑料的，是砍不断竹筷子的，因为竹筷子粗纤维多，所以是物理作用。而更多的是在变魔术，只不过手法更加高明，隐蔽一些罢了。”

我说：“于老，张宝胜在特异功能表演方面颇有名气，我们把他请

来，您到场，咱们当场看他表演一下如何?”“他不会来的。”光远先生十分自信地一挥手，“1988 年 3 月，全国人大政协两会期间，张宝胜给来京的代表和委员表演很成功，香港的先生们在和平门烤鸭店摆下两桌酒席，约请我和张宝胜当面‘较量’。我应邀前往，张宝胜答应赴宴，可到时他却不敢去，使大家等了很久，香港的朋友们很不高兴。可见他的确很怕我。不过他们倒也有他们的解释，一说，特异大师们修到了‘慧眼通’或‘法眼通’，而我于某修到了更高境界的‘佛眼通’，‘慧眼’和‘法眼’当然敌不了‘佛眼’了；一说我于某有众多信仰者，众多信徒对我的加强，走到哪，身上都要发出一个很强的信息场，而张宝胜仅是位传统气功的特异功能者，遇到强大的信息场干扰时，他无以应对，所以失败。我认为，这是作假者的自我辩解。作为一个科学工作者，我不过做了自己应该做的事情而已，没有那么多子虚乌有的东西。”

在 2005 年 7 月光远先生九十岁诞辰暨学术研讨会上，被“大师”们诬为“中国四大恶人”的于光远、郭正谊、何祚庥、司马南与 300 多位来宾齐聚一堂，于光远即兴致辞，在谈到“法轮功”给社会带来的危害时，誓言要“与伪科学斗争一万年!”其情其景历历在目，于光远捍卫真理、宁折不弯的精神着实让人叹服。

“忠勤，看来我要打假啦!”

2001 年春节前一天晚上 8 时许，我接到光远同志电话：“忠勤，看来我要打假啦!”我听了一愣，立刻意识到上午送去的果篮出了问题。原来，那天上午，我们去给他拜年，路上花近 200 元买了个装潢漂亮的果篮。虽然觉得水果质量不那么保险，但总认为新年新岁，讨个吉利，好看为上。没想到还真出了毛病。“这篮子水果外面看还可以，里面尽是坏的。咱们是不是找消协去讨个说法？这些做买卖的，你说你赚钱就赚呗，坑老百姓干什么!”听到这儿我也乐了，“于老，关键的关键是他不知道我这篮子水果是送给经济学家的，要不然他说什么也得给咱装好的。”后来听光远同志夫人说，水果的大部分还是可以食用的，因此也就没去消协。不过从此再买水果，我再也不买果篮这些样子货了。

光远先生幽默风趣，常常令人忍俊不禁。某年暑季一天，笔者去找光远先生办事，3 点半走进客厅，夫人从卧室把刚起床的于光远请了出来，我赶忙迎上前去，扶他在写字台的藤椅上坐定，光远同志扑哧一笑："你现在来找我办事最合适不过了，我刚从睡梦中醒来，头脑还没清醒，迷迷糊糊，叫我干什么我就干什么，待一会儿我醒过劲儿来，可就不好说了。"几句风趣话加上他那幽默的表情把我和光远夫人、秘书都逗乐了，室内的空气一下子变得非常融洽、欢快。

我怎么不能聘请研究员?

我的身份是中国国土经济学会副理事长兼秘书长，名片上除了这一身份外，还印有"研究员"头衔。面对许多朋友敬佩的目光，我曾不厌其烦地告诉他们：我的研究员是于光远先生聘任的。

1999 年 10 月 10 日，我到于光远先生家报告工作，其间谈到，为了更好地从事国土经济学的研究和组织工作，光远先生以中国国土经济学会学术委员会主任的身份聘请我为国土经济研究员。夫人孟苏一旁听了说："研究员是个职称，你怎么可以聘请呢?"光远先生说："我们不发工资、不要指标，只是为了工作方便，有什么不可以？再说，忠勤从事国土经济研究多年，具备较高的业务素质和实际工作能力，做研究员没有问题嘛!"

那天，我诚惶诚恐地从先生手里接过聘任书，心里感到沉甸甸的，回想自己的工作经历，真怕有负老人家的重托。

我 1971 年投笔从戎，先部队、后地方，长期从事新闻宣传，1990 年涉足国土这个领域，才知道于光远和于光远的"大国土"理论，这个研究员挂在我的头上，衬得住吗?

转眼，20 多年过去了，我努力不负于光远先生的希望，践行先生的"大国土"理论，在张怀西、杜润生、王先进、江泽慧、孙鸿烈、陈洲其等同志领导下，我与各位副秘书长及秘书处的同志们一道，组织理事会的各位同人在国土经济理论的研究与实践方面做了许多有益的尝

试：1990 年 7 月，组织北京大学、清华大学、人民大学、北京师范大学等 10 所大专院校的千余名大学生，利用暑假，率先在全国范围内开展国土资源开发与保护情况调查；1995 年 10 月，在人民大会堂组织召开了全国首次国土资源开发与保护理论研讨会；1996 年 5 月，在人民大会堂组织召开了全国首次国土资源开发与保护经验交流会；1998 年 9 月，在人民大会堂组织召开了中国资源开发与可持续发展战略研讨会；1999 年 9 月，受全国人大环资委、教育部、团中央委托，组织实施了为时 3 年的全国亿万中小学生保护资源教育与实践活动；2001 年 7 月，经中国科协批准，启动了全国中小城市生态环境建设实验区共建工程，从而为推动科研成果向生产力转化，推动学会事业的可持续发展铺就了一条阳光大道；2002 年 6 月，《今日国土》杂志创刊，学会的工作从此有了一个属于自己的宣传平台。与此同时，伴随着《国土经济学的理论与实践》《为了中国的发展与辉煌》《中国怎样养活养好中国人》《国土经济学通论》等理论与学术著作的相继出版，国土经济学的社会影响力得到了大幅度提升。2006 年，经民政部批准，中国国土经济学研究会更名为中国国土经济学会，标志着学会的工作有了质的飞跃。2014 年 10 月，为了更好地贯彻落实党的十八大报告，也为了把学会的学术成果更好地付诸实践，我们在河南省鹤壁市创建全国首家国土空间优化发展实验区，同时召开中国国土空间优化发展高级座谈会，应邀参会的中国科协学会学术部部长宋军同志说："中国科协 200 个全国学会，你们是最有活力的！"

时至今日，回顾自己走过的道路，重温光远先生给我的聘任书，心里有了几分踏实的感觉。秘书长当不了专家，但是秘书长决不能当外行。光远先生聘我当研究员的确是我的荣幸，同时也是我的压力和动力，我将时时以此鞭策自己，尽职尽责，为中国国土经济学的研究与发展作出应有的贡献。

中国休闲学在他的目光下一路走来

马惠娣

秋寒叶落雁南飞，碧水长天鹤不归。
苍翠青松山岩立，奇绝逸峰挂天垂。

——送于老

于光远是一个奇人、奇才。曾有友人为他写挽联“天赐奇才‘二科’北斗铁笔留世寰；明德通玄‘八字’箴言后学继君来”。[①] 颇为贴切地概括了于老的人生与人品。

他一生创建了数十个学科，自称“望家”和“发起家”，休闲学是他人生中开拓的最后一门学科。

1995 年 5 月，中国开始实施每周 5 天工作制。他敏锐地意识到“休闲”将作为一个新的社会文化现象凸显于社会生活中。同年 7 月组成了中国首个“休闲文化研究小组”，我荣幸地成为这个小组的一员。我记忆深刻的是，最初的研究小组 10 来个人，有国家旅游局第一任局长韩克华、国家科委副主任吴明瑜、《人民日报》总编辑秦川、中共中央宣传部部长朱厚泽、中国人民大学经济学教授何伟以及他的博士生马万里，还有胡冀燕、郑仲兵、杨海瑞和我。后来几年，在他的带领和影响下，成思危、龚育之、朱训、王文章、刘梦溪、陈鲁直、韩德乾、白春礼、冯长根、马俊如、何祚庥、孔德涌、孙小礼、沈宝祥等人仰慕于老的学术声望和担当道义的精神都义不容辞地加盟进来。

① 二科，系指：自然科学与社会人文科学；八字，系指于光远概括的人生哲学：“勤、正、坦、深、创、韧、情、喜”八个字。

1995年7月在庆贺于老从事学术活动50周年的会议上，他提议由我主持一个哲学咖啡屋，他希望中国的学人像巴黎人那样坐在巴黎左岸，喝咖啡谈哲学、谈科学、谈艺术，相互碰撞思想火花。于老骨子里充满浪漫主义的情怀，休闲文化小组的沙龙有时被于老安排在贵宾楼饭店的阳光厅，每人一杯咖啡，大家开始神聊。这样的场景不在少数，每次于老都不断地迸出新的思想火花。

1996年他发表了长文《论普遍有闲的社会》，指出："争取有闲是生产的根本目的之一。闲暇时间的长短与人类文明的发展是同步的。从现在看将来，如果闲的时间能够随着生产力的发展进一步增加，闲的地位还可以进一步提高。这是未来社会高速发展的道路"。同年4月在北京他组织了"休闲文化研讨会"，凭借他的学术与社会影响力，该研讨会吸引了首都理论界、新闻界、学术界众多人士。

1997年，他亲自成立"玩的俱乐部"，亲自组织大家"踏青"与郊游活动。

1998年，他发表题为《休闲在整个社会生活中的地位》一文，指出："关于休闲在社会生活中的地位问题，我想从社会主义的立场上讲一个道理，搞社会主义为的是什么？说到底还不是为了全体社会成员生活过得愉快。我们提倡艰苦奋斗，但苦不是目的，苦是为了乐。现实的、可以使人们快乐的事，我们应该给予高度的重视，没有理由忽视"。

1998年，我从美国访问回来，带回一些美国休闲学者的研究著述，那个时候要翻译一套5本书的"译丛"，谁也不知道是否能出版。我向于老提及时，他说，他在延安时期翻译《自然辩证法》，其动力来源于对马克思恩格斯的崇拜，来源于一种信念，也来自一种学术兴趣。他说，如果你翻译，我支持你。可以说，当时我有勇气组织人马翻译第一套《西方休闲研究译丛》5本书，其实那勇气背后的底气来自于于老的精神和鞭策。

1999年，他参加了《西方休闲研究译丛》（第一套）的编委会工作，并亲自主持与云南人民出版社联袂召开的第一次编委会，在他的影响下成思危、龚育之均在百忙之中莅临。

1999年春，我随他去河北燕郊，在车中他与我谈到了休闲哲学问题。他问我，中外哲学史中是否有对休闲的论述？还问我，休闲在人类文化史中居于什么样的地位？是否有人做这方面的研究？他认为哲学是方法论和认识论，是学问的核心，同样适用于休闲研究。

2000年9月8日，他亲自出席了中国首届休闲产业国际论坛，并在会上作了重要的讲话。他指出："休闲业在国民经济中地位的提高，带来一个问题，那就是有些人只看到开展休闲业带来的经济利益，而不研究休闲本身，比如说，'假日经济'，而不多讲如何使人过好假日的生活。而后者应该是发展休闲产业的目的和基础。"

2000年"五一"之后，他看到了旅游"井喷"的场面，在一次会议期间，他对我说，旅游问题是需要认真关注的，因为，旅游不仅具有经济性，而且具有文化性，还是现代生活中的一种休闲方式。他当即提出写"旅游词典"，许多条目就是在那次饭桌上边想边提出的。后来他又对条目框架做了多次修改。

2001年，他为广东一家企业题字："玩是人生的根本需要之一，要玩得有文化，要有玩的文化，要研究玩的学术，掌握玩的技术，发展玩的艺术。"

2002年10月，他出席中国首届休闲与社会进步年会，并在会上作了重要发言。在他的影响下，时任国家旅游局局长的韩克华，科技部副部长韩德乾，外交部大使陈鲁直，国家外国专家局局长马俊如，中国软科学研究会副会长孔德涌，时任中国艺术研究院常务副院长王文章，时任文化部教科司司长童明康等均出席了会议。

2003年初，在他的影响和关照下，中国艺术研究院成立休闲研究中心。

2003年，时任世界休闲组织秘书长 Dr. Gerald Konyon 先生亲自到于老家中拜访了他。

2003年12月，他亲赴海南博鳌参加并主持了"首届中华麻将论坛暨公开赛"，并在会上指出："把麻将用于赌博，乃人的问题，而非麻将之过。把赌博现象归罪于麻将，显然是人在逃避责任，是我们的智慧出了问题，是我们的创造力远远不够。值得人们很好地反思"。在他的

建议下，还成立了世界麻将组织，他担任了首届主席。

2004 年 3 月，他出席“我国公众闲暇时间文化精神生活状况的调查与研究”课题评审会议。在会上，他提出：闲暇时间，属于时间的范畴，在当代社会是一个很重要的问题。时间问题，既是经济问题，也是哲学问题、科技问题、艺术问题。

2004 年 6 月，他出席“2004——中国：休闲与社会进步学生年会”，并作“休闲的理论与实践”的主题演讲。在他的感召力下，原中央宣传部部长朱厚泽，原全国政协秘书长朱训，原国务院发展研究中心副主任吴明瑜，中国科学院院士何祚庥，北京大学孙小礼教授，中央党校沈宝祥教授，中国人民大学何伟教授，中国文化研究所刘梦溪教授等出席会议。

2004 年 10 月，中国经济出版社出版了他的以“论普遍有闲的社会”命名的文稿，收录了他自 20 世纪 70 年代末所发表的与休闲相关的论文与文章。

2005 年 1 月，出席“‘中国学人休闲研究丛书’出版暨学术座谈会”，他在发言中指出：休闲是我们这个时代面对的重大社会问题之一，关乎我们构筑健康、科学、积极的生活方式，关乎全体国民素质的提高，关乎社会的和谐发展。“闲”是最大的字眼，因为“闲”同“社会生产力”这个大字眼相连。既要重视有文化的“休闲”和“消遣”，使之对社会的进步起积极作用，又要注意克服消极的填充闲暇的方式。所以我们应多管“闲”事。这次会上，他向中国文化研究所所长刘梦溪提出召开一个“流行歌曲歌词的文化评论”的学术研讨会，他认为，流行歌曲的歌词很特别，有些歌词很有思想和文学水平，值得研究文化的人关注。

2005 年休闲年会以“休闲与城市”为主题在浙江江山市举行，他在书面发言中指出：建议在关注城市发展的过程中，要特别注意到生活方式的研究，尤其是现代社会中的生活方式应具有多方面的文化要素。

2005 年 8 月 16 日，他为江苏教育出版社《闲暇教育》一书作序，其中写道：我个人的经历说明，闲暇时间是我们每一个人学习的第二课堂，而且是一个很大很大的课堂，可以在社会的任何一个角落、任何方面。学会珍惜，并有效、合理地利用闲暇时间，你就拥有多方面发展自己的能力，你就一定会有丰富而充实的人生。反之，利用不好，闲暇时间也会加害于你，轻则使你虚度人生、碌碌无为；重则使你误入歧途，害人害己。这就是“闲暇的辩证法”。

2006 年 5 月 16 日那天中午，记得我从文化部汇报工作回来，专程来到他的家。他停下了手头的工作，与我聊了起来。好像是灵机一动，也好像是酝酿已久，他说，“小马可考虑先写一本书，书名就叫《休闲·游戏·麻将》。我这里的资料都给你。”说着，他让我把他电脑中已写完的 10 多万字的《论麻将》的资料全拷到我的 U 盘里。这本书于当年 11 月，由文化艺术出版社正式出版。他为这本书所写的序言有这样两段话：“闲暇时间多了，我们干什么？这是时代的大课题。当年马克思、恩格斯对此有很多深刻的论述，认为社会发展、社会享用和社会活动的全面性都取决于时间的节省。一切节约都是时间的节约，可以自由支配的时间就是财富本身。因而，利用时间问题是一个极其高级的问题。”

2006 年底，在他的影响和努力下，中国自然辩证法研究会批准成立休闲哲学专业委员会。

2007 年 9 月，他出席在密云召开的以“休闲与媒体”为主题的论坛时指出：“媒体如何关注休闲与休闲经济问题，是一个很重要的话题。特别是媒体如何帮助政府与老百姓认识休闲的价值，认识休闲在经济建设中的地位与作用，认识由休闲生活的增多而引起的社会关系和产业结构的变革等。这些对于媒体来说既是新的课题、新的挑战，也是新的社会责任和历史使命”。

2007 年，他为休闲年会题写书面发言，指出：休闲研究在中国有 10 多年的历史，也出了很多的成果，涌现出了很多人才，开展了许多工作，已经具备了必要的条件。我想，我们应该在这个基础上继续努力，特别是在形成和培育休闲研究中国学派上下功夫。

2007 年 3 月 14 日，他躺在病床上建议我主编一本有关“休闲研究”的杂志，最好是图文并茂，体现人文性、知识性、趣味性，文风和内容最好活泼一点、轻松一点、悠闲一点。除了必要的论文外，还可以开辟“域外采风”“休闲趣事”“风景线”“幽默故事”等方面的栏目。出游游记、大家的休闲生活、名人专访等等都可以反映进来。他还说：“我可以帮你设计栏目，我帮你邀请一些人写他们的休闲生活。我和龚育之都是你先采访的对象……我知道现在的协会和研究院都缺少经费的支持，但是大家可以共同努力，在条件允许的情况下可以创办一个专业刊物，用来发表大家的成果。我现在的身体和精力虽然都不如以前好了，但是我还愿意为休闲研究刊物做工作。”

2007 年 12 月 9 日我到他家，他若有所思地对我说：“今天是‘一二·九’青年运动 72 周年，我特别忧虑当代青年知识分子的身体状况。这个群体是社会的中坚力量，他们有热情，但压力也大，很多人不注意平日的体育锻炼。小马，你要关注这个现象”。

2008 年，他在休闲年会的书面发言中指出：国计民生不仅要关心人民大众的疾苦问题，也包括关心他们的休闲生活问题。现在闲暇时间多了，我们干什么，怎么干？这是时代的大课题。

2008 年 8 月，重庆大学出版社出版了《于光远马惠娣十年对话——关于休闲学研究的基本问题》一书，书稿完成后，他有几点想法，并在序言中写道：“中国有五千年的文明史，休闲在传承文化方面一定有独特的价值。我们确信中华民族的休闲理念有优于其他民族文化的特质在其中，需要认真梳理，不能因近现代以来休闲的没落而抛弃她。当然，对此既不可妄自菲薄，也不要妄自尊大。另外，我建议，向世界输出中国文化时，也应包括中国人的休闲智慧和休闲价值观以及由此创造的艺术形式”。

2009 年 8 月，他为休闲年会题字：关注国计民生中的休闲，关注休闲中的人文关怀。

2009 年 10 月，他以 94 岁的高龄出席了人生中最后的一次国际会议（国际休闲社会学研究委员会中期会议暨 2009—中国休闲与社会进步学术年会），他在会上的发言由他的秘书胡冀燕完成。他在发言稿中指出：“我曾长期担任中国社会科学院的领导职务，也长期从事社会科学的研究。我以为，社会科学自诞生以来，就在不断地吸收各个学科门类的营养，形成了开放性、跨学科性、包容性等学科特点，在实践中不断地发展和创新它的研究方法。20世纪70年代，国际社会学协会就成立了休闲研究委员会，不难看出社会学对新生事物敏感捕捉的能力，也不难看出休闲问题之于当今社会的重要意义。”

2010年，我每次去他的家里，他都会带我走向客厅中的书报柜前，翻两本杂志给我看。他告诉我说：“听说××杂志办不下去了，你到天津跑一跑，接下来把它办成《休闲专刊》，休闲研究需要一个园地。”就在那一年，不知他说了多少次这件事。然而，我却没当回事，当然，也没有能力办这件事。现在想来，不仅对不住于老，也辜负了他的一片心意。

2011年，由于身体原因，他未能亲自为休闲年会题写讲稿。征得他本人同意，选取了《休闲·游戏·麻将》一书“序”中的片段，作为会议的书面发言。这段话是这样的：“休闲的价值不言而喻，没有闲，人的自然成长都有问题。中国的文化传统是强调休闲的，我特别欣赏《道德经》中的一句话：‘多闻数穷，不若守中。’意思是说，人的心灵要保持清净，而不要旁骛太多，没了章法和智慧。因为，人一忙就容易乱，头脑不清醒；人一忙也容易烦，心情不能和平；人一忙就容易肤浅，不能研究问题，不能冷静认真思考；人一忙就容易只顾眼前，不能高瞻远瞩。”

随着年龄增高，他的身体每况愈下，“坐轮椅、走天下”开始成为奢望，而他老人家却开始了“坐轮椅、走社区”，进而思索北京市民的休闲生活。考察了解平民的休闲生活，并希望理论联系实际，做具体的研究。每次去社区，他的观察都很仔细。他注意到一位梳长辫子的中年女性经常在这里打乒乓球。他叮嘱我找这位女同志了解一下，她是否下岗了？还有什么业余爱好？闲暇时间都怎么分配等等。离“社区活动中心”不远处，是一块未被清理的拆迁遗址，里边杂草丛生、垃圾遍地，暴露在光天化日之下，既不雅观，也妨碍周围居民的日常生活。师母指着这块地方说：“光远几次打算给北京市委书记刘淇写信，希望他能重视这件事情，并尽快处理好。每天都在磨叨这件事……”

休闲研究在中国的研究常常遭人指责。一些人认为这是对资产阶级生活情调的青睐，是自由化的回潮。即使在学界，也把休闲研究当成是对吃喝玩乐的眷顾。“文化大革命”遗留的意识形态时常利用多种场合向休闲研究发难。是他不惧冷言冷语，旗帜鲜明地以马克思主义的基本理论为依据，阐释了休闲研究的文化意义、时代意义与社会进步意义。这些都记录在《论普遍有闲的社会》一书中。

晚年，于老的听力和语言表达能力渐差，一般情况下，主要通过小黑板进行交流。但是他的思维非常清晰，记忆力也很好，比如，他跟我聊起他的妹夫早年在盐城新四军工作，名叫施光华，小名叫荣涛……也记着我家的地址，曾在我家吃过饺子……

2011 年底于老住进医院，2012 年 2 月 10 日上午我去看望他时，在小黑板上写下：“文化部批准成立中国休闲文化研究会，请您担任名誉理事长”，他看过微笑着。春节期间探望他，我在小黑板上写下一行字：“过年大家都忙疯了”！看过又笑了，问我：“为什么……”

2012 年 7 月 9 日上午，北京医院。到病房时，于老正醒着。跟他打招呼时，他睁大眼睛，点点头。随后给他展示我制作的“于光远休闲思想文献回顾”小册子，他专注地看着。

2012 年 12 月 25 日下午，北京医院。于老的精神不错，我在黑板上写下了“2012 年休闲年会开得很好”，他仔细地看过，点了点头。我接着又写了“小非非已考取了美国康奈尔大学数学系，你高兴吧?”他仔细地看了一遍，似乎个别的地方没有看明白，就又看了看，而后点点头。

2013 年 7 月 5 日下午 4 点至 5 点，北京医院。这天是于老 98 岁生日，我给于老带来贺寿字幅，上面书写：“大壑空幽瘦松高洁，莽原弘阔碧水清扬”。

2013 年 8 月 22 日下午 4 点至 5 点，北京医院。这是我最后一次见于老。于老安详地躺在病床上，看似在沉睡，呼吸均匀，体温正常，床边垂吊的尿液袋有少许尿液……

2013 年 9 月 24 日我从欧洲开会回到北京，两日后闻讯于老仙逝。

于老是一个既仰望星空，又脚踏实地的学者，他的眼睛里总是能发现时代的大问题，他融合于自然科学与人文科学，兼备于学术情怀与社会关切，洞察于精微之处与高远之间，敏锐于生活咫尺与社会弘阔，其休闲思想深深植根于社会、生活、民众之中。他始终嘱托我们，要理论联系实际，既要有学术情怀，也要有人文情怀，特别注意科学的调查方法，严密的逻辑分析，客观而中立的研究报告。

于老在过去的20年间为休闲研究写下了许多文章，出席了许多重要活动，留给我们一个缜密的中国休闲研究的学术文本——他对休闲的规律性、时代性、实践性，休闲与人本精神、与闲暇、与劳作、与创造、与消费的关系的准确把握，是学术史上的宝贵财富；他为中国休闲研究题写的宗旨："关注国计民生中的休闲，关注休闲中的人文关怀"，也一定成为休闲实践哲学的方向。

他曾为自己写过"墓志铭"，自命是一个大玩学家，开玩笑地说："我死后，在我的墓碑上可以写上这么几个字：'大玩学家于光远与我们永别了。他走了，我们还是要玩'。"这正是于光远希望人们做的事情。

于光远去天堂拜会马克思和恩格斯，并在香槟酒、爱情诗、高雅音乐的陪伴下，继续讨论发展生产力、剩余价值、全面自由地发展人，也一定会继续讨论人、生活、休闲的问题。

（本文写于2013年9月29日，修改于2014年4月18日）

一枚证章引出的北平《解放》报往事

孟中洋

1946年2月，在北平诞生了一份名为《解放》的中共中央机关报，这是我党、我军在平津地区及华北、华中国民党统治区唯一公开发行的报纸，由于仅存3个月就被国民党查封，多年来在中共党史和新闻史上多被忽视而少有关注。一个偶然的机缘，我得到了这份报纸的一件证物，并有幸走近当年办报的于光远、孙政老人，聆听他们叙述那段艰苦光荣又惊心动魄的往事。值《解放》报创刊60周年之际，实记如下，以共忆历史。

一枚证章引发笔者追寻历史

笔者业余有收集各类早期徽章的爱好，并以此为引子，学习现代史和中共党史。这其中就有一枚北平《解放》报证章。这是一枚外形不起眼的蓝白红相间铜质景泰蓝证章，证章的上方排列着威妥玛拼音“GIE FANG BAO SHE”（意即解放报社），中上部为红五星，中间横排“解放报社”四个红字，下面还有“北平”两字。

在得知这枚证章背后蕴藏的光辉历史后，不由萌生了以此为契机追寻那段往事的念头。但在随后查阅《解放》报史料时，却发现这段历史并未得到应有的重视，加上受条件限制，能看到的资料寥若晨星。也正是在这个过程中，笔者了解到于光远是当年该报五个编委中唯一的在世者，便极想拜见这位重要的见证人，进一步了解这份报纸的详情。直到2006年暮夏，因一段党史史实求教于中国现代史学会会长郭德宏教授，谈及此事，在郭会长和中央党校韩钢教授的引荐下，在《解放》

报创刊 60 周年之际，终于走近了于光远老人。

抗战胜利后，国共双方于 1946 年 1 月 10 日签订停战协定，并在北平设立了由国民党、共产党和美国三方组成的“军事调处执行部”。根据三方协议，军调部的命令、协议、公报等须由三方的新闻机构——国民党方面的中央社、中共方面的新华社和美方的美国新闻处发表。据此，在新华社北平分社成立的同时，一份宣传我党“和平、民主、团结”方针的中央机关报《解放》，经党中央批准于 1946 年 2 月在北平诞生了。该报的宗旨为：全心全意为人民服务，作为人民的喉舌，与各界同胞共同勉励，以致力于和平、民主、团结、建设新中国的神圣事业。初定三日刊，后改为二日刊。

而最早受党派遣到北平办报的人便是于光远等同志。

“解放区的新鲜空气”

首次见到于光远，是在北京医院。他因病正在住院治疗。韩钢教授后来告诉我，会面本来是定在出院后的，听说是为《解放》报的事而来，于老同意就在医院见我。由此可见于光远对我辈的关心，也看得出这段往事在于老心目中的分量。

话题从证章谈起。据于光远回忆，当时北平还不是解放区，因此，北平一般居民都有想看看共产党人是些怎样的人的心理，我们报社和新华分社的工作人员走在大街上和坐在电车里是很出风头的。因为我们佩戴着“共产党员的标志”，即在胸前别着共产党的报纸或新华分社的徽章。在公共场所或者进行采访时，它是用来表明自己身份的唯一证件。

于光远深情地回忆起自己佩戴《解放》报证章的情形。“我经常把它佩戴在胸前，走在街上经常有人用一种友好和钦佩的眼光看着我”，“在电车里，我常看见乘客中有人以极大的兴趣盯着我佩戴的徽章。有两次那个看我徽章的人似乎是近视眼，嫌看不清楚，就凑近我的胸前来看。我就让他们瞧个够，或者把徽章上的字念给他们听。有时干脆告诉他们，我所在的解放报社是个怎样的工作单位，告诉他们我们这个报社的宗旨和基本方针”。

北平《解放》报是特殊历史条件下的产物。根据中央组织部的决定和晋察冀中央局的通知，1946年1月4日，于光远来到北平，在军调部中共代表团所在的北京饭店见到了李克农同志。李克农告诉于光远：日本投降后，国民党中央政府从重庆搬回南京，南京是以国民党为主的全国性政治中心。我们党在南京要做许多工作，党办的《新华日报》也要从重庆搬到南京。同时，日本投降后我们党中央也不能一直待在延安，也要搬出来。党中央很可能要搬到北平来，北平虽然同延安不一样，不是解放区，我们也不能把国民党的势力统统赶出去，但是城外四周围都是解放区，城里我们党的力量现在就很强，党中央搬来后，我们在北平就会占绝对优势。北平就会成为我们党为主的另一个全国政治中心。那时延安的《解放日报》就会搬到北平来编辑发行。你们来办这张报纸就是为延安《解放日报》搬到北平来办做准备的。于光远说，当时中央有一个“和平民主新阶段”的提法，中国人民都希望实现和平，不再发生内战。当然我们也一刻没有放松战争的准备，一直强调要以斗争去争取和平。党中央在北平创办这样一张报纸，意义的确十分重大。

这以后，于光远便利用自己在北平的社会关系，进行了购买印刷用纸、联系印刷厂和选定报社社址等大量准备工作。随后，报社的其他负责人和工作人员陆续抵达北平，成立了报社的编委会，由5人组成：钱俊瑞任报社总编、新华社北平分社社长，姜君辰任副总编，杨赓任采编部主任，郑季翘任编辑部主任，于光远任研究室主任。报社设有编辑部、采编部、研究室、新华社北平分社办公室、营业部、经理部、电讯组等，最多时达到80多人。

《解放》报创刊以后，很快成为北平家喻户晓的出版物，影响一天一天地扩大。于光远举了一个生动的例子：有一天报社来了3个青年，但他们不进屋，就站在院子里，并说：“其实我们没什么事，就是想到解放区看看”。报社的同志一时没听懂。他们说：“就是这儿！解放报社就是解放区。我们就是想来呼吸一下解放区的新鲜空气！”说完，这3个青年就在院子里做深呼吸动作。说到这里，于光远老人从病榻上欠起身，也反复做着深呼吸的动作。在场的人都被深深地感染了……

“四三事件”与“七七事件”

《解放》报一上北平街头，便被抢购一空，临时加印3000份也很快售完，被读者誉为“当代春秋，醒世金铎，读者之导师，社会之明灯”（读者来信），真正“成为国民党统治区里最明亮的和平民主灯塔之一”（延安《解放日报》社论：《论北平〈解放〉报事件并警告反动派》，1946年5月31日）。但《解放》也引起了国民党当局的恐慌，他们惊呼：《解放》报在北平相当于共产党在城里驻扎了一个师的兵力。据于光远说，报纸创刊后，就不断收到特务的恐吓信，说要来放火烧房子，丢手榴弹，并且发生了多次特务殴打报童和撕毁报纸的事件。

在多次骚扰和恐吓未奏效后，国民党当局终于撕下面具。1946年4月3日凌晨3时许，北平警备司令部、宪兵团和警察局突然出动200余名武装军警和便衣特务，包围了《解放》报社所在地宣武门外方壶斋9号，以搜查违禁品为借口，闯入办公室、寝室翻箱倒柜。随后，百余名武装军警闯入报社，以“户口登记未竣”为名，强行将总编辑钱俊瑞及副总编等29人抓走，带到警察局外二分局。与此同时，在三道栅栏41号的《解放》报临时发行处、军调部中共代表团军事顾问滕代远住址也遭搜查，军警强行逮捕人员达41人。

事件发生后，叶剑英立即召开军调部工作人员会议，商量斗争策略。当天上午，滕代远奉叶剑英之命，举行记者招待会，向全国公布了“四三事件”真相。叶剑英会见北平行辕主任李宗仁、十一战区司令长官孙连仲、北平市长熊斌、军调部国民党代表郑介民、美方代表饶伯森，向他们分别递交了抗议备忘录，指出：“‘四三事件’是一次有计划、有预谋、有人指使的恶劣行为。”严正要求北平当局立即惩办肇事者，向我方公开道歉，保证我方人员人身安全和言论出版自由！

北平发生“四三事件”的消息也很快传遍全国。战斗在国统区的周恩来、董必武等，驻渝十八集团军办事处和新华日报社，晋冀鲁豫、山东等解放区100多个新闻单位，纷纷发出通电，声援军调部中共代表团的斗争，抗议国民党北平军政当局的丑恶行径。

在事实面前，熊斌只好承认不该发生这一事件，口头保证以后不再歧视中共人员，并交代北平警察局负责人向被捕人员道歉。4月4日下午6时，国民党当局被迫将全体被捕人员释放。

于光远回忆说，当时5个编委，被捕去了4个，只有他一个人未被抓走。因此，报社留下的同志下决心照常出报，于光远亲自写了《特务现形记——四三事件中的一个片断》，并在走访附近居民后，写了题为《特务行凶、居民受惊，本社人员分访慰问》的新闻报道。钱俊瑞在狱中还写了一篇《我们被捕了》的抗议文章。这些文章均及时刊发在《解放》或延安的《解放日报》上。

当回忆起胜利归来的情形时，于光远提到，李克农同志专门打电话给他，让他准备了鞭炮。被捕的同志乘坐军调部执行部准备的三辆卡车归来，都把事先准备的红布横幅展开，并点燃鞭炮，沿路高呼："反对非法逮捕！""正义胜利！""共产党万岁！""毛主席万岁！"于光远激动地说，在国民党统治区公开喊"共产党万岁"和"毛主席万岁"可能是第一次，或者也是唯一的一次。

"四三事件"后，《解放》报声誉大振。报纸的发行量由1万份猛增到5万份以上，成为当时北平各报中发行量最大的一种。于光远说，有个对比，当时国民党办的《华北日报》，发行量连赠送和摊派在内也不过8000份。

但国民党当局对《解放》报的压制和破坏并未收敛。1946年5月29日，军调部中共代表团通知报社，他们刚刚接到延安的电报，说蒋介石决定当天晚上查封《解放》报，指示对这次查封不能再硬斗，而要采取合法斗争的形式。第二天一早，报社的同志发现查封的布告果然贴到了大门口，理由是"近查本市许多报纸、杂志、通讯社竟未遵照规定，一面呈请登记，一面印刷发行，甚至有言论荒谬者，殊属不合，奉中央严令取缔，勒令停刊"。

据于光远回忆，当天夜里，大家等待着这件事的到来，结果一夜平静，看来，经过"四三事件"的教训，他们不敢惊动我们，怕惹出麻烦，半夜偷偷贴完就走了。北平当时还有75家进步新闻出版单位，连同《解放》和新华社北平分社，正好是77家。因此，叶剑英把这件事称为第二个“七七事件”，说这“不仅是中国历史上，也是世界上空前的大反动”。

《解放》报自创刊到被查封，仅存了3个月的时间。事发后，《解放日报》随即刊发了社论，陆定一代表党中央提出了抗议。报社的同志自然也是义愤填膺。为此，叶剑英同志专门召集报社全体人员作了一次讲话，指出：“国民党政府查封《解放》报与新华分社，是因为你们替老百姓说话。群众拥护和平，反对内战，拥护民主，反对独裁，你们敢于说出他们的心里话，敢于宣传真理，主持正义，敢于无情地揭露国民党反动派黑暗的、反动的丑恶面目及其法西斯反革命罪行”。“我们几个月在北平的奋斗已经产生很大的影响，取得了很大的胜利。相信要不了很久会重返这个古都，那时候，这个城市将是我们的天下。”于光远说，大家听了叶剑英的话，热烈鼓掌。

孙政的故事

拜访孙政老先生，是于光远引荐的。于老告诉笔者，当时《解放》报除了从外地调来的人员外，不能没有熟悉北平情况的人。北平的孙政就是在这个背景下来到报社的，他也是非常熟悉《解放》报历史的一位老同志。

循着这个线索，我在北京找到了位于外交部街的孙政老人寓所。孙老已78岁高龄，身体硬朗，精神矍铄。提起《解放》报社，孙政非常感慨。他说，当时办报非常艰苦、危险，但从事这项工作的人，都非常光荣和自豪。据孙政讲，他经党组织介绍进《解放》报社，同他谈话的报社负责人便是于光远，地点在位于西长安街的孟用潜等同志创办的中外出版社。他经历了报社从创刊到被查封的全过程。当时新华社北平分社和《解放》报合署办公，报社被查封、人员撤往解放区后，根据组织安排，孙政继续留在军调部新闻处，编发新华分社的《新闻稿》，一直到1947年春撤返延安。

孙政老记忆力好得惊人，对报纸往事娓娓道来，事情细节记忆犹新。回忆起《解放》报创刊的情景，孙政非常激动。他说，大约是

1946年2月19日夜晚，我和祖田工同志在长城印刷厂校核创刊号清样，到深夜，四块活字版终于改清并签字付印了。于是我便在西直门门脸处叫了辆三轮车，将四块八开的活字版送往立华印刷厂印刷。三轮车在寒风中颠簸着，当时真担心有特务窜出来将字盘掀翻。承印《解放》的立华印刷厂是我党的地下印刷厂，设备非常简陋，印刷创刊号时还没有电力，印刷机主要靠工人们双手摇动那带有把手的巨大惯性铸铁轮运转。就是在这样落后的条件下印刷出来的《解放》报，竟使许多家先进转轮机印出来的国民党大报黯然失色。

孙政是"四三事件"中被捕的41名同志之一，他回忆道：当时在国民党警察外二分局中，我们几十人形成了一个战斗集体。钱俊瑞问我："小孙，你觉得怎样？怕不怕？"我说："他们没道理，他们很被动，我不怕。"夜间，我们分批值班，轮流休息。当军调部中共代表团派李聚奎、荣高棠等同志到外二分局慰问我们时，一直不停向警察呵斥的杨赓同志手举着点心向大家笑着说："你们看，杨赓吃羊羹啦！"逗得大家大笑。这真是个战斗的集体、乐观的集体。孙政还告诉笔者，斗争胜利后，大家分乘卡车在归途中，一路上燃放鞭炮、高呼口号，同夹道的市民一起欢庆。国民党当局恐慌异常，竟派特务骑自行车紧追，并用水桶向车上泼水，企图将鞭炮浇湿，但终归是徒劳而已。

有资料说，北平《解放》报是中央晋察冀分局主办的。这份报纸到底是中央机关报，还是地方报纸？孙政认为，从报纸的筹备情况看，应该是党中央的报纸，这份报纸实质上是为延安的《解放日报》打前站的。从前期筹划看，是中央直接领导的，叶剑英、李克农等同志亲自部署、具体组织安排，确定的报社人员中，社长为徐特立，总编辑钱俊瑞时任新四军的秘书长，人员都是从各解放区抽调来的。因此把这份报纸看作地方性报纸是不确切的。

目前反映《解放》报史实最有代表性的，是5月29日报社被查封后，叶剑英等人站在报社门口手指查封布告的一幅照片。这幅照片上悬挂着一块木牌，上书"北平解放日报社"。这似乎与已出版的《解放》报名称有异。于光远提到，当时李克农找他谈话时，明确说报纸的名称就叫《解放日报》。但后来限于条件，只能先出三日刊和二日刊。对这张照片，孙政回忆说，其实在被查封前，报社的木牌已经做好了，因为当时已决定于6月1日改出日报。因此，拍照时，就搬出了预先准备好的这块牌子。于光远在谈到此事时也说，他们选定这个日子也有讲究，这时候我们出日报的准备工作已经完成了。那块制作好的招牌，只等出日报那天往大门口挂了。有可能特务机关已经探听到了消息，抢在我们之前动手。从两位老人的回忆中，我们可以看出，国民党当局对《解放》报的确是恨之入骨，必欲除之而后快的。

对于笔者手头的北平《解放》报社证章，孙政辨认后给予了证实。得知笔者收藏的这枚证章出自大连，孙政回忆说，《解放》报人员撤返到东北、后来辗转到大连的只有刘稚农同志一人，极有可能是证章的主人。他告诉笔者，证章是当时在报社任美编、后成为美术大师的蔡若虹设计的。蔡若虹来报社之前，美编工作是由孙政兼任的，蔡若虹设计这枚证章的时候，孙政在身边目睹了整个过程。孙政还提及，十几年前，驻京的在《解放》报和北平新华分社工作过的老同志聚会座谈过一次，当时一位同志还带来了这样的证章，但不久这位同志就故去了，我们曾派人到他家中征集过，但终究没有找到。据笔者所知，刘稚农几年前也已驾鹤西去，这枚证章的主人可能已无从查找，唯有证章承载的历史厚重将永远给我们以激励和鼓舞！

“墙上历史教科书”

“墙上历史教科书”是于光远的提法，通俗地说，就是在有历史意义的故居、旧址或原址的墙上钉上标志牌，让后人纪念和记住。

《解放》报共有两处社址，即北平西四的三道栅栏41号和宣武门外的方壶斋9号。于光远说，起初报社是没有地址的，他只身在北平时曾做过努力，李克农也表示这件事是应该办的，“你可以努力去办，几千块钱我们党组织是可以出的”。但直到1946年2月中旬，时任张家口法院院长的阮慕韩将其三道栅栏41号的私宅交报社使用，《解放》报才算有了固定的“家”。

于光远说，三道栅栏41号自30年代起就是北平地下党的活动地点，《解放》最早两期就是在这里编辑的，但这所房子面积不大、不够用，后通过地下党的关系，又从一银行家杨寿枢手中用3000银元购得了宣武门外方壶斋9号。三道栅栏则继续作为报社的发行部。

对《解放》报的这两处地址，当年报社的老人们有着浓厚的感情。1994年3月24日，于光远和孙政专门重访过这两个地方，但见到的已面目全非，三道栅栏住了三户人家，方壶斋原报社大门也修成了公共厕所。于光远非常感慨。他曾多次说过，《解放》报存世时间短，对这段史实，知者不多，甚至中共党史和新闻史上也少有提及。他希望能在这两处原址附近的建筑物或墙上钉一块铜牌，作为“墙上历史教科书”的一页，让后人知道。

提起这两处旧址，孙政也嗟叹不已。访问这两处地址时，孙政专门拍了纪念照片。方壶斋胡同过去报社院子前面的道路，已被一座大型商厦的地基占据了大半，以至于拍照时，照不了全貌，只能站在地基边，再后退就会掉到深沟里。

于光远常说一句话“忘记过去就把握不了未来”。孙政老人告诉笔者，15年前，他去看望于光远，于光远提出回忆总结这段历史，决定成立由张沛、扬子江、韦韬、孙政组成的“北平《解放》报、新华社北平分社史料编写组”，并推动召开当年参与其事的老同志座谈会，把这段几乎湮没无传的光辉斗争史整理出来。但这件事情并没有得到有关方面的重视，会议所需的费用和开会的场地，年事已高的孙政四处奔走联系，才得以解决。由20余名老同志和一些有关方面人士参加的座谈会得以圆满实现。会后，在孙政的积极奔走和热心参与下，新华总社的内部刊物《新闻业务》出版了“纪念北平《解放》报和新华社北平分社创建四十周年”专辑，中共北京市委党史研究室编辑出版了《北平〈解放〉报始末》一书，总算为这一段不平凡的历史画上了一个完满的句号。

在结束本文的时候，笔者看到了这样一则令人欣慰的消息：中国青基会西四宿舍旁设立了铜牌，上书：“南玉胡同一号（原三道栅栏41号）北平地下党解放三日刊遗址，阮宅二零零年清明节立”。据悉，该院落还设立了介绍板，全文如下：

北京市西城区南玉胡同一号（原三道栅栏41号）是地下党员阮慕韩同志的宅院。从1934年至1946年的十年内，这里一直是我党地下工作的重要活动据点之一，并且从未被敌伪破获过。30年代在这里活动过的早期著名革命家有：王世英、张友渔、杨秀峰、阮慕韩、南汉宸、孙文淑、张申府、刘清杨、邢西萍、何松亭、钱应麟、温健公、黄松林、阮务德、庄金林等同志。

1935年至1937年北平"一二·九"学生运动期间，这里是抗日救亡爱国活动的重要联络点之一。许多热血青年、爱国志士经过这里投奔解放区，原卫生部部长崔月犁同志在抗日战争期间为党的地下交通员。他也曾利用这里为掩护，向解放区抗日军民运送医药等物品，抗日战争胜利后，国共两党谈判期间，我党中央决定用这所院子公开出版《解放》三日刊。该刊物的负责人周扬、于光远、孙敬文同志在国民党特务的跟踪下，在这个小院里艰苦奋斗，向当时的北平市民宣传我党的政策和主张，为解放战争的胜利作出过应有的贡献。解放战争期间这个小院被国民党查封。

虽然这个铜牌和介绍板还不是出自政府之手，虽然上述介绍对《解放》的叙述还不尽准确，但毕竟迈出了可喜的一步。我们相信，一定会有越来越多的人关注、追寻那段艰苦卓绝的光荣历史、牢记前辈们作出的卓越贡献。老一辈们的心愿一定会实现。我们也衷心祝愿于光远、孙政等为党和人民作出贡献的老前辈们健康长寿！

（本文写于2006年底）

自然辩证法事业的开创者和奠基人

申振钰

百科全书式的大学问家于光远先生走了，可他留给我们的文化财富和知识宝库是巨大的。

于光远青年时代起参加由一些学自然科学要求进步的知识分子建立的党的外围组织“自然科学研究会”的活动。这个“研究会”，实际上就是追求进步的知识分子学习马克思主义的一种组织形式。其中，学习和讨论自然辩证法问题是很重要的内容，其学习材料，是《自然辩证法》在苏联出版后，苏联哲学家果林斯坦和米丁写的有介绍和评论恩格斯这本书的《自然科学新论》和《新哲学大纲》（艾思奇翻译）。因为于光远在大学期间就读完了包括许多自然辩证法内容的英译本的《反杜林论》《唯物论与经验批判论》，所以对“研究会”这方面内容的学习很感兴趣。他一方面参加学习、讨论，使自己对“自然辩证法”有了更多的了解；另一方面，也结识了许多学自然科学的革命者。如李强、章汉夫、艾思奇、钱保功、廖庶谦等。在广州，于光远在岭南大学物理系教书。此时，虽然没有类似上海自然科学研究会那样的活动，但他仍然关心自然辩证法方面的问题。一次，在岭南大学物理系的科学报告会上，于光远作了题为《辩证法和物理学》的演讲。事后，受到系主任（美国人，基督教徒）的责难。1939 年，由于于光远组织的一个青年团体被国民党破坏，于光远离开广州。1939 年 7 月调往延安，在中共中央青委工作。在延安工作的近 10 年间，奠定了于光远的马克思主义的世界观和在辩证唯物主义思想指导下研究自然科学的深厚的思想底蕴和知识底蕴。在延安，于光远不仅从事中国共产党的青年工作、文化教育工作；还认真学习和研究马克思主义的哲学。延安时期，很多党的高级干部，组织各种“读书会”和“学习小组”，都在努力地学习马克思主义哲学、政治经济学和科学社会主义。譬如，学习“辩证唯物主义与历史唯物主义”的洛甫（张闻天）小组、学习“唯物史观”的陈云小组、学习“资本论”的何思敬小组。还有就是在徐特立支持下成立的由于光远主持的“自然辩证法小组”。这个小组用的学习材料是与自然辩证法有关的《反杜林论》《唯物论和经验批判论》。当时同志们手中都有这两本书的中译本，但还没有《自然辩证法》的中译本。于是，于光远开始着手翻译恩格斯的《自然辩证法》（德文版）。为了学习的需要，于光远以恩格斯写《自然辩证法》的总计划草案中的内容，有选择地译出部分译搞（全文直到新中国成立后的 1955 年才完成），供大家学习讨论，并在延安办的《解放日报》的“科学副刊”上，发表于光远译出的有关文章和大家的学习体会。在延安成立的“新哲学会”的活动中，于光远也把自然辩证法的有关知识引到“学会”里进行讨论，引起毛泽东同志的注意。在于光远参与创办的“延安自然科学研究会”成立大会上、毛泽东同志亲自到会演讲。强调“马克思主义哲学对自然科学的指导作用”，强调马克思主义者“要研究自然科学，否则世界上就有许多不懂的东西，那就不算一个最好的革命者”。毛泽东同志的倡导，有力地推动了延安时期学习和研究自然辩证法活动的进一步开展。在延安自然科学研究会和“自然辩证法小组”的指导下，经常举办与自然辩证法有关的活动。例如，“纪念牛顿三百年诞辰集会”，徐特立、于光远都发表了相关的演讲。到 1940 年，延安中央机关大多数干部都学完了《反杜林论》。1944 年，在毛泽东同志的建议下，在自然科学院（后改为延安大学）开设了面向全校师生的“自然发展史”“社会发展史”的大课。于光远讲“自然发展史”；张如心（当时任延安大学副校长）讲“社会发展史”。这一举措，成为根据地干部一项卓有成效的马克思主义思想的启蒙教育。

从 1939 年于光远到延安直到新中国成立前，在陕甘宁边区，没有间断过对《自然辩证法》的学习、研究和传播。他把学到的自然科学知识和马克思主义理论学习密切地结合起来，造就了党内不多的既懂自然科学又懂哲学和社会科学的专家、学者、理论家。于光远说：“对于我来说，把马克思主义作为科学体系来接受，使自己成为马克思主义者，学习研究自然辩证法起了重要作用。”

新中国成立后，于光远主要从事党的科学技术政策研究和自然科学、社会科学的组织管理工作以及马克思主义理论的研究。作为自然辩证法事业的开创者和奠基人，在他从事中宣部理论宣传处和科学处的工作中，从未忘记把研究自然科学的规律性作为自己的任务，把“论科学”作为一个研究的课题。在他的工作实践中，深深感到研究自然辩证法的重要性。

这一段时间，于光远对自然辩证法事业的贡献，可以分为两个阶段即“文化大革命”前1949—1966年。他对自然辩证法学科建设和推动自然辩证法事业发展，做了以下几个方面的工作。第一，1949—1956年，通过自然辩证法有关内容的学习与传播，卓有成效地推动了解放初期对广大干部和群众的马克思主义思想的启蒙教育。于光远不仅亲自给干部和学生讲“自然发展史”“劳动在从猿到人转变过程中的作用”，并在北京大学哲学系开设了《自然和自然发展史》的课程。为了广大干部和知识分子学习的需要，在《自然辩证法》一书全部译文未定稿之前，就先出版了《自然辩证法导言》《劳动在从猿到人转变过程中的作用》单行本。这个单行本几年中重版了许多次。从恩格斯《自然辩证法》的札记中还选出一部分，编成一本名为《辩证法与自然科学》一书，供全国学习“自然辩证法”的需要。于光远在一篇“我和自然辩证法”的文章里说，在新解放的城市里，科学技术要迅速发展，用马克思主义武装我国的自然科学工作者和用马克思主义解决科学研究者讨论中发生的问题等，成为必须认真对待的问题；从而认识到自然辩证法的学习与传播，是党领导科学工作的基础。第二，1956—1966年，成立组织、建立学科、培养人才。这一阶段于光远对于自然辩证法的工作，主要办了三件大事：一是在我国制定1956年到1967年12年科学远景规划时，由于光远直接推动制定了《自然辩证法（数学和自然科学中的哲学问题）十二年（1956—1967）研究规划草案》；二是在中国科学院哲学研究所内建立一个自然辩证法研究组，由于光远兼任组长，这是我国第一个专门研究自然辩证法的组织。1956年10月，该研究组创办了《自然辩证法研究通讯》，前后由于光远招收了 20 名研究生；三是从 1956 年起推动了在全国不少高等院校建立了自然辩证法教研室（组），有的院校还招收了自然辩证法的研究生。1959 年中央党校还开办了一个自然辩证法研究班。很多省、市成立了自然辩证法研究会的筹备委员会，到 60 年代初，不少省市已正式成立了自然辩证法研究会。

至此，我国自然辩证法研究，由于党和政府的重视，以及以于光远为代表的哲学工作者和自然科学工作者的努力，有了长远的规划，在研究所内有了专门的研究机构，有了专门的刊物，在高等院校开设了专门的课程，有了研究生，有了专业的学术团体。自然辩证法事业蒸蒸日上，可以说，这种状况在世界自然辩证法的历史上恐怕也是没有的。

第二阶段 1976—1995 年。“文革”动乱的 10 年，自然辩证法在“四人帮”控制下，干了不少坏事（这一段历史另行总结，不在此文范围）。“四人帮”打倒后，自然辩证法要做的第一件事，就是清算“四人帮”疯狂反对马克思主义，肆意歪曲自然辩证法，妄图破坏科技战线革命，阴谋篡党夺权的罪行；积极倡导在自然科学工作中学习和运用马列主义、毛泽东思想，学习和运用自然辩证法。为此，时任国家科委副主任的于光远向中央政治局委员、国家科委主任方毅同志建议，召开一个清算“四人帮”的自然辩证法座谈会。于是，1977 年 3 月 28 日至 30 日，中国科学院理论组、中国科协理论组和中国社会科学院哲学研究所自然辩证法组，在北京联合召开了自然辩证法座谈会。周培源、于光远、钱三强、李昌、秦力生、吴亮平等参加了会议。方毅在会上作了重要讲话。这个座谈会有两个方面的成果：一是参会代表有 16 人从各个学科、各个领域全面批判了“四人帮”妄图从科技领域打开缺口篡党夺权的阴谋。二是为自然辩证法的繁荣、发展，奠定了理论基础。座谈会最后形成了 6 条建议，其中有 3 条是“虚”的，即继续深入揭批“四人帮”、关于加强“两科”合作的建议、贯彻“百家争鸣”方针，积极开展学术活动；3 条是具体的内容，即建议教育部组织力量，编写高等学校自然辩证法教材、建立全国性自然辩证法研究会、积极筹办一个学习、研究、运用自然辩证法的刊物（1956 年创办的《自然辩证法研究通讯》，“文革”期间被迫停刊）。这些建议，在后来的自然辩证法

的教学、研究和传播的过程中发挥了重要的作用。于光远在《我和自然辩证法》文章中，回忆说："文革"期间，在"牛棚"里，也不无好处。因为有比较多的空闲时间，一可以逛书店，买来一些当时有关自然辩证法的出版物，看到"四人帮"如何利用自然辩证法达到他们反动目的的一些情况；另一方面，把以前翻译出版的恩格斯《自然辩证法》校译了一遍，把新出版的马恩全集中的马恩通信从头到尾读了一遍。这对于他，在"四人帮"被打倒后，非常敏感地意识到迅速清算"四人帮"的重要意义。在这篇文章里，他还说，没有对"四人帮"的清算，就没有现在自然辩证法的工作的发展，得到这样前所未有的好条件。

1978年，十一届三中全会后，中国进入了一个新的历史时期。改革开放后的35年时间，于光远的思想境界和创作成果，都达到了他人生的巅峰。此时的于光远，不仅仍然保有他极高的政治热情和极富创造力的敏捷思维，而且身体力行，付诸实践。到了80岁高龄还要求自己"坐着轮椅走天下"。这期间，他除了始终如一地关心国家的前途命运，把很大的精力投入到国家的经济体制改革方面，提出了很多很有见地的关于我国经济体制改革的理论和建议。另一方面，在学术领域，也创造出了丰硕的成果。他亲自发起或推动建立了中国自然辩证法研究会、中国管理现代化研究会、中国未来学研究会、中国技术经济研究会、中国国土经济学研究会、中国马列主义研究会、中国政治经济学社会主义部分研究会、中国生产力经济学研究会等。除了哲学、政治经济学，他还涉猎政治学、社会学、生态学、教育学、心理学、文化学、历史学、辞书学、图书馆学、国际关系学等诸多学科，并就这些方面，写出近百部著作，被学术界誉为"百科全书式的学者"。

在这些学科中，于光远最钟爱、倾注心血最多的还是自然辩证法学科。在1977年"座谈会"的基础上，由于光远倡议，1977年12月12日在北京召开了"全国自然辩证法规划会议"。这个会议，取得了5个方面的成果：一是制定了《一九七八——一九八五年自然辩证法学科发展规划纲要》（初稿）、确立了《自然辩证法通讯》编辑方案、成立了中国自然辩证法研究会筹委会，于光远、周培源、钱三强是召集人、拟定了《中国自然辩证法研究会试行会章》（草案）、提出了在1978年召开全国自然辩证法会议的初步意见。以上意见的贯彻落实，是自然辩证法事业在打倒“四人帮”之后蓬勃发展的重要基础。

1978 年 7 月 5—18 日，由中国科学院理论组、中国自然辩证法研究会筹委会联合召开了第二次理论讨论会。这次理论讨论会是继 1977 年的“座谈会”“规划会”之后，自然辩证法的又一次重要会议。这次会议是在毛泽东哲学著作《矛盾论》和《实践论》发表 41 周年，“实践是检验真理的唯一标准”大讨论的背景下召开的。目的是在马克思主义辩证唯物论认识论的指导下，进一步清算“四人帮”在理论和实践的关系上散布的种种谬论，达到明辨是非、解放思想，充分调动积极因素，为实现新时期总任务作理论准备。1978 年以后，自然辩证法的事业，有了飞速的发展和长足的进步。这些发展和进步，都与于光远的工作有着密切的联系。1978 年 7 月 5—21 日，在北京召开的有 29 个省自治区市的自然科学工作者、科学技术人员、哲学工作者和自然辩证法工作者 1500 余人参加的“全国自然辩证法夏季讲习会”，就是在于光远的直接指导下召开。于光远在“讲习会”开幕式、闭幕式上的讲话，对自然辩证法学科的建设和发展都提出了比较明确的指导意见。他首先讲到“规划”对于自然辩证法学科发展的作用。他说，“规划”就是规定了要做的事，成文后，经过与各单位协商，领导批准，是要用行政的力量保证执行的，它具有某种法定的效力；还有一种“学术性规划”，虽然没有法定的效力，但它在群体中能产生启发和动员的作用。无论是哪种“规划”，对于建设和发展学科都是非常重要的。自然辩证法已经有了两个“规划”（《自然辩证法（数学和自然科学中的哲学问题）十二年（1956—1967）研究规划草案》《一九七八——一九八五年自然辩证法学科发展规划纲要》），这两个“规划”，都是建设和发展自然辩证法学科的有力支撑。另外，他还讲到“自然科学工作者和哲学工作者联盟问题”“在高等院校开设自然辩证法课的问题”“学风问题”“拓宽工程学理念”等问题（详细内容请见《中国自然辩证法研究会通信》，1978 年 8 月 10 日，第 10 期）。这些意见都是很有创意的。对于推动自然辩证法的研究和教学工作都发生了深远的影响。“全国自然辩证法夏季讲习会”的意义不仅在于，它是新中国成立以来，我国自然辩证法工作者、自然科学工作者、哲学工作者共同参与的一次规模空前的学术盛会；而且还云集了全国自然辩证法的研究和教学工作者和自然辩证法爱好者中的精英人才。它直接催生了中国自然辩证法研究会的诞生。

1981 年 10 月 29 日—11 月 4 日，中国自然辩证法研究会成立大会暨首届学术年会在北京隆重举行。出席会议的代表和特邀代表 300 余人，收到论文 670 余篇，其中 211 篇在会上交流。中共中央政治局委员、中央书记处书记、国务院副总理、国家科委主任方毅在会上作了重要讲话。他说，自然辩证法工作很重要，对于我们的实际工作有重要意义，要大力提倡，大力开展。这项工作搞好了，对于实践工作的指导能收到很好的效果。方毅同志说，自然辩证法本身是不断发展的。我们应当继续研究、探讨下去，使辩证的思维方法得到进一步丰富和发展，他强调自然辩证法来源于实践，我们在自然辩证法的学习、研究和应用中一定要注重实践，脱离了实践就是无根之本，无源之水，就要枯萎了。一方面要使自然辩证法不断发展，另一方面又千万不要脱离实际。

新当选的自然辩证法研究会第一届理事会理事长于光远，在开幕式和闭幕式上，就自然辩证法的事业和学科发展作了内容丰富的演讲。他说，我们的工作范围总的来说，既确定，又不确定。我们学科要研究自然观、科学观、方法论，这是完全确定的。不确定的意思是，我们的研究工作是发展的，变化的。将来的研究范围是会发生变化的。我们所说的自然，不完全指天然的自然，也包括经过人作用的社会的自然。自然辩证法讨论问题要把天然自然和有人起作用的自然合在一起考虑。我们的科学研究包括两个方面：一方面是发现客观规律；另一方面是寻找如何去依靠客观规律，找到达到预期目的的种种手段和途径。自然辩证法本身是学术，但对社会主义建设者来说，它也是一种工具，这种工具就是通过自然科学和社会科学，通过基础科学和应用技术的作用来对社会主义建设事业发生作用。我们自然辩证法工作者要自觉地去发挥这种作用。在今天的社会主义建设中，工作这么多，与其做缩手派，不如做伸手派，要发挥更多的积极性，为四个现代化作出应有的贡献。他在演讲中，还谈到自然辩证法的教学问题、队伍建设、人才培养问题、“两科联盟”问题、反对伪科学问题，等等，为自然辩证法以后的工作指明了方向。

在于光远担任中国自然辩证法研究会两任理事长的12年间（1981—1992年），一方面，按照他的思考、他的理论、他的实践，中国自然辩证法的事业得到了蓬勃的发展；另一方面，为推进自然辩证法学科建设——建立一个“中国自然辩证法学派”，付出了艰辛的思考和实践。我们知道，一个学科的建立，需要至少有三个基本条件：一要有学科带头人，二要有研究团队，三要有发表研究成果的阵地（期刊）。一个学派的形成，当然要求会更高，但也不是高不可攀。“学派”起源于古希腊的“柏拉图学园”，先秦诸子百家亦可称为中国古代的一种学派，这种师承性学派，的确有很高的学术造诣。但随着“学派”的发展和演化，其内涵也发生了很大变化。近代科学产生以后，探索自然科学和哲学的氛围蔚然成风，师生关系自然应时而生，以师承关系为中心；或以文化和学术活动昌盛的校园、地区为中心；或以博学者为中心；或以学说观点为中心的学派随之在欧洲大陆诞生。随着科技的发展和社会的进步，“学派”的外延，也有了很大的扩大和发展。以某一国家、某一地区、某一民族、某一文明、某一社会、某一领域、某一问题等形成的具有特色的学术传统的一些学术群体也可以称之为“学派”。20世纪以来，这样的学派风起云涌。可以说，于光远建立自然辩证法学派的想法和思考，也是起源于20世纪。延安时期，于光远就已经把学习、研究、传播自然辩证法，作为马克思主义哲学的一部分来学习和应用，强调马克思主义哲学对自然科学的指导作用，强调自然辩证法要为社会实践服务，强调自然辩证法的活动要与革命运动密切结合起来。这个特点说明，中国自然辩证法研究，一开始就不是在书斋中，而是在与群众相结合中进行的。

新中国成立后，自然辩证法的事业得到了很大的发展：出台了全国规模的自然辩证法学科规划；翻译出版了恩格斯的《自然辩证法》一书；建立了专门的研究机构；创办了专门的刊物；建立了省级、直辖市及全国的自然辩证法研究会；出版了《自然辩证法百科全书》；在全国理工科高等院校和部分文科院校开设了自然辩证法课程，大部分理工科院校招收了自然辩证法的研究生，培养了一批自然辩证法的专业人才；有了一批由专业的自然辩证法工作者、哲学工作者和爱好、关心自然辩证法的科学技术工作者组成的庞大的队伍；开展了包括数学和自然科学基本概念和“自然界的辩证发展”，包括：天体史、地球史、生物史、人类史、工业史、农业史、医药卫生史等科学思想史的研究，科学方法论的研究和作为社会现象的自然科学哲学问题研究等（这方面的内容十分丰富，限于篇幅，只能另文阐述）。上述的这些工作，可以说都是在于光远的发起、领导、推动、指导和直接参与下进行和取得成果的。以上这些工作和成果，都是构成“学派”的基本要素。但光有这些，还是不完整的。于光远认为，“建立中国自然辩证法学派”，在研究对象方面，还有两个特点是不能不提到的：第一，是自然界这个物质的存在的整体，可以而且应该区分为天然的自然和社会的自然这样两个部分，并且特别把社会的自然作为重要的研究对象。那就是强调自己的工作不应该仅限于一般的、抽象的思辨，而是要去作特殊的具体的研究，向着实践的方向前进，直至在实践生活中显示出这种研究的重要意义。第二，是这个学派与其他马克思主义哲学学派相区别的特点，是它联系的实际侧重于人类社会与自然界直接发生关系的那些领域、那些实践，而不是侧重于解决人类社会历史发展的根本问题，或者社会精神生活方面的问题。这里说的社会的自然包括人和自然、社会和自然相互关系的许多重要方面，研究的领域是很宽广的。它所联系的实际，不分巨细，就连非常细小的问题，都可以而且应该成为它注意研究的对象。特别是我国正处于社会主义建设时期，而以社会的自然为对象的研究主要的也就是我国的经济建设，所以这个学派联系实际的工作基础，也就是联系经济建设中的问题。因此，这个学派在中国社会主义建设时期发生和发展，也就不是偶然的了。

把社会的自然作为研究对象，为自然辩证法研究开辟了一个新大陆。于光远在这个领域探索了十几年，1981 年中国自然辩证法研究会成立大会闭幕式的总结讲话中，第一次提出“社会的自然”概念。1982 年 12 月，在中国自然辩证法研究会召开的“城市发展战略思想学术讨论会”上，又一次比较详细地阐明了对“社会的自然”的看法及研究“社会的自然”的重要意义。1983 年 4 月，在《自然辩证法百科全书》召开的一次工作会议上，作为《自然辩证法百科全书》的主编，于光远又对“社会的自然”发表了比较系统的意见，接受了写“自然”这个大条目。这时候，于光远对于建立“中国自然辩证法学派”的想法已经比较成熟了。在以后的自然辩证法的许多会议上，他都在从不同的角度讲学派的问题。例如，他在强调自然辩证法学科要为社会实践服务时，用了许多既丰富又有趣的语言来表述自然辩证法研究的对象、任务、功能、作用。如“大口袋”“科学群”“伸手派”等，都是在“自然辩证法学派”的意义上讲的。到了 1991 年 1 月，中国自然辩证法研究会第二次全国工作会议上，于光远明确地提出，这个学派初步形成，正在兴起。当然，于光远也认为，自然辩证法作为马克思主义哲学的一个学派，要得到公认，还缺少系统表述这个学派基本思想、工作纲领的著作，也就是说，没有成文的“学派纲领”，也没有提出一些引人瞩目的观点同世界上某些观点进行挑战。但他认为，这些条件并不是一个构成学派的必要标准。根据几十年自然辩证法所发生的实际情况，现在我们应该肯定这个学派的存在。所谈到的那些弱点，经过一段时间的努力是可以克服的。经过他十几年的深邃思考，于 1992 年完成了一篇《一个哲学学派正在中国兴起》的大作，发表在《自然辩证法研究》杂志 1992 年第 4 期，并在他 80 岁高龄前的 1994 年，完成了他一生奉献给自然辩证法事业的夙愿——出版了《一个哲学学派正在中国兴起》一书。

于光远对自然辩证法事业的贡献，作为开拓者、创始人、奠基者，是当之无愧的。可以说，没有于光远，就没有中国自然辩证法事业，就没有这样的发展状况、这样的时间长久，具有这样的丰富内涵，形成这样的完整的学科体系。至于是否构成“学派”，也是一个既可以讨论，又可以完善的工作。但可以肯定地说，自然辩证法在中国的发展，是丰富了马克思主义哲学，是具有中国特色的一个马克思主义哲学学派，在世界“哲学系统”里，是应该有它的地位的。

光远先生的故乡情

陶继明

一夜秋风秋雨大作，落英遍地。清晨打开电脑，一行粗大的黑体字分外刺眼："经济学家于光远逝世"，不禁愕然。定睛看了数遍，一声长叹：先生终于驾鹤西行了。慌乱中翻开先生送给我的《"文革"中的我》，书中还夹着他写给我的几封信。信写得随意挥洒，娓娓道来，勾起历历在目的往事。

认识于先生是因书结缘。"文革"前夕，我不知搭错了哪根筋，对政治经济学产生了兴趣。先是在旧书店购买了一册由姚耐主编的《政治经济学（社会主义部分）》。看得一知半解，囫囵吞枣，犹厌不足。后来又买了于光远的《政治经济学（资本主义部分）》。政治经济学很深，不易学，又比较枯燥，没有老师指导难入奥堂，终于半途而废，但也使我对经济学家更加崇敬，从此也记住了先生的名字。

20 世纪 80 年代，在报章上经常可以看到于先生的名字。他在思想解放的春潮中奔走呼号，影响了一代人。到了 80 年代末，一番风雨后，由于人所共知的原因，加之身患癌症，他较少出现在公众场合了。但他前进的脚步并未停歇，他更加勤奋地思考和写作。也许是人至晚境，便有了寻根的念头，想与故乡人联系。经他在京的同乡好友葛一虹先生介绍，与我取得了联系。没想到于先生竟是吾侃嘉定人！从此我们开始了时断时续的通信联系。

先生耳背，无法打电话，写信成了我们交流的唯一途径。根据他的要求，我陆续为他寄去了一批嘉定地方文献，他也常惠赠新出版的书籍给我。在他的热情鼓励下，我鼓起勇气，将自己的部分散文随笔汇集成一册，取名《疁城漫笔》，准备付梓出版。他得知后十分高兴，横的、竖的，为我写了好几张题签。又在他的激励下，我重新拾起经济学的书参加经济师职称的考试，圆了少年时代的梦。还是在他的指点下，我通读了《资本论》，这对锤炼我的思维和写作有很大帮助。

先生有浓厚的故乡情结。他曾来信要我调查南翔郁家祠堂，说他本性郁，于光远是参加革命后才取的名字，这是他的家祠。小时候冬春二祭，没少去过。郁氏是嘉定望族，后来又成为上海滩朱、郁、王、沈“四大沙船巨贾”之一，富甲一方，有“郁半城”之称。1937 年“八一三”淞沪抗战爆发，他曾看到日军占领郁家祠堂的消息。侵略者亵渎郁氏故园，使他感到震惊和愤怒。如今不知郁家祠堂安在？为了回答他，我专程去南翔，在一位老人的指点下找到郁家祠堂旧址，就在距南翔火车站一华里处。一眼望去，只见千亩绿畴，郁家祠堂早就毁于日机轰炸，灰飞烟灭。我回信告知于先生后，他很失望，说今后有机会能看看遗址也好。

不久，机会来了。于先生的故里封浜镇编成了《封浜志》，想请他题签。镇政府托人找到我，要我介绍关系，联系于先生。他很快就寄来了题签和弁言。在封浜镇政府的盛情邀请下，于先生终于了却了还乡的心愿。

进入 2000 年后，他的信来得少了，也写得短了，但每年岁末，总能收到他用电脑打印的“贺年信”，报告一年的身体状况和写作成果。近几年的来信中，他更加想念故乡，称嘉定是他的“血地”，爱用孙犁的两句诗：“梦中每迷还乡路，愈知晚途念桑梓”。他关心乡邦文献的整理，常念叨他任首席顾问的“嘉定文化丛书”的出版进展。

我与于先生仅见过一面。记得是 2009 年初夏，先生已从史家胡同迁至广渠门外新居，我随嘉定区档案局领导拜访他。知道我到来，他十分高兴，早早起来坐在轮椅上等候我们。他精神矍铄，谈笑风生，喜称同行的沈越岭是“翻山越岭”，称陈启宇是“启迪宇宙”。临别时他特意叮嘱我，如果编修嘉定区志，不要忘了一个重要人物戴中扆（黄葳）。她也是嘉定人，又是于先生的清华同学、战友，女中豪杰，欧阳钦（曾任黑龙江省委第一书记东北局第二书记）夫人。

先生走了，哲人其萎，云山苍苍，江水泱泱，先生之风，山高水长。

做光远老师的弟子很荣幸

王公义

从 1989 年我到光远老师处读博士到光远老师仙逝，屈指数来已 25 年了。认识光远老师是我一生的荣幸，光远老师的思想、道德、学问对我影响极大，使我终生受用无穷，影响到我的思想、道德和行为。

一、我成了光远老师的关门弟子

1989 年初，中国社会科学院研究生院招收在职博士生，我当时在中央工艺美术学院做院长助理，就毅然报了名。当时世界社会主义各国出现改革热潮，也同时出现了否定社会主义运动的各种思潮，引发人们思考。因此，我报考了科学社会主义研究方向，并选择了马列所研究科学社会主义的著名学者苏绍智先生。苏绍智先生约我谈话，说他要到美国讲学两年，无法完成带我的任务。建议我要研究科学社会主义，先研究经济基础，再研究上层建筑。他说："我国著名经济学家于光远先生在马列所，他又是研究科学社会主义的前辈，你找他商量商量。"并把于老秘书胡冀燕的联系方式告诉了我。我当然知道大名鼎鼎的于老，只是觉得高不可及，不敢报。现在有了苏绍智老师的介绍，我大胆了许多。光远老师派胡冀燕对我的德识进行了全面考察，认为"可教也"。过了几天，光远老师约我到他史家胡同 8 号的家里谈话，问了我对当前局势的看法，然后说："到我这里来，就要认真读书，潜心研究，多出成果"。就此，我正式成了光远老师的入室弟子。后来，光远老师再也没有招学生，我荣幸成了他的关门弟子。

光远老师让刘世定师兄给我开了一个长长的书单，要求我读一定数量的书，每天读3万字。同时说读书需要高质量，要读经典作家的经典著作，不要乱读书，要独立思考。他说："我们是科学工作者，不要为各种思潮和理论所左右，要相信自己经过严格科学逻辑推理而得出的结论，才能成为一个优秀的学者"。我严格按照老师的要求，一边读书，一边思考，并按要求写了30多篇小论文，获得了老师的肯定。

二、推荐我到孙耀君先生处读书

1991年初，我的学习进入第三学年，正当我准备毕业论文时，中国社会科学院接上级通知，本届学生做结业处理，不做论文。我当时面临两种选择，一是做论文博士，一是重新入学做全日制学生。论文博士前途未卜，我选择了后者。光远先生当时已被剥夺再带研究生的资格，他在校的两个研究生也转给了别人。他建议我报考工业经济所孙耀君先生的博士生。孙耀君先生是研究西方经济学及西方管理学的著名学者，20世纪50年代在中宣部时是光远老师的部下。光远老师让胡冀燕带我去拜访孙耀君老师当面求教。当年5月，我以第四名的成绩（工经所当年招收了6名博士）考入工经所。入校后，孙老师亲自带我去拜见光远老师，并说："公义我帮您带，学生还是您的学生。"孙老师对我的指导非常认真，在他长期出国讲学期间，仍以书信方式指导我的论文。后来我的论文《多角战略与组织结构论》被评委评为填补了该领域研究的空白。我在论文公开出版的后记里写到该论文是在于光远老师和孙耀君老师的指导下完成的。孙耀君老师计划成立一个中外比较管理研究会，他任会长，我任秘书长。后来他长期出国讲学了，此事就搁置了。光远老师对我说："孙耀君的中外管理比较研究会不搞了，你就跟着我一起活动吧"，当时胡冀燕和孟阿姨听了都很高兴。我又回归了先生的团队。

三、"海南应该成为旅游岛"

1991年，我陪老师去海南，我们承接了给三亚市作长远发展战略

规划的任务。这是杨晓英和三亚市委书记钟文同志约好请于光远先生率队来作的。先生让我做课题组长，他和杜润生、费孝通、朱厚泽做顾问，我请师兄刘世定、同学张耕、李朴民、费孝通的博士丁元竹、北京市规划局总规划师李准、北京市建筑设计院院长亚运村总设计师周治良、中央工艺美术学院教授张德山等做成员，开始了海南调研。在海南，光远老师反复给省委书记阮崇武和钟文同志讲，海南应该成为旅游岛，千万不要搞有污染的开发，这是全球仅存的几块净地，要保护好海南的蓝天、海洋、空气、绿色、沙滩、人文，这是海南发展的根本所在，特别是三亚，要把一切有污染的工厂统统搬走，如市中心的水泥厂等。并建议他们把海南搞成自由港，让全世界的人可以到海南自由旅行。他还要我把他写的 20 多篇有关旅游的文章整理一下，并和香港《中国旅游》杂志取得联系，在《中国旅游》杂志上发表文章。他说："旅游有三性，即独特性、异地性和有趣性。随着国家经济的发展和人民生活水平的提高，旅游肯定会有一个大发展，其旅游经济就是一个值得研究的大问题，海南的旅游开发需要好好研究一下"，并与我商量，我们俩能否合写一本《旅游经济学》。后来由于我的原因，旅游经济研究没有继续下去。我们为三亚的发展做了一个很好的研究，研究成果由财经出版社公开发行（自由港计划未写入），光远老师为主编，我和刘世定为副主编，钟文同志把该书发给三亚市干部人手一册。除了自由港计划没法实行以外，其他的计划大体上都做到了。

四、中国生产力经济学会湖南会议

光远先生是中国生产力经济学会的创立人及几届会长。1992 年秋季在湖南召开换届大会，我和胡冀燕、宋光茂陪先生去长沙。先生提出不担任下一届会长，有人想当会长，但大家没有同意，又选举先生继续担任会长。

这次湖南之行，除了学问收获之外，先生超人的记忆力和体力使我惊愕！他已经 77 岁高龄，白天开了一整天会，晚上还和大家一起联欢，在联欢会上，居然拿起一把红伞跳起了延安的秧歌舞。他那偏胖的身体和灵活潇洒的舞姿，引起全场一片欢呼。晚会后，依然精神矍铄，还组织青年座谈，回答青年们提出的有关理论问题。晚上 12 点多了，我、胡冀燕和宋光茂请他休息，他说他还有任务没有完成，你们休息吧。我们知道先生有早起的习惯，6 点多钟，宋光茂就拉我去先生处，结果先生已经早起床了，地上放了七八张给有关单位和个人的题字。我们问他几点钟起的床，他说大概四五点钟吧。屈指数来，他大概也就睡了四五个小时，而且每天大体如此，只要不是睡觉，不论走路还是吃饭，他总是在阐述自己对国家、社会或经济发展的看法和观点，其超强的体力和饱满的精神是我们所不及的。同时，他还有超强的记忆力。一天晚饭后，他要去看长沙铁路工会的一位同志，让我联系。该同志上午来过，临走时曾说了一下他的电话号码，我没有记住，先生即随口报出了电话号码。晚上我陪他去的路上问他和这个同志什么时候认识的，电话号码记得这么清楚。他说认识不久，电话号码不是上午说的吗。我无语。这次湖南之行，我才知道什么叫天才，我相信了世界上确实有天才！一个人事业要想成功，必须具备三个条件，一是身体，二是天才，三是毅力。先生当时的政治处境十分艰难，但却如此昂扬，令人敬仰。

五、“社会发展阶段从逻辑上看，应该先有共产主义，才有社会主义”

2000 年春天，中国律师协会在上海召开年会，司法部段正坤副部长托我邀请几位经济学家到会讲讲国家经济发展问题，并希望我邀请一下于光远先生。我受命而为，邀请了于光远先生和中央党校王珏教授，还请沈晗耀代为邀请了正在杭州做调研的中国体制改革研究会高尚全会长。先生在大会作了《关于当前经济发展若干重大问题思考》的讲演，引起很大反响。我和胡冀燕在上海陪先生做了几天调研。一天晚上，汪道涵老前辈来访，两人谈至 9 点多，大部分时间在谈台湾选举以及国民党和民进党的问题。汪老走后，光远先生很兴奋，把我和王珏教授叫到他的房间，对我们二位说：“我这段时间有一个新的观点想和你们二位说一下：从人类社会发展的历史逻辑看，应该是：原始社会、奴隶社会、封建社会、资本主义社会、共产主义社会、社会主义社会。社会财产的占有应该是先原始共有，再封建主义、资本主义私有，再共产主义共有，再社会主义全社会所有。我的这个观点还不成熟，现在还不能对外说”。他要我们二位记住此事，并做一些研究。这是一个颠覆性的重大理论和社会发展实践问题。我不知道王珏老师还记不记得此事，做没做研究。我由于才疏学浅，加上后来的研究兴趣转向了法学方面，研究社会规范去了，没有完成老师的任务，想来十分遗憾！问题没有研究，也失去了和老师共同探讨、让老师指导研究的一次机会。

六、“中国的民办教育需要支持，中国的管理科学也需要发展。”

北京华夏管理学院是北京东城职工大学和新加坡华夏管理学院合办的一所民办大学，他们请我给学生上课，我还拉了同学唐任伍、王雍军、林厚春、成小洲等去上课。后来，学校领导问我能不能请于光远先生作他们的顾问。我心里没底，就和胡冀燕商量着去给先生汇报，没想到先生一口答应，还说：“中国的教育完全是官办的，需要改革，中国的民办教育需要支持，中国的管理科学也需要发展”。他还请胡冀燕给北京大学厉以宁教授、肖灼基教授、中国社科院孙耀君研究员、韩岫岚研究员打电话，请他们一同出任顾问。同时还请了在国务院研究室工作的黄小祥师兄去学校开了一次座谈会，希望我们研究民办教育，希望民办教育能有一个大的发展。先生对教育很有研究，出版了一本《我的教育思想》的书。对民办中小学教育也很支持，北京精诚学校让我找先生为其所编教材《少儿哲学》题书名，先生很快就写好了，他们十分高兴。一个名不见经传的民办大学，一下子请到了中国最著名的经济学家和管理学家，就别提有多高兴了。先生对民办教育和管理科学的支持令我感动。后来，北京华夏管理学院为光远先生在平谷新校区树立了一尊塑像，以表达先生对民办教育关心和支持的纪念。

七、“王冠楠很聪明，这孩子将来一定有出息。”

先生仙逝时，我正在美国斯坦福大学访问，我爱人余永燕也在美国，我又把在英国的女儿王冠楠叫来陪她母亲玩。先生噩耗传来，我们极为悲痛，一起回忆起与先生几十年的友谊。

我们一家三口常到先生家去，先生和孟阿姨、于小东、胡冀燕也来过我家多次，还在我家吃过几次饭。20 世纪人们还不习惯到外边去吃饭，多在家里自己做。余永燕祖籍广东顺德人，她虽北京生北京长，但做的一手高质量的广东菜，饭菜的色、香、味、形俱好。因为她是医生，对饭菜的营养搭配也比较讲究，所以先生每次都说好看好吃，特别对她做的元宝蛋赞不绝口，一见面就常常提起。我女儿每次去看于爷爷和每次于爷爷来我家，女儿总是围着他转，问这问那问个不停，一老一小特别好玩。于老的睿智和孩子的天真，常常逗得大家哈哈大笑。一次，我带王冠楠到先生家，我和孟阿姨、胡冀燕、刘世定在另一个屋里谈事，一谈谈了两个小时，谈完后才想起孩子到哪里去了，急忙走到先生的书房，才发现这一老一小谈兴正浓，相互击掌，哈哈大笑。我问“名名（王冠楠小名未名）和爷爷说什么呢，这么高兴”，她说“爷爷给我说他小时候多么淘气，多么聪明”！先生笑着对我说：“王冠楠很聪明，这孩子将来一定有出息。”王冠楠没有辜负于爷爷的期望，长大后，她从英国牛津大学法学院研究生毕业后，作为一名律师，现在在英国一所世界著名的律师事务所工作。

以上，以为永远的怀念！

永远的“君子协定”

魏 群

我与于老之间的“忘年交”，源于 20 世纪 80 年代，那是一段让人难忘的激情岁月。

1984 年的一天，作为《中国青年》杂志的年轻小记者，我第一次向于光远同志约稿，他很忙，正在筹备一个会议，又要马上去外地出差，电话里他婉言谢绝了我的请求。我不甘心，在用一片诚心打动秘书姐姐胡冀燕之后，获得于老第二天上午要在总参招待所开会的“情报”。于是，我连夜给于光远同志写了封很长很长的信，信中首先回忆了杂志社老同志给我讲过的他当年啃着干馒头为刊物撰稿等一件件往事，然后恳切地希望他能继续给我们年轻的记者编辑以帮助。

第二天上午，我找到开会的会议室，一直等在门口，瞅准一个机会，叫人把于老请出门来，他不认识我，见到我后莫名其妙，我没多说话，只把信交给了他。

回到单位，我的心情忐忑不安，毕竟于老是大专家、大学者、大领导，自己的举动会不会太冒失了？一夜过去，第二天上午 10 点多钟，我突然接到于老亲自打来的电话，告诉我稿子已写完，4000 多字，让我去他家帮着抄一遍，因为他实在太忙了。我简直不敢相信自己的耳朵，这是真的吗？怎么只一个晚上的功夫就完稿了？

他告诉我，看了我写的信，他很受感动，《中国青年》杂志社的同志们如此记着他，记着他为刊物所做的工作，而且一茬一茬地传给后来人，他感到很欣慰，按捺一种说不出的感情，他连夜就把稿子赶出来了，题目是《伟人与大学生宿舍》。这篇文章刊发于《中国青年》1984 年第 9 期。

从那以后，我和于老成了忘年之交，而且我们还定下一个“君子协定”，要互相帮助。用他的玩笑话说，这一次，他发现了一个“人才”，因为他写的字较难认，而我抄稿子的时候竟没问他一个字，抄得如此顺利，使他十分惊讶。他说他希望今后我还帮他抄稿子，整理材料，我欣然允诺，但我的条件是，凡今后为我刊写稿，不得推诿。于老说，那好，咱们就定下这个“君子协定”。

这虽然是一席玩笑，却也是一段难忘的友谊。在后来近 30 年的日子里，我们一老一小都信守着这个温暖的“君子协定”。

1986 年 10 月，社科院马列所在内蒙古开一个学术讨论会，于光远同志写的“开放与精神文明建设”的论文提纲受到与会者的关注，我也想就此问题组织一些稿件。恰好，于老中间到会一天，第二天早晨则动身回京。我找到他，他真是忙得脱不开身，可是想到我们曾经有过的“君子协定”，他又不得不接受我的采访。我呢，也很自觉，于老一到宾馆，我就从秘书那里了解到，于老此行还带着一些书稿在整理，于是我主动“请战”，要求帮助他做一些力所能及的事。于老对秘书说：“你让她多干一点，我们是有协定的。”

那天的采访，从晚上 10 点开始，一直谈到深夜，因为要赶着发稿，我打了个通宵，整理好采访记录，一大早就敲开于老卧室的门，请他过目。当时于老正在穿衣服，他无可奈何地笑着对秘书说：“你看，这小鬼像逼债似的。”秘书说：“谁让你和人家有协定呢，这可不得破坏呀。”于老拍着我的肩膀说：“这样吧，我把稿子带上，在火车上改，到北京第二天，我一定要秘书给你们送去，不耽误你们发稿。”后来这篇稿子在 1986 年第 11 期《中国青年》上发表，题为《开放的文明与文明的开放》，受到社会的广泛关注和好评。

事后我才知道，为了这篇稿子，于老和他的秘书在火车上一个改，一个抄，几乎一分钟都没休息。

这件事情令我每每想起，都为之感动不已。

在《中国青年》工作的许多年里，我经常去于老家求教、约稿，每次他都向我详细了解青年在想什么、做什么，他为我们的刊物和他热爱的青年付出了满腔热情和心血。我常感念，自己刚刚开始踏上记者之路，就能得到像于老这样德高望重、学富斗车的前辈的帮助、教诲和呵护，这才使得我的职业生涯走得正，走得有意义。

后来，我参与创办《学习时报》，做《东方》杂志总编辑，办《中国改革》，我总是从于老那里不断汲取精神与思想的养分。

特别是五年前，我们创办了民商传媒和《民商》杂志，希望构建具有公信力的中国民营企业家话语平台和民间智库，建设中国民营企业家的精神家园。为此，我们请于老能够担任民商传媒顾问，于老听后格外高兴，欣然提笔写下“同意”二字。

2013 年 1 月，经国家新闻出版总署批准，《中国民商》杂志正式出版发行，于老更是倍感欣慰。创刊之际，作为社长、总编辑，我专程去看望和拜访于老，他是《中国民商》的荣誉顾问。虽然年事已高，但他始终心系中国改革开放大业，始终关注中国民营经济的发展和民营企业家的成长。他寄希望于《中国民商》，真正能够履行承诺“为改革发声，为民企立言”的承诺。

为表示由衷的祝贺，于老将自己 1993 年为中国民（私）营经济研究会成立所撰写的《历史上和当前中国的私有和公有》的专文，提供给《中国民商》予以刊发。于老对这一问题的深刻理论思考和严谨的逻辑表述，超越了历史和时间的局限，不仅在当年具有拨乱反正的重要思想意义，对于当下的一些基本问题与是非争论，也具有现实的理论指导意义。

于老正是以这种特殊的方式给予我、给予读者理论的力量和思想的力量。

我深深感谢于老，也会永远铭记我们的“君子协定”。在送别于老的那天，我久久凝望着于老那智慧、宽厚、慈祥的遗照，轻轻地告诉他，假如有来世，我一定还是那个小编辑，您一定还是那个大作者，我们还是忘年交，我们还要信守我们的“君子协定”！

我所了解的于光远

徐庆全

2013 年 9 月 26 日凌晨 3 点，于光远老溘然长逝，走完了整整 98 个春秋。

27 日上午，我陪同杜导正到于老家吊唁。家中已经搭建了简易的灵堂，在鲜花丛中，遗像用的是一张于老微笑的照片。熟悉的人都知道，这基本上是于老常态的形象。

我对他的去世并不感到意外。2012 年 5 月 28 日，我和杜老曾经到北京医院去看过他。那时，他基本上处于昏迷状态，只是偶尔会有知觉。他的秘书胡冀燕大姐把我们带去的杂志在他眼前晃悠，他微微地点点头，算是知道我们来了。我才真正地感觉到，原来于光远也会老。

于光远曾经说过，活过 80 万小时就够了，再多就是赚了。他像孩子一样说："我科学地计算过，80 万小时就是 91 岁零几个月。"他是精确到几个月的。现在，他走了，"他走得突然，但很平静"——家人说。他应该是安静地离开，因为 80 万小时后他又活了 7 年。他到天国后也会笑眯眯地说：我赚了。我想。

每一个时代，都有一拨领军式的人物，或者说标志性的人物群。1978 年改革的航船扬帆起航后，潮起潮落，涌现出了一大批领军人物，于光远就是其中之一。他参与起草邓小平在十一届三中全会上的讲话；担任 10 年中顾委委员；中国经济建设和改革开放中许多重大理论问题，都是他率先或较早提出的。他是当之无愧中国改革开放的重要参与者和见证人。我在这里所记叙的，仅仅是他在党史方面的成就。

从《评所谓人体特异功能》说起

在欣欣向荣的20世纪80年代，于光远的名字在学子们心目中并不陌生。记得在大二的时候，正赶上批判“精神污染运动”，“向钱看”也被看作一种“污染”源，而且据说源头就是于光远。那时，我们正是共产主义思想高扬的年轻人，满脑子都是振兴中华的奉献精神，而且，没有钱也不知道该从哪个方向去“向钱看”，所以，我认为，于光远这种想法的确是“精神污染”，批之大概没错。

后来，认识于老后，我还特意说到当年那稚嫩的想法。他说，他其实是说了两句话的：既要“向前看”，也要“向钱看”；“向前看”是坚持方向，“向钱看”是重视生产，重视经济效益。

从那以后，就能经常从报纸上读到于光远的文章。那时，对于光远写的经济或科学方面的文章不大读得懂，也就不大读，而对于他反对“特异功能”的文章倒是仔细读。

那会儿，好像四川什么地方出了个能够用耳朵认字的“特异功能者”，报纸上大肆宣传；随之，全国各地出现了大批所谓特异功能者。在这场由耳朵认字开始的伪科学活动中，时任国家科委副主任的于光远，成立了一个“人体特异功能调查组”，调查人员走遍全国各地，对声称有特异功能的人进行了深入的调查和测试，结果证明他们全都是在变戏法。

那时年少，我和同学对这种特异功能的事情充满了好奇心，我不知道是不是真有这样的事情，但很愿意相信有这样的人和事。不过，在他与科学家钱学森的较量中，我倒信于光远，他是国家科委副主任嘛。钱学森只是一个科学家，而于光远管了很多科学家，这些科学家和他站在一起，想来他应该没有错。那时，还流传着于光远这样的“传奇”：有一位部级官员相信这种“特异功能”，亲自给于光远写信，诋毁他身边坚决反对“耳朵认字”的人。还有一位更高级别的领导人也劝于光远“少管那件事”。可于光远却说：“政府工作听你的，科学上的事不能听你的。”

后来，我特意买了一本于光远写的《评所谓人体特异功能》，算是系统地学习了一次他的著作。

在这本书里，他对“人体特异功能”的“科学基础”提出多方质疑，并对弄虚作假的行为不遗余力地揭露。他说：“那些搞伪科学的人，他们完全知道自己是在骗人，他们所谓的特异功能从来不敢在我面前表演，怕我戳穿他们。于是他们就制造了这样一种舆论，说气功大师分三种境界，‘慧眼通’‘法眼通’和‘佛眼通’，其中‘佛眼通’是最高的，因此就封我了一个‘佛眼通’。说我具有比一般气功大师更高的功力，有我在场，他们的各种功能就消失了，眼前只有金光一片。其实我没有任何特异功能，我只有一通——通晓科学精神、通晓任何伪科学都是有意识骗人的邪说。我是科学工作者，只懂得坚持科学精神，维护科学尊严，任何伪科学在我这里是通不过去的……”

于光远把对手逼到墙角上了，连对手都不得不先恭维他一番——“具有比一般气功大师更高的功力”，可见，于光远肯定是正确的。

初次拜见于光远

真正得以拜见于光远，还是在10多年后的1996年4月。那时，我所在的《炎黄春秋》杂志社的副社长方实和于光远在延安是同事。他告诉我，于光远正在写历史回忆文章。我们已经刊发了他写的回忆北平沦陷前后的文章，他还在写北平《解放》报的历史。方老让去看看于光远，看是否需要记录或者干点整理的小活。我如约去了史家胡同8号院于光远的住所。见到了于老的秘书胡冀燕，我才知道她是原河北省副省长胡开明的女儿——胡开明在毛泽东大力提倡人民公社时却提出要进行“包产到户”，被毛泽东认为是“胡”开明，女儿也如此了得。在座的还有去看望于老的宋廷明。

我那时刚刚开始学习研究党的历史，见到这样一位历史的亲历者很兴奋。于光远先生很健谈。他谈到很多他自己亲身经历的而我却不知道的。那时，于老在写两篇大文章，一篇是应《忆周扬》编辑组的邀请，撰写回忆周扬的文章，这恰恰是我正感兴趣的话题。当然，我也提到因

为周扬的报告而引发的清除精神污染运动中对他的“向钱看”的批判问题。另一篇是写作关于八大历史的文章。这一年是八大召开40周年，而他当年是八大代表。他说，他老了，愿意就亲身的经历写点历史方面的文章。我第一次知道作为经济学家、哲学家的于老，还在研究党的历史。

我当然积极约稿，于老也答应给我们写稿。那次，我也有个意外的收获。宋廷明告诉我，他也写了一篇回忆周扬的文章，本来是拿来让于老提意见的，我就顺手拿走，以《周扬晚年的悔悟》为题刊发。

我虽然拜见了于老，但后来并没有跟他走得很近，也没有机会再去跟他约稿，因为这年的下半年我就去参与《百年潮》的创办。这个刊物是中共中央党史研究室主管的，刊物的领军人物是原来的副主任郑惠。协同郑惠工作的韩钢、杨奎松等兄长，都是党史大家，学识广博，联系面也很广，轮不到像我这样半路出家的人去约稿、去采访。所以，那时，我只是知道，刊物刚刚准备创办时，郑惠就带着韩钢一起去见于光远——郑惠和于老在中宣部和国务院政研室两度共事，彼此都熟悉。

《百年潮》1997年创刊，这一年2月，邓小平去世。郑惠带着韩钢去找于光远约稿。记得韩钢兄回来后非常兴奋地说，他们在于老那里发现了一件宝贝：邓小平在1978年中央工作会议闭幕会讲话的提纲手稿。这篇讲话，就是被称作“新时期宣言书”的《解放思想，实事求是，团结一致向前看》。以往，人们想当然地认为这个讲话是胡乔木起草的。可是，这份提纲提供的史实是，讲话是由胡耀邦、于光远组织起草的。这应当是一个重要的发现。难怪郑惠和韩钢都兴奋得不得了。韩钢兄根据这个提纲和于老的回忆，写了一篇稿子登在《百年潮》上，引起了巨大的反响。

那时，我很想饱饱眼福，亲自看看这份提纲。我负责编辑事务，就以复印件配图不好为借口，自己跑到于老家拍照。于老夫人从内室拿出一份透明塑料夹子，然后抽出微微发黄的16开白纸3页，提纲是用铅笔写的，字体潇洒流畅。邓小平的提纲约500字，共列了七个方面的问题：一、解放思想，开动机器；二、发扬民主，加强法制；三、向后看为的是向前看；四、克服官僚主义，人浮于事；五、允许一部分人先好起来；六、加强责任制，搞几定；七、新的问题。首页左侧“对会议评价”一句被勾到了最前面。

我都拍照下来，配发图片后，就作为资料自己留藏了。

此后，于光远开始系列写出党史研究的回忆文章，因为郑惠的关系，大多都在《百年潮》发表，直到2000年郑惠辞职，他的文章才转到《炎黄春秋》上来；而那时，我也从《百年潮》回到了《炎黄春秋》。于老不仅担任了我们的特邀编委，而且从此成为关心我们刊物的一名积极分子。

于光远的“身份写作”

2005年，在于光远90寿辰的纪念会上，曾经在中宣部于老手下的著名学者龚育之，作了一篇“祝寿词”。他说：“于光远的一个特点，是学识广博。他的学识渊博，又不是通常人们所称的学贯中西或学贯古今，而是学贯两科，学贯自然科学和社会科学这两门科学。他担任的学部委员，属于哲学社会科学，但他的根底，却是在自然科学。”

1934年，于光远从大同大学转入清华大学物理系三年级，与钱三强同班。1936年，导师周培源去美国普林斯顿大学讲学，将于光远的相对论毕业论文交给爱因斯坦，这篇本科生的论文，爱因斯坦竟然给予了指导意见。如果于光远继续从事理论物理研究，成为杰出物理学家基本上没有悬念。不过，于光远对政治的兴趣，很快超过了学术。他参加“一二·九”运动，加入中共，奔赴延安。一到延安就得到毛泽东赏识，安排他做马克思主义中国化的工作。于光远很快成为马克思主义理论学术权威，沿用几十年的教科书《政治经济学（资本主义部分）》就出自他和苏星的手笔。后来于光远总结说：“通过对马克思主义著作的学习和对社会科学理论的钻研，自然而然地又成为了一名社会科学工作者。我的学术兴趣和研究经历展现了我在学术研究方面的一个特点，即兼跨了自然科学和社会科学两个领域，但研究兴趣在不同时期又各有侧重。”

我对自然科学一窍不通，对于于光远在这方面的贡献，除了对他反对“伪科学”和“特异功能”了解一点外，其他方面自然也不知道；而对于他在社会科学方面的贡献，也就只是对于他对党史的研究略知一二。

1998年，改革开放20周年，《百年潮》又向于老约稿。于老参加了十一届三中全会前的中央工作会议，又列席了三中全会，是这个历史事件的亲历者。作为当事人，他不仅参加了会议，而且亲历了一般与会者不曾经历的一些事情，比如，起草前述邓小平的讲话稿，致信叶剑英对他的讲话稿起草提出建议。在郑惠和韩钢的“压迫”下，于老写出了10万字的长篇回忆文章。《百年潮》分两期连载部分内容，又在组织编辑的《改变中国命运的41天》书里全文收录。当年回忆三中全会的文章，恐怕属这篇最详尽，篇幅也最长。此后，于老在这个稿子的基础上，写出一部20万余字的著作《我亲历的那次历史转折——十一届三中全会的台前幕后》，也在当年出版，是迄今为止有关这次全会最系统的回忆录。

2001年7月，于光远参加《炎黄春秋》杂志社10周年的活动，我带着这本书请他签名。他问我对这本书的看法，非常谦和的样子。我当然赞赏有加，是很由衷的那种。不过，闲聊的时候，我倒是说了一点自己的感想。我说，于老这本书应当是“身份写作”的标杆。

“身份写作”，是我自己发明的一个词，冀望依此能够与“回忆录”相区别。读了很多的回忆录，读了很多的传记，你就会发现，大多数的回忆录都存在着有意的或无意的“自我放大法”。所谓“有意的”，是回忆者高寿，与其一同参与这段历史的人作古，他可以信口开河，将功劳揽在自己身上，反正死无对证；所谓“无意的”，是因为记忆本身是靠不住的，一般人回忆往事，记忆会不自觉地向有利于自己形象倾斜，将功劳倾斜到自己身上的事情很常见。不管是“有意的”还是“无意的”“自我放大法”的出现，都是因为回忆者有在场的“身份”而没有“写作”的功底——没有能力通过历史记录来甄别自己回忆的东西的准确性，当然也就更没有能力从历史和思想高度上来总结自己所经历的一切。这种东西只能称之为“回忆录”。

而读于光远的书却不同。于光远兼有双重身份：有历史在场者的身份，他又是研究者。他本身就是一位党史人物，是诸多历史事件的在场者。从1935年投身“一二·九”运动到耄耋之年，于光远经历了中共在这个时段里所经历过的风风雨雨，或置身历史的潮流，或侧身“漩涡的边缘”，有时还身处“漩涡”之中。这样的经历本身就是活的历史，一般研究者是没有的。因此，他关于党史事件、人物的回忆和叙述具有独特的学术价值和阅读魅力。于光远又是学者，本着科学的精神，他对中共党史作了透辟的观察和深刻的分析，提出许多独到的见解。更可贵的是，他写作这本书，在充分发挥严谨的文字能力的同时，融入了史学的甄别功底。他说过：“我的不少文章就主要凭自己的回忆写成的，可是即便本人记得很清楚，我还是要努力去找有关的文字材料，和去找知情者共同回忆。这样，既可以使写出的东西更准确些，也可以使自己更放心些。”简言之，他的“身份”——现场回忆内容——仅仅是线索，尽管他也有意识地为历史作证，为后人留下这个大时代的宝贵记忆，而文字记录和走访知情人相互参证的“二重证据”——这是王国维在1925年提倡的历史研究法——则丰富了回忆的内容，并依此勾勒出那场改变中国命运的中央工作会议和十一届三中全会可信的场景。

对于我生造的“身份写作”这个词，于老倒也不反对。他笑眯眯地说：你可以写文章来阐发你的这个观点。

于光远的“故纸堆”

于光远的关于党史方面的著述，除了公开的文献外，大多是靠自己保存的史料写成的。我去于老家，看过他洋洋自得展示的一些他保存的资料——每当此时，他就像一个孩子炫耀自己心爱的玩具一样。他说，这是多年来养成的习惯。最初是受到郭沫若启发。“文革”前他在同郭沫若的工作接触中，发现郭沫若对许多过去的事情记忆很细，有些时间地点都记得清清楚楚。问其原因，郭沫若说自己保存有个人档案。多年来，于光远也形成了保存个人档案的习惯。在回忆和研究党史史实时，他非常注重利用个人档案。前述关于1978年中共中央工作会议和中共十一届三中全会的回忆，于光远就充分利用了个人保存的资料。书中介绍的许多史实，为一般人所不知。

于老不仅自己注意保存史料，而且倡导发表和利用个人手中保存的史料。1999 年底，《炎黄春秋》杂志社请他担任“特邀编委”，他很高兴地答应，并谈了关于杂志以及党史研究方面的看法。他说：要研究历史，首先是要存史。我有这样的习惯，我觉得也会有人有这样的习惯。你们杂志要认真地进行发掘，将这些原始的资料在刊物上公布，以利于研究者进行研究。至于设定什么栏目，你们可以考虑。后来，他看我们一直没有动静，2007 年 7 月，他很认真地给我们杂志写过一封信，甚至连栏目的名字都想好了，叫“故纸堆”，专门发表当事人保存的各式各样的史料。我们实在觉得有些不好意思了，马上开设了这个栏目，一直沿用着。

于光远的历史观

也是在这次谈话中，我们请他这位新任“特邀编委”对本刊读者说几句话，以作为新世纪（那时，似乎认为 2000 年就进入新世纪了）寄语。他很认真地进行了准备，并写成文章发表在我刊 2000 年第 1 期上。

于老在寄语中阐述了“写历史，读历史，对待历史的基本原则：‘崇尚真实，崇尚独立’这八个字”。他说：“历史本来就是对过去的事实的记载。写历史必须真实，理应如此。”“道德不依靠强力，但强力却可以阻碍按照道德行事。古今不乏强力干涉、不许真实地写历史的事例，因此崇尚真实与崇尚独立不可分离。历史可为婢女，实用主义者如是说。然为马克思所斥。向后看为的是向钱看，就是用真实的历史的经验和教训，教育来者，不重犯或少重犯历史上犯过的错误。千万不要忘记过去，忘记过去就把握不了未来。”

“千万不要忘记过去，忘记过去就把握不了未来。”是于光远晚年常常爱说的一句话，这是从人们熟知的列宁的一句话“千万不要忘记过去，忘记过去就意味着背叛”套改过来的。于光远并告诉大家，这话在《列宁全集》上没有，是出自苏联的一部话剧《曙光照耀着莫斯科》。我认为，这可以看作是于光远的历史观。

党史专家韩钢对于光远的历史观很重视。他分析说：这个“修改”强调了“过去”对“未来”的意义。“过去”当然就是历史。于光远认为，历史上发生的许多事情是随着时间的推移逐渐在人们的记忆中淡化的，这种不可避免的、自然而然的淡化是一回事，通过历史研究和历史教育使得不该过分淡化的东西淡化得慢一些又是一回事，而有意使某些历史事实在人们头脑中淡化起来则又是另一回事。历史上的有些东西在现实生活中还在起作用，而且是在新的条件下起作用，也可以说事实上并没有淡化。他主张该淡化的东西就让它淡化，不该淡化的还是通过历史研究和历史教育让人们记得牢固一些。他说：“人是不能不懂得历史的。一切科学判断都是从历史研究中总结出来的。就是当前现实问题的研究，考察的对象也都是过去了的东西，是发生在此时此刻这个时点以前的事件，严格说来也已经是‘历史’。而离开现在较远的那些历史，因为有的可能是后人所不知，更有对之进行历史研究、历史教育和做好历史传播工作的必要。”这话说得多好啊！其实，主张“淡化”历史的人，真实的意图在于“淡化”历史上的失误。然而，历史上的失误不是想“淡化”就“淡化”得了的。古往今来，那些企图掩盖历史、淹没历史、歪曲历史的人，无论做得多么巧妙、多么冠冕堂皇，即便能得逞一时，却总是被钉在了历史的耻辱柱上，而历史的真理尘封再久，最终都显露了它的光芒。

于光远的两次寿辰

于光远做过几次寿辰会，我不知道，我参加过的有两次，一次是他的 90 寿辰；一次是他的 95 寿辰。

2005 年 7 月，在于光远的 90 寿辰暨学术研讨会上，他发表了一篇“九十感言”的演说。他说：

> 我是个科学工作者，习惯于科学地思考。科学思考的要领，一是实事求是，二是对具体事物做具体的分析。对自己当然也要实事

求是地做具体的分析。我满 90 岁了，真的老了，不再是 50 岁的人了。90 岁的人不可能没有病。不过，总的说来，我脑子可以，既不痴呆，也不糊涂，勉强可以接受“才思敏捷”的赞扬。文章一篇一篇地写，书一本一本地出版。不过自己心中有数，写作已经有力不从心的现象。不过能够做到这样程度，自己应该满意，何必自己同自己过不去？我是一个忙惯了的人，现在每天依然忙碌，并从中享受许多乐趣。“闲情”是一种愉悦的心情，正所谓人们常说的“闲情逸致”。我把自己这种喜欢忙碌的状态称为“忙情”。我想这种忙碌对于保持自身一个好的精神状态是很重要的。关于我的寿命，我自己有一个奋斗目标：“愿寿长八十万小时”，并且我用这个题目写过文章，发表过“宣言”。我写道“长命百岁的人有，但罕见。活到九十一岁又九十五天的人，如果还能做点工作，生活还有点乐趣，就可以算是理想的了。愿寿长八十万小时！现代人生活节奏加快，以岁月计，失之过粗；以分秒计，失之过细，以小时计，我意最为适宜。”可见余之忙情一般。我这个人言行不一，一方面口讲、笔写许多关于“休闲”“玩”的文章，一方面又成天地“忙”。

演说最后，他说：

现在你们恐怕看不见我在为年龄而发愁，因为我一直努力保持一个年轻人的精神状态。而年轻人是不会为他的年龄发愁的。我当然是一个彻底的唯物主义者，但是我主张可以有幻想。俄国民主主义的先驱者皮萨列夫在谈到幻想和现实之间的不一致的问题时写道：“有各种各样的不一致，我的幻想可能赶过事变的自然进程，也可能完全跑到任何事变的自然进程始终达不到的地方。在前一种情形下，幻想是丝毫没有害处的；它甚至能支持和加强劳动者的毅力……”在心不老方面，幻想也是一条，我要的就是这样能支持和加强自己毅力的幻想。因此，最后讲这样 12 个字，“我追求！我坚持！我执着！我成功！”

老人说这最后12个字的时候，在场的人仍然能够感觉到他的底气，他的力量。他赢得了满堂的喝彩声。

于光远也践行了这12个字。别的不说，就说他写文章的事情。我做了粗略的统计，2006年到2008年，于光远给我们《炎黄春秋》写的稿子就有六七篇，5万字的篇幅。

2010年7月3日，于光远95寿辰宴会举行。过了5年，于老显然有些老了，不过，他坐在轮椅上依然很精神，对于来出席宴会的老朋友，他也一一认得。他已经不能够像90寿辰那样发表演说了。他只能在别人递过来的麦克风前说句谢谢大家，感谢大家。

2011年，于光远中风住院，再也没有能够从医院出来。

2012年5月28日，我和杜导正一起去看望老人家。相比一年前的祝寿会来说，他已经基本上处于沉睡状态。看到我们来了，胡冀燕把他叫醒。他在努力地挣扎着自己的意识，偶尔会向我们眨眼示意。

我很感动，陡然想到了他在90寿辰上说“我追求！我坚持！我执着！我成功！”的神态。我相信，此时此刻，他一定在心里默念这12个字，努力鼓励自己睁开眼来！

多么不屈的老人啊！

如今，斯人已逝。我们纪念他，实际上也是对他参与的那个时代的追忆和缅怀。因为在那个时代里，于光远写下了精彩的人生；而那个时代也因为有了于光远这样的人而添加了精彩的成分。

（作者为《炎黄春秋》副总编辑）

30年前的一桩公案使我有幸走近于老

杨干贤

2013年9月28日，我们中断旅游行程，从衢州动车回上海，29日飞赴北京，30日清晨又急急赶往北京医院，一路行色匆匆，只为能见上于老最后一面，能送上于老最后一程。在八宝山为于老作最后送别的亲友中，虽然我称呼于老为伯父，其实我们没有血缘关系，有幸能认识和走近于老，得益于30年前一件罪与非罪的公案。

1984年，公案当事人的我，因为帮助浙江台州一家濒临倒闭的只能生产塑料加工的民营企业，引导他们直接生产变色唇膏投放市场而起死回生。期间，因帮助他们解决了生产的技术问题和销路问题，收受了企业给予的4050元推销费而获刑两年，缓刑两年的定罪。鉴于当时经济领域的严打形势，我不敢上诉，后来因为于光远先生和杜润生先生发表的不同意见，3个月后，我被宣布撤销案件，又退还2000元作为我的劳务所得而结束此案。最高人民法院以后又把此案作为案例，供各级法院在审判工作中参考（详情可见1988年11月1日上海市出版的《企业与法律》中的案例介绍）。

人生之路往往是一步之差而造成十万八千里的距离，也因为这一步之差，我没有跌入人生的深渊而得以从此迈开新生。无罪释放后我辞去公职，前往浙江台州市进行化妆品生产和全国推广，及至1988年初我赴日求学时，当地化妆品生产小企业已多达百家，成了义乌小商品市场化妆品的主要供应地。1994年我又从日本返回国内进行第二次创业，与复旦大学电子工程系及上述化妆品生产企业合作，研制开发出中国第一台电脑座便器，于1997年成功定型，并获得1998年科技部的国家级新产品奖。由此在当地催生了一大批电脑坐便器的龙头企业。“浙江星星便洁宝有限公司”“浙江维卫电子洁具有限公司”“浙江特洁尔智能洁具有限公司”等几十家电子洁具生产产业链，相关从业人员上万。方兴未艾，将近20年了，虽然我已过了法定退休年龄，仍在从事这方面的工作，老有所乐。

1994年，我开始写信给于老，汇报自己在日本学习和工作的情况，我一个青年学生，于老是全国知名的学者高官，又素未谋面，当时我这种诚惶诚恐，忐忑不安的心情是可以想象的。即使让秘书写个回信也是完全正常的，但于老亲笔回了信，这种平易近人，毫无官味的书信，让我感觉是和一个家族中的长者在对话，这让我没有一点拘束感，畅所欲言。这首先颠覆了长久以来我对官场的一个片面认识。也正是于老的鼓励，两个月后，我安顿了妻子，踏上了回国创业的路。

回国以前，我在日本购置了一套音响，想让于老在空闲时间可以自娱自乐，也满足自己长久以来感恩的心理需要。音响运到北京以后，才让于老得以知晓，于老宽厚，平和地接受了。谁知3个月后，于老夫妇到上海见我，于伯母送还一个厚厚的信封在我手里，“你的心意我们领了，你创业需要钱，好好做人，好好创业”。于老夫妇笑容可掬却平和地让你无从解释和推辞。因为我一厢情愿的鲁莽，造成了于老夫妇无从选择的购买，整整16900元人民币，分文不差。此事让我内疚自责多年，并自愧与君子交往中自己身上的鱼鸭之气。

慈眉善目，声名如雷，已足够使人尊敬，而于老的以理服人，以才服人，以德服人更是让人内心折服，每次谈话，都是人生智慧的一次学习。2009年那次见面，要不是亲眼看见护理人员把于老整个抱起，扶直坐正，都很难让人相信一个94岁的坐在轮椅上的老人已经和我一个小人物交流了两个多小时。再不赶紧告辞，他肯定还会和我交流下去，于心不忍啊！多么想再多聆听一下老人家的教诲啊！95周岁大家为于老庆生那天，我说：“您老还在出书，令人敬佩”。于老答道：“数量多于质量。”我妻子说：“您老可以活过百岁。”于老笑答：“我是科学家。”一贯的谦和，一贯的清醒，很难让人相信这是一个95岁老人家的思维。那次见面，于老还拿出一个文件夹，对我说：“这是你的书信，我保存着”。这让我受宠若惊，我顿时醒悟，于老在观察我有否进步。

和我们合影留念时，伯父居然还伸出两个手指，表示V字的胜利，多么可亲、可敬、可爱的老人家啊！每次见面，于老都要赠书给我，并亲笔签名，以示郑重，他是希望我要好好学习。是的，从于老的身上，我懂得了学习的重要性，我会把此作为座右铭，伴我终生。“壮而学，如再生，老又学，死亦生。”

苍天有情做缘，人间无意鬓白，转眼30年过去了，我也成了一个家庭的长辈，也成了一个创业故事的主角。因为经历，对人生和社会的认识从未像今天这样成熟和自信，风风雨雨几十年后再回过头来审视自己这一路走来的人和事，特别是和于老的交往，对我以后人生的影响是很大的。当初怀着感恩的心情慕名而来，却为自己的生命找到了一个真实的人生坐标，内心的向往和追求在与现实生活的混浊交会中抗拒挣扎，这个过程是我个人成长和心路成熟的一个过程。在对于老从感激、钦佩到敬仰的过程中，潜移默化，润物无声。

离开八宝山时，心空空若有所失，社会进步发展已经清楚地印证了于老当年的许多主张，我即是例证之一。当我们离“贫穷落后，愚昧无知”这条恶性循环链渐行渐远的时候，我们时时都感受得到于老的智慧、责任和良心，怎能让我们不想念他啊？

于老永远活在人民心里。

于光远与海运的点滴往事

姚亚平

2013 年 9 月 26 日凌晨 3 点，于光远溘然长逝，走完了整整 98 个春秋。

每一个时代每一个领域，都有属于它的标志性人物，作为新中国成立后第一批经济学家，于光远被公认为是 34 年前掀开的改革开放新篇章中的一个标志性人物，是中国当代历史极其重要的见证者和参与者。

近期，社会各界人士纷纷撰文纪念于老，笔者也想借此回忆于老对海运的关注以及对《中国远洋航务》（以下简称“本刊”）杂志的厚爱与支持。

海运的远大前途——“万岁”

早在 1999 年，本刊记者曾就航运业如何应对东南亚经济危机后的竞争格局问计于老。已 84 岁高龄的于老坦率地告诉记者，“我对海运不是很熟悉，没有专门研究过，我不能发表什么意见，你们可以找一些资料研究研究，提出一些问题。例如，现在散货运输和集装箱运输在海运中的比较，哪一种运输方式占的比重更大一些？粮食、矿石、煤炭、石油运输在新世纪将是个什么状况？价格、运量、效益比怎样？都应好好研究。我是太平洋学会会长，将来也可以组织研究海运的问题”。

在听记者简单介绍完世界航运形势后，于老指出，“空气和水是自然的，这是优势。铁路修路铺轨投资很大，再说中国和美国之间没法修铁路，大陆桥的运输时间很长，费用也不低，海运和空运的市场前景仍然很好，空运发展会很快。但是，像粮食、矿石、煤炭等物资，还是要靠海运”。此时，老人家停住话语，似乎在沉思。而后眉角稍扬，放大声音说了一句：“海运万岁”！当时同去的3人都被这坚定的声音震撼了。“你们要把眼光放远一点，现在新的世纪就要到了，下一个世纪海运业的发展趋势怎么样？在世界物流总格局中，处在一个什么位置？这是要研究的问题。航空业的发展，会给海运业带来很大的冲击，我寄国外的东西都是航空，运费虽然贵一些，但速度快。有很多货物将来会采用飞机运输，价格昂贵的、高精尖的。今后的船舶速度要更快，才能与空运竞争。”

当记者告知中远等航运巨擘已在研究开发高速集装箱船时，于老欣慰地表示，“这样的话，海运在新的世纪才有发展，不论怎样，海运万岁！这没错!”

20世纪90年代末，航运业刚经历过东南亚经济危机的洗礼，航运企业出现大规模的兼并现象，市场竞争日趋激烈。而在国内，受航空运输以及高速铁路、高速公路迅猛发展的影响，航运业面临严峻的挑战，航运、港口、造船等企业的经营压力巨大。如何发展高速海运，以适应国民经济发展的形势，成为行业关注的焦点。彼时，于老以经济学家的大智慧、方法论学者的犀利眼光提出的“海运万岁”观点，使当时正处于低潮的中国航运界为之振奋。犹记得一位航运界德高望重的老领导、老前辈曾在大会上手举刊有于老访谈内容的杂志，兴奋地向从业者提出：“航运企业应思考跨世纪问题——在世界物流总格局中确定自己的位置”！

“不但要关注物流，还要关注人流”

进入新世纪的第一年，本刊敏锐地捕捉到现代物流业将对国民经济产生重大影响。为此，本刊联合相关行业组织连续4年举办了中国国际物流高峰论坛，期间得到了于老的关心与支持。特别是在2002年第三届峰会上，87岁高龄的于老坐着轮椅亲临会场致辞，与海内外业界人士交流观点，不仅使我们杂志同人深受感动，也感动了在场的所有代表。当他致词完毕，大家起身，以热烈的掌声表达对这位老经济学家的崇高敬意。

记得于老在峰会开幕式的即席发言中提出："现代社会的特点就是流，流得快、流得远、流得好。在规划物流发展时，要考虑发展临海工业、临空工业、临江工业等有物流需求的配套产业。"他并指出，在研究关注"物流"的同时，还要关注"人流"。

于老举例自己两次坐海船的经历，说明海运不但可以使物资流通畅快，还可以高效输送客流。"我小的时候，用轮船进行旅客运输还是很多的，有很多大客轮像电影中的'泰坦尼克号'。不过我所坐的船都不大，我看最大的也不过几千吨。而现在，我们的船越来越大了，我们国家已能自行设计建造30万吨的超级巨轮了。经济在发展，社会在进步，我注意到，现在坐船已变成旅游项目了，这个变化应该研究。"于老当时就提醒业界应关注邮轮业的发展趋势，以及对港口带来的经济带动作用。"我企望着有一天能登上一艘现代化的大船，再次体验坐海船的乐趣。"说到这里，他的眼神中不禁流露出孩子般的憧憬。

"做一个耄耋年轻人"

"我想做一个耄耋年轻人"，这是已度过米寿的于老在贺年信中的心声。虽然年龄在不断增长，但于老的思维与创造力仍然像年轻人一样，每天笔耕不辍。作为经济学家，在写作之余，于老还关注国家经济和社会发展的方方面面。一篇"海运万岁"结下了本刊编辑记者与于老的"忘年"友谊。于老关心远洋运输发展，对本刊成长寄予了厚望。每年年底于老都要写一封贺年信，向亲友们描述本年的工作和生活，以及来年自己的一些打算。

从这些厚厚的贺年信中，我们了解到，于老无时不思、无日不写，他可以在飞机上甚至在汽车上写作。在离开领导岗位后，他变得更加忙碌，每个月出差两三次，每次跑好几个地方，这种状态一直到90岁患脑血栓之前。我们了解到，在他85岁生日时，开始学电脑，也正因为使用电脑，启发了思考，写出了《我的"四种消费品理论"》。而让他唯一遗憾的是，他的手稿从此绝迹了。我们还从他写下的这些平实的文

字中了解到，他以怎样的乐观豁达来对抗疾病的，是怎样做到“身老心不老”的。

有人称于光远是“大玩学家”，因为他对任何事物都充满了孩子般的好奇心。他是世界麻将组织的主席；他提议召开“流行歌曲歌词的文化评论”研讨会；出访欧洲时他大讲特讲苍蝇对人类的贡献……20世纪90年代初，他住进了医院，无法继续从事经济学研究，转而写起了散文、随笔，重拾自己当初那“可爱的文学细胞”。

他还收藏了2000多个铅笔头，拉开抽屉，铺得满满当当。这些都是他十几年写作用剩下的。“花花绿绿很好看。”他说过的话犹响在耳畔。

如今，于老已驾鹤西去，但他的音容笑貌与精神将永远留存在我们的心中！

（本文原载于《中国远洋航务》2013年第10期）

无限的思念　永远的恩师

殷登祥

于光远老师是我最敬爱的恩师。他的一生是革命的、传奇的一生。他把自己毕生的心血和智慧献给了多灾多难的中国人民的解放和建设事业。他的业绩和思想熠熠生辉，彪炳千秋！

我作为他的研究生，半个多世纪来，有幸受到于老师慈父般的关爱。没有于老师就没有我的一切。每当我取得一点成绩时，就会想到于老师平时的教诲和培养；一旦我遇到困难时，于老师的形象就成为鼓舞我前进的力量。每年春节和于老师的生日，我和同学都要去于老师家，尽情享受师生欢聚的快乐。现在，于老师走了，我再也看不到于老师了，我感到无限的悲哀和惆怅！一件件往事，鲜活地浮现在我的脑际。于老师啊，我好思念你呀！

一、罕见的机遇

人世间充满着各种因缘际会。回顾我的人生，在大千世界的茫茫人海中，在一个稍纵即逝的时刻，突然成了于老师的研究生，是个可遇而不可求的千载难逢的机遇。机遇蕴涵着必然的因素，是为有准备的人预备的。因我早就对自然科学的哲学问题感兴趣，使我得以在不经意间抓住了这个机遇。

20 世纪 50 年代中期，我在江苏省南通第一中学高中求学时，在“向科学进军”和实现“四化”口号的感召下，受到爱因斯坦和居里夫人榜样的影响，我的理想是学好数理化，成为一名原子物理学家。但在学政治课时，于老师和胡绳、王惠德合编的教材《社会科学基本知识读本》，使我受到了哲学社会科学基本知识的启蒙教育，第一次知道了于老师的名字。我是历史课代表，历史老师顾正林推荐我在暑假中阅读《自然辩证法》和《反杜林论》两本书。我虽然读不大懂，却初次接触到自然辩证法，并知道于老师是《自然辩证法》一书的译者之一。临毕业填高考志愿时，我本来填了物理系，但对我有特殊影响的语文老师罗言武说我的抽象思维能力强，应该报考作为自然科学与社会科学概括和总结的哲学。就这样，我又从物理系改填了哲学系，并幸运地被北京大学哲学系录取了。

在燕园5年的本科生活中，我是冯友兰先生讲授的《中国哲学史》和《中国哲学史史料学》的课代表，在冯先生的言传身教和耳濡目染下，对中国哲学史产生了浓厚兴趣，后来又在黄子通教授的指导下撰写了《论孔子的礼与仁》的毕业论文。但与此同时，我的心又被当时的新兴领域自然辩证法吸引住了。哲学系自然辩证法教研组的一批朝气蓬勃的青年教师，如孙小礼、黄耀枢、程为昭、傅世侠、李挺举等，一个接一个出现在《自然辩证法》的课堂上，形成了一道亮丽的风景线；他们贴近我们思维特点的、生动的讲解激发了我对自然辩证法的强烈的求知欲。

听有的年长同学说，于老师和冯定是我们党内两位最著名的自然辩证法专家。我读过冯定老师的《平凡的真理》一书，其中他运用丰富的自然科学特别是脑科学知识深入浅出地普及了马克思主义哲学原理。奇怪的是，读后竟使我对课堂上学过的深奥哲学著作中的一些难点，突然好像懂了。对于老师，我在中学时期就有深刻印象，这次上《自然辩证法》课，有机会深入系统地阅读他与曹葆华、谢宁合作翻译的恩格斯著《自然辩证法》一书。该书是写于19世纪后半期的未完成著作，对它的研究基础薄弱，是个新领域。在学习时，我遇到了许许多多“拦路虎”，深感自己在科学技术特别是科技史，以及马克思主义哲学和西方哲学史方面的素养欠缺。这反过来又使我不得不佩服于老师当初在决定翻译这样一部横跨自然科学与哲学社会科学的艰深巨著时的理论勇气、学术责任感和渊博学识。

后来我又断断续续了解到，于老师是一位在民族救亡的“一二·九”

运动中投身革命、后又入党的革命者。早在延安时期，他就积极学习和研究自然辩证法，推动建立自然辩证法学术组织。新中国成立后，他努力把自然辩证法的学习和研究推向全国，并参与领导制定了《自然辩证法（数学和自然科学中的哲学问题）十二年（1956—1967）研究规划草案》，促进自然辩证法的建制化，使自然辩证法成为实现“四化”的强大理论武器。

在我的心目中，于老师是我国自然辩证法领域的权威和领军人物。1962 年大学临近毕业时，得知于老师和龚育之老师要招收自然辩证法专业的研究生，我既激动又兴奋，迫不及待地到系里报了名。等我冷静下来，却又有点担心：这样的新兴前沿学科，又是于老师这样的名师招生，竞争异常激烈，我能考取吗？但我想“精诚所至，金石为开”，通过奋力拼搏，也许能打开自然辩证法殿堂的大门啊！

考试包括笔试和口试两部分。笔试主要考自然辩证法、自然科学基础和外语三部分。在大学期间，我系统学习了自然辩证法专业课。在自然科学基础课内，我学了数学系聂灵昭副教授讲授的高等数学专题课、生物系沈同教授讲授的普通生物学专题课和其他教师讲授的普通物理学和普通化学专题课。我的俄语课成绩优良，曾读过俄文版《马克思主义哲学原理》。我自感笔试的把握较大。至于口试，不知老师会问些什么问题，我心里一点底都没有，只有临场发挥，听天由命了。后来，我果然顺利通过了笔试，进入了口试的名单。

口试那天，碧空如洗，阳光灿烂。哲学楼前的花圃里，鲜花盛开，争奇斗艳，蜜蜂嗡嗡地在花丛中飞来飞去。于、龚两位老师准时来到哲学楼一层的两个小教室内。我怀揣一颗忐忑的心，按口试地点推开其中一个教室的门。只见老师坐在靠窗的课桌旁，正聚精会神地翻阅着桌上的一叠材料。他应声转过身来，对我亲切地微微一笑，用眼神示意我坐到他身旁的一把课椅上。老师的平易近人，让我的紧张感顿时松弛下来。老师气质不凡，儒雅潇洒。方脸盘上架着一副棕色边框的眼镜，深邃的目光，透着哲人的灵性和睿智。精力旺盛，神采照人！老师年近半百，我断定他不是青年导师龚育之，而正是我深深仰慕、久已想见的于光远老师！

于老师在问过我哪里人，多大岁数，为什么报考自然辩证法研究生的开场白后，就连珠炮似的提问：有活性的结晶牛胰岛素的科学和哲学意义？什么是数理逻辑？模拟计算机与电子计算机的区别？量子力学和相对论的哲学含义？科学与玄学的争论是怎么回事？中医是不是科学的？佛教何时传入中国？在地质学中莱伊尔和魏格纳各提出了什么学说？等等。于老师要求我尽量用简洁的话来回答。北大哲学系经过1953年的院系调整，哲学系集中了全国最优秀的教师。我经过他们5年的苦心培养，回答这些问题并不难，难就难在“精”和“快”上。一个问题我刚答几句，就被于老师打断转到下个问题。我无法思考，疲于应付。于老师就用这种精心设计的口试方式来检验我的知识素养、广博程度和反应能力。

正在我们师生俩紧张地一问一答时，发生了一件离奇事。那天很热，我看于老师水杯内没水了，就拿起暖瓶给续了水。一会儿于老师端起杯子，张开嘴准备喝水。这时，突然一只蜜蜂，从楼前的花圃内，穿过窗户，直飞进于老师嘴内。只听于老师“啊”的一声，从嘴里吐出一只蜜蜂来。水杯从手里滑落到桌上，水溅了一地。于老师被蜇，疼得脸色有点发青。我惊得手足无措，结巴着问于老师是否去校医院看看。只见于老师向我挥了挥手，静了片刻，就让我接着口试。

于老师是个奇人，一生遇到过许多奇事。他曾对我们说，在抗战时期，衔命从北平去石门市（今石家庄市），途中遭日寇坦克碾轧，他竟在履带之间的缝隙中幸存下来。蜜蜂蜇舌只是奇事之一。其概率大概只有万分之一甚至百万分之一。于老师对这件奇事念念不忘。“文革”后专门向我求证过，在自传和记者采访中多次提及此事。在晚年每次见到我几乎都要说这事，即使卧床不能说话，也要对我张嘴指指舌头。他曾自我解嘲说，这是因为他向毛主席反映了农业部的问题，农业部就派蜜蜂来蜇他的舌头。我后来揣测也许这是于老师在用这话隐喻“祸从口出”，要“讷于言”吧？但于老师生性开放豪爽、仗义执言，要他“讷于言”无异于缘木求鱼。

我给于老师重新续了杯水，他喝了几口润润嗓子，又开始提问。他好像在思考着什么似的问：你知道“最高等的”植物是什么吗？我茫然不知所答，没想到于老师会问出这样生僻的问题来。后来我曾问过北大生物系的学生，他们也回答不出来。有次我干脆当面问了于老师，他笑着说，你查查看，是不是一种菊花啊。原来于老师对自己提的问题也没有标准答案。时间长了，我忽然悟到，这也许是个不能回答的虚问题，否定问题本身才是正确的回答。世界上本没有什么“最高”“最好”的东西，我们只能不断创新，做得“更好”，攀得“更高”。这大概是于老师给我出的一道哲学思考题吧？

紧接着，于老师问我在学哲学时遇到过什么难题？我说最让我犯难的是时空的有限和无限问题。康德说人类只能认识现象，不能认识现象背后的本质；如果非要认识本质，就会出现悖论。黑格尔说康德的问题是形而上学地割裂了有限无限，应把它们辩证地联系起来。恩格斯则把黑格尔的唯心辩证法倒立过来，成为唯物辩证法的时空无限观。我觉得这样的理论太抽象，我的理性思维难以获得心灵的满足和喜悦。于老师想了想，以讨论的口吻说，理论问题不能只停留在抽象思维的圈子内，要与实践结合起来思考。说完这话，就停止了口试。

但于老师并未让我走，又说：“我还有一些作业要你做哩”！他出了两道数学题：1. 公共汽车的门上有一点，在开门时，这个点的轨迹；2. 用二进制写出 78 这个数字。另外是一篇论文题目：对当时北京市委书记处书记邓拓在《北京晚报》“燕山夜话”专栏内发表的“谁最早发现科学理论？”一文写篇评论。于老师叮嘱我，在暑假结束前把答题和论文送到中宣部交给龚育之老师。

要当于老师的学生真难啊！别的考生只需笔试和口试，我却还要额外答题、写论文。这个暑假江苏老家我是回不去了，就一头扎进北大图书馆。查阅《高等数学讲义》，知道这个点的轨迹是一条“滚线”，我写出了这条“滚线”的方程；读了关于“二进制”的书籍，用“0”和“1”写出了 78 这个数。我汗流浃背地钻研古今文献，应用冯友兰和黄子通两位老师教我的历史主义方法，分析、解剖了邓文将古人现代化的错误，写出了近万字的论文。我怀着欢快的心情，从海淀北大一路走到老北大附近沙滩的中宣部，按时向龚老师交了于老师布置的暑假作业。后来两位老师曾几次询问我是否修改发表，说明老师对我的论文是满

意的。

天遂人愿，我终于被录取了，成了敬爱的于老师的研究生！

二、研究生之路

9月初的一天，阳光明媚，空气清新。于、龚两位老师来到北大哲学楼，与我们刚被录取的8名研究生见面。于老师对我们说："你们不是天才，也不是地才，是人才！"人是天地万物之灵，于老师铿锵有力、掷地有声之言，将我们比喻为"天地人三才"中的人才，寄予厚望。不几天，北大校长陆平在办公楼礼堂的研究生迎新会上，要我们立志当登山队员，不畏艰险攀登科学高峰！就在师长的期盼和鼓励下，我们踏上了研究生的征程。

1962年是新中国历史上一个特殊的年份，是从三年"困难时期"走向恢复经济和利用科技促进"四化"的转折年，是作为马克思主义科学技术论的自然辩证法大发展的机遇年。正是在这样的时代背景下，两位老师提出并精心设计了自然辩证法人才的培养计划。据我的回忆和理解，该计划的主要内容是：在马克思主义指导下，实行理论与实践、哲学与自然科学两个结合，培养适应社会主义现代化建设需要的、交叉学科复合型的自然辩证法人才。具体措施是：

一、由中国科学院哲学研究所和北京大学哲学系联合招收10名自然辩证法专业研究生。

二、学制4年，前2年在北大学习，后2年到哲学研究所实习，毕业后留在哲学研究所自然辩证法组工作。

三、在学科背景上，学哲学和学自然科学的各一半。入学后，来自哲学系的到北大不同的自然科学系学自然科学，来自自然科学系的统一到北大哲学系学哲学。

四、自然辩证法专业课由两位老师讲授，并参加老师安排的一些实践活动。

五、除了研究工作外，还要接受资料工作、编辑工作和组织宣传工作的训练。

于老师招收自然辩证法专业研究生的消息引起了当时学术界的热烈反响，《人民日报》作了报道。为了坚持宁缺毋滥的原则，在全国60多名考生中，经过严格的考试和挑选，只录取了8名，而不是原计划的10名，录取率约8∶1。4名来自北大理科（物理系朱西昆、严永鑫，数学系陆容安，生物系朱相远），4名来自哲学系（北大陈益升、殷登祥，人大李惠国，武大余谋昌）。前2年，学理科的都到北大哲学系学哲学，学哲学的分别到北大化学系（陈益升）、物理系（李惠国）、地质地理系地质专业（殷登祥）和地理专业（余谋昌）学习。第一外语都是俄语，第二外语5人学英语（陈益升、殷登祥、朱相远、陆容安、严永鑫），其他3人分别学法语（余谋昌）、德语（李惠国）和日语（朱西昆）。不论是研究生个人还是集体的知识结构和学术素养，都体现了两位老师关于现代教育和人才培养的科学理念。后来，于老师桃李满天下，撰有教育学专著《我的教育思想》，成为我国著名的教育家，绝非偶然。

于、龚两位老师当时在中宣部工作。于老师参与我国科技领域的具体组织领导，头绪纷繁，日理万机。研究生的日常工作，主要由龚老师负责，北大哲学系自然辩证法教研组组长孙小礼老师协助龚老师管理。差不多每隔两个月，于老师都会坚持在百忙中挤时间与龚老师一起来北大给我们上自然辩证法专业课。经常是在北大29斋研究生楼一层我们的宿舍内授课。两人一间约12平方米的房间内，摆放着两张单人床，两个四格小书架，两张三屉桌和两把椅子。老师坐在桌旁的椅子上，我们围着老师，或坐在床上，或坐在自带的椅子上。老师的不拘形式、自由亲近和朴实无华由此可见一斑。

课程教材主要是经典著作《自然辩证法》《反杜林论》《路德维希·费尔巴哈和德国古典哲学的总结》和“关于费尔巴哈的提纲”等。授课时不是传统的老师讲学生听的灌输—接受式，而是在老师主导下，师生相互提问、讨论的互动启发式。每次课前老师布置我们阅读有关章节。课上老师先让我们谈学习体会和遇到的疑难问题。然后，于、龚两位老师先后针对我们所学章节和提的问题，深入浅出地系统阐述有关的唯物辩证法原理和思想，并释疑解难。接着，在老师引导、参与下展开热烈的、开放式的讨论。老师鼓励我们畅所欲言，发表独立见解。于老师谈笑风生，智慧洋溢；龚老师含蓄深沉，妙语连珠。每堂课我们都觉得很有收获。

我记得有位同学，在学习《反杜林论》中"原则不是研究的出发点，而是它的最终结果"① 这句话时，问"马克思主义原则是否可以成为出发点"。我当时感到这个问题很敏感，回答不好有可能被扣上政治帽子。据我回忆，于老师并没有直接回答"是"还是"不是"，而是说，"按照马克思主义的观点，实际是一切思想、理论的最终出发点。马克思主义原则之所以能指导实际，就是因为它来源于实际。马克思主义原则不是教条，而是我们行动的指南。"于老师有深厚的马克思主义功底，他的解答，引导我们学习经典著作要领会精神实质，切忌教条式的理解。后来在批判"四人帮"的用哲学代替自然科学的"代替论"时，我就想到了于老师的这一教导。

北大周培源副校长是于老师早年在清华物理系求学时的老师。由于他的帮助，我们原来学哲学的 4 名研究生顺利地来到北大相应的理科系学习。地质地理系的王恩涌副主任专门找我一起商定了我在该系两年学习的课程，包括高等数学、普通物理学、普通化学、普通生物学、普通地质学、普通自然地理学、结晶学、矿物岩石学、古生物地史学、大地构造学等基础课和专业课。我与地球化学和地貌学等专业的学生一起上课、做作业、实验和野外实习。因为我免修政治、体育等课，可以跨专业、年级选课，每周的学时比本科生还多，几乎涵盖了该系的全部主要课程。北大的理科教学极其严格，多亏我有在江苏省南通第一中学所学的数理化基础，跟班学习倒没有什么困难，但学习强度大，时间特别紧张。于老师多次要求我们"钻进去，尝尝自然科学的味道"。时间一长，我苦中得乐，不仅学了自然科学，还接触、体验了蕴藏在自然科学中的活生生的自然辩证法。平时我们看到的山川河流高原峡谷，原来都是历史上地质运动的产物；拿着罗盘、铁锤和计算尺到野外测量岩石露头、辨别岩性，就能探索地下的地质构造；观察地质剖面和古生物化石

---

① 恩格斯:《反杜林论》，人民出版社 1971 年版，第 32 页。

就能追溯地层历史。我在两位老师的指导下，在北大所受的自然科学和自然辩证法的专门训练，使我一辈子受益不尽，我从心底里感激他们。

于、龚两位老师不仅传授知识，还言传身教我们怎样做人。于老师教导我们，“首先要做一个革命者，然后才是做一个学者。要全心全意为人民服务，献身于我国的社会主义现代化建设事业”。“要尊重知识，尊重知识分子，与科学家交朋友。”他还警示我们，在人生道路上，不能思想僵化、偏执，陷入错误不能自拔；要吃一堑长一智，变得聪明起来，走正确之路。

两位老师还强调思维方法和思考能力的训练。于老师说：“为什么这个‘？’问号是钩子和耳朵的形状，就是说，要用钩子从耳朵里把问题钩出来，启发人要勤于思考问题。”他还以自己曾跟随一位领导到某解放区，通过实际调查制定政策为例说，要重视调查研究，正确的思想是从实际调查中经过思考、研究得来的。又鼓励我们手要勤快，无论听报告还是读书，要多做笔记，反复思考。

著名中国哲学史专家黄子通老师在指导我做毕业论文时，让我见识到了中国老一代学者是怎样做学问的。他在研究孔子思想时，写了大量的读书笔记，把许多资料工工整整地抄录下来，有些重要章节的段落竟能一字不落地背诵出来。我就以此为榜样，按照老师的要求写了篇“论抄书和背书”的心得笔记。传统认为，“抄书”和“背书”是死读书。我针对当时的一些浮躁学风，反其意而用之，认为把“抄书”和“背书”作为一种促进思考的具体的学习方法，是符合从感性到理性的辩证唯物主义认识论的。把笔记交给龚老师后，我又担心被认为是鼓吹死读书而挨批。不久，我写的笔记被转还给我。在笔记上用曲别针夹的一张中宣部便笺上，龚老师写了一句话：“这是一篇奇特的文章”！龚老师还把我的笔记推荐给于老师看，于老师在这句话上画了一个大圆圈，并在下面签上名字和日期。至此悬在我心头的一块石头落了地。老师的呵护、关爱和期盼使我的内心感到温暖，成为我前进的动力。

老师和我们8个研究生既是师生关系，又像一个大家庭。我记得，入学后不久，于老师在友谊宾馆接见我们。他特意携师母孟苏老师一起来。孟老师曾在捷克留学多年，气质高雅，和蔼可亲，怀里还抱着出生不久的女儿。于老师刻意营造的家庭气氛，深深感动了我们这些大多远离家乡父母的莘莘学子。后来，令我们最高兴的是能有机会去老师家。有一次，我们统一着装，穿着我们戏称的“接见服”，即用校内出售的军用降落伞面料缝制成的白衬衣，高高兴兴地到老师家去。师生欢聚一堂，海阔天空，无话不聊，其乐融融，尽情享受着老师家的亲情和温暖。老师在我们这届研究生身上倾注了太多的心血，我们之间的这种特殊的感情，是别届研究生所无法比拟的。后来，除特殊的时期和情况外，每年春节和于老师生日，我们都要去于老师家探望，数十年如一日，从未停过。

接触社会、进行社会实践是老师要求我们的必修课。在头两年内，老师经常提供一些机会，让我们走出校门到友谊宾馆、北京饭店、民族文化宫、中宣部等地去听一些领导、著名学者作的关于国内外形势和学术前沿的报告，或旁听学术会议；有时还带我们去北京郊区农村参观、考察，使我们开阔眼界、增长见识。

1964—1965 年，学校安排研究生和大学生参加“四清”运动。两位老师也鼓励我们走出课堂，到广阔的社会实践中去锻炼。我前后两次参加“四清”，历时约一年。头一次先与孙小礼老师和班上同学一起到北京朝阳区双桥公社郭家场大队，后来又把我一个人调往顺义县城关公社向阳大队搞“四清”，担任一个生产队“四清”工作组副组长。第二次也是独自一人到通县马驹桥地区搞“四清”，任马驹桥工委书记驻麦庄公社联络员，同去的是北大历史系一位蒙古族姑娘李淑娥，她是毛泽东女儿李讷的同班同学和室友。

按培养计划，研究生后两年要到中国科学院哲学研究所自然辩证法组实习，因为参加约一年“四清”，延到 1965 年三年级暑假时才回到哲学所。自然辩证法组是于老师在 1956 年一手创办的，他任组长。原来组内的一些老的领导和成员如许良英、赵中立、何成钧、林万和（兼职）、陈步（兼职）等，早已不在组内。我们到那里时，组内人才济济，是最兴旺的时期。龚老师、查汝强是副组长，孙焕林是学术秘书，成员有范岱年、胡文耕、张乃烈、付素和。从 1962—1965 年又陆续招进了一些大学生，如许醇仁、周思国、汤德安、赵功名、王维、林夏水、张传玺。我们62级8个研究生，其中朱相远和严永鑫来所不久，就提前分配走了。余下我们6人，除我外有：陈益升、余谋昌、陆容安、李惠国、朱西昆。63级招了王鼎昌、柳树滋两个研究生。64级又招了童天湘、金吾伦、严家其3个研究生。还从学部自然科学史研究室借调了戴念祖和周嘉华两人到组内。于老师一贯重视凝聚和培养人才，这时全组已发展到28人（包括借调的2人），大部分是朝气蓬勃的年轻人，成为在于老师直接领导下的一支中国自然辩证法事业的生力军！

我们6个研究生回到组内实习后，一边在《自然辩证法研究通讯》杂志编辑部内从事组稿和审稿方面的编辑工作；同时，参与《自然界的辩证发展》丛书的编写工作。该丛书共7卷，即《天体和天体史》《地球和地球史》《生物和生物史》《人类和人类史》《工业技术发展史》《农业技术发展史》和《医学技术发展史》，约500万字。

于老师让我和余谋昌当他的《天体和天体史》《地球和地球史》两卷的联络员。我曾问于老师："我是学地质的为什么让我去联系《天体和天体史》卷？"于老师笑着对我说："地球也是天体嘛！"同时，于老师还叮嘱我，在天文学方面找戴文赛，在天文学史方面找席泽宗。从此，我与两位先生成了忘年之交，并在后来走上了研究天文学哲学的道路。在《地球和地球史》卷方面，我们主要联系该卷主编中国科学院地质研究所所长张文佑先生。我们也去拜访过地质力学创始人李四光先生和地质部地质科学院院长黄汲清先生。我还到各有关图书馆查找资料，编了《天体和天体史参考书目》和《地球和地球史参考书目》。很可惜，由于"文化大革命"，该丛书的编写被迫中止，功亏一篑。但由于戴、席两位先生的努力，《天体和天体史》卷出了两个副产品，即戴文赛著的《天体的演化》（1975年）和郑文光、席泽宗著的《中国历史上的宇宙理论》（1975年）。

1966年春节后不久，于老师又安排整个自然辩证法组去通县徐辛庄公社"滚泥巴"。据我回忆，该公社是于老师蹲点的地方，以前曾带我们研究生去参观过。于老师曾与北京市科委联系，试验用钢筋水泥梁柱代替木头梁柱，降低农民的建房负担。他还与北京市科协联系，用电影、幻灯等农民喜闻乐见的形式到农村去科普，曾派朱西昆参加这项工作。我们到了徐辛庄公社农场，在那里我们自己动手脱坯、挖沙、浇注钢筋水泥梁柱、砌墙、上梁、布电线、安灯泡……于老师风尘仆仆，来过几次，与我们一起冒风沙，啃窝头，吃咸菜。他看到我们干得热火朝天，非常高兴。他给我们每个人分配了在农村的职务，我被分配任该农场副场长。我们决心“滚一身泥巴”，盖好房子，“扎根”农村。

政治风云波诡云谲。1966 年 5 月下旬，正当我们盖的房子即将竣工入住时，突然被召回哲学所参加运动。十年浩劫开始了，从此于老师住牛棚、被批斗，历尽劫难。我们这届当年风华正茂的研究生，再有一两个月就毕业了。我们正怀抱美好理想，憧憬着学成后为我国的现代化事业拼搏奋斗。我们万万想不到被卷进了“文革”漩涡，磨难深深，光阴虚度，痛悔不已啊！

三、实践中成长

1975 年 9 月中旬的一天晚上，月光皎洁，微风吹拂。我怀揣希望，来到史家胡同 8 号。推开厚重的大门，于老师家熟悉的大书房窗户立刻映入我的眼帘。书房内没有灯光，于老师不在家。我就一直在院子里等着。估摸过了 3 个小时，快到 11 点了，只听大门“吱呀”一声，于老师和师母回来了。

于老师把我迎到书房内。他已届花甲之年的脸上多了些沧桑，但精神矍铄，动作敏捷。他对我的突然出现，有点惊讶。但他亲切地问我这些年是怎么过来的，现在在什么地方，正在干什么，师母端来一杯热茶，顿时一股暖流传遍我全身，我仿佛又找回了当年老师家的亲情。

我开始向于老师倾诉我的遭遇。“文革”开始后，我留在学部参加运动。1968 年暑假，国家对研究生和大学生进行分配。我对学部的两派斗争早已厌倦，就决定和陆容安一起到北大分配。容安因身体关系被直接分配到北京计算机五厂工作。我虽然也被分配到北京市，但按中央要求需先接受两年的工农兵再教育。

于是，我来到了 65 军位于张家口市宣化区一个炮团内的学生连，学军学农学工。因为这是该军的第一个学生连，付先辉军长亲自来看望我们。后来我们师又有了其他的学生连，来了一些所谓“黑帮子女”学生，如邓小平女儿邓琳、杨尚奎的儿子等。学生连的连长、指导员、排长是解放军。我被任命为一排副排长，协助解放军排长管两个男生班和两个女生班，共 50 多人。我还担任团通讯报道组的负责人，组织学生写稿。我经常到北京的报社和广播电台送稿，发表了不少稿子。我的一篇文章被刊登在《人民日报》头版。我获得团党委和连党支部的通令嘉奖。但在部队锻炼第二年的最后半年多时间内，由于学部转来的“莫须有”的黑材料，我受到清查，并被作为反革命分子进行隔离审查和连续批斗。

在学生连两年锻炼期结束后，师政治部崔副主任在连长那金贵的陪同下到我被隔离的小屋内，对我说：“我们是根据转来的材料搞的运动。现在你不能留在部队，自己处理自己吧”！我不知道这是一种什么样的处理方法，就说：“让我到最艰苦的地方去劳动，用我的实际行动表明我与党和人民的关系。”就这样，我被押送到平谷县老革命根据地山东庄大队监督劳动改造，从事了两年繁重的体力劳动，如“三夏”、“三秋”、上山打眼放炮、寒冬闸沟填地和深夜冬灌、猪场养猪等。“林彪事件”后，我被转到远离县城的韩庄中学，担任了 3 年多的临时教师。

我的事情惊动了县委书记杨培轩，他批示给政治组组长林宝才解决。林让我去找了当时搞我运动的部队。我们学生连指导员张成基，通过与哲学所和平谷县委的反复联系，最终由林给我宣布了“事出有因，查无实据，就像历史上没有这件事一样”的结论，还说我“在平谷期间表现很好，县委、公社党委、大队党总支和中学党支部都是满意的。这不是我们说的，而是你自己用行动做出来的”。最后，希望我“轻装前进，为党做更多的工作”。

终于有了结论，我的北大同学建议我来找于老师，希望于老师帮助我回归自然辩证法队伍，继续从事自然辩证法专业工作。

于老师静静地听着，除了偶尔提个问题，如“当时部队运动有否结论?”“在农村长年累月劳动是否有休息日?”“在学校教什么课，是否回家探过亲?”等，很少打断我的话。他看着我湿润的眼睛，很理解

我所经历的苦难。他听完我的诉说后，脸色沉重地说："经经风雨，见见世面，在实践中成长嘛！"又说："你比我还强哩，你经历了农业生产从播种到收获的几个周期，我还没经历过一个完整的周期呢！"最后，他说："你回去后给我写一封信，我批一下，就可以了。"因我长期挨整，就将信将疑地问："于老师，能这么简单吗?"于老师看了我一眼说："差不多吧！"坐在一旁的师母叮嘱我说："这是落实知识分子政策的问题，你赶紧回去写！"我一看表，已经是深夜12点多了。我充满感激地辞别了于老师和师母，他们一直送我到门口，目送我离开。

过了一个星期，我又来找于老师。他说："北大哲学系的王永江来找我，说有人推荐你去他们那里。我与龚育之商量了一下，也可以到《自然科学争鸣》杂志工作。当然可以回哲学所。究竟去哪里，由你自己决定。"我说："我愿意回哲学所，继续做研究工作。"于老师说："好的，我知道了。"

又过了一星期，我再次来到老师家。于老师高兴地对我说："我已把你的信转给了学部政治部主任宋一平，并在信上批示：殷登祥是我的研究生，因为运动的原因离开了学部，现在应该回来。"他又说："几天后，我给他打电话问是否收到我转去的信，他说收到了。我又问他能否调回来。他说可以，可以。"

就这样，于11月初我回到了哲学所。但在办手续时，所领导赵忠良说，还需要于老师的手书。老师知道后，立即在一张便笺上写了"同意殷登祥调入哲学所"的话，并签上名和日期。我万分庆幸自己有于老师这样的好老师，否则我不仅回不了哲学所，而且我的人生轨迹将被彻底改变。

我回所后的第一项工作是注释恩格斯著《自然辩证法》。当时仍在"文革"期间，我们不能从事正常的研究工作，只好以"与工农结合"的名义，与大连红旗造船厂合作注释该书中的"导言"和"劳动在从猿到人的转变中的作用"两篇论文。

我每天下班骑车回家，都要经过史家胡同，隔一段时间我就会去看望于老师。因为正在"反击右倾翻案风"，老师赋闲在家。他说当年在延安自己学习自然辩证法也主要学这两篇论文。他还说，自然发展史是辩证唯物主义世界观的自然基础，“人”是自然与社会的结合点，我们的注释工作很有意义。后来，由人民出版社出版了《〈自然辩证法·导言〉解说和注释》《〈劳动在从猿到人的转变中的作用〉解说和注释》两书。我参加了这两本书的撰写，还协助主编查汝强做了出版前的最后统稿工作。同时，我又乘机主持翻译并由该社出版了勃·凯德洛夫著《论恩格斯〈自然辩证法〉》一书。

“文革”结束后，经于老师发起，中国科学院理论组、全国科协理论组和中国社会科学院哲学所自然辩证法组于 1977 年 3 月 28 日至 30 日在北京联合召开了自然辩证法座谈会。除于老师外，周培源、秦力生、钱三强等领导参加了会议，方毅、李昌、吴亮平在会上讲了话，王震副总理接见了会议代表。会后发表了“自然辩证法座谈会纪要”，出版了《自然辩证法座谈会选辑》。我在会上的发言“批判‘四人帮’在宇宙学问题上的唯心主义和形而上学”，被纳入该选辑，还和何祚庥、郭汉英一起在全国科协于民族文化宫举办的报告会上作了报告。

这实际上是一次自然辩证法学习和研究的动员会，预示着自然辩证法春天的到来！按照在于老师主持下起草的座谈会纪要的建议，创办了《自然辩证法通讯》杂志，编写了《自然辩证法讲义》教材，成立了中国自然辩证法研究会，出版了恩格斯《自然辩证法》新版本，并增加了我国自己编写的注解等。

在此期间，我曾陪同查汝强受于老师委托在参加完黄山天文学会议后，到上海调研国外自然科学哲学问题研究和当地自然辩证法教学和研究的现状；参加了由孙小礼老师主持的《自然辩证法讲义》的编写，撰写了其中的一章《自然科学方法论的研究对象和意义》，和另一章中的一节《假说及其作用》；与张永谦、周林合作主编了两卷本的《科学家论方法》丛书，于老师、钱学森等作序；参与了于老师等译编的《自然辩证法》新版本注解的编写，并做了该注解的最后统稿工作。

《自然辩证法百科全书》是以于老师为首的中国自然辩证法学派的标志性事件之一。于老师是《中国大百科全书》编委会常务副主编。他想利用这个机会编一部《自然辩证法百科全书》，对《中国大百科全书》各自然科学卷起指导作用。许多学者以条件不成熟为由加以反对。

但于老师高瞻远瞩，力排众议，坚持以任务带研究，使自然辩证法研究更上一层楼。实践证明，这是正确的。

在于老师主持下，开了多次筹备会议，成立了由39人组成的《自然辩证法百科全书》编辑委员会。于老师任主任；副主任有：龚育之、查汝强、李宝恒、何祚庥、邢贲思、范岱年、赵中立、钟林；顾问：李昌、钱三强、卢嘉锡、钱学森、陈珪如、史丹、潘菽。

编写任务主要落在哲学所自然辩证法研究室身上。室主任查汝强任编委会常务副主任，我作为室学术秘书任编委会办公室主任。室内共有7个编委，6个编写组主编，6个常务副主编，1个副主编和2个编写组成员。在于老师领导下，具体工作由查汝强和我与中国大百科全书出版社副总编阎明复等社领导联系。在我1983年到北京第二外国语学院参加4个月英语培训和1990年到美国访问、研究两年期间，由李惠国任办公室主任。

从1981年启动到1983年的两年多时间内，分别在北京、北戴河和常州召开了三次编写工作会议，前两次是组织编写队伍和制定条目框架。于老师提出，要精选合适的专家，特别是主编和副主编，组成编写组。条目框架要坚持科学性、前沿性和前瞻性。后一次是对条目框架草案进行审核和定稿。从1983年开始撰稿到1990年我出国前定稿后转入出版社内部编辑流程，前后长达7年多时间内，集中了全国300多名学者、科学家，设有18个分支学科，撰写了800多个条目，其中70%以上是研究性条目，共220万字。于老师强调，要由最合适的人撰写最合适的条目，必须严格坚持条目的“三性”，即科学性、哲学性和百科全书性。于老师还亲自撰写了“自然”这个条目，系统地、创造性地阐述了具有中国特色的自然辩证法学派的核心概念“社会的自然”。为了保证书稿的质量，编委会办公室根据于老师的建议，与中国大百科全书出版社合作，编辑出版《自然科学哲学问题资料译丛》，原拟出28卷，实际出了10卷左右；还编辑出版了内部交流的《〈自然辩证法百科全书〉编写工作通讯》。1995年1月，《自然辩证法百科全书》正式出版，翌年获全国首届优秀辞书奖。

自然科学哲学问题是中国自然辩证法研究的主要内容。于老师指出，该研究的目的，是要用新的自然科学材料丰富和发展辩证唯物主义，帮助科学家树立辩证唯物主义世界观，应用唯物辩证法指导科学研究，多出成果。在于老师领导下，自然辩证法研究室的学者都有自己的学科领域，如天文学哲学、地学哲学、生物学哲学、数学哲学、物理学哲学、化学哲学、控制论哲学等。于老师分配我搞天文学哲学。

在中国自然辩证法研究会成立后，于老师对我说，“现在研究会要成立专业委员会，天文学是天地生人工农医领头的学科，你快去成立天文学哲学专业委员会”。我就找了北京天文台台长王绶琯、中国科学院自然科学史研究所所长席泽宗、北京天文馆卢馆长、北师大天文系副主任李宗伟、北大地球物理系天文专业负责人孙凯等10多位天文学家，在北京天文馆召开了成立会。会议选举王绶琯任主任，我任副主任，席泽宗任顾问。在济南、张家界、南通先后以天文学哲学、天文学方法论、天文学与社会为题召开了3次全国天文学哲学学术研讨会。出版了《天文学与哲学》《天文学哲学问题论集》《当代国外天文学哲学》等著作。

《自然辩证法百科全书》上马后，成立了天文学哲学编写组，席泽宗任主任，我任常务副主任，王绶琯任顾问。该组率先完成了40多个条目的撰写任务，还提供样条和全部条目的油印本给各编写组参考。我还负责组织该组学者完成了《中国大百科全书·哲学》卷内有关天文学哲学的条目。

于老师一贯倡导在“双百”方针指导下，积极开展学术交流和学术争鸣。在天文学哲学领域内，存在“北派”（北京）的西方大爆炸宇宙学派和“南派”（南京）的苏联以阿巴楚勉为首的比拉干学派之争；关于大爆炸宇宙学的有限无限之争；关于盖天说的学术地位之争；等等。按照于老师的要求，我们积极推动学术争论，并注意保护与当时权威观点相左的不同意见。我也在《哲学研究》《光明日报》等报刊和著作中发表自己独立的见解，如区分“哲学宇宙”和“自然科学宇宙”的两种宇宙概念；无限无边与有限无边相统一的无限概念；指出“物质从虚无中产生”的所谓“虚无”，不是绝对的“虚无”，而是“一种未知的物质形式”；针对“在宇宙极早期存在过没有时间和空间的状态”的观点，主张这是“一种未知的特殊时空形式”等。

1989年，在经过长期艰苦的英语学习，特别是口语训练之后，终于通过了教育部的中国托福EPT考试，准备去美国做访问学者。查汝强突然对我说：“天文学哲学在自然辩证法研究中具有重要地位，但学术领域毕竟较窄。”他建议我“利用这次去美国的机会，去学习一个更宽广、更贴近现实的新兴领域科学——技术与社会（STS）”。于老师听了我转述的老查的建议后说：“好啊，把这个新领域学回来，对我国实现现代化是有意义的。”在又得到龚育之老师和当时的哲学所所长邢贲思的支持后，在1990年我的知天命之年，毅然踏上了去美国学习STS之路。

四、永远的恩师

1992年夏，我刚回国，于老师就在他的大书房旁的一个小房间内对我说：“我有一件事要你来做。我打算编一套《2050中国》丛书。每个省和部各编一卷，研究和预测到2050年时我国的发展路径和发展状况，为我国编制发展规划提供参考。”他又说：“你的地位就像当年我找姜椿芳搞《中国大百科全书》一样。我将请吴明喻为你筹款500万元，书成后我去请小平同志题词。”几年后，于老师又曾要我做三件事：出《自然辩证法百科全书》新版；重新注解1984年版的《自然辩证法》一书；编写《自然辩证法百科词典》。这是于老师亲自规划和描绘的中国特色的自然辩证法学派的巨大工程和宏伟蓝图。

于老师赋予我重任，是对我的关怀、信任和提携。但我在内心反复掂量和思考，觉得我与姜椿芳不同，他的后面有中国大百科全书出版社这个强大的支撑，我没有这种条件和资源，很难完成这样的重大任务。同时，我从美国学习STS回来后，身上有了一份强烈的责任感，涌动着一股难以言喻的激情，迫切地要将STS为我国的现代化事业服务。于老师展现出大师特有的海涵和包容，理解我的想法，对我没有丝毫的怪罪和责备，而是始终如一地支持和鼓励我开辟新领域，多做新贡献。

1994年11月，由10多个单位发起，在深圳成立了包括36个委员的中国科学技术与社会（STS）研究会筹委会。顾问：于光远、朱厚泽、童大林；主任：李宝恒；副主任：袁正光、殷登祥、林文照、魏宏森。先后在贵阳、南京和连云港两地、福州召开了三次全国 STS 学术研讨会，出版了两本会议文集。

于老师每次会议都参加，并在会前去贵州、江苏和福建的一些地方进行实地考察。他在会议开幕式上作的学术报告受到大家热烈欢迎。他认为，贵州地处偏僻，经济落后。要结合省情，充分发挥三线军转民的技术优势和秀美山水、人文历史的丰富旅游资源发展经济。要发展特色交通和高质高效的特色农业，破解交通、粮食瓶颈。于老师等老同志在与贵州四套班子领导的聚会中，积极建言献策。经于老师的安排，我有机会参加了这次会议，深受启发。在南京会议期间，他提出，江苏的乡镇企业正处在一个关键时刻，必须抓住新科技革命的机遇，改变发展方式，增加科技含量，转型升级。他还思考了乡镇企业在城镇化过程中的经验和问题，特别是生态环境和可持续发展问题。在福州，他指出，要发挥福建地处海峡两岸的区位优势，积极加强海港建设，发展海港经济。福建省委的有关领导同志看望了于老师，并由一位副省长主持召开了“双月座谈会”，听取于老师等老同志和筹委会主任、副主任的建议。

在从北京到福州的飞机上，于老师问我有什么问题。我说，现在有人说 STS 是从西方来的，对其存有戒心。于老师说：“马克思主义也是从西方来的。只要对我国的现代化建设有益，就不必怕。”他还与我讨论了科学与技术连用为“科学技术”的问题。我说在新科技革命中科学与技术一体化的背景下，西方出现了一个新的英文字“technoscience”，表示科学和技术的连用。于老师说：“我知道了。”这使我回忆起有次我遇见李慎之副院长，他也问我这个问题，听我解释后说“原来是这样啊”！后来我曾应邀到科技部，参加由朱丽兰部长受江泽民总书记委托召开的一个讨论该问题的小会。会后按照朱部长的要求，我将自己的发言整理后寄给了她。在当时这还是个不大不小的问题哩！

中国社会科学院科学技术和社会（STS）研究中心于 1993 年 5 月

成立。于老师是名誉顾问，汝信、龚育之、邢贲思、李宝恒、刘吉、席泽宗是顾问，我任主任，余谋昌是副主任。至今，该中心出版了40多本著作，独立或联合召开了4次国际STS学术会议，各种规模的国内STS学术会议达数十次，编辑出版了《STS研究中心通讯》，培养了博士、硕士和博士后，接待国内外访问学者，学术上处于国内前沿，在国际上也产生了一定影响。

大约在1995年，陕西人民教育出版社约请我编一套STS丛书。我提出由于老师任主编。于老师却对该社总编说："我建议由殷登祥任主编，我任顾问。"又说："殷登祥是我的研究生，在北大受过专门训练，去美国两年，带回了STS这个学科。"于老师还亲自为该丛书作序。1997年在丛书出版后，于老师参加了丛书的首发式与出版座谈会，还让秘书胡冀燕把我的一套丛书附上他签名的名片后推荐给成思危副委员长。

后来，于老师又在我主编的《高科技与人文》丛书（2000年）、《科学、技术与社会》丛书（2007年）和《科技伦理经典译丛》（2010年）担任第一顾问。他还为《科学、技术与社会》丛书题词说：该丛书"是我国学者经过多年研究所取得的一项重大的创新性成果"。当我把刚出版的《科技伦理经典译丛》送到他在北京医院的病床前时，虽然他言语困难，但我们师生心心相印，我能感受到他内心的高兴。

于老师是我国科学、技术与社会（STS）研究的先驱和积极倡导者。他早在20世纪80年代就提倡在自然辩证法内开展科学、技术与社会研究。他认为："自然辩证法有自己的研究对象，一方面它有一个主体，即有主要的研究范围、主要的内容，这就是自然科学中的哲学问题；另一方面它也包含着其他一些的科学部门，构成一个科学群。"他把自然辩证法生动地比喻为一个"大口袋"，里面除了装自然科学哲学问题这个主体学科外，还可以装其他许多学科，如"科学学、未来学、宗教学，还有科学史、技术史"等。① 自然科学中的哲学问题属于科学

① 于光远：《一个哲学学派正在中国兴起》，江西科学技术出版社1996年版，第203—205页。

技术哲学，科学学包括科学技术社会学。这样，自然辩证法实际上包含了从历史、哲学、社会学等角度对科学、技术与社会的相互关系的多学科研究。这恰恰就是科学、技术与社会的多学科定义。在1990—1992年我出国考察、研究美国STS发展状况期间，当时美国STS协会主席S.H.卡特克利夫曾问我中国有关STS研究的情况，我就介绍了于老师关于自然辩证法是一个“大口袋”（big bag）的学科群思想。这引起了他极大的兴趣，连说：“very interesting！very interesting！”他想不到在遥远东方的中国也有一个与他们国家对STS的“伞（umbrella）”的比喻相类似，也同样生动、智慧的“大口袋”比喻。

1997年，于老师在为拙著《科学技术与社会导论》写的序言中，明确提出：“‘科学、技术与社会’，是一个新兴的、综合性的交叉学科领域”，“是研究科学、技术和社会之间的关系问题，它包括一般的理论研究和具体的应用研究”①。很明显，这是一个作为交叉学科的“科学、技术与社会”的定义。

现在，于老师已驾鹤西去，愿他的灵魂在天国得到永恒。他是我永远的恩师，我将不辜负他的期望，沿着他的思想足迹前进！

（作者为中国社会科学院哲学研究所研究员）

① 殷登祥：《科学技术与社会导论》，陕西人民教育出版社1997年版，第1页。

回忆父亲于光远

于小东

我从小到大一直生活在父亲身边，整整 50 年，相对来讲对他有更多了解与观察的机会，也潜移默化地受到他不少影响。父亲在史家胡同办公桌前伏案工作的身影是多年来家中最常见的一道风景，也是我心中永远萦绕的画面，让我从小就崇尚那些做学问的人，他们总在不断地创造出思想的火花。我常想，一个人有可能受到来自各个方面的限制，唯有思想是最为自由的。有时候会听见父亲在客厅中与朋友们高谈阔论，时而慷慨激昂，时而笑声朗朗，话题从经济改革中的重大理论争论，到地区发展战略，甚至到籽粒苋和笼养苍蝇这样具体的小问题，这时我会感叹，一个人感兴趣和关注的领域竟然能够如此之多，无论大事小事，又都离不开推动社会发展这样一个主题。外出考察是父亲生活的另外一部分，每隔一段时间他就会出去到各地考察、作报告，马不停蹄。回来后兴致勃勃地讲在地方的见闻，投入新的写作。从他身上我体会到"读万卷书，行万里路"的道理，社会科学的研究只有与现实社会联系起来，才有真正的生命力。不管事情多忙，父亲也会经常抽出时间与家人在一起，他会在外孙女的房间里兴致勃勃地欣赏"家庭音乐会"，会记着家里每个人的生日并送上礼物或写上几个字，甚至会看到好玩的玩具反复摆弄停不下来。我会时时被他这样一个有色彩、有意思的人所吸引。然而，父亲的时间并不能都花在这些令人愉悦的事情上，看到他对那些断章取义的人义愤填膺，看到他为自己的观点据理力争，看到他在重压之下表态"反正我是要正道直行的"，我由衷地敬佩他是一个斗士。我知道父亲是一个不平凡的人，在心中却很少把他当作一位有影响的经济学家，更不把他看作一个官员，他所给予我最宝贵的是他的道德品质和人格魅力。

父亲在经济学研究方面的特点

说起来惭愧，作为一个经济学专业毕业之后又一直从事经济领域研究工作的女儿，本应对父亲在经济学方面的思想与贡献有专门的深入研究，但在这方面自己做得还很不够，只能从自身体会出发谈谈他经济学研究的几个特点。

第一个特点是父亲的一生都在追求社会进步，他是从大的视野出发关注和讨论经济问题的。

青少年时期的父亲最喜欢和朋友讨论的是自然科学、哲学和社会政治方面的问题，他一生的学术兴趣与研究脉络在那时候就初见端倪。改革开放后，他对经济学问题的研究，首先也是从一些重大的理论问题，例如所有制问题、初级阶段问题、市场经济问题、社会主义按劳分配、社会主义生产目的等问题开始的，这些问题对当时的中国社会实践也具有重要的现实意义。如他自己所说，“作为一个马克思主义者，自己注意的焦点不能不是当代社会主义和当代资本主义的基本问题”。也正是因为如此，他在改革开放的理论准备方面作出了许多贡献，成为当代中国体制改革的重要代表人物。

第二个特点是他特别关注基层的情况。父亲的许多经济学思想的产生植根于对现实问题的观察与思考，他有一个明确的思想，认为社会进步的基础在基层，而基层的进展是我国最大的希望所在。他始终关注各地区的经济社会文化事业的发展，走遍了除西藏、台湾的所有省市地区进行调查研究，为地区发展建言献策；他特别注意从中国的现实当中提取问题，倡导提出“中国企业学”“中国乡镇学”“中国县区学”；等等。为实践这一思想，直至晚年仍宣称“坐轮椅走天下”。

我至今还清楚地记得20世纪80年代与父亲一起到大西北考察的情形。父亲每到一个地方除了参观企业或农村，就是坐下和当地的干部群众座谈，内容主要围绕当地的基本情况、发展中最有成效的做法、有哪些新的思路、遇到的主要困难等；往往一谈好几个小时，匆匆吃个便饭又赶往下一个地方。即便到晚上还常常把当地人约到宾馆中谈话。那时我还在上大学，他就要求我也带一个小本，把听到的、想到的记下来，回来后讨论。他的脑子则是不停地转，把所思所想随时写下来，汽车上、飞机上，即使只有很短的空隙，他都不会放过，就连用过的旧信封、飞机的呕吐袋上都写满了他的随想和笔记，回到北京后，几篇小短文已经成形了。

现在我已到中年，回想起学生时代与父亲一起外出时的这些经历，有更多的感触。我们这代人，包括更年轻一代的经济学工作者，受到相对正规的经济学教育，研究方法日益规范，不再满足于对现实经济现象的描述或对规律的一般推测，力图探求经济变量之间的联系并确定经济量的数值，应该说是一个进步。但目前的经济学研究中也存在满足于计量手段和形式逻辑的日益精致化，却无法满足理论与经验事实的一致性检验的问题。一些年轻学者迫于评价体系和事务性工作的压力，缺少时间和精力到地方搞调研，甚至在周边进行访谈的机会都不是很多。从这点来讲，我觉得父亲和他这一代老经济学家坚持将经济学作为一门致用之学、从现实经济问题出发进行研究的态度特别值得我们学习。

第三个特点是以开放、创新的思维对待学术研究。这一点集中体现在他对于经济学学科建设上的贡献，以及在推动各种经济研究和学术活动组织建设方面的努力。

举个小例子：早在20世纪60年代，父亲就产生了研究经济学中的数学问题并由此发展出新的数学方法和分支的想法，并打算着手写一篇《物质资料生产的代数学引论》，找到著名数学家华罗庚进行合作。他们是1934年在清华大学时就认识的，但这项研究因“文革”而中断。他引用科学家冯·诺伊曼与经济学家合作完成《竞赛论与经济行为》为例，指出不同学科专家之间的合作可以开辟新的研究领域，并产生与华罗庚两个人共同指导经济数学方向研究生的想法，但因为学位制度的限制加上后来的“文化大革命”而未能实现。

粉碎“四人帮”之后，在父亲的积极倡导和推动下，经济学界开展了许多新的领域的研究，包括国土经济学、消费经济学、生产力经济学、技术经济学等。他甚至还提出应该专门研究政治这一上层建筑对经济特别是社会主义经济的巨大和深刻的影响。政治与经济的关系的确是一个值得研究的问题，我们反对将经济问题政治化，但是一个国家政治对经济的影响却是客观存在的，需要进行专门的科学研究。

20 世纪八九十年代父亲发起并组织了多家民间学术团体，组织了大量的研讨会和学术论坛，他在把中国经济学界联合在一起方面的确做了不少努力。他说，“中国的经济学家不仅是重要的科学力量，而且是重要的理论力量”。他还自封为“发起家”，说“我不怕别人说我只是发起而不去从事所发起的工作。如有人如此说，我就说：世上‘发起家’也有其存在的价值”。

父亲去世后，我在网上看到 2005 年首届中国经济学奖候选人资料中推荐人对于光远的评语：“他是一个兼有着深切的社会关怀和深切的学术关怀的经济学家，在他的学术活动中，总是试图寻找二者间的支点，来确定自己的学术研究方向。广泛的学术兴趣和丰富的人生经历，使得他的学术思想内容十分丰富”，我觉得这段推荐语对他经济学研究特点的总体概括还是比较准确的。

与自然辩证法研究的关系

自然辩证法是一门有重要研究意义的哲学与自然科学的交叉学科，父亲对这一领域有着浓厚的学术兴趣和深入的研究。

我有些好奇，究竟父亲是什么时候开始对哲学问题产生兴趣的呢？查阅了一些资料，发现父亲对哲学的兴趣开始得相当早。早在上初一时，他就在西四大街的书摊上买了一本老子《道德经》，中间那些似懂非懂的句子引起了他很大兴趣。之后与大他两岁的一个叫作雷天觉的学生交起了哲学朋友（雷天觉后来成了机械工程专家，也是中国科学院院士）。雷当时在读《周易》，两人谈得非常投机，一见面就大谈哲理，从中国古代哲学谈到一些近代西方哲学，还看了罗素的数学哲学方面的书，之后他对哲学的兴趣便一直保持下来。在上海大同大学附中读高中时，他开始注意到自然科学，特别是物理学中的哲学问题，并对这方面的书籍产生了浓厚的兴趣。1934 年他通过转学考试，从大同大学考入清华大学物理系三年级，在学习期间选修了张申府教授的“形而上学”课程。在张教授给他们开列的十几本参考书中就有恩格斯的《反杜林论》和列宁的《唯物主义和经验批判主义》。因此，父亲对马克思主义发生兴趣，也是从自然哲学问题开始的。

后来父亲到了延安，在担任延安中山图书馆馆长期间，图书馆多次举办学习研究“自然辩证法”的座谈会，他也开始从德文版翻译恩格斯的《自然辩证法》。这本书于 1984 年修订再版，就放在家里的书架上，我上大学那会儿曾随手翻阅过目录，印象中看到过“自然科学和哲学”“物质的运动形式”，还有数学、力学、天文学、化学、生物学等自然科学中的辩证法。其中“自然界和精神的统一”“生存斗争”等题目还曾引起我的注意。至于新中国成立后他积极酝酿成立自然辩证法研究会、制定学科发展规划、在北大哲学系开设“自然和自然发展史”课程、招收自然辩证法专业研究生等，则是在后来自然辩证法研究会为父亲举办的聚会上，听他在这一领域的同仁和学生多次谈起，我自己并没有什么系统的了解。“文革”之后，父亲在恢复自然辩证法研究方面的努力给我留下印象的有一点，就是 1977 年曾建议哲学研究所研究两个问题：一是“科学是生产力”，另外一个是“用哲学指导自然科学的研究，但不是用哲学代替自然科学研究”。那时人们开始称父亲为“著名经济学家”，他似乎并不太以为然，其实他对哲学的兴趣一直保持下来，只是被改革的现实所吸引，没有更多的时间和精力专门从事此方面的研究。

父亲留给我们的精神财富

曾有人问我能否用一句话概括心目中的父亲是怎样的人，我感觉对他这样一个无论个人经历还是研究兴趣都如此丰富的人进行高度概括，难度很大。倘若非要用一句话来概括，我只能说与各种社会评价相比，在我心中他更是一位充满人格魅力的长者。

（1）父亲是一个性格乐观、意志特别坚强的人。

父亲的一生经历的挫折和打击可以说不计其数，但在我的印象中却从未看到他消沉过。

挖掘这方面的记忆，最早可能来自小时候与他一起在宁夏“五七干校”的日子。那些年每逢寒暑假母亲会把我送上火车，父亲会走很远的夜路来银川接我。干校生活格外艰苦，无论从身体和精神上都是折磨。他干过许多体力活，看过菜园子、喂过猪、烧过锅炉，还要挨批斗，内心想必会十分压抑，但是父亲留给我的印象却永远是阳光乐观的。至今我还清晰地记得夏天他带着我在菜园子里捉那些大大的蜻蜓，回去把窗户一关，五颜六色的蜻蜓在干打垒的土坯房里上下飞舞，给儿时的我带来许多快乐。宁夏的冬天特别寒冷，手脚都生了冻疮。他骑着自行车带我去贺兰山和黄河，水瓶中带的水都冻成了冰疙瘩，他却始终兴致勃勃。还记得他在干校时有个百宝箱，捡到什么有意思的东西就放进去，螺丝钉什么的，大家需要的小东西他那儿准有。他甚至利用有限的时间专门给我编写了两本便于孩子理解的“小字典”。

父亲在逆境中表现出的快乐很感染人，至今回想起幼时在干校的生活，似乎没有留下什么阴影，能记起来的只是黄土高原、湛蓝的天空和乐观的父亲。对于那时父亲所面临的政治和其他方面的压力，则是到长大之后才慢慢体会到的。记得父亲在家中因胡耀邦受到的不公平待遇而慷慨激昂；记得他提着自己的厚厚的著作前往批判他的会场据理力争；记得他面对来自搞伪科学的人的威胁从容不迫；记得有一段时间与他有关的采访即便是与政治毫无关系的生活栏目都无法播出；等等。

“独立思考，只服从真理”是他的座右铭，“正道直行”和“重节轻位”是他的做人原则，“不屑隐瞒自己的观点”是他的行为方式，而“现实主义的积极进取精神”则是他的实践态度。

父亲的坚强意志还表现在他对待疾病的态度上。他从 77 岁就得了癌症并且转移到淋巴，在化疗过程中又因输血而传染丙肝，但他似乎丝毫不为疾病所烦恼。在生病住院的日子，他没有材料，便开始学写散文随笔，还专门写了一篇叫作《认护士》的小文；春节期间，医院的病房被他用朋友们寄来的贺卡装点得五颜六色；83 岁前后，他因行动不便开始坐上了轮椅，但并未因此呈现出衰老的精神状态，他宣称“坐轮椅走天下”，每年跑好几个地方；88 岁时医院怀疑他癌症转移到肠

上，决定为他做一个大手术，需要全麻。如此高龄，面对手术的风险想必每个人心里都是清楚的，然而他却表现出常人少有的冷静。在病床上等待被推往手术室之前短暂的几分钟，他竟然还帮我女儿解答了一道奥数题，那份从容与镇定给我留下特别深刻的印象。为了缓和大家紧张的气氛，他还诙谐地说："我就做一个小时断肠人吧。"到了晚年，他承受了很多病痛的折磨，但他一直积极配合大夫的治疗，从未对身边的亲人抱怨过一句。他说："我相信大夫，相信科学。"父亲爱笑，有"笑是智慧、笑是力量、笑是健康"的说法，这也是他能够活到 98 岁高龄的一个重要原因。

父亲这种毕生追求真理、不断求索，无论顺境逆境都始终不背初衷、与时俱进的思想境界以及顽强的生活态度感染和激励着身边的每一个人。

（2）父亲是一个特别勤奋的人。

父亲曾说过，对他这个人，也许有各方面的非议或批评，但没有人会说他懒惰。如果不去外地出差，他每天的作息时间基本上是一起床就坐在办公桌（"换笔"之后是电脑桌）跟前，开始思考与写作，常常是到了该吃饭的时候都叫不动，直到老伴催促或外孙女来磨的时候才能住笔。记得他 80 多岁的时候，我也是人到中年工作压力最大的时候，经常备课或读书到很晚。我们两人比着熬夜，往往不知不觉中就到了夜里两三点，最后大部分情况下是我熬不住到外屋叫他该睡觉了。不少人看过他的特殊收藏——那些用得短短的铅笔头，其实这只是他几年时间积累起来的，是他勤奋工作的部分体现。从 85 岁他开始使用电脑后，在电脑上的写作也有 100 多万字。

父亲写起文章来最让我佩服的一点是思维特别活跃，他认为"一切思考与写作，都是智慧的运动"。每篇文章只要不交出去，就总有新的想法，总要不断修改，把好不容易誊干净的稿子改成一个"大花脸"，在没有电脑之前这可苦了秘书和打字员。

写作时的高度专注是他的另外一个特点。只要开始写，身边就是再吵也如进入无人之境。记得他第二次犯血栓时就是在电脑前写作，对身体的不舒服也没有很在意，直到我们发现问题把他拉到医院，他还在说是被我们“绑架”走了。

父亲特别欣赏马克思的一句话，即“我的劳动是自由生命的体现，因此是生活的乐趣”，他说马克思所追求的是自由的创造的生活，我想这也是他的追求。

（3）父亲是一个对新鲜事物充满热情的人。

父亲喜欢和年轻人交往，也喜欢各种新事物。他从 78 岁开始学写散文随笔，提出要当 21 世纪文坛新秀；85 岁开始学习用电脑，86 岁开通个人网站。他喜欢手机，逛商店时看到新款手机的新功能就往往禁不住销售小姑娘的推荐而买下来……他对新观点、新事物、新思想总是充满了热情，说“新生事物常常必然是幼小的、软弱的、简单的，但她的前途必然是壮大的、强盛的、丰富的。颂扬她、爱护她、扶植她，是文明社会人类共同的责任”。

这样一种性格使他总会保持一种年轻人的精神状态。他把老年人比喻成一种叫作“老少年”的植物，到深秋叶色深紫而顶红。他说“一个人进入老年犹如到了深秋，老健春寒秋后热，都不会太长。但老年人应该力争像‘老少年’这种植物那样，显示鲜艳的红色。人老了更要防止老化。办法之一，就是向青年学习他们具备而自己缺少的东西，努力提高自己接受新事物的能力”。

（4）父亲是一个充满生活情趣的人，给周围人带来许多正能量。

我的女儿非非一直在父亲身边成长，深得他的喜爱。父亲笔头勤快，在繁忙的写作研究之余，竟然把他对非非成长的观察和思考以日记形式写下来，后来被工人出版社发现，出版了一本书，也多少弥补了一些他为我写的“小东终身日记”在“文革”中被红卫兵抄走的缺憾；在非非小时候，他还专门为非非设计了一张名片，上面写着“加里敦大学迷你教授、21 世纪观察院特约研究员、非非玩士”，看到的朋友无不拍手称趣。

父亲对年轻人，甚至小孩子都特别平等。曾有记者询问他对隔代教育的态度，他说“我与非非不是教育与被教育的关系，教育非非是她父母的事情，我与她是朋友关系”。父亲 94 岁生日时，非非送的礼物是她为姥爷写的一段题词，上面写着“是什么能抗拒流光？是一种好奇心，一种思考动脑的快乐，还是一种生活在大家庭的幸福。祝姥爷的生命永远保持新鲜的状态！为姥爷94岁生日题”。在这一老一小的交往中，这种平等关系表现得再充分不过。前些天恰巧从网上看到李慎西先生一篇题为“听光远先生谈童道主义”的博客，引了父亲为他的一本书的题词，其中说道：“进步的思想最好从娃娃做起。民主和科学辉煌的时代，要靠从小就培养出来的有充分的民主精神的、有自然的民主习惯、善于与其他社会成员民主地相处的、在社会总人口中占到绝对优势的人来创造。”感觉这段话非常能够体现父亲的思想以及他与年轻人相处的特点。

父亲身上总是洋溢着积极向上的正能量，给我们以鼓励。比如，当我在职攻读博士学位时，已经在北大经历了7年的本科、硕士阶段学习和从事了15年的教学研究工作。在面对繁重工作压力的同时，还要和学生们一起听课、考试、写文章，对自己的体力、精力和心理都是一个挑战。父亲就拿西汉刘向的话“少而好学，如日中之阳；壮而好学，如日中之光；老而好学，如秉烛之明”来勉励我。在我进入毕业论文写作阶段时，父亲已经90岁高龄，每天仍坚持伏案数小时。我常想，他就像那蜡烛之上跳动的火苗，虽然非常微弱，但依旧放射出一缕光明。而我们作为中年人，哪里有不勤奋努力的理由？

最后两年，父亲的身体已经大不如前，并住进了医院。但他还一如既往地保持着坚强、乐观的心态，对疾病和身体从来没有说过一句抱怨的话。每每有人前去看望，都会露出笑容。96岁那年，我的先生在中央党校学习，其间正好接到了中组部选派首批国家机关后备干部到地方交流任职的通知。在病榻上的父亲问我对这件事情怎么看，我想对于他这样的高龄老人，听到一直陪伴在身边的孩子即将远行，一定会非常不舍。然而，当我反问他的看法时，没想到他却说“在党校提高理论水平，到地方锻炼实际工作能力，我觉得是件好事”。3年前父亲最疼爱的外孙女非非曾经问过老人对她去美国读书的看法，父亲表示像他们这一代人，作为一个世界人，总要有一些观察世界的机会，也应该到各个国家走走看看，不过又用充满留恋的口气说“你能不能等我100岁再走”？后来非非顺利得到美国一所常青藤大学的录取，2013年8月临行之前去医院与姥爷道别。那时父亲已经没有气力说话，对趴在耳边大声与他告别的非非重重地点了三下头。父亲就是这样，激励着我们不断进取，鼓励我们追求心中的理想，为社会做更多的事情。

在我为父亲编的纪念册中有一部分叫做“人生哲学”，是从他的著作《碎思录》中摘选出来的一些超短文。由于这些文章是他一以贯之的生活准则，很难按照重要性来排序，父亲当初就别出心裁地采取了乱序的排序方法，由抽签决定先后。在选编进纪念册时，为了便于大家阅读，我按照做人准则、治学态度和方法、生活态度和性格特点三个主题重新排序，最后一篇叫做“留珍”。在这篇超短文中他写道：“老年人免不了想留一点珍贵的东西给后代，即使不留给子孙，也得留给社会。要把经验转变为文化，传承下去。还要把自己的好的思想和行为，为后人树立楷模。”他还举于谦的《石灰吟》为例，说“要留清白在人间”中的“要留”两字，说明作者懂得把清白留给人间是有意识的、有目的的、主动的一种行动。父亲去世后，我从各种渠道对他过去的一些经历有了更多的了解，心中愈发敬佩他的为人，对他所要留给我们的思想和精神也有了更深的理解。

记得在纪念父亲从事学术活动 50 周年时，他曾经讲过一段话，大体意思是：“人只有在两种场合被开会，听到的都是一边倒的意见——在追悼会上没有坏话，在批判会上没有好话。我不希望开成这样的会，希望大家还是认真地探讨一些实际问题。”我想，今天人们怀念他，更主要的也是探讨一些推动社会进步和科学发展的大问题，目的是传承那些他有意识的、想留下的思想，带给大家更多积极、正面的能量。

一个人走了，而他的精神与思想还在被人们以各种方式提起甚至传承，那他就是一个幸福的人。我想父亲就是这样一个幸福的人。

（原载《中国改革》2013 年第 12 期，文字略有修改）

父亲干校生活点滴回忆

于小红

我从小喜爱自然科学。之后受好奇心驱使，碰到机会就毫不犹豫地从一个学科跳到另一个学科。强电、弱电、高能物理、地球物理、光纤通讯……父亲从不反对我的选择。我每换一行，他都会问到我，我能干什么，这一行研究的前沿是什么，我干的事是其中哪一部分。回答这种问题，书上是不会说的。唯有更多地向活人请教。

因为我的爱好，父亲非常期望我能进入自然辩证法研究这一行。但是我对哲学没兴趣。我不喜欢抽象的东西，令他遗憾。他要求我不搞专业可以，但是搞自然科学不能不懂自然辩证法。我的父亲很民主，从来不会强迫我们学我们不喜欢的东西。不过我可是我们姊妹五个当中唯一一个被他逼着读完了恩格斯《自然辩证法》一书的。

那是在宁夏“五七干校”。我在陕北安塞插队，每年冬天从陕北辗转几天山路到宁夏看他。跟他一起养猪，研究糖化饲料，在他身上做试验，学针灸，挖草药，分析土壤酸碱度。也在他指导之下速成了高中数学物理。那是我懂事之后和他在一起最多的日子。不过这些都是从学《自然辩证法》开始的。

我第一次去宁夏，父亲很不自由。和他同住的是个没有一丝笑容的造反派。父亲申请到和我在一起的时间，总是被他监视着。父亲决定叫我一起读《自然辩证法》。这样，他和我在一起谁也管不了。我当时不理解。对恩格斯那本书实在没有兴趣。为了摆脱监视，他就说咱们赏月去吧。时值寒冬腊月，宁夏的户外温度冷到零下三十多度。他对我、也说给造反派听：“你见过鲁迅笔下的月亮吗？咱们去看看吧。”造反派没反对，他大概也嫌我们烦，看着我们父女俩把一切可以用来包裹穿戴的装备好，我和父亲出了门。我们至少在外面冻了 40 分钟。我们讨论了为什么鲁迅在《闰土》中描述的月亮是金黄色的，有关月亮的种种观测的科学道理。他兴致勃勃，我可真快冻死了。要知道，那时可没有羽绒服，也没有暖和的鞋袜。不想再挨冻，我只好硬着头皮和他读完了这本书。之后，他的猪养得肥，又解决了土地的盐碱化问题，种出了高产水稻，造反派吃好了，态度也变好了许多。我们父女就多出了许多其他乐趣。

（本文写于 2013 年 10 月 21 日）

忆于光远先生二三事

俞 邃

著名经济学家于光远先生 2013 年 9 月 26 日以 98 岁高龄仙逝，这在我崇敬的心灵中激起无限怀念之情。

我在新中国成立之初就知道了于光远的名字。胡绳、于光远和王惠德三位编写的社会发展史教材《社会科学基础知识讲座》，曾是 20 世纪 50 年代初我们读中学时的课本。我还听说他的知识面极广，是自然辩证法权威专家。后来我进一步弄清楚他早年就读于清华大学物理系，我的岳父施士元与他先后同学且相知颇深。大名鼎鼎的于光远，一直是我心中的偶像。

这里简述三件难忘的往事。

第一件事，在国外相识并亲密合作。

我与于光远先生是 1960 年在捷克斯洛伐克首都布拉格相识的。1957 年 11 月各国共产党和工人党莫斯科会议之后，赫鲁晓夫给毛主席写信，提出要创办一个对各国共产党和工人党“指导性”的国际刊物。鉴于当时中苏两党关系尚存，我方勉强表示同意，并派出由王稼祥、刘宁一、赵毅敏同志组成的代表团参加了 1958 年 3 月在布拉格举行的创刊会议。经过我方力争，刊物定性为“理论性和报道性”而不是“指导性”，取名《和平和社会主义问题》。同年 6 月，中共中央候补委员、中联部副部长赵毅敏作为中共代表前往布拉格常驻，担任杂志编委。9 月该刊出版第一期，这时我被中联部选调去从事翻译和调研工作。杂志编辑部于 1960 年 4 月召开主题为“社会主义制度下国家的经济作用”座谈会，我们党派孙冶方和于光远两位顶尖经济学家出席，另一位经济学家罗元铮作为秘书随行。会议期间我为于光远担任翻译。

我当时的日记中记载，孙冶方同志52岁，思维缜密，文质彬彬，平易近人，俄语很好；于光远同志45岁，才华横溢，风度潇洒，话语幽默。4月1日于光远在座谈会上发言，由我口译。他的发言苏联人很抵触，但受到与会许多人的好评，称赞他发言的“战斗性与创造力”。于光远仔细倾听外国代表的发言，及时琢磨，或同意，或持异议，言之成理，显示了才思敏捷。

同年9月下旬，于光远先生与周培源先生一道出席在匈牙利布达佩斯举行的世界科学大会。他经新华分社给我发来一份电报，说会后拟转来布拉格看望小孟（他的爱人孟秀英，后改名孟苏，孟用潜的女儿，时为留学研究生），请我代他准备住所。我们当时住在捷共中央提供的公寓楼科涅夫大街153号，正巧赵毅敏部长和凌莎同志夫妇这时在国内，于是我将客人安排在赵老住处（与我对门）。为时一周，我抓紧机会聆听这位难得的老师指教。他谈起研究学问的方法，介绍了担任《学习》杂志总编辑时的体会，以及与领导同志接触的故事。他的勤奋、睿智和才华，给我留下了极为深刻的印象。他笑称以往人们叫他“小于”，是个“自由主义者”。我理解其真正含义是善于独立思考，求真务实，不搞本本主义，不随波逐流。“文革”期间，于光远的这次布拉格之行成为被审查的重大嫌疑。我曾接到该单位革委会的外调函，提问他为什么要到布拉格去？有什么政治意图？等等。我如实地写了事情的原委。“文革”结束后于光远告诉我，这件事没再受到纠缠。

第二件事，请教他对苏联问题的看法。

“文革”结束后，中国与苏联的关系备受重视，苏联问题的研究也突出起来。20世纪70年代末，有一天，中联部六局（主管苏联东欧事务）局长兼苏联东欧研究所所长刘克明同志带领我们几位助手前往于光远先生家求教。他理论联系实际，高瞻远瞩，侃侃而谈，给我印象最深的是，强调要对苏联作出全面的、客观的评价，要从过去反修的历史程式中跳出来。他谈到恩格斯的“合力论”对于认识苏联社会发展的重要性，当即拿出马恩文集，引证恩格斯的话：“历史是这样创造的：最终的结果总是从许多单个的意志的相互冲突中产生出来的，而其中每一个意志，又是由于许多特殊的生活条件，才成为它所成为的那样。这

样就有无数互相交错的力量，有无数个力的平行四边形，由此就产生出一个合力，即历史结果，而这个结果又可以看作一个作为整体的、不自觉地和不自主地起着作用的力量的产物……”他还着重剖析了苏联模式的弊端，认为苏联经济中存在的症结问题迟早会产生恶果。他的前瞻性见解给我们以深刻启迪。我们请他担任苏联问题研究的高级顾问。

第三件事，请于光远先生为我的母校校庆题词。

1998 年我的母校江苏省如东高级中学 60 周年校庆，校方委托我请一些名家题词，于是我找到于光远先生。他欣然接受，说他只给上海他的中学母校和我的这个中学母校题词，令我十分感动。他的题词意境深远，对于当今现实更有指导意义。题词全文如下：

“在一个人受教育的全过程中，中等教育这一阶段至关重要。德育、智育、体育都要在这个时期打下好的基础。江苏省如东中学建校 60 年，桃李满天下。祝愿今后继续发扬勤学守纪求实奋进的校风，严谨善教的教风，刻苦多思的学风，培育更多更好的人才，迎接二十一世纪的到来。于光远一九九八年八月”。

（本文原载于 2013 年 10 月 15 日《新民晚报》）

于光远与科尔奈的不同际遇

张　军

10年前，我第一次见到于光远先生时，他已经80多岁了，手脚不便，坐上了轮椅。当时我负责筹划一个关于新政治经济学的年会，就想到邀请于老出席。在我们跟于老联系时，他欣然答应出席，并且愿意在这个会议上做发言。会议上，我们安排于老跟蒋学模先生同坐在主席台上先后发言。在发言中，于老说到自己是一个永不悔改的马克思主义者，蒋学模先生随即就插话说："我跟你不一样，我是一个不断悔改的马克思主义者。"逗得全场笑声四起、掌声不断。

在那个会上，于老的报告证实了我在大学时代对其政治经济学的印象。他对马克思主义经济学有独特的见解，不教条。于老尽管年事已高，可是他思路非常清楚，语言非常精练，而且先生口齿清楚。任何问题，他习惯从概念说起，一路娓娓道来，用词准确。听他的报告是一种享受。即便当年讨论的问题是马克思主义政治经济学，你依然会发现于老所谈到的马克思主义的政治经济学和我们自己理解的、阅读的、课堂上学来的完全不一样。

于老毕生从事马克思主义政治经济学的研究，在国内马克思主义经济学界具有独特的不可撼动的地位。我在大学阶段就阅读过于老撰写的很多作品，给我留下最深刻印象的应该是他关于马克思主义政治经济学的多卷本笔记。在国内的老一代马克思主义经济学家中，于老是最善于思考、最有创新精神的一位，读他的马克思主义政治经济学的笔记，你会觉得他其实是在重新解读马克思的政治经济学，少受教条的束缚。其实他对于中国马克思主义经济学的贡献还远远不在于这个，可能更重要的还是改革开放以后，他实际上在推动中国经济学界与国际经济学界的交流与对话。于老在这方面扮演了非常重要的角色，吴敬琏先生曾经提到他第一次到西方参加国际会议就是于光远先生推荐过去的。

尽管我跟于老实际上只有一次面对面的接触，但在20世纪90年代后期到21世纪初，我通过参与杂志的创办、通过参与策划出版经济学系列丛书这样的一些事情，我们有过间接的接触，于老在我的印象当中，是一位大家，也是位杂家，博览群书式的大学者，如果你跟他面对面交流，我相信你会对我的这个说法表示完全认同。

我曾经多次跟别人提到，于老晚年在中国经济学界的角色很像科学界的钱学森。在他晚年，他积极倡导年轻学者应该关注哪些重要问题，他甚至一度经常地呼吁要建立对什么的研究，要形成什么学科。有一段时间，大家会私下对于老的这种提法不以为然，甚至有一些反感，但是如果你了解于老的话，你会知道他对某个学科建设的一些建议，他之所以会提出要构建关于某个问题的研究学，他是有比较系统的考虑的，而且他总有从概念出发来推演一套学问的思维方式。也许他自己并没有精力和能力在他所建议的这些领域进行一些探索，但是他能够远见性地看到这门学科未来的价值，所以他会呼吁年轻人去创建这个新兴的学科，或者在这个新兴的学科上多下功夫。事实上，于老在晚年也出版了一些被他所建议的那些新兴领域的个人思考文集，虽然这些文集并不代表这些学科的真正面貌，但作为一个老人，他在这些问题上有自己独特的思考，有远见的见解，我认为这是难能可贵的。于老自己说，自己是一个“发起家”，大概就是这个意思。

于老去世时，我正在阅读匈牙利著名经济学家科尔奈的自传，突然想到如果科尔奈和于光远先生互换一下他们所生活的环境，事情会怎么样？

科尔奈出生在匈牙利，在匈牙利接受马克思主义经济学的教育，成为马克思主义经济学家，但是后来的政治风波让科尔奈放弃了马克思主义，转入了对马克思主义政治经济学的批判，再后来转入对西方主流经济学的批判，并在后半生被哈佛大学邀请成为哈佛大学的讲座教授，一直到退休。

我一直在想，科尔奈这样一位同样是深受马克思主义经济学影响的经济学家，为什么后来可以登上世界最高学府的讲堂？读了科尔奈的自传《思想的力量》，我才明白，其实科尔奈在放弃马克思主义政治经济学之前他已经开始关注和反思计划经济的问题了，当然仅仅看到计划经济在效率上存在的问题还不够，科尔奈还进一步地利用亲临计划经济的管理机构以及到国有企业调查的经历，开始认真研究起计划经济的运行机制来，试图解开计划经济低效率的体制根源。

科尔奈不仅在博士论文基础上完成了《过度集中》这本经典的著作，他还联合一位匈牙利的年轻数学家一起研究并撰写了多篇关于计划经济管理和数量控制模式的论文，这些论文后来被翻译成英文陆续在欧美最有影响的经济学杂志《计量经济学》上发表，引起了西方主流经济学家的高度关注。

生活在完全不同于西方国家的共产主义体制下的匈牙利，科尔奈反而获得了进行原创性研究的历史机遇，从而让西方主流经济学家看到了一个完全不同的经济模式，而且对经济学作出了重要贡献。这是科尔奈后来可以受聘在哈佛教书的基本资格。

中国的老一辈马克思主义经济学家，从20世纪50年代开始，也生活在一个类似于科尔奈所生活的那样的条件和政治环境中，我猜想，他们当中的某些人也应该完全有机会通过研究当时的计划经济及其存在的问题，在西方主流经济学刊物上发表研究性的论文，被西方主流经济学界认可，从而为经济学作出自己的贡献。

其实，于光远先生也许会像科尔奈那样，做得到这些。于老早年在清华大学学习物理，论文得到周培源先生和爱因斯坦的指点，完全可以成为物理学家，但是最后放弃物理学转向对马克思主义经济学的研究。与于老类似的中国马克思主义经济学家还有很多，大多数都是极其优秀的学者。而且中国在那个年代，即使政治运动不断，理论上依然有许多年轻有为的数学家和翻译家是可以与马克思主义经济学研究合作的。如果他们真能致力于对中国的那种计划体制进行深入的研究，在理论上完全有可能对经济学作出不凡的贡献。可是，他们当中依然没有出现过“科尔奈”式的人物，至少我还没有听说那个年代有过这样的人。

这应该是一个遗憾，因为这个遗憾，中国经济学与国际经济学界之间存在着一个巨大的断裂，使得中国改革开放以后成长起来的年轻一代经济学家肩上的担子加重了许多，因为年轻一代的经济学家，他们无论是在西方接受经济学训练，还是在国内进行经济学训练，他们中的大多数都选择了以改革开放以来的中国经济为研究对象，把中国经济的成功经验介绍给国际经济学界。

在这方面，有不少的年轻经济学家取得了杰出的成就，但是在这个阶段上，能像科尔奈在那个时代作出原创性研究的机会毕竟少了很多。当然，我这样说，并不降低老一辈马克思主义经济学家的历史贡献，其实他们的贡献也许不应该用科尔奈的标尺来衡量。以于光远先生为例，在中国经济最重要的转折点上，也就是党的十一届三中全会召开的前夕，他负责起草了一个重要的历史文献，那就是邓小平在三中全会前的中央工作会议闭幕式上作的重要报告，题目是《解放思想，实事求是，团结一致向前看》。这个重要的讲话决定了之后中国改革开放战略的选择和确立。也可以说这个讲话改变了中国，从而也改变了世界。从这个意义来讲，我们还是应该很庆幸的。

（作者系复旦大学中国经济研究中心主任，本文原载于2013年11月12日《上海经济评论》）

告别于光远

张宝林

2013 年 9 月 30 日，于光远遗体告别仪式在北京医院举行。

我和太太早上 8 点动身，心想，再怎么着，40 分钟也到了。没想到路上那么堵，更没想到，今天我的车限号，根本不能上街。在北京站附近，就有个警察对我做手势，我以为是叫我避让旁边的公交车，没当回事。从台基厂大街往北，车堵得更厉害。等拐进台基厂二条，往医院西门方向，全是车，只好停下来等候。这时，又一个小警察过来拦我，他笑着说，尾号 3 和 8 今天能开吗？我说，怎么不能，今天又不是星期一。他说，拿驾驶本和行车本吧。

这几天，又是倒休，又是长假，把人闹糊涂了。今天其实正是星期一。我心里叫苦，这么一折腾，告别算是泡汤了。无奈，只好拿出驾驶本，跟他说，对不起，我去参加一个老同志的告别式，已经晚了，能不能让我先去，回来再罚。他问，谁呀？我说，于光远。他翻了翻驾驶本，哦，算了，不罚了，赶紧去吧。

这时，已是 9:20。许多人已经陆续往外走了。胡同里停满了车，只好又拐到南边的小马路，停在路边，也许又是违规，但顾不得那么多了。

告别厅外，仍然排着长龙。我们签了名，领了生平纪念册和白菊花，站到队尾。陆续见了一些老朋友，鲍寿柏、杨良化、曹思源、章立凡、李辉、应红……匆匆聊几句，就进了灵堂。于老静静地躺在灵床上，身边是鲜花、翠柏，吊唁者把手中的白菊堆放在他的脚下，越堆越多，像一座花冢。

于老从学生时代起，就投身抗日救亡运动。在几十年的革命生涯中，为民族解放、社会进步、人民幸福作出了重要贡献。特别在改革开

放时期，作为党内坚定的改革派、开明派，他在推动国家的经济体制改革，反对极左保守势力的阻挠方面，进行了不懈的斗争。他是我国著名的社会科学家、哲学家、经济学家，还广泛涉猎政治学、社会学、教育学、心理学、生态学、辞书学、图书馆学等诸多门类，是我国少有的"百科全书式的学者"。于老是中国科学院学部委员，中国社会科学院荣誉学部委员，曾任国家科委副主任，中国社科院副院长，是专家型的官员，更是一位睿智、勤谨、严肃、认真的大学问家。他一生著述近百部，从生下来算起，一年一部。

于老是9月26日去世的，享年98岁。2012年，胡绩伟去世，享年96岁。再早，是92岁的李普，88岁的谢韬，这几年，这些世纪老人一个个离去。虽然都是耄耋人瑞，仍让人不胜唏嘘。前天，在一个研究生老同学家聚会，听在座的一位说，他2012年底去看望虚龄100的杜润生，老人已不能言语，吃饭也只能靠鼻饲了。这些年见惯了太多的犬儒、太多的混混、太多的伪君子、太多的马屁精，老人们走后，还会有这样执着、较真、博学、慈祥的知识精英吗？

排队时，有个年轻人给每位吊唁者发了一张小卡片。正面是一幅于老的速写像，背面是一首《沁园春》：

"百载春秋，几多风雨，几多探求。忆故园烽火，少年赴义；文坛毁落，国土沉忧。理尚真诠，思崇独立，劫后深知事未休。重启蒙，欲百科兴盛，横纵自由。胸中固有壑丘，论学问何须弄权谋。且直行正道，无心蛇委；开怀世事，谈笑中流。万里行程，千篇著述，或短或长任评勾。绩长在，大时空视野，更加鸿筹。"

不知是谁写的，用来概括于老的一生，也基本到位了。

17年前，我写过一篇《近看于光远》，发表在上海的《新民晚报》。这篇小文，只是介绍了于老晚年生活的一个侧面，远不能反映他一生的贡献。今天找出来贴在这里，权当一个后学对师长的一瓣心香吧。

近看于光远

（1996年6月）

于光远这老头儿，我早就认识。读过他的书，听过他的报告，关注过他在一个特定时期的特殊遭遇，也知道一些他颇为独特的“行状”，如不遗余力大声疾呼一以贯之坚决反对“人体特异功能”，常常自称“发起家”“二表人才”等。

可是，他不认识我；我是远远地看他，多少有点神秘感。

但走近了看，他却是一个非常好的好老头儿。

那次，我去一座海滨小城参加一个会议。到那里才知道，在会议发起人的再三邀请下，于老也来了。

又听了他几次讲话。这回不是远远地听，是近在咫尺，坐在他的身边。我领悟“缩短距离”这四个字意味着什么。他还是习惯性地交替使用他那两副眼镜，但在近处，我就看到了那镜片后的一片和善与慈祥；他还是那么渊博雄辩，但在近处，我就看到即使是一个简短的发言，他也认真思考，并在小纸片上写下逻辑清晰的提纲。

老头儿没有架子，这就鼓励了“年轻人”（他管我这样年近半百的人也叫年轻人）。一到晚上，我们就跑到他的套间去找他聊天。他的套间外屋有三套沙发，可从没有见他在沙发上坐。他总坐在那张人们通常叫“麻将桌”的方桌旁边，屁股下面是一把靠背直直的硬木椅。麻将桌上没有麻将，有的是一沓沓的剪报和写着密密麻麻蝇头小字的手稿。

我们一进屋，他就放下纸笔。他曾经说过他的习惯是不可一日不思，不可一日不写。但是年轻人来了，他愿意不思不写，只讲故事。

老头儿肚子里故事很多，他记忆力又极好，加上健谈——不是一般的健谈，是泉瀑喷泻、江河奔涌。他就这么笑眯眯地讲起来。当然，我们会提问，会插话，但我想，即使我们一言不发，他也会滔滔不绝地讲下去。

他的故事大多与历史上一些重大事件有关。他讲得很投入，有时会大笑起来，笑得眼睛里都挤出泪花；有时则神情凝重。这些故事绝不是简单的往事追忆，而是凝铸了许多理性的思考，显得沉甸甸的；还有的故事里有不为外人所知的内幕，大伙儿听得如醉如痴。

老头儿这两年写得较多的是杂感、随笔。

“我叫人刻了一方图章：二十一世纪文坛新秀”，老头儿有一天这样说：“我正努力加入作家协会。”

我多少有点吃惊。老头儿很幽默，这也许是他的幽默方式。

我没有想到，他是认真的。

有一天，于老的秘书来电话，说于老要送我几本书，让我去他家取。那天下午，我如约来到史家胡同于老家。

他送给我五本书，除《碎思录》是1993年底出版，其他几本都是刚刚问世，一本是《思维的年轮》，收入了1977年至1995年作者的主要言论；一本是《漫谈竞赛论·漫谈聪明学》，这其实是两本书，编在一起了；一本是《“文革”中的我》，记述了他“文革”中46个故事；还有一本《窗外的石榴花》，是作者的“散文近作自选”，收集了29篇文章，尚不是正式出版物。

老头儿郑重地在每一本上签上名，并特地叫秘书在《碎思录》上盖上两个印鉴，一个是名章，一个就是“二十一世纪文坛新秀”。

“我想到北京大学去听听课”，老头儿又让我吃了一惊：“我的文学知识太少了”。

“您要真去北大，听课的和讲课的恐怕就要倒个个儿了。”我笑了。

“我又想，这件事肯定很麻烦。我写信给北大中文系，系里不能决定，要转发给校方；校方大概也不能决定，又要转到教委……”

“这事无论办得成办不成，都会成为新闻”，我想，老头儿又要惹麻烦了：“信您写了吗”？

“还没有写，不过，我已经托人打听中文系的课程安排了。”

回家以后，我细细拜读了于老的几本书，又找来了他前年出的那本《古稀手记》。于是我相信老头儿的话绝对是真诚的。

在他的文集里，起码有十篇文章谈到他缺乏文学细胞，但是，当年龄和健康不允许他再作系统的理论研究和科学著述后，他便下决心“学写散文”，他谦称自己的写作是“练笔”，自己的文章是“习作”，他老是自责写出的东西是“四不像”，当他的第一本散文集出版后，他又说自己是“上了架的鸭子”“准备蜕层皮的知了”。他不停地写，也不停地苦恼，他说自己还要“进二年级继续学习”……有这些文章作证，他想“衰年变法”、重进学堂的念头绝非哗众取宠。

不过，老头儿的痛苦毕竟是“智慧的痛苦”。我读了他的散文，像饮了一坛窖藏多年的老醪。有了他那样的阅历，有了他那样的修养，有了他那样的学识，有了他那样的理性，还需要什么精致的瓷瓶、华美的包装吗？只要他把他的所思所感写下来，自然就别具了一种风格，就像一个朴朴素素的陶土捏成的泥钵，里面盛满了醇醇的厚厚的醉人的琼浆。

大光弥远

——谨以此篇小文缅怀于光远先生

周　洁

那一天早上我起得特别早，为的是急着赶到社里给一位尊敬的老先生寄上一本自己的拙作——刚刚出版的散文集。一路上想好了要附上一封短信的内容，真诚地表达一下自己多年来对他的感念之情，特别是对他精心为本书所写的序言的谢意。可以说，如果没有他的鼓励，也许很难有这本书的问世。但让我万万没有想到的是，刚到社里，就接到了朋友从网上得到的噩耗——我要给他寄书的那位老先生去世了，时间就在今日凌晨。

怔了片刻，像是为了验证这突如其来的消息的真伪，我快速打开网络，一行粗黑的标题映入眼帘：于光远先生于 2013 年 9 月 26 日去世，享年 98 岁……

我慢慢地闭上眼睛，不忍面对那一行行令人心碎的文字。心头顿时涌上无尽的悲哀和遗憾：哪怕是再晚一天，哪怕是几个小时，让我把凝结着先生厚爱的小书寄出；哪怕已经写上先生的大名尚未寄出，让先生成为名义上的接收者也好；哪怕是……

于老长我 40 岁，足足算得上两代人，因工作关系相识，不断地交往，而后成为忘年交。2000 年 1 月上旬的一天，是我第一次慕名去于老家拜访。那是北京有名的史家胡同，无论是过去还是现在都住过许多名人。8 号的小四合院，住着不止于老一家人。一走进大门，我就感到有些不一样的地方，但一下子说不清楚。于老似乎看出了我的疑惑之处，他告诉我，这个院子的照壁按常规来看有些偏向右侧是不是？我这才恍然大悟，正是如此。照壁是中国古代汉族传统建筑中特有的部分，它的作用是屏蔽视线，这个照壁偏向一边就减弱了屏蔽作用，这真的不符合常规，莫非里面有什么说道？于老笑着说道，这里曾经是同仁堂老板姨太太的住处，因姨太太不是正房，所以照壁也偏向一边。但这到底是老板的意思或其他什么人的意思就不得而知了。于老那慈祥睿智且又风趣的神情，一下子就让我在来之前怀有的紧张与拘谨消失得无影无踪。接着这个话端，于老又给我讲起了北京老四合院的一些讲究，都是我以前不曾了解的细节，让我一进门就上了一堂难得的民俗课。此后我又多次去过于老的家，一个是史家胡同 8 号这里，还有搬到广渠门外大街的住处，无论是于老还是于老的夫人孟老师以及秘书胡冀燕老师，都对我极其诚恳与热情，平易得如同家人。一次在史家胡同 8 号的家中，因和于老谈话时间较长，到了吃中饭时间，于老和孟老师一定要留我和他们一起用餐，那是间并不太大的厨房兼餐厅，桌上已摆好四菜一汤，虽都是家常菜，但营养搭配合理，色香味俱全，品得出这位社会科学大家的口味，算得上是既讲味道又讲科学了。对于我来说，品出更多的是于老对晚辈的关心和爱护。

说实在话，从没想到有一天自己会与于光远这样近距离地接触。最初对他的认识是在学校时读过他的《政治经济学（资本主义部分）》课本，后来又陆续从书报杂志上得知的那些高山仰止的评价。他头上的一顶顶桂冠让我目眩。他半个多世纪的学术研究成果大多与中国的经济发展进程相关，许多真知灼见直接影响了国计民生。曾参与起草十一届三中全会上的《解放思想，实事求是，团结一致向前看》的主题报告，这对于往往被人谓之坐而论道的学者们来说，该是多么大的荣耀与骄傲！这些又增加了我对于老的神秘感和距离感。直到有一天，于老给我讲了一个他自己的小故事，我才有了对他的全新解读。一次在机场候机，有一个人走到他身边，大呼："真是你呀，于光远！"原来是 1936 年在广东一起工作的老友，已经有四五十年没见了。他距离老远看见一个人坐着在膝盖上写东西，想起了年轻时的于光远就经常这样，没想到，还真就是于光远。听完这个故事我非常感慨，一个这样勤奋的人，一个经常以膝盖为桌走到哪写到哪的人，一定是一个能写出自己思想的人。毫无疑问，于老就是这样的人。他一生所出版的文字据不完全统计

近3000万字！于老的桂冠，是他的思想加汗水铸就的。

早就听说于老工作起来脖子上常挂有两副眼镜，一副是远视镜，一副是近视镜。就在我第一次去拜访他的时候，见到了他刚增加的第三副眼镜，他说是为了上网专用的。那时（距今十几年前）他刚刚学会电脑操作，还主动演示给我看，一招一式很是认真。跟我说还要开网站，要在网络上摆一个新的战场。原以为他只是说说而已，毕竟这不是他这个耄耋老人容易“玩”的东西。没想到他过86岁生日那天，还真的开通了“于光远网站”。在他的网站上我看到了一个关于开通第一件电子商务项目的通知，说他要尝试着把《于光远坐轮椅走天下》一书作为商品在网上出售。后来，在我的头脑里，经常会出现于老在那并不宽敞的立的书架包围着的客厅兼书房里，坐在仅留一席之地的电脑前，在思索和写作之余经营自己网站的画面。想想身边比于老年轻许多的人大都对网络这等新事物头疼，对于老的叹服便油然而生。

2000年5月16日，于老来沪。这是在我赴京首次拜访他之后第一次在上海见面。此行是应上海“中国高层经济论坛”的邀请参加报告会。他的秘书胡冀燕老师是个女同志，我本想尽地主之谊陪她逛逛街，但因为于老行程安排得太紧张，无论如何也挤不出时间来。于老参加两个高层论坛，去一高校为师生演讲，还挤出时间与我们讨论了《于光远短论集》《吃·喝·玩——生活与经济》《生长老病死》《青少年于光远》等书的编辑出版事宜。于老是上海人，家中排行老大，在上海的兄弟及其小辈很想来看他或请他，但都被他婉谢。他确实没有分身之术留出一些时间与亲友相聚。虽然，他很想去万航渡路看看当年他同黄包车夫与英帝国主义分子斗争的地方，还想去看看人民路上的大镜阁，但都难以抽身成行。几天的时间里，行走不便、曾经两次动过大手术的于老几乎每天工作时间都在10个小时之上。2005年春天，于老再次来上海。他这次来主要是组织我们参与他主编的《生长老病死》著作的对话录。参与人有社会学家邓伟志，于老的秘书胡冀燕，上海理工大学教授乔宽元，《殡葬文化》常务副总编诸华敏，还有施蔷生，再有就是我。于老风趣地用很短的话就把编写这本书的宗旨和意义以及人员分工讲得清清楚楚。他提出了“俗事雅说，雅事俗说”的原则，指导大家从社会学、经济学以及相关学科的角度开始漫谈。天渐渐地黑了，为了抓紧时间讨论，于老干脆叫人打些盒饭送到客厅里边吃边谈。通过长达 6 个多小时的对话，大家的思路打开了。于老又主动提出，第二天接着“对话”。工作中他始终精神饱满、思维敏捷、灵感频生。充沛的精力，极高的工作效率，让我这个平日自称“机器人”的人自愧不如。

在为于老编辑书籍的过程中，我更多地感受到于老对他人的尊重。于老是当之无愧的大师，而我只能算作是个“小学生”。然而，凡是我从编辑角度提出的想法和建议，包括版式设计等，他都努力理解并接受，且严格根据合同规定，按要求准时交稿。那时大多没有电子版，《于光远短论集》一套 4 卷，总计 240 多万字，时间跨度自 1977 年至 2001 年。这样大的篇幅无论对作者还是编辑都是一个不小的考验。但在出书过程中，从始至终都相当顺利和愉快。《青少年于光远》一书是一本图文并茂的书籍，大量的照片都属“孤本”，至今还有一部分在我的手里珍藏着，这是他对编辑的信任，也是对出版工作的大力支持。原想赴京时亲手交还给他，没想到我还是晚了一步，内心只有永远的歉疚。

于老对人的关怀，细致入微。于老与我每次见面有三件事总要询问：最近做了什么书？职称的事怎样了？孩子学习如何？那种关切、那种语态与父母关心自己的子女没什么两样。更让人耳目一新的是，从 1985 年开始，于老每年年底都会向他的亲朋好友们通报自己一年的情况，那是一份用 A4 粉红色的纸打印出来的贺年信。非常有幸的是，从 2001 年起，我也成为于老的致信者之一。那一封封带着关怀的贺年信，成为他与朋友们亲密联系的特殊纽带。特别难忘的是，在于老又一次来上海与我们开编辑会时，有人向于老求字，于老慨然应允，并给我也写了两幅字。一幅是“冰清玉洁”，一幅是“笑是健康笑是美”，都是于老亲自所拟。装裱后一直挂在我的书房中。于老从来没有直接为我解读过这两幅题字的意思，我却在与他的不断接触中渐渐悟出了其中所包含的一个长者对晚辈的期许与教诲：“冰清玉洁”——洁身自好，做人做事当纯正；“笑是健康笑是美”——笑对人生，人生之美笑中来。从此成为我的座右铭。

在与于老的交往中，不经意间发现了更多深感意外的事。谁都知道于老是著名经济学家，著作等身，却很少有人知道他在晚年又喜爱上了文学，先后出版了《古稀手迹》《碎思录》《窗外的石榴花》等多部散文集，并笑称自己是“21世纪文坛新秀”。于老特喜欢“玩”，越有科技含量的越喜欢。除了学电脑建立个人网站，“一指禅”般在键盘上敲敲打打，不但“玩”得游刃有余，而且还“玩”出了一大套的理论。他自我总结道：寿自“玩”中来。过去讲活到老，学到老，现在还要加一个玩到老。令我更想不到的是，他竟然还写过《儿童玩具小论》《玩具（大纲）》这样的书，1999年末还出席了北京国际玩具博览会，并做了讲话。由此获得了一顶新的桂冠——“大玩学家”。其实他哪里有时间玩，他是在大力提倡“休闲文化”。在他的《吃·喝·玩——生活与经济》一书中，真切关注社会与人的需要和发展，将经济学理论溶解到日常的吃喝玩中，可以深深感受到一个经济学家的人文关怀和人格魅力。于老幽默乐观，看上去童心未泯。“新秀”也好，“玩家”也罢，在我的眼里，都是于老精彩人生必不可少的一部分。

与于老交往的这10多年里，除了工作上的联系，或他来上海，或我去北京，只要有机会，总要挤出时间去拜访探望，或在家里，或在医院，在可以找到他的地方。目的越来越单纯，不再是为了多出他一本书，只是想多看一眼这个学富五车热爱生活的长者，从他那写满近一个世纪沧桑的脸上，多读出一些让人感动与深刻的文字来。值得骄傲的是，作为一个编辑，有幸为这样一位世纪老人做“嫁衣”，在他的近百部著作中，曾有7部留下过我作为编辑的名字，实为幸甚。更为珍贵的是，无论是在过去为他编书与交往的过程中，还是现在阅读他那充满智慧的文字时，都不断地收获着受用不尽的精神财富。特别是他在写给我小书中序言里的那些褒奖之语，让我深感惭愧的同时也在内心长存前辈给予的温暖与激励。

那本想寄给于老的书至今还静静地躺在书桌上，也许这一生都无须再寄出了。但我执着地相信，在天堂上的他，一定会看得见书中的每一个字；而作为作者的我，唯愿能在梦中，看见尊敬的于老颔首微笑。

斯人已去，大光弥远……

（作者为上海华东师范大学出版社资深编辑，
本文原载于2013年11月10日《文汇报》）

多年前那一个温馨愉快的夜晚

朱　玲

2013 年 9 月 28 日下午我从乌克兰归来落地首都机场，29 号早晨去所里看到于光远先生去世及 30 日举办告别仪式的讣告。30 日一大早就赶往北京医院去鞠躬告别，因为于老是在我专业起步阶段给予过帮助的人。

回想 20 世纪 70 年代在工厂自学时，从阅读苏星和于光远两位先生编写的小册子入门学习政治经济学，便对他们一直充满敬仰之情。那时我的选择很不受人待见，因为与矿区社会环境格格不入。恰好在北京第一机床厂工作的姨姨、姨父来我家做客，父母跟他们提起此事。姨父说跟经济学家于光远的夫人是同事，她是厂子的党委书记。我就请姨父把一份合著的《〈资本论〉第一卷纲要》手稿带给于先生看，还附上一封信求教。不久“文革”结束，于老在百忙之中写了一纸鼓励的话语。这给了我极大的勇气，在 1977 年底考取西北大学历史系后，又于 1978 年考取武汉大学经济系研究生，从此走上专业学习和研究道路。导师曾启贤教授说过，破格录取朱玲一是因为欣赏她自学的勇气和考试成绩，二是因为于光远那纸“大草”。

我对于老的感激之情自然发之肺腑，1981 年进入经济所时还跟董辅礽老师提起这段往事。董老师当即表示：“光远现在特别忙，不过我跟他很熟，可以带你去他家道谢。”

我想了想谢绝了董老师的好意，说等到稍有专业成果的时候再找机会拜访。1996 年我和农研中心一位同事合作的扶贫研究成果荣获孙冶方奖，那本专著由杜润生同志作序，所以我们便趁机请杜老邀了于老一道在西四一家杭州菜馆晚餐，董辅礽老师和其他几位经济所前辈作陪。

此时我才找到机会当面向于老致谢，可他早忘了帮助过朱玲的事了！

也就是这次晚餐聊天中，我才见识到于老是多么的才思敏捷激情澎湃。从他和杜老的对话中得知，20世纪30年代他们在北平上大学时都参加了“一二·九”运动，此后于老去了延安，杜老奔赴太行山。他俩的友谊持续了半个多世纪，此间各有人生起伏，但谈起年轻时的理想，依然坚定不移。说起改革的方向和国家的前途，仍然赤子之心一片。听席间这些前辈纵横议论，那可真是胜读十年书啊！更有趣的是，在谈话最热烈的时候，杜老站起身来看了一眼于老说道：“散了吧！我这位朋友说起来就没个完了，思想活跃得很，还想从苍蝇身上提取蛋白质解决人类营养不足的问题呢!”于老一边辩解一边笑，随之向大家告别。

这次聚餐一晃过去了近20年。今天去向于老告别时，多年前那一幕温馨愉快的谈话仍旧历历在目。在“文革”结束之时，于老为启动中国经济改革在理论界冲锋陷阵，董辅礽老师说“光远是经济学界的一面旗帜”这句话一点儿也不为过。进入暮年之后，于老的亲历记录和个体感悟，又为后人留下珍贵的历史记录和人生智慧。他是用自己的理想、正直、勤奋、执着和知识在中国现代史上留下光彩一笔的人，我会永远怀念他。

（作者为中国社会科学院学部委员、经济研究所研究员，原载2013年10月16日《中国经济时报》，题目为编者所改）

永不停歇的光远先生

朱铁臻

2013年9月26日下午，传来敬爱的师长于光远先生谢世的噩耗，我十分悲痛，老泪横流，思绪万端。我回忆起第一次见光远先生的情景，那是1956年夏天，我在青岛人民大礼堂听光远先生的报告，主题是我国十二年科学发展规划。那时他是中共中央宣传部科学处处长，他从自然科学、社会科学融贯结合起来谈我国未来科学的发展，特别是他对哲学、自然辩证法、经济学发展的讲述，非常吸引我，当时我才23岁，刚踏上理论教学岗位，是第一次听到这样高水平的学贯两个学科的专家的报告，57年过去了，至今仍然记忆犹新，难以忘怀。随后，我一直关注、学习他在报刊上发表的文章和出版的专著。

从20世纪50年代开始，光远先生将他的研究重点放在政治经济学社会主义部分，经过50多年的探索，特别是近30多年的孜孜不倦地研究，他撰写了大量的学术著作，为改革开放提供了坚实的理论基础，仅先后结集出版的《政治经济学社会主义部分探索》一部就有7大卷，总计300多万字，还写了市场经济、国土经济、生产力经济、技术经济、消费经济、灾害经济、环境经济、旅游经济、经济社会发展战略等诸多方面的大量著作。此外，他还写了其他学科的著作，他涉猎极广，被称为“百科全书式的学者”。光远先生的经济学著作，从20世纪50年代起，给了我极大的启发和教育，是我学习经济学的生动教科书。

1977年光远先生担任中国社会科学院副院长，1978年夏，他在大连棒棰岛宾馆主持召开按劳分配、社会主义生产目的等几本书的编写讨论会，我有幸参加这次会议，直接聆听了他的多次讲演和讨论插话，他深刻地批判了姚文元的“按劳分配是产生资本主义和资产阶级”的谬论，提出要更深一层讨论按劳分配的规律，按劳分配和物质利益的关系，按劳分配的劳动报酬形式以及农村中贯彻按劳分配问题等。会上光远先生特别强调学术民主，不同意见可展开争论，编书组的同志畅所欲言，会议开得生动活泼。

1979 年 7 月，我调到中国社会科学院经济研究所，分配到《经济研究》编辑部工作，从此，与光远先生的接触机会比较多，他的许多重要经济理论文章都给《经济研究》，他不像有的理论“大家”，文章不许编辑部改动，他却希望编辑部提出不同意见，从不计较文字的改动，所以我们都特别愿意处理他的稿子。

1984 年 7 月，应甘肃省省长陈光毅的邀请，中国国土经济学研究会组织以于光远先生为团长的甘肃经济考察团，为甘肃的改革开放、经济发展出谋划策。光远先生让我参加考察团，与自然科学界、社会科学界的 10 位专家同行。我同光远先生、秘书胡冀燕同志被安排在一间软卧车厢。列车开动不久，光远先生就拿出笔和纸开始写文章，他的笔同车轮一样不停地向前奔驰，很快一篇文章就出来了，我惊叹他的文思如此敏捷！接着又拿出一篇文稿，进行修改。我望着车窗外的田野，联想起他说过的“无时不思，无日不写”，十分敬佩他的工作精神。有时光远先生也同我们聊天，他总是谈一些发人深省的问题，也问一些学术界的情况，但他从不提一些没有意义的话题，我深感他是在充分利用每一分每一秒。

甘肃地处黄土高原、蒙新高原、青藏高原的交汇处，并有西秦岭山地，土地面积广阔，地形复杂，气候多样，地域差别性大。光远先生到甘肃后，不满足于听汇报、看材料，他要亲自到下面去调查。到兰州的第二天，他就率领考察团乘汽车渡黄河，北上西河一线，先到武威、金昌，然后到了张掖、玉门关、敦煌，逐个县（市）考察。汽车开到县交界处，他就请当地的负责人上车介绍情况，车子继续往前走，边看边讲。到了目的地吃了饭就开会，或者到现场考察。晚上回来，我们个个筋疲力尽，而光远先生却要把一天的感受写成文章，《甘肃日报》和广播电台的记者赶忙拿去第二天发表。我们考察了 10 多天，光远先生就写了 14 篇文章。他当时已年近古稀，可是他的精力却超过年轻人，真让人钦慕不已。西部考察后，又转到白银和东部的定西穷困地区，光远先生深入到贫困户，在黑乎乎的窑洞里与农民谈心，听取他们的意见，回来后把农民的要求写进调查文稿里。他在文章里，特别强调要解决农民问题，要设法脱贫。他建议把农村居民纯收入的增长作为一个重要的目标，他提出甘肃致富战略，强调经济结构合理化，利用优势，创造条件，治穷致富，在改革开放、大力发展生产的基础上，使人民得到实惠，生活水平有较大的提高。他还建议政府多补贴一些钱给定西农民修水窑，以防御干旱。他常常讲，经济学家就是要多想怎样发展生产，提高人民生活。他在20世纪80年代就十分强调保护湖泊，保护生态平衡。他反对围湖造田、填湖造地。

1993年，我准备在中国城市发展研究会下面成立一个“城市旅行社”，特地去征求光远先生的意见，他一听我们的想法，立即表示赞成。他拿出一张他给广州一个从事旅游业企业的题词复印件，上面写着：“玩是人生的根本需求之一，要玩得有文化，要有玩的文化，要研究玩的学术，要掌握玩的技术，要发展玩的艺术。”广州的一家报纸称他为“大玩家”，其实他不会玩，也不玩，更主要的是没有时间玩，他却大力提倡“休闲文化”。

20世纪90年代初，我听说于光远先生得了癌症，心里十分焦急，就赶忙到北京医院去探视，我走进病房，还没说句安慰的话，光远先生却拉着我的手说：“我现在又在研究一门新的学问。”我心想，既然得了重病，就该好好休息，还研究什么新学问。他接着说：“我正在研究癌症。”他得的病很怪，是男性乳腺癌，在癌症病人中，只有万分之一。我们正谈得热烈的时候，他的老同学、著名的核专家钱三强来看望他。他们一见面，病房里更增加了生动活泼的气氛。1936年夏，他们俩在清华大学毕业，从此各奔前程。光远先生1937年3月加入中国共产党，奔赴延安。钱三强先生去法国深造，研究核物理。而最终他们又走到一起，为建设强大的新中国而奋斗。他们俩回忆起一同参加“一二·九”学生运动的情景，当时他们都才20岁，读大学四年级，都满腔热情投入斗争。他们又谈起中华人民共和国成立后，他们一同参加中国青年代表团，到匈牙利布达佩斯参加社会主义青年联欢节的盛况。两位老人谈得兴高采烈，我在一旁听得津津有味。这时，我看到光远先生的乐观情绪，一点也不像得了重病的人。我想他有这种精神力量，一定能战胜病魔。

果然，不久他就出院了，很快又投入紧张的研究工作。而且他仍然是特别注重调查研究，他经常到全国各地出席会议、讲演、调研，他飞来飞去，别人给他一个称号——“空中飞人”。就在此期间，他还学会了“玩”电脑，开始用电脑写文章，还开了于光远网站。有一次，我去他家探望，他正坐在电脑桌前非常熟练地敲着键盘。他见到我就兴奋地说：“现在我不用别人给我抄稿子了！”这种好学精神，实在令人感佩。

1994 年，我还读到他送我的刚出版的第一本散文集《古稀手记》，他用文学的笔法写随笔、散记，很多散文写得很有文采，他自己说是“赶鸭子上架”。他决心学习文学写作，戏言要努力成为“21 世纪文坛新秀”。后来他还出版了《窗外的石榴花》等几个集子。经济学家写散文，他起了很好的带头作用。他的许多经济短论，有的也可以说就是散文。他的散文，对我启发很大，我也学着写这类文字，后来也出了一本集子。这实在要感谢光远先生的启发和示范。

进入 90 岁高龄后，他的腿脚不太灵便了，要坐轮椅，但是勤奋精神一点也没有减退，仍是一天到晚埋头工作。他很重视城市问题，新世纪初，我写了一本《城市现代化研究》，他欣然写了题词：“城市化而且进一步城市现代化乃中国再发展必由之路——贺铁臻同志科学研究优秀成果”。他还告诉我，现代化城市要重视立体发展，要善于利用地面、空中和地下。城市土地很珍贵，要珍惜利用，不能无限扩大。他反对“摊大饼”，反对不顾条件地发展大城市，强调大、中、小并举。他愿意参加一些中小城市的活动，2007 年，中国城市发展研究会所属的中小城市发展委员会在贵州省都匀市召开年会，我以试探的口吻请他出席会议，他竟满口答应，而且说：“我坐轮椅去。”开会的前一天，他准时坐轮椅上飞机，经过两个多小时的飞行，到了贵阳，立即转汽车去都匀。我很担心他的身体坚持不了。哪里想到，他进了宾馆以后，就急忙找市领导和会议组织者了解情况，第二天在大会上作了很长时间的讲演。会后，还坐着轮椅到下面去作调研。当时，人们还不知道他那样高龄又身患重病。

按光远先生自己的说法，他已经到了“收摊子”的年龄，可是他没有“收摊”，还在继续思考，不停地写，每年总要出几本新书。《于光远短论集》已经出了好几本，他主张“大问题，小文章”。有人劝他多写一些自己亲身经历的历史重大事件的回忆文章，他接受了这个建议。2008 年，我去他的新家，这里阳光满室，比他史家胡同 8 号朝北的工作室好多了，不过，他的书放不下，他还是留恋住了 40 年的老屋。他拿出一本刚刚再版的《我亲历的那次历史转折——十一届三中全会的台前幕后》送给我。这里记载了许多鲜为人知的关于中共十一届三中全会的重大历史回忆。后来由于我也生病了，走路也不方便，没能再去看望光远先生，没有想到，这次竟是与光远先生的最后一面。他的音容笑貌，他的侃侃而谈的乐观精神，至今仍历历在目。

光远先生走了，是我们经济理论界、科学界的巨大损失，我们永远怀念他、学习他。

（本文原载于 2013 年 10 月 16 日《中国经济时报》）

当代复合型人才的楷模

朱相远

前不久，我的恩师于光远先生走完了98年人生之路。作为他的第一届哲学研究生，我撰此拙作，不只寄托思念，还借此呼吁社会，重视复合型人才的培养。当今世界，正向知识经济社会过渡。如何培养更多复合型人才，是实现中国梦过程中需要更加重视的现实课题。在我的心目中，于光远先生可谓复合型人才的楷模。

百科全书式的学者

于光远先生被学界称为"百科全书式的学者"，这主要是基于他"学识渊博，学贯'两科'"（龚育之语）。他在哲学、经济学、政治学、社会学、教育学、心理学、文化学、生态学、辞书学及休闲学等方面都有一定的造诣。他一生笔耕不辍，留下约3000万字的近百部著述。其实，他不只是个学者，还是个坚定的革命者、著名的社会活动家。

于光远先生1936年毕业于清华大学物理系，与著名科学家钱三强、王大珩、何泽慧等同班。他对物理学研究很有天赋与功底，其导师周培源于1936年赴美，曾带有几篇学术论文，请爱因斯坦过目指正。其中一篇关于"广义相对论"的，就为于光远所著。若那时他去美国，肯定后来也能成为一位大物理学家。但当时日本已入侵华北，为了救亡图存，他毅然投笔从戎，参加"一二·九"运动，又加入中共，转赴延安，成为一个职业革命家。他从事马克思主义研究，尤其关注政治经济学与自然辩证法，他将恩格斯德文版《自然辩证法》翻译成了中文。新中国成立后，他主编出版的《政治经济学（资本主义部分）》，成为

广泛使用的教科书。

我做于光远先生的研究生时曾听他讲过：有次日本著名物理学家坂田昌一访华，他约钱三强陪坂田昌一在颐和园游湖。他对日本友人说，当年大学毕业时，他同钱三强约定，一个出国深造物理学，回来搞建设；一个去延安参加革命，创建新中国。如今果然殊途同归，一起建设祖国。这令日本科学家无比敬重，钦佩不已。我想，这也许就是当年中国青年的理想与担当。

"文革"中，于光远先生虽然受到严重冲击，却从不放弃研究。当1975年邓小平复出后，他又被吸纳到国务院政治研究室，成为政治写作班子负责人之一。"文革"结束后，他直接参与真理大讨论，参与十一届三中全会有关重要文件的起草。1988年，他出版的《中国社会主义初级阶段的经济》，成为当时十大经济名著之一。1992年，他写出了《社会主义市场经济主体论》，引领理论界研究社会主义市场经济风气之先。

于光远先生还是一个兴趣广泛的社会活动家。他不断提出新课题、新点子，开拓新领域、新行业，倡导成立各种学术团体。记得多年前，他因患上癌症住院，我去看望他时，感觉他的病房简直就是个"社会沙龙"，每天各式人物来访不断。他仍思如泉涌，各种点子、主意、观点，信手拈来。其思绪之活跃，兴趣之盎然，哪像个重病的老人?！可能正是由于他身上的这种力量，使他战胜了癌症。

于光远先生自称是个"杂家"。实际上他是个全方位的大杂家，也即当今所倡导的复合型人才。我从他身上总结出五个"贯通"：一贯通文理。中国大学文理分科森严，甚至从高中就开始。其实真理、知识、智慧是不分文理的。我在北大读了6年制生物系，毕业后又转到哲学系读他的哲学研究生3年，才渐渐消除文理的界限。唯有如此，才能使知识融会贯通。二贯通东西。人类有史以来几千年中形成的东西方两大文化，各有其优缺点。我们唯有贯通东西两种文化，知此知彼，才能融合再创新。三贯通古今。当今世界，是人类近几千年文明史的延续与发展。不懂昨天，岂知今日。我们唯有通今博古，古为今用，才能由古到今，弄清社会发展的来龙去脉，从而把握未来。四贯通知行。有些学者常脱离实际，知多行少，不接触群众，不参与实践。有些实干家，不爱学习理论，单凭自我经验，实践中充满盲目性。唯有贯通知行，将理论联系实践，实践倚仗理论指导，才能发挥聪明才智。五贯通天人。人是从大自然中走来的，也将再度回归大自然中去。唯有贯通天人，才能正视生死，泰然处之。可以说，于光远先生就是这五个“贯通”的成功践行者。

不停思索的思想家

我是 1962 年在北大生物系毕业后，考上于光远先生哲学系研究生的。他指导研究生，并不靠课堂教学，而是同学生一起聊天。在互相交流中，传递思想，启发灵感，指点迷津，举一反三，由研究生自己再去选课、读书、领悟、反思、总结。

在教学中，于光远先生特别重视 Idea，尤其 New Idea（新想法、新点子）。记得有一次他对大家提了这样一个问题：标点符号中的问号是怎么来的？我们仅知道古汉语文章中，本无标点符号，而是五四运动推广白话文时才从西方引进英语中的标点符号，问号则为“?”。他考证这“?”是英语 Question（问题）的第一个大写字母 Q，由它延伸演变而成“?”的。他重点强调“?”如一把钩子，你脑中要不断出现问号，问号越多，钩子越多，就能钩来更多知识和学问。一个人若墨守成规，人云亦云，不善思考，不敢怀疑，就出不来问号，少了钩子，学问就少了，也出不了 New Idea。

于光远先生把问号比作钩子，对我们很有启发，凡事皆应问个为什么。然而，在 20 世纪 60 年代中后期那个真理被权威垄断的年代，善于独立思考，凡事问个为什么，却是十分危险的。不过，他还是敢于思考，鼓励思考的。记得八届十中全会后，以阶级斗争为纲逐渐成为社会的主导思想。有一次，我们在课堂上讨论学习《反杜林论》心得。我着重谈了对恩格斯关于“原则不是研究的出发点，而是它的最终结果；这些原则不是被应用于自然界和人类历史，而是从它们中抽象出来的；不是自然界和人类去适应原则，而是原则只有在适合于自然界和历史的情况下才是正确的”这段话的理解，并提出了我们认识问题往往从原则出发，而不从现实出发，把原则当成放之四海而皆准的东西。当时就有人反驳说：我们分析社会问题，难道可以不以阶级斗争原则为出发点吗？这一质疑，在那种年代的环境下，无疑相当凝重，使我感到压力与紧张。但我发现，于光远先生却不以为然，他为我解围地笑笑说：“允许思考，可以去想。”这个问题一直在我心中徘徊。直到真理标准大讨论后明确“实践是检验真理的唯一标准”这个马克思主义基本原则后，人们才承认一切原则只有在其经过实践检验后才能确定是不是真理性认识。

作为一个思想家，于光远先生总是尽量坚持自己的独立人格与思想自由。这一点，令我受用终身。思想永远属于自己，可自由驰骋；宁可沉默，也不说违心的假话。正因为他具有这种思想家的品格、勇气及智慧，所以才能在改革开放新时期提出许多顺应时代潮流的观点，为推动社会进步作出贡献。

永远乐观的“大玩家”

于光远先生经常谈笑风生，总是其乐融融。“文革”初起，中宣部首当其冲，在“砸烂阎王殿”中，他被当作“判官”遭到批斗。但听说他每遭批斗后，吃饭时总是多吃一个馒头，以补充体力消耗。一般人挨斗，身心受挫，有的痛不欲生，他却总是乐呵呵的，反而吃得更香。由此可见其胸怀坦荡的乐观主义精神。即使晚年他患上了可怕的癌症，也坦然笑对，后来竟然转危为安。

于光远先生自称是个“大玩学家”，患病时说将来要在自己墓碑上刻一行字：“大玩学家于光远走了”。确实，他很爱享受生活的快乐。他力主开创休闲经济学，发展休闲产业，并组织人写了一套休闲学丛书。年老后，他还收集各种玩具，写过《儿童玩具小论》及《玩具（大纲）》等。他85岁学电脑，86岁自建个人网站。每年外出讲学、咨询不停，走不动了，仍以轮椅代步走天下。直到95岁后，他才逐渐不爱讲话，慢慢安静下来。我曾听他说过，只有失去生活情趣了，人生才渐渐走向终点。诚然，随着近年来生活情趣的递减、消失，他逐渐告别了丰富多彩的人生。

于光远先生虽然走了，他的思想、著作、人品、风范，以及他复合型人才的成长道路，却是一笔宝贵的社会遗产，值得传承下去。尤其是他作为复合型人才的楷模，很值得中国教育界研究。我们的学校，如何才能培养杰出的复合型人才？这个问题或许可以从于光远先生的人生轨迹中寻找到某种答案。

（作者为全国人大原常委、北京市政协原副主席，
本文原载于 2013 年 11 月 4 日《北京日报》）

于老与殡葬文化

诸华敏

2013 年 9 月 26 日是一个悲痛的日子，上午我在上海市科协听报告时接到于师母的电话。电话那头于师母悲痛地告诉我，于老在凌晨 3 时 42 分停止了呼吸，与世长辞了！顿时，我为失去一位长年关怀我、扶助我的慈祥长者而悲痛万分！接着手机也传来同样令人心碎的短信……市科协的报告仍在继续，而我却一个人独自行走在南昌路上，往事一幕幕、一件件地浮现在我的脑海。

于老为殡葬杂志写稿

身为大思想家的于光远，我们都尊称他于老，是《方法》杂志的"实际主编"，我在《方法》杂志工作时，成了于老的"实际下属"，他经常对我关怀有加。《方法》杂志转到北京出版后，我到上海《房地产报》任编辑，于老仍是一直支持我，给我主编的《房地产报》副刊《房地产金融》题词。我调到上海市殡葬服务中心参与创办《殡葬文化研究》杂志之后，于老依然十分关心我的工作，我向他约稿，他从不拒绝。

于老是著名的大学问家，却乐于为一本内刊、又以《殡葬文化研究》为刊名的杂志写文章，这实在是难得的一种关爱。我深深感到他对殡葬界有一种特别的亲切和关注，其中的原因，或许令人费解。但乔宽元老师曾对我转述于老的话："寡妇的孩子众人帮"，透出了当社会上依然歧视殡葬、殡葬界处于弱势的时候，于老挺身而出、帮困扶持的仗义之心，让我深为感动，并时时激励我去战胜各种困难。

于老关注殡葬，既在于希望引起社会对殡葬的关注，同时还把殡葬作为新的科学研究领域进行思考。他为《殡葬文化研究》杂志所写的每一篇文章，都精辟独到，是殡葬业发展极为宝贵的思想理论财富。

2000 年 5 月，趁于老在上海开会间隙，我和乔宽元老师在衡山宾馆向于老汇报创办《殡葬文化研究》杂志的情况并向于老约稿，在座的有王元化、邓伟志教授。8 月我就收到于老寄来的《提倡墓志铭文学》稿件。他从公墓的"建设方针"高度来提倡墓志铭文学，以"充实花园公墓的文化内容"。于老强调墓志铭要写"死者一生中有特色的东西"，让人欣赏，让人感兴趣，使墓园成为"与古人交谈"的地方。于老这篇文章在《殡葬文化研究》发表以后，对中国公墓业产生了巨大的影响，10 多年来，一大批如于老所要求的"令人感兴趣"的精彩碑文不断涌现。但可惜的是，迄今为止，我国公墓业依然没有达到于老所期望的那种境界。

在上面的汇报期间，我还对于老说我们设想建立"上海殡葬文化博物馆"，于老听了很高兴，他建议我们同时建立"殡葬图书馆"。他说"把世界各地有关的殡葬书籍尽可能地收拢，上海要成为中国殡葬图书最集中的地方，为研究殡葬文化提供帮助"。在于老的关怀下，2008 年 5 月"上海殡葬博物馆"开馆，于老亲自为"上海殡葬博物馆"题写馆名，之后"殡葬图书馆"也相继建立。

2001 年春，于老到无锡马迹山考察，拜谒陆定一之墓，并写了《在马迹山的思考》的文章在本杂志上发表。文章中首次提出了"殡、葬、传"三字方针，为我们打破长年来殡葬服务囿于遗体处理的局限提供了理论武器。2001 年 12 月 1 日，于老与时任海峡两岸关系协会会长的汪道涵在衡山宾馆促膝谈心，在场的有乔宽元老师和我，当时汪道涵翻阅了《殡葬文化研究》杂志，听取了我的简单汇报。汪老说："殡葬改革还是要提倡火化"，于老随即说："在殡和葬后面还有一个传，传就是传承"。这进一步表明，于老对殡葬改革的基本方向十分明确和坚定。期间，我不失时机地按下快门，留下了两位长者促膝谈心弥足珍贵的照片。

于老作为著名思想家，一直没有停止对殡葬文化建设的进一步探索。2002年11月，“上海国际殡葬服务学术研讨会”举行，会前我代表论坛组委会邀请于老参会并作主旨发言，于老一一允诺。在大会上，于老作了《殡葬服务与文化传承》专题报告（报告由乔宽元教授代读，于老又作了补充）。于老在报告中对“殡、葬、传”中的“传”字作了特别的阐释。于老说，“传”是继承，“所传的”便是“文化”。明确指出：“一个普通人怎能要求有了不起的丰功伟绩？不要瞧不起一个死者一点点的贡献。一点点、一点点地加在一起，整个社会就发展了。我们说，每个人都有一点点好的经验，整个社会就前进了。整个社会、整个人类历史就是靠这一点点加起来的。现在这个人死了，不该把他或者她的这一点点泯灭了。”于老的这一思想，正是马克思主义所强调的“人民群众是创造历史的真正英雄”的历史观的体现。

2002年，于老还为杂志写了一篇《说“遗”》。正是这篇文章，又把“殡、葬、传”三字方针，发展为“殡、葬、传、遗”四字方针。他在文章中说，“遗”有两个基本点：一是它是与人的生死联系着的；二是它虽然是活着的人的东西，但它们是要留到他死后才起作用的东西。因此，这样的“遗”可以视作对人死后要做的工作范围里的事情。于老指出：“在殡、葬、传三字外再加一个‘遗’字，关于人死后的工作中要考虑的事情可以说是全了。”在文章中，于老还为建立“遗”的社会服务机构提出了“构想”，并希望“准备组织投资”。于老把马克思主义的历史观贯彻到了殡葬改革之中，这是他的重要理论贡献。

与于老“对话”

《生长老病死》一书是《吃·喝·玩——生活与经济》的姐妹篇，从编写的方法而言，前者加入了“关于生、长、老、病、死的对话”内容，使该书十分生动，富有特色。因为我在《殡葬文化研究》杂志工作，涉及“死”，所以成为“一方代表”，也就有了与于老对话的“资格”，套用一句俗话，真是不胜荣幸。

我与于老很熟，常聆听他的教诲，但要正儿八经与大学问家进行学术性对话，不免忐忑。但于老平易近人，从不摆学术泰斗的架子，他在对话中又总是启发我们，给我们发言的机会，这让我平静了许多。每次对话，我都谈了看法，更为重要的是从于老的讲话中吸取了许多营养。在对话中，于老主张对生、长、老、病、死都要写一本书，形成系列，主要的目的，不仅在于学科建设，“重点是社会对生长老病死的关怀”。

《生长老病死》一书由乔宽元教授负责编辑整理工作，“对话篇”分成了5次。可在实际的对话中，各人发表看法时，常是将生长老病死“搅”在一起的。于老是大家，那时他已是88岁高龄老人了，但思如泉涌，精力充沛，一坐几小时也不累，非常认真地听我们小字辈的发言，甚至还转引我们的话。当我们讨论到死因“夭折”时，他这样说：“诸华敏曾说，在殡葬活动中，夭折是家长最肯花钱来操办丧事的，家里死了一个孩子，原本是不该死的，非正常死亡了，谁不爱自己的孩子呢?”于老细心倾听最基层的人发言，体现了高尚的人格，让我十分感动。于老希望我在“死”的方面多多思考，于老还特别注重下基层调研，他老人家还曾提议在清明节其间和我们一起去搞一次扫墓活动，从实际调研中提出问题，解决问题。

在对话中，于老不断释发他的殡葬思想。比如“社会把死者作为客体服务”的思想，从而把殡葬服务的主体与客体清晰地分开了；“乐生乐死”的思想，是于老“喜喜哲学”的延伸，于老主张“对于死，也要讲乐观、愉快，或者讲‘乐之’”；“殡、葬、传”三要素的思想，主张“要把死者生前有意义的思想和事传下去，传开来”；死的必然性和偶然性的思想，强调“偶然性不是科学的敌人”。于老的殡葬思想十分丰富，对我们办好《殡葬文化研究》杂志发挥着重要的指导作用。

于老为殡葬界题词

于老知道我酷爱书法刻印。在《方法》杂志的8年，也是我的书印艺术颇有长进的8年，偶尔我也将自己的习作赠予于老。于老也爱书法，我们老小之间又多了一种关系。于老擅用小号毛笔写大字，圆润之中透出苍劲，不受拘束，别有韵味，成为别致的“于体”。我十分喜欢于老的书法艺术。于老在给我的一封信中说：“我的字比前几年有些进

步，但基本上属于丑的范畴，所以我写过这样十二个字：‘但愿传笑一时，务避遗臭万年’，朋友之间随便写写博得一笑总是可以的。”于老仁心谦和，令人高山仰止。

请于老题词，不必为他先想好题词的内容。他从来不做“文抄公式”的题词，作为一位大思想家，在宣纸上泼墨挥毫，成为他表达思想的一种文化手段。在题词中凝聚和传播他的思想，是他的一个杰作。我曾请于老为《殡葬文化研究》创办一周年题词，于老欣然命笔：“《殡葬文化研究》杂志要成为在这个领域中向读者宣传先进思想，抵制不良文化的坚强阵地”。于老的“阵地思想”，一直激励我们在坎坎坷坷中坚持把《殡葬文化研究》杂志办好、办下去。

殡葬文化是深扎于民族、民间的文化，当属民俗文化之列。当前，雅文化和俗文化之间，原有的对立正在缓和，出现了融合的趋势，精英文化和大众文化的边界也不断模糊，文化被不断解构和重构。《殡葬文化研究》则是专门研究俗文化中的殡葬文化门类。作为一本杂志，如何来研究、阐发及演绎仍被社会歧视的俗文化，是摆在我们面前的严峻课题。2002 年春，于老又为《殡葬文化研究》杂志题词：“俗事雅说　雅事俗说”。于老的八字短语具有相当的普适性。我的体会是，就殡葬界来说，所谓的俗事，就是指“殡葬之事”，“雅说”殡葬，则从文化的角度建设殡葬，它也成为我们杂志一直在追求的一个重要方向。新中国成立以来的很长一段时期中，我们基本上遵循了“以遗体火化为中心”的殡改模式，没有致力于构建“雅说”“俗事”的殡葬文化基本理论体系和话语体系。而在许多高雅文化领域中，不少人的兴趣在“阳春白雪”上，不愿“俗说”，也不会“俗说”，使普通百姓难以接受和喜爱。因此，于老的题词，不仅对殡葬界，而且对文化、教育、科技行业都有十分重要的意义。

60 多年来，我们致力于殡葬改革。但在前 30 年中，由于受到了“左”的思潮影响，没有厘清中华五千年的殡葬文化中的糟粕和精华。而在今天，传统殡葬活动方式又与现今时代明显脱节。在这种情况下，殡葬文化如何搞，成为我们的一个重要课题。为此，在 2009 年《殡葬文化研究》杂志创刊 10 周年的重要时刻，已是 94 岁高龄的于老又为

《殡葬文化研究》杂志题词："殡葬文化重在建设"。于老的题词，既是对我们办刊方针的肯定，又为我们今后的发展指明了方向。因此，我们杂志总是满腔热情关注和反映殡葬工作者在殡葬文化建设中的经验、体会和成果，即使是"一点点、一点点"，也视为珍宝，怀以极大的热情，践行"殡葬文化重在建设"的思想。

我请于老给我们殡葬界题词，于老有求必应，比如，滨海古园的"名人之林"就是于老的墨宝。特别是给上海殡葬博物馆题写的馆名，为博物馆大大增色。记得当年，我与乔宽元教授专程到于老家，那时，正值于老小中风发作，他行动不便，左手不灵活，讲话不顺畅，听力也大为减退，我们就和于老之间进行了"白板对话"，我在白板上写要说的话，汇报殡葬界的简要情况，并恳请他为"上海殡葬博物馆"题写馆名。于老坐在轮椅上，左肩靠着书桌边，用不太灵活的右手，写下了题词的内容，签上了名字，我在落款处帮他盖上了红印。令人欣喜不已的是，他的"于体"行书依然是那么的传神。这一年于老已是 94 岁高龄了。回沪后，我们将其制成匾，悬挂在上海殡葬博物馆的正门上方。于老深切关注殡葬文化发展的情意，让我们永远不能忘怀。

……

于老与世长辞，我及《殡葬文化研究》杂志的同仁为失去一位指引方向的舵手而深感万分悲痛！人们常说，殡葬是超越阴阳两界的行业。祈愿于老在八宝山继续关怀和扶助殡葬文化更加健康发展！

附录：于光远先生生平大事记

于光远：抗日救亡运动的青年先锋、追求社会进步的革命者；

新中国建设中自然科学和社会科学工作的积极组织者；

当代中国体制改革中思想理论界的重要代表人物；

著名经济学家、哲学家。

中国共产党第十二大、十三大中央顾问委员会委员、中国科学院学部委员（院士）、中国社会科学院荣誉学部委员。是多家学术团体的创办者和负责人。研究领域广泛，是一位百科全书式的学者，一生著作近百部。

1915 年 7 月 5 日出生于上海。

1932 年考入上海大同大学。

1934 年通过考试转入清华大学物理系。

1935 年参加北平“一二·九”运动，参与发起和组织中华民族解放先锋队。

1936 年 1 月参加平津学生南下扩大宣传团。

1936 年毕业于清华大学物理系。

1936 年 6 月在上海参加艾思奇、章汉夫组织的自然科学研究会。

1936 年 8 月在岭南大学当助教，并在当地组织发展民先队。

1937 年 1 月受民先队组织之召，回北平参加民先队全国总队部的工作。

1937 年 3 月加入中国共产党。

1937 年初到 1939 年 5 月在保定、石家庄、太原、武汉、鄂西、长沙、南昌、粤北等地发展和扩大民先队组织，担任地方民先队负责人之一。

1938 年 1 月，任中共中央长江局青委书记，从事党的青年工作和组织工作。

1939 年 7 月到 1945 年 11 月在延安从事中国共产党的青年工作、文化教育工作和陕甘宁边区经济调查和研究工作。曾兼任延安中山图书馆主任。在泽东青年干部学校和延安大学讲授马克思主义；在中共中央西北局调查研究局任研究员。与柴树藩、彭平合著《绥德、米脂土地问题初步研究》。参加陕甘宁边区自然科学研究会筹建工作，任驻会干事；着手恩格斯的《自然辩证法》德文版的中文翻译工作。

1946 年被派往北平，参与创办北平《解放》（三日刊）并任编委。随后回到延安，任《解放日报》言论部副主编。

1947 年 3 月参加中央土改工作团，在晋绥、河北、山东等地参加土改，同时进行调查研究。

1948 年至 1975 年在中共中央宣传部工作，历任政治教育处副处长、理论宣传处副处长、科学处处长，并曾兼任《学习》杂志主编。

1951 年出版《中国革命读本》（与王惠德合著）、《社会科学基础知识讲座》（与胡绳、王惠德合著）、《政治经济学讲座》（与王惠德合著）、《政治常识读本》（与胡绳、廖沫沙、季云合著）。

1955 年被选为中国科学院哲学社会科学部学部委员。

1956 年兼任国务院专家局副局长。

1956 年兼任国务院科学规划委员会副秘书长，参与和指导了 1956—1967 年全国科学技术远景规划的编制，提议并主持指导哲学社会科学规划的编制，成立中国科学院哲学研究所自然辩证法研究组，创办《自然辩证法研究通讯》杂志。

1956 年倡议召开并参与主持了青岛遗传学座谈会，阐述在自然科学领域贯彻百家争鸣方针的各种问题。

1956 年 9 月出席中国共产党第八次全国代表大会，就党对科学工作的领导作大会发言。

1958 年 6 月，任中共中央科学小组成员。

1958 年提出研究自然科学在社会发展中的作用和规律，在北京大

学和中国科学院哲学所招收四年制研究生。

1958年出版《政治经济学社会主义部分探索》。

1961年出版《政治经济学（资本主义部分）》（与苏星合著）。

1962年3月参加国家科委召开的全国科技工作会议（广州会议）。该会议由聂荣臻主持，周恩来、陈毅到会做重要讲话，该会议从总体上重新判断了中国知识分子的阶级属性，在当时产生了重要影响。

1963年写出论述经济效果的两部书的草稿，后在“文革”中部分遗失，部分内容于1978年10月以《论社会主义生产中的经济效果》为名出版。

1964年兼任国家科委副主任。

1965年倡议并组织编写《自然界的辩证发展》，后因“文革”中断。

1966年“文化大革命”爆发，受到批判和迫害，后下放中宣部宁夏“五七干校”劳动。

1975年7月，邓小平主持中央工作时，任国务院政治研究室负责人之一。参与著名的整顿工作代表性文件《科学院工作汇报提纲》和《关于加快工业发展的若干问题》的修改。

1977年发起组织经济学界的大讨论，涉及按劳分配、政治与经济的关系等问题，展开对“‘四人帮’对‘唯生产力论’批判”的批判。

1977年重新兼任国家科委副主任，同时任中国科学院主席团成员。

1977年受国务院委托筹建国家计委经济研究所，并兼任第一任所长。

1977年任中国社会科学院副院长。

1978年11月至12月参加中共中央工作会议，并列席了此后召开的中共十一届三中全会。参与组织起草邓小平在中央工作会议闭幕会上题为《解放思想，实事求是，团结一致向前看》的讲话稿，该报告后来被称为“开辟新时期新道路、开创建设有中国特色社会主义新理论的宣言书”。

1978年兼任中国社会科学院马列主义毛泽东思想研究所所长。

1978年当选第五届全国人大代表，出席五届全国人大一次会议。

1978年作为中国共产党党的工作者访问团副团长访问南斯拉夫、罗马尼亚等国，考察这些国家的经济、社会状况。

1978年致信邓小平，建议成立中国自然辩证法研究会。

1979年组织并推动关于社会主义生产目的问题的讨论，1981年出版了《社会主义生产目的的十三篇文章》。

1980年开始系统写作并出版多卷本《政治经济学社会主义部分探索》，至2001年共出版7卷。

1980年任第一届国务院学位委员会委员。

1981年推动经济社会发展战略研究，1982年出版《经济社会发展战略》一书。

1981年中国自然辩证法研究会召开第一次全国会员代表大会，任第一届、第二届理事长；同年推动组建中国国土经济学研究会，任第一届理事长。此后几年他在推动中国学术组织的建立与发展方面作出了积极的努力。

1982年出席中国共产党第十二次全国代表大会，当选为中共中央顾问委员会委员。

1982—1987年任中国社会科学院顾问。

1982年开始积极推动各地区的地区发展战略研究，并到许多地区进行实地考察。

1984年出版《战略学与地区战略》。

1985年发表《论我国的经济体制改革》。

1986年出版《评所谓人体特异功能》，该著作记录了他从1981年起与伪科学展开的斗争经历。

1986年开始着手系统研究中国社会主义初级阶段的经济，1988年出版专著。

1987年出席中国共产党第十三次全国代表大会，继续当选为中共中央顾问委员会委员。

1988年在湖南长沙参加刘少奇生平和思想研讨会议，在会上所作关于新民主主义社会论的学术发言，引起强烈反响。

1989年完成《从“新民主主义社会论”到“社会主义初级阶段

论”》的书稿。

1990 年强调“社会进步的基础在基层”的理念，推动中国乡镇学、中国县区学的研究。

1991 年出版《我的教育思想》。

1991 年底因患癌症住院治疗，在治疗期间完成《社会主义市场经济主体论（札记）》，并于 1992 年 8 月出版。

1992 年列席中国共产党第十四次全国代表大会。

1993 年与疾病斗争，出版《我的市场经济观》。

1993 年提出要成为一名“二十一世纪文坛新秀”，出版了《碎思录》和《古稀手记》两本带有文学性的书。

1994 年在《国土报》上开设“散文与国土”专栏，将在外地访问中见闻和想法写成短文发表。

1995 年出版《“文革”中的我》等 5 部著作。

1996 年出版《文明的亚洲与亚洲的文明》，提出“世界历史大调整时代”的若干问题。

1996 年出版《我的编年故事》第一卷等书。

1997 年列席中国共产党第十五次全国代表大会。

1997 年到许多地方访问，写了与香港回归有关的文章，出版《朋友和朋友们的书》等。

1998 年把写回忆文章作为一件主要工作，在纪念十一届三中全会召开 20 周年之际，完成并出版了《我亲历的那次历史转折——十一届三中全会的台前幕后》。

1998 年出版《我的编年故事》第二卷等书。

1999 年研究党史的一些重大理论问题和若干党史事件和人物，结合自己的亲历亲闻撰写了一系列回忆文章。

2000 年宣布自己要现代化，85 岁生日后“换笔”，开始用电脑写作。

2000 年提出要“坐轮椅走天下”，到达中国的许多省份甚至偏远地区。

2001 年是一个编书年，编辑出版了《于光远短论集》等书，开通了于光远个人网站。

2002 年列席中国共产党第十六次全国代表大会。

2003 年写作《我的四种消费品理论》；关心西部大开发和中西部经济的发展，搜集与整理了大量相关资料。

2004 年在朋友帮助下出版《我忆邓小平》《论普遍有闲的社会》等书。

2005 年出版《“新民主主义社会论”的历史命运——读史笔记》《我的编年故事》第三、四卷等。

2005 年在生日会上发表“九十自述”的讲话，主张彻底的唯物主义者同时也可以有支持和加强自己毅力的幻想。

2006 年住院多次，坚持写作。写作《西部开发之我见》《治学方法一百条》等。实现了自己提出的“有效生命八十万小时”的目标。

2007 年列席中国共产党第十七次全国代表大会。

2008 年在改革开放 30 年之际，《我亲历的那次历史转折——十一届三中全会的台前幕后》一书再版，许多报刊连载转载。获中国经济体制改革委员会主办评选的“改革开放经济人物奖”和“改革开放杰出人物奖”，还获《南方都市报》主办评选的“改革开放三十周年风云人物奖”。

2013 年 9 月 26 日于北京逝世。

后　记

2013 年 9 月 26 日，于光远先生走完了他为中华民族的解放事业、为中国社会主义建设与改革殚精竭虑、历经坎坷且又精彩纷呈的一生，平静地离开了我们，留给他的亲朋好友们无尽的思念。

于老去世以后，他的生前好友纷纷写文章缅怀他，这些文字有的发表在报刊上，有的见诸网络，还有的直接寄给于老的家人和工作人员。为了表达对于老的怀念，我们把这些文章搜集起来，加上在经济学界和哲学界召开的两个追思会上部分同志的发言，汇编成了这本纪念文集。书中还收录了一小部分于老在世时就看到过的别人写他的文章，例如：龚育之、董辅礽、韦君宜、孟伟哉、邵燕祥、李辉等人的文章。于老曾经说过希望出一本《他人眼中的于光远》，但由于种种原因未能成书。今天《改革的黄金年华——我们眼中的于光远》的问世，也同时了却了于老的这个心愿。

收录在本书中纪念文章的作者，或通过各种机缘与于老多年相识、相交，或在各种场合对他的思想观点、为人品德、性格特点等有观察和了解的机会，受到他的影响甚至得到过他的帮助；文章中所写的无论大事小事，都是亲身体会，字里行间饱含了对于老的深切情感。因此，严格来讲很难有先后次序之分。但既然是个文集，总要排出个顺序。经商议斟酌我们最后决定将作者分为三个部分：第一部分是几位年事已高，与于老有较多交往的德高望重的老同志，这部分文章排在最前面，以年龄为序；第二部分是于老生前的老朋友和老部下；第三部分则是于老的学生和晚辈朋友。后两部分按作者姓氏首字母的英文顺序分别排列。一些作者在发来文章的同时附上了与于老合影的照片，这是大家心中一份珍贵的回忆。但出于版面方面的考虑绝大部分未能采用。排序或照片取舍方面若有不当之处，请大家理解。

此外需要说明的是，由于篇幅所限，无论是于老生前就曾发表过的写他的文章，还是他去世之后的怀念文章，都有许多未能收入本文集。这些文章的作者通过概括于老的治学精神和学术贡献、回忆与于老接触过程中的点滴故事，写出了自己心中的于老，感情同样真挚。此外，于老去世之后，很多单位和个人发来了唁电、挽联，大量的媒体报道对他在改革开放中的贡献作出了高度评价，这些内容均未能编入本文集。对此我们感到很遗憾，只能在后记中向这些同志、单位和媒体一并表示歉意和感谢！希望得到你们的谅解。

最后，我们要向人民出版社的领导和编辑表示特别的感谢。于老病重期间，出版社的老领导曾彦修和现任社长黄书元多次到于老家中和医院看望。在出版社领导和编辑的热情帮助下，这本书终于得以问世。在此我们代表于老的家人和朋友、部下、学生们向人民出版社表示衷心的感谢！

纪念文集编委会

2016 年 6 月

责任编辑:刘彦青　王新明
封面设计:肖　辉

图书在版编目(CIP)数据

改革的黄金年华:我们眼中的于光远/胡冀燕 等主编. —北京:
人民出版社,2016.9
ISBN 978-7-01-016646-9

Ⅰ.①改…　Ⅱ.①胡…　Ⅲ.①于光远(1915—2013)-纪念文集
Ⅳ.①K825.31-53

中国版本图书馆 CIP 数据核字(2016)第 210266 号

改革的黄金年华
GAIGE DE HUANGJIN NIANHUA
——我们眼中的于光远

胡冀燕　于小东　刘世定　韩　钢　主编

人民出版社 出版发行
(100706　北京市东城区隆福寺街 99 号)

环球东方(北京)印务有限公司印刷　新华书店经销

2016 年 9 月第 1 版　2016 年 9 月北京第 1 次印刷
开本:710 毫米×1000 毫米 1/16　印张:34　插页:8
字数:503 千字

ISBN 978-7-01-016646-9　定价:75.00 元

邮购地址 100706　北京市东城区隆福寺街 99 号
人民东方图书销售中心　电话 (010)65250042　65289539